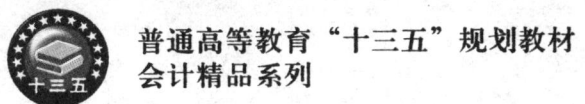

普通高等教育"十三五"规划教材
会计精品系列

税务会计

（第十三版）

盖地◎编著

立信会计出版社
LIXIN ACCOUNTING PUBLISHING HOUSE

图书在版编目(CIP)数据

税务会计 / 盖地编著. —13 版. —上海：立信会
计出版社，2019.8(2020.1 重印)
普通高等教育"十三五"规划教材.会计精品系列
ISBN 978 - 7 - 5429 - 6270 - 6

Ⅰ. ①税… Ⅱ. ①盖… Ⅲ. ①税务会计-高等学校-
教材 Ⅳ. ①F810.42

中国版本图书馆 CIP 数据核字(2019)第 167651 号

责任编辑　　张巧玲
封面设计　　南房间

税务会计(第十三版)

出版发行	立信会计出版社	
地　　址	上海市中山西路 2230 号	邮政编码　200235
电　　话	(021)64411389	传　　真　(021)64411325
网　　址	www.lixinaph.com	电子邮箱　lixinaph2019@126.com
网上书店	http://lixin.jd.com	http://lxkjcbs.tmall.com
经　　销	各地新华书店	
印　　刷	上海肖华印务有限公司	
开　　本	787 毫米×1092 毫米	1/16
印　　张	24.5	
字　　数	576 千字	
版　　次	2019 年 8 月第 13 版	
印　　次	2020 年 1 月第 2 次	
印　　数	3101—5200	
书　　号	ISBN 978 - 7 - 5429 - 6270 - 6/F	
定　　价	52.00 元	

第十三版前言

在现代企业制度下,财务会计、税务会计与管理会计提供的三类会计信息在经济界被广泛使用、不可或缺,但税务会计与财务会计的密切程度要远远高于管理会计。由于企业单位的税务会计与财务会计一般都是一套账,因此,在会计理论与实务界,有人将会计工作岗位的分工混同于会计学科的划分,认为既然企业是一套账,那就是一种会计——财务会计。众所周知,会计记录是会计确认、计量结果在会计账簿系统的反映,即会计确认、计量决定会计记录。毋庸置疑的是,确认、计量企业单位应税事项的计税依据及其应纳税额,必须以现行税收法规为准绳(规范),而不是会计准则;其中涉及的财务会计要素(应税收入、税金负债除外)的确认计量,当然应该以会计准则为规范(但也可以服从税法)。一套账簿下的会计记录方式,体现的是财务会计与税务会计的关系模式。如果不能正确认识、处理两者间的关系,将会给纳税人带来税务风险,同时也会降低企业财务会计信息质量。

如果说在 20 世纪 90 年代以前,我国还不完全具备财务会计与税务会计分离的外部环境,那么,目前的税收与会计法规制度已完全具备两者分离的外部环境。会计教育即使不能做到具有前瞻性,但也至少不应该滞后。改革开放以来,我国的税收、会计等法规制度建设,已经明显地体现基于会计权益的分权观,而非基于财税权益的集权观。在基于会计权益的分权观下,税务会计已经成为一种制度安排。税务会计理论研究初期不可避免地要借鉴美国已有的会计安排及其理论,但因美国的单一税制再加上其实用主义理念,大大限制了美国税务会计的发展。我国的税务会计理论与实务是具有中国特色的会计理论与实务,在借鉴与创新中,更多的应该是创新,即构建符合中国国情的企业会计(信息)体系。

税务会计本质上应是税收法律与财务会计准则既冲突又协调的一种会计机制。基于这种认识,本书在阐述各税种会计时,其确认、计量与申报,是以我国现行税法为准,其会计记录则体现税法与会计准则的"混合"。但因税种不同而不同,如现行增值税等流转税的会计处理(记录)是财务会计服从税法,即财务会计与税务会计"合一",但在执行所得税会计准则的企业,企业所得税的会计处理则是两者分离。

根据我国最新税收法规和相关会计准则(制度),本次再版主要变动如下:

1. 体现课程"思政"教育。诚信原则既具备一般条款的强制性效力,又蕴含伦理道德标准。"诚实守信"并非是一般的道德准则,而是法律规范的道德。

诚信纳税是在现代市场经济条件下,社会普遍存在的相互信任关系在税务领域的具体体现,是按照法律规定履行税收给付义务和各种应作为义务。不断提高税收法规遵从度,努

力提升企业纳税信用等级,以期获得较高的商业信用和更多的商机。税务会计人员要"诚信为本,操守为重"。

2. "增值税会计"的连续大幅调整。从 2016 年 5 月 1 日起,我国增值税实现货物和服务行业的全覆盖,包括不动产在内的全部固定资产进项税额允许抵扣,从此,我国增值税已经成为比较规范的消费型增值税。

从 2018 年 5 月 1 日起,增值税税率由 17% 降为 16%,11% 降为 10%,6% 税率不变;从 2019 年 4 月 1 日起,增值税税率由 16% 降为 13%,10% 降为 9%,6% 税率不变。随着增值税税率的调整,增值税的出口退税率也做了相应调整,其影响不仅涉及增值税会计和出口退税会计,而且还涉及消费税会计和土地增值税等多个"小税种"。这次再版,根据《财政部 税务总局 海关总署关于深化增值税改革有关政策的公告》(国家税务总局公告 2019 年第 39 号)和国家税务总局的相关文件,对相关内容做了大面积调整和内容更新。

3. "企业所得税会计"的继续调整和完善。在第八章"企业所得税会计"中,前四节系统阐述的是税务会计中的所得税会计(income taxes accounting),后两节仅仅简述财务会计中的所得税会计处理(accounting for income taxes)基本方法,同时对递延所得税负债、递延所得税资产和所得税费用等又做了梳理。由于在一套账的账簿体系下,两种会计的记录环节密不可分,本章基本上是以主次划分,即以所得税税法为规范依据的会计处理事项,属于所得税会计范畴;以所得税会计准则为规范依据的涉税事项的会计处理,属于财务会计中的所得税会计,不在本书介绍。之所以在本书简述所得税会计处理方法,是为了便于理解税务会计与财务会计的联系与区别,从而可以比较完整、正确地掌握所得税会计。如果在财务会计中已经比较系统地学习过后两节的内容或者因课时所限,也可以不讲或自学。

本次再版,还将小微企业、高新技术企业、技术先进型服务企业所得税税率、加速折旧、加计扣除、税前扣除、纳税申报等最新规定体现其中。

4. "个人所得税会计"的更新调整。2018 年 8 月 31 日,第十三届全国人民代表大会常务委员会第五次会议通过了《关于修改〈中华人民共和国个人所得税法〉的决定》;2018 年 12 月 18 日,国务院颁布了《中华人民共和国个人所得税法实施条例》。之后,财政部、国家税务总局也陆续颁布了相关配套法规。根据个人所得税的最新法规,本章以预扣预缴居民个人所得税、代扣代缴非居民个人所得税的单位为会计主体,以缴纳个人所得税的居民企业为会计主体,比较系统地阐述了个人所得税的确认计量、纳税申报和相应的会计处理。

5. 根据 2018 年 12 月 29 日第十三届全国人民代表大会常务委员会第七次会议通过的《中华人民共和国耕地占用税法》及《中华人民共和国车辆购置税法》,对第十一章中的耕地占用税会计和车辆购置税会计进行了结构调整和内容更新。

税收给会计增添了不尽的烦恼,"对于会计这个行业来说,如果没有税收问题,那么这个行业的复杂程度将会惊人地降低。"①但从另一个角度看,也正是越来越复杂的现代税收制度,拓展了会计理论和实务的内容,提高了会计从业门槛和会计职业地位。可以毫不夸张地说,税收已经成为会计职业新的增长点。

税收和会计法规制度变化频繁,书中所涉法规制度,若理解有误,应以法规为准;若以后有变,应以新法规为准。变化总是在发生,唯有变化是永恒的,让我们去适应变化、享受变化,并努力去追踪和反映变化。

因增值税税率变化而涉及的诸多章节例题需要重新计算和调整,天津财经大学会计学院研究生于海宁同学给予协助,特致谢意。同时,也感谢家人的一贯支持。

感谢立信会计出版社对本书的一贯支持,尤其是资深编辑张立年先生,我们多年的合作非常愉快,令人感念;还应感谢本书现任责编张巧玲老师,她的敬业精神和认真负责的工作态度令人感佩。当然,更要感谢本书的广大读者,你们的关爱和支持永远是拙书不断进步的动力。

盖　地

2019 年 8 月

于天津财经大学

---

① 孙凯:《美国联邦税收制度》,中国税务出版社 1997 年版。

第 一 版 前 言

　　1996 年 10 月，立信会计出版社出版了本人编著的《企业税务会计》后，承蒙读者的厚爱，截至 2001 年 2 月止，已经连续印刷了 9 次，累计印数达到 35 000 册。在此期间，我国的税制发生了不少变化，我国的会计制度也有一些变化。在市场经济运行机制下，税务会计显得越来越重要。除了各类企业外，事业单位及其他组织也成为纳税人，也需要税务会计。目前，越来越多的高等院校面向 21 世纪的会计教育，已经调整了教学计划，将"税务会计"正式列入专业必修课，取代了国家税收或税法课，更加适应会计专业培养目标的需要。

　　趁这次重新修订的机会，将《企业税务会计》改为《税务会计》，使书名更符合其内容。这次重新撰写的《税务会计》，突出了增值税会计、所得税会计的重点，适当加重了税务筹划的分量。为了适应将来内、外资企业所得税的统一，这次将内资企业所得税与外资企业所得税合并为一章，在税法上分别叙述，在会计处理上统一起来，可以避免重复。另外，企业、事业单位作为个人所得税的代扣代缴义务人，本书也简要介绍了个人所得税的基本规定及其代扣代缴的会计处理方法。出口货物退免税是税务会计中的一个难点，本书单独列为一章，按新法规加以详细阐述。由于固定资产投资方向调节税从 2000 年起停征，这次将其删去。

　　为了配合教学的需要，本书各章后均附有复习思考题和习题。它可以帮助读者更好地掌握书中的重点和难点，并且通过习题训练，进一步达到学以致用的目的。

　　本书不仅可以作为高等院校会计、财政、税务、审计、贸易等专业的教材，也适用于广大工商企业、事业单位的财会人员以及财政、税务、审计、贸易等部门的专业人员作为业务学习用书。

　　本书引用的税收法规，若有新的变动，应以新法规为准。

　　在本书的编辑、出版过程中，得到了立信会计出版社资深编审张立年先生的大力帮助和支持，在此深表谢忱。书中存在的缺憾，敬请广大读者不吝赐教。

盖　地

2000 年 5 月

目　　录

第一章　总　　论

第一节　税务会计的概念与模式

一、税务会计的概念

税务会计是以所涉税境的现行税收法规为依据,运用会计学的理论、方法和程序,对企业涉税会计事项进行确认、计量、记录和申报(报告),以实现企业最大税收利益的一门专业会计。税务会计是社会经济发展到一定阶段后,从传统会计中独立出来的。它是介于税收学与会计学之间的一门新兴的边缘学科,是融国家税收法令和会计处理为一体的一种特种专业会计,可以说是税务中的会计、会计中的税务。

税务会计并不一定要求企业在财务会计的凭证、账簿、报表之外再设一套会计账表(纳税报表及其附表除外)。各企业均应设置专职税务会计人员,大企业还应设置专门的税务会计机构和税务总监或税务经理。企业办税会计人员实行实名制,并在税务机关进行图像采集或指纹采集。如果所在单位有税务违规、违法行为,税务会计人员要承担相应的法律责任。

税务会计本质上应是税收法律与财务会计准则既冲突又协调的一种会计机制。当会计准则与税收法规存在诸多差异时,"企业必须针对这些不一致保持一份专门用于纳税目的的税务会计记录。"(罗伯特·N.安东尼等,2011)

二、税务会计与财务会计

(一)联系

要探讨税务会计与财务会计的关系,就必须明确会计与法律、会计与税收、会计与企业决策者的关系。法律对会计的影响是一个渐进的历史过程。在公元前18世纪的古巴比伦时代,正式法典对记录企业的经济业务就起到了促进作用。沧海桑田,历史发展到今天,我国颁布并制定、修订了《中华人民共和国会计法》(以下简称《会计法》),又出台了《企业会计准则》《小企业会计准则》等一系列法规,它对会计的影响是方向性的。税收对会计的影响,往往与法律对会计的影响是分不开的,税收通过法律发挥作用,法律保障税收的执行(有税必有法,无法不成税),但它们对会计影响的着重点不同。

税务会计与财务会计,两者具有互调性。对财务会计根据会计准则确认、计量和记录的事项及其结果,只要与税法规定不悖,税务会计就可以直接采用。只有对与税法规定有差异或者不符合税法规定的事项,才进行纳税调整,即进行税务会计处理,使之符合税法的要求。

根据成本效益原则,对小税种的会计处理,财务会计一般都是直接接受税务会计的处理结果,"没有差异"也就不必进行纳税调整。由此可见,两者互相依赖、互相借鉴,共同承担企业会计的重任,税务会计向政府提供纳税申报表,财务会计向投资人、债务人提供财务报表(报告)。与管理会计相比,税务会计与财务会计的关系更为密切。

（二）区别

1. 目标不同

财务会计所提供的信息,除为综合部门及所有者等有关经济利益者服务外,也为企业本身的生产、经营服务;税务会计则要按现行税收法规规定计算应纳税额,向税务机关等信息使用者提供税务会计信息,正确履行纳税人的纳税义务,充分享有纳税人的权利。

2. 对象不同

企业财务会计核算和监督的对象是企业以货币计量的全部经济事项,包括资金的投入、循环、周转、退出等过程,而税务会计核算和监督的对象只是与计税有关的经济事项,即与计税有关的资金运动。这就是说,原来在财务会计中有关税款的核算、申报、解缴的内容,划归税务会计,并作为税务会计的核心内容,企业财务会计只对这部分内容作必要的提示即可。

3. 核算基础、处理依据不同

税收法规与会计准则存在某些差别,其中最主要差别在于收益实现的时间和费用的可扣减性上。税收制度是收付实现制与权责发生制的结合,因为计算应税所得是要确定纳税人立即支付货币资金的能力、管理上的方便性和征收当期收入的必要性,这与财务会计所依据的持续经营假定(假设)是相矛盾的,这便是税务纳税年度自身存在独立性的倾向。财务会计只是按照会计准则处理各种经济业务,会计人员对某些相同的经济业务可能有不同的表述、出现不同的会计结果,应该认为是正常情况。而税务会计不仅要遵循一般会计原则,更要严格按现行税收法规的要求进行会计处理,具有强制性、客观性、统一性。

4. 计算损益的程序不同

税收法规中包括了修正一般收益概念的社会福利、公共政策和权益条款,强调"会计所得"(亦称账簿所得)与"应税所得"的不同。各国所得税法都是规定法定收入项目及税法允许扣除项目,在按税法确定两者金额后,其差额即为应税所得额。税务会计以此为法定依据,但在实际计算时,是在会计所得的基础上调整为应税所得,是税务会计的主要内容。当财务会计的核算结果与税务会计不一致时,财务会计的核算应服从于税务会计的核算,使之符合税法的要求。

税务会计坚持历史成本,不考虑货币时间价值的变动,更重视可以预见的事项,而财务会计却可以有某些不同。各国都在力图缩小财务会计与税务会计的差异,但两者的差异不可能消失。此外,承认税务会计与财务会计的区别,实际上是承认政府有权对纳税人的非营业收益等确认和征税的问题。抹杀两者的区别,对征纳双方都是无益的。因此,既不能要求对方适应自己,也不必自己削足适履去符合对方。应该各自遵循其本身的规律和规范,在理论上不断发展自己,在方法上不断完善自己。

三、税务会计与管理会计

财务会计是传统会计的主要继承者,在受托责任下,需要向投资者、债权人等提供财务报告,这是财务会计的主要职能,而现代会计还要为企业管理服务。因此,会计在借鉴管理学的基础上,产生了管理会计。管理会计更多是用管理学、统计学中的方法,其资料来源除财务会计外,还有业务资料、统计资料等。尽管税务会计与管理会计都与财务会计有密切关系,但从密切程度看,税务会计与财务会计的关系,要远远比管理会计密切得多。管理会计不必作会计分录,即管理会计提供的资料只为企业内部管理服务,不会再融入财务会计之中。

四、税务会计的模式

在会计学中,关于会计模式的概念和分类,有过不少探讨,而且可以从不同角度对会计模式进行分类。税务会计模式,既受各国税法立法背景、程序的影响,又受各国会计规范方式、历史传统的影响。但基本归类可以归为非立法会计(盎格鲁·撒克逊模式,社会公认型)、立法会计(大陆模式,法治型)和混合会计(准法治型),也可以分为立法与非立法两种模式,如表1-1所示。

表1-1   **立法会计与非立法会计**

项　目	非 立 法 会 计	立 法 会 计
实施国家	英国、加拿大、澳大利亚、南非、美国、荷兰等	德国、法国、瑞士和大部分拉美国家
会计实务	公认会计原则指导	广泛立法规范
导　向	投资人(股东)	政府财税

日本属于准法治型,即介于立法与非立法之间,如果只分两类,则可归入立法会计。原实行计划经济、现正在实行市场经济的我国,则有其历史与现实的特殊性,但方向是向着非立法会计发展或者属于混合型。诺贝斯(Nobes)将会计按微观实用与宏观控制分类,如表1-2所示。

表1-2   **会 计 分 类 表**

以微观实用为主	以宏观控制为主
1. 侧重于经济理论性(荷兰)	1. 以税法和法律为依据(欧洲大陆)
2. 侧重于实用性(源于英国)	(1) 以税法为依据(法国、意大利、西班牙、比利时)
(1) 英国类型(英国、新西兰、南非)	(2) 以法律为依据(德国)
(2) 美国类型(美国、加拿大)	2. 以政府立法为依据(瑞典)

在立法会计的国家,其会计准则、制度从属于税法(特别是所得税法)。因此,其会计所得与应税所得基本一致,只需对永久性差异进行纳税调整,税务会计与财务会计可以不分开(也可以分开),只有企业会计即可。而在非立法会计的国家,会计准则独立于税法的要求,因此,其财务会计的账面所得不等于其应税所得,需要进行纳税调整,财务会计与税务会计属于不同领域,有利于形成具有独立意义的、科学规范的会计理论体系和方法体系,应是会计发展的方向。

由于各国税制结构体系不同,税务会计一般有以下三种类型。

1. 以所得税会计为主体的税务会计

采用这种税制模式的国家(如美国、英国、加拿大、丹麦等),其所得税收入要占税收总收

入的50％以上。这种税制模式必然要求构建以所得税会计为主体的税务会计模式。

2．以流转税（货物劳务税）会计为主体的税务会计

在一些发展中国家,其流转税（商品税）收入是税收总收入的主体,所得税占的比重很小。在这种情况下,应建立以流转税会计为主体的税务会计模式。

3．以流转税与所得税并重的税务会计

在这些国家,实行的是流转税与所得税并重的复合税制,两者所占比重相差不大,共同构成国家的税收收入主体,如德国、荷兰、芬兰、意大利等。尽管我国流转税,尤其是增值税、消费税占的比重最大,但从税制体系看,我国也是复合税制体系。因此,在这些国家,应是建立以流转税会计与所得税会计并重（为主体）的税务会计模式①。

第二节　税务会计的对象与目标

一、税务会计的对象

税务会计的对象是税务会计的客体。它是纳税人因纳税而引起的税款的形成、计算、缴纳、补退、罚款等经济活动以货币表现的资金运动。企业在生产、经营过程中以货币表现的税务活动,主要包括以下四个方面。

（一）经营收入

经营收入是企业在生产、经营过程中,销售产品（商品）、提供劳务所取得的收入。它是企业资金运动的终点,也是下一次资金运动的起点。由成品（商品）资金转化为货币资金,既包含了用于补偿已消耗的各项成本（费用）,也包括了实现的税金、利润。因此,经营收入不仅是流转税的计税依据,也是计算所得税的前提。

（二）生产、经营成本（费用）

成本（费用）是企业在生产经营过程中所耗费的全部资金支出。它包括生产过程的生产费用和流通过程的流通费用。成本（费用）主要反映企业资金的垫支和耗费,是企业资金补偿的尺度。一定会计期间的成本（费用）总额与同期经营收入总额相比,可以反映企业生产经营的盈亏、劳动生产率的高低等情况,同时也是企业计算应纳税所得额的基础,从而影响纳税额的多少。

（三）收益分配

收益分配是对企业在一定时期内实现的利润总额的分配。收益主要在国家、企业和职工个人之间进行分配,其"分配"给国家的部分②,主要是以缴纳所得税等形式实现的。因此,对收益的计算是否正确以及分配是否符合有关法规,直接关系到国家税收和企业留利。

（四）税款的缴纳或减免

由于各种税的计税依据和征收方法不同,同一种税对不同行业、不同纳税人的会计处理

---

① 我国也有人主张税务会计包括税务机关的税收会计、纳税人的纳税会计（见《税务研究》1998年第10期）；也有人不主张税务会计从财务会计中独立出来。本书税务会计仅指纳税人的纳税会计,且按第三种模式。

② 涉及所得税会计属性的理论问题,见本书第八章。

也有所不同,因此,反映各种税款的缴纳方法也不尽一致。减免税是对某些纳税人和课税对象给予鼓励或照顾的一种特殊规定,是解决一些特殊情况下的特殊需要,从而更好地体现我国的税收政策。企业对减免税款,应按国家规定进行会计核算和正确使用。

企业纳税、减税、免税等税务活动,都会引起企业的资金运动,因而都是企业税务会计的内容。此外,支付各项税收的滞纳金和罚款,也属税务会计的内容。

从总体上讲,所有会计要素都与纳税有关,但并不是各会计要素的每一经济事项都与纳税有关。税务会计与财务会计虽然在总体上是一致的,但在具体内容上,税务会计要小于财务会计。

二、税务会计的目标

税务会计的目标是向税务机关、投资人等税务会计信息使用者提供有助于税务决策的会计信息,从而能够做到以下几点。

(一)依法纳税,履行纳税人义务

税务会计要以国家的现行税法(程序法、实体法)为依据,在财务会计有关资料的基础上,正确进行与税款形成、计算、申报、缴纳有关的会计处理和调整计算,正确及时地填报有关纳税报表,及时、足额缴纳各种税款,为税务机关(包括国家授权的代征机关)及时提供真实的税务会计信息。

(二)正确进行税务会计处理,协调与财务会计的关系

税务会计与财务会计是相互补充、相互服务、相互依存的关系。财务会计要完全符合会计准则、会计制度,要保持其稳定性、规范性,税务会计要保持其依法(税法)性。两者作为企业会计的重要组成部分,只有相互配合、相互协调,才能完成各自的具体目标,才能为企业共同的目标服务。

(三)合理选择纳税方案,科学进行税务筹划

税务会计涉及的是与企业纳税有关的特定领域,在这个领域,要服从、服务于企业会计的总目标,就是如何减轻企业税负,在其他各项收入、成本、费用不变的前提下,企业税负与企业盈利呈反比。因此,如何选择税负较轻的纳税方案,在企业经营的各个环节如何事先进行税负的测算并作出税负最轻的决策,事后如何进行税负分析等,应是税务会计的主要目标,也是纳税人权利的具体体现。

第三节　税务会计的前提与原则

一、税务会计的基本前提

税务会计目标是提供有助于企业税务决策的信息,而企业错综复杂的经济业务会使会计实务存在种种不确定因素,因此,要进行正确的判断和估计,就要明确税务会计的基本前提(假定)。税务会计与财务会计关系密切,财务会计中的基本前提有些也适用于税务会计,如会计分期、货币计量等。但税务会计在具体运用时,也有其某些特殊性,主要有以下五个方面。

（一）纳税会计主体

纳税会计主体亦称税务会计主体，即税法规定的直接负有纳税义务并享有纳税人权利的实体，包括单位和个人（法人和自然人）。正确界定纳税会计主体，就是要求每个纳税会计主体应与其他纳税会计主体分开，保持符合税法要求的会计记录并填报纳税申报表。一般情况下，纳税主体就是纳税会计主体，即税务会计主体；但在特定情况下，纳税主体不一定就是纳税会计主体（税务会计主体），如对工资薪金、劳务报酬征纳个人所得税时，纳税人是纳税主体但并非纳税会计主体，而作为扣缴义务人的企业单位才是这一纳税事项的会计主体——税务会计主体。

财务会计主体是财务会计为其服务的特定单位或组织，会计处理的数据和提供的财务信息被严格限制在一个特定独立的或相对独立的经营单位之内，典型的财务会计主体是企业。在一般情况下，财务会计主体同时也是税务会计主体；但在特殊或特定情况下，财务会计主体不一定就是税务会计主体，或者相反。

（二）持续经营

持续经营前提意味着该企业个体将继续存在足够长的时间以实现它现在的承诺，如预期所得税在将来被继续课征。这是所得税款递延、亏损前溯或后转以及暂时性差异能够存在并且能够使用纳税影响会计法进行所得税跨期摊配的理由所在。以折旧为例，它意味着，在缺乏相反证据的时候，人们总是假定该企业将在足够长的时间内为转回暂时性纳税利益而经营和赚得收益。

（三）货币的时间价值

货币（资金）在其运行过程中具有增值能力，即使不考虑通货膨胀的因素，今天的1元钱比若干年后收到或付出1元钱的价值要大得多。这说明，同样一笔资金，不同时间具有不同的价值。随着时间的推移，投入周转使用的资金价值将会发生增值，这种增值的能力或数额，就是货币的时间价值。这一基本前提已成为税收立法、税务征管和纳税人选择会计方法的立足点，它深刻地揭示出了纳税人进行税务筹划的内在原因，也同时说明了所得税会计中采用"纳税影响会计法"进行纳税调整的必要性。

（四）纳税年度

纳税年度是指纳税人应向国家缴纳各种税款的起止时间。如我国所得税法规定，应纳税年度是指自公历1月1日起至12月31日止。纳税年度一般要根据国民经济各部门生产经营特点和纳税人缴纳税款数额的多少来确定。如纳税人在一个纳税年度的中间开业，或者由于合并、关闭等原因，使该纳税年度的实际经营期限不足12个月的，应当以其实际经营期限为一个纳税年度。纳税人清算时，应当以清算期间作为一个纳税年度。各国纳税年度规定的具体起止时间有所不同，一般有日历年度、非日历年度、财政年度或营业年度。纳税人在税法规定的范围内选择、确定，但必须符合税法规定的采用和改变应纳税年度的办法，并且遵循税法中所作出的关于对不同企业组织形式、企业类型的各种限制规定。

（五）年度会计核算

年度会计核算是税务会计中最根本的前提，即认为税制是建立在年度会计核算期间的基础上,而不是建立在某一特定业务的基础上。课税只针对某一特定纳税期间里发生的全部事件的净结果,而不考虑当期事件在后续年度中的可能结果如何,后续事件将在其发生的年度内考虑。比如在"所得税跨期摊配"中应用递延法时,由于强调原始差异对税额的影响而不强调转回差异对税额的影响,因此,它与未来税率没有关联性。当时间性差异后来转回时,按时间性差异产生时递延的同一数额调整所得税费用,从而使税务会计数据具有更多的可稽核性,以揭示税款分配的影响额。

二、税务会计的基本原则

由于税务会计与财务会计密切相关,因此,财务会计中的总体性要求原则、会计信息质量要求原则以及会计要素的确认与计量原则,大部分或基本上也都适用于税务会计。但又因税务会计与税法的特定联系,税收理论和立法中的实际支付能力原则、公平税负原则、程序优先于实体原则等,也会非常明显地影响税务会计。根据税务会计的特点,结合财务会计原则与税收原则,体现在税务会计上的特定原则归纳如下。

(一)修正的应计制原则

实现制突出地反映了税务会计的重要原则——现金流动原则(具体化为公平负税和支付能力)。该原则是确保纳税人有能力支付应纳税款而使政府获取财政收入的基础。但是,由于实现制不符合会计准则的规定,一般不能用于财务报告目的,一般只适用于个人和不从事商品购销业务的单位的纳税申报。

应计制广泛用于财务报告的目的,当它被用于税务会计时,与财务会计上的应计制存在一些区别:第一,必须考虑支付能力原则,使得纳税人在最有能力支付时支付税款;第二,确定性的需要,使得收入和费用的实际实现具有确定性;第三,保护政府财政税收收入。例如,在收入的确认上,应计制的税务会计由于在一定程度上被支付能力原则所覆盖而包含着一定的收付实现制的方法,而在费用的扣除上,财务会计中采用稳健主义原则列入的某些估计费用,在税务会计中是不能够接受的,后者强调"该经济行为已经发生"的限制条件,从而起到保护政府税收收入的目的。

(二)以财务会计核算为基础原则

此项原则适用于税务会计与财务会计混合的会计模式。只有当某一交易事项按会计准则在财务会计报告日确认以后,才能确认该交易事项按税法规定确认的应课税款;依据会计准则在财务报告日尚未确认的交易事项可能影响当日已确认的其他交易事项的最终应课税款,但只有在根据会计准则确认导致征税效应的交易事项之后,才能确认这些征税效应,其基本含义是:

(1)对于已在财务报表中确认的全部事项的当期或递延应课税款,应确认为当期或递延所得税负债或资产。

(2)根据现行税法的规定计量某一事项的当期或递延应课税款,以确定当期或未来年份应付或应退还的所得税金额。

(3)为确认和计量递延所得税负债或资产,不预期未来年份赚取的收益或发生的费用的应课税款或已颁布税法或税率变更的未来执行情况。

(三)划分经营收益与资本收益的原则

这两种收益具有不同的来源和担负着不同的纳税责任,在税务会计中要求严格地划分。

经营收益是指企业通过其经常性的主要经营活动而获得的收入,通常表现为现金流入或其他资产的增加或负债的减少,其内容包括主营业务收入和其他业务收入两个部分,其税额的课征标准一般按正常税率计征。

资本收益是指在出售或交换税法规定的资本资产时所得的利益(如投资收益、出售或交换有价证券的利益等),一般包括纳税人除应收款、存货、经营中使用的地产和应折旧资产、某些政府债券,以及对文学和其他艺术作品的版权以外的资产。资本收益的课税标准具有许多不同于经营收益的特殊规定。因此,为了正确地计算所得税负债和所得税费用,就应该有划分两种收益的原则和具体的划分标准。这一原则在美、英等国的所得税会计中有非常详尽的规定,我国在这方面有待完善。

(四)配比原则

配比原则是财务会计的一般规范。将其应用于所得税会计,便成为支持"所得税跨期摊配"的重要指导思想。采纳所得税是一种费用的观点意味着,如果所得税符合确认与计量两个标准,则应计会计对于费用就是适宜的。应用应计会计和与之相联系的配比原则,就意味着要根据该期间内为会计目的所报告的收入和费用来确定所得税费用,而不考虑为纳税目的所确认的收入和费用的时间性。也就是说,所得税费用是与导致纳税义务的税前会计收益相配比(在同期报告),而不管税款支付的时间性。这样,由于所得税费用随同相关的会计收益在同一期间确认,从配比原则的两个特征——时间一致性和因果性来看,所得税的跨期摊配方法也符合收入与费用的配比原则。

(五)确定性原则

确定性原则是指在所得税会计处理过程中,按所得税税法的规定,在应税收入与可扣除费用的实际实现上应具有确定性,即纳税人可扣除的费用不论何时支付,其金额必须是确定的。该原则适用于所得税的税前扣除,凡税前扣除的费用,如财产损失等,必须是真实发生的、且其金额必须是可以确定的。

第四节　税务会计要素

税务会计要素是对税务会计对象的进一步分类,其分类既要服从于税务会计目标,又要受税务会计环境的影响。税务会计环境决定了纳税会计主体的具体涉税事项和特点,按涉税事项的特点和税务会计信息使用者的要求进行的分类,即形成税务会计要素,它同时也是税务会计报表(纳税申报表)要素。税务会计要素主要有以下六个。

一、计税依据

计税依据是税法中规定的计算应纳税额的根据。在税收理论中称为税基。纳税人的各种应缴税款是根据各税的计税依据与其税率相乘之积。不同税种的计税依据不同,有收入额、销售额(量)、增值额(率)、所得额等。

二、应税收入

应税收入是企业因销售商品、提供劳务等应税行为所取得的收入,即税法所认定的收入。因此,也可称为法定收入。应税收入与财务会计收入(简称"会计收入")有密切联系,但不一定等同。确认应税收入的原则有两项:一是与应税行为相联系,即发生应税行为才能产生应税收入;换言之,如果纳税人发生非应税行为或免税行为,其所取得的收入就不是应税收入,而只是会计收入。二是与某一具体税种相关。纳税人取得一项收入,如果是应税收入,那必然与某一具体税种相关,即是某一特定税种的应税收入,而非其他税种的应税收入。

对应税收入的确认和计量,一般也是按财务会计原则和标准。但在具体掌握上,税法又有例外,如对权责发生制的修正,税法对某些应税行为按收付实现制确认应税收入。

三、扣除费用

扣除费用是企业因发生应税收入而必须支付的相关成本、费用、税金、损失,即税法所认可的允许在计税时扣除项目的金额,亦称法定扣除项目金额。属于扣除项目的成本、费用、税金、损失是在财务会计确认、计量、记录的基础上,分不同情况确认:一是按其与应税收入的发生是否为因果关系,如为因果关系,可按比例扣除;二是在受益期内,按税法允许的会计方法进行折旧、摊销;三是对财务会计中已经确认、计量、记录的某些项目,凡超过税法规定扣除标准的,一律按税法规定的限额作为"扣除费用"。由此可见,财务会计确认、计量、记录的成本、费用、支出与法定扣除项目金额虽然有密切关系,但两者并不等同。

四、应税所得

在经济学、财务会计学与税务会计学中,关于"所得"的含义有所不同。财务会计中的"所得"就是账面利润或会计利润。税务会计中的"所得"即指应税所得,或称应纳税所得额,它是应税收入与法定扣除项目金额(扣除费用)的差额,也是所得税的计税依据[①]。在税务会计实务中,企业是在财务会计提供的账面利润的基础上,按现行税法与财务会计的差异及其选定的所得税会计方法(详见本书第八章),确认应税所得,进而计算应纳税额。

如果"应税所得"是负数,则为"应税亏损"。如果财务会计提供的账面利润是负数,即为账面亏损。在账面亏损的基础上,按现行税法进行调整,如果调整后仍是负数,即为应税亏损。对应税亏损,方可按税法规定进行税前弥补。对企业有意虚列亏损,则视同逃税行为。

五、应纳税额

应纳税额亦称应缴税款。它是计税依据与其适用税率或(和)单位税额之乘积。应纳税额是税务会计特有的一个会计要素,其他会计没有这个要素。影响应纳税额的因素有计税依据、税率、单位税额和减免税规定。计税依据体现征税的广度,每个税种都要明确规定其计税依据,除附加税外,各个税种均有独立的计税依据。税率体现征税的深度,各个税种一般都有其特定的税率。如果是对税基的减免,减免税则体现在计税依据中;如果是对应纳税额的减免,减免税则是一个单独的因素。

上述税务会计要素也可以称为基本要素,因为主要税种还可以将基本要素细化,即税务会计具体要素,如增值税会计要素、所得税会计要素等。此外,免退税、退补税、滞纳金、罚款、罚金等也可以作为税务会计要素,但不是主要会计要素,或者说,是税务会计要素的调整因素。

---

① 应税所得是计税依据,但计税依据并非都是应税所得。

六、税务会计等式

在我国财务会计的六项会计要素中,资产、负债和所有者权益构成资产负债表,收入、费用和利润构成利润表,通过两张主要会计报表,分别体现了静态、动态会计要素之间的关系。在混合模式下,当财务会计要素的确认与税务会计一致时,按财务会计处理;当两者不一致时,按税法要求进行调整,调整后再融入财务会计之中。税务会计要素是税制构成要素在税务会计中的具体体现,它们之间的关系构成以下两个会计等式:

$$应税收入-扣除费用=应税所得$$
$$计税依据×适用税率(或单位税额)=应纳税额$$

前者仅适用于所得税,后者适用于包括所得税在内的所有税种。

第五节 税务会计计量属性与税务会计处理程序

一、税务会计计量属性[①]

如果说会计确认是定性问题,那么,会计计量、会计记录和会计报表都涉及定量问题,而定量问题涉及计量模式,计量模式即计量单位与计量属性的不同组合。目前,多数国家都采用或基本上都采用历史成本/名义货币计量模式。

会计计量就是在恰当的时间、以特定的单位所做出的数量反映。"会计计量是会计系统的核心职能。[②]""会计计量不论在理论上还是实务上都是会计的核心。因为会计的'语言'就是量化的信息(葛家澍、杜兴强,2005)。"财务会计计量属性在会计理论研究、会计准则规范以及会计实务处理中,比较明确,几成共识。在《企业会计准则——基本准则》中,明确了财务会计的计量属性有历史成本、重置成本、可变现净值、现值和公允价值五种计量属性。

税务会计计量属性源于税法,但哪个国家的税法也没有像财务会计那样在一个规范性文件(如基本准则、编报财务报表的框架、概念框架、原则公告等)中集中阐明其计量属性,而税务会计计量属性既是实际存在,又有别于财务会计。试问,哪个企业在填报税务会计报表(纳税申报表)时不需要对税务会计要素(涉税要素)进行确认、计量?而且绝不能出现差错,否则,将受到税务机关"立竿见影"的惩罚。因此,需要认真研究税法、正确理解税法,并从税法中去归纳、提炼出其计量属性,以便正确地进行各种应交税金的计算与申报。由于各国税法的立法层次都要高于会计,因此,由税法决定的税务会计计量属性也要重于财务会计。在财务会计与税务会计合一的情况下,财务会计计量属性要服从于税务会计;而在财务会计与税务会计分离的情况下,财务会计计量属性与税务会计计量属性应体现或服务于各自的会计目标。基于对税法的理解和认识,本书将税务会计计量属性归纳为——以历史成本为主,以重置成本、现行市价为补充,在特定情况下采用公允价值。

---

① 本部分内容主要源于作者在《会计研究》2009 年第 4 期发表的"税务会计计量属性及其与财务会计计量属性的比较"一文。

② Yuri Iriji. *Theory of Accounting Measurement*, as *Studies in Accounting No.10*(AAA). 1979, p29.

（一）历史成本（实际成本）

"历史成本，是指企业取得该项资产时实际发生的支出。[①]"在一般情况下，企业的各项资产，包括固定资产、生物资产、无形资产、长期待摊费用、投资资产、存货等，均以历史成本为计税基础。历史成本强调：①其计算时点是企业取得该项资产时，而不是企业取得以后持有期间的价值；②企业取得资产时实际发生的支出，强调的是现实性，即使是企业取得资产时应当负担的支出，如果企业最终没有兑付这种义务性支出，其"支出"也是不能包括在历史成本之中的。

历史成本是在特定环境和时点下，企业为取得某项资产所实际发生的支出，其金额是既定的、固定的，而且作为资产的计算基础，企业不得自行调整，否则会侵蚀税基。但企业的资产可能会在企业长期存在，持有期限较长；在持有期间，资产会因各种原因而发生增值或减值，对此，税法保留了一定的空间："企业持有各项资产期间资产增值或者减值，除国务院财政、税务主管部门规定可以确认损益外，不得调整该资产的计税基础。[②]"

（二）重置成本（现行成本）

重置成本是指在当前市场状况下，用现时价格水平生产或购建与某项资产具有相同使用功能或效用的全新资产的支出。税法中的重置成本含义与会计准则基本相同，只是使用范围、内容有所不同。税法仅限于在特定情况下允许企业采用重置成本计量属性，如对旧房及建筑物评估价格计量、对盘盈资产的计量。在土地增值税法中规定，旧房及建筑物的评估价格是"由政府批准设立的房地产评估机构评定的重置成本乘以成新度折扣率后的价格。"其中"重置成本"的具体运用是：对旧房及建筑物，按转让时的建材价格及人工费用计算，建造同样面积、同样层次、同样结构、同样建设标准的新房及建筑物所花费的成本费用。

（三）现行市价

现行市价是根据目前公开市场上与被评估资产相似的或可比的参照物的价格来确定被评估资产的价格。按税法规定，对企业视同销售行为以及纳税人销售货物或应税劳务的价格明显偏低、又无正当理由时，其计税基础的确认应按现行市价。在具体操作时，必须按税法规定的方法和顺序依次采用（而非自行选择）：①按纳税人当月同类货物的平均销售价格确定；②按纳税人近期同类货物的平均销售价格确定；③按组成计税价格确定，其计算公式是：组成计税价格＝成本×（1＋成本利润率），"成本"以企业历史成本计量，"成本利润率"则由国家统一规定。对进口货物，当需要估定其关税完税价格时，以同时或者大约同时进口货物的相同货物成交价格法或类似货物成交价格法作为完税价格，该完税价格其实也是现行市价。

（四）公允价值

"公允价值，是指按照市场价格确定的价值。[③]"以市场价格作为公允价值的确定标准，具有客观性和公平性。对市场价格，可以理解为熟悉情况的双方在公平交易的条件下所达成的价格。当企业以非货币形式从各种来源取得收入时，其金额的确定应当采用该计量属性，

---

① 《中华人民共和国企业所得税法实施条例》第56条第2款。
② 《中华人民共和国企业所得税法实施条例》第56条第3款。
③ 《中华人民共和国企业所得税法实施条例》第13条第2款。

它既适用于关联方,也适用于非关联方。由此可见,税法中界定的公允价值,基本上相当于会计准则中公允价值的"市场法",它是基于相同或可比资产的市场交易而产生的价格。市场法主要指市场的价格信息,即在市场真实交易中可观察到的相同、相似或可比的资产的价格。如果在活跃市场上能够观察到这类信息,应尽可能用它来进行估计。市场价格被认为是公允价值的最好反映,因为一个公开市场上的价格通常是公允和可接受的,相对而言也是容易得到的。这种方法是站在销售人(卖方)的立场上,利用已被市场检验的实际交易价格来判断和估计计量对象的市场价格,因此,被认为是公允价值最为直接和最具说服力的获取方法。

二、税务会计处理程序

税务会计信息的生成过程分四个程序,即确认、计量、记录和申报(报表)。税务会计处理应以税法为规范标准,即税务会计的每一个处理程序都必须以税法为准。

税务会计确认是将符合税务会计要素定义和税法规定标准的项目纳入有关纳税申报表的过程。其确认标准具体体现在税收各个实体法中,如企业所得税会计对应税收入的确认,一般也要遵循财务会计对收入确认的原则[①],如权责发生制原则和实质重于形式原则,但同时还要符合税收原则。企业在对应税收入确认时,应按照:一是与应税行为相联系,即发生应税行为才能产生应税收入;二是与某一具体税种相关。

税务会计计量是指为了在有关纳税申报表中列示税务会计要素而确定其金额的过程。其计量单位、计量属性也是由税收的各个实体法予以规范(规定)。

目前,我国财务会计与税务会计是"一套账",即在会计记录环节,两者是结合的,所用会计科目名称一般都可以按会计准则的规定。但所记录金额的确认计量,应按以下情况处理:若税法与会计准则规定的涉税事项处理无差异,则会计记录没有选择问题,其记录同时符合两者要求。若税法与会计准则规定的涉税事项处理有差异,则有两种选择:一是遵循各自的法规规定,即税务会计根据税法规定,在确认计量税金负债的基础上,进行会计记录,财务会计根据会计准则规定,在确认计量涉税事项影响资产、成本、费用的基础上,进行会计记录,借贷方差额以"递延税款"或"递延所得税资产(负债)"等反映;二是服从税法,即按税法规定在确认、计量、记录税金负债的基础上,财务会计对相应的资产、成本、费用等不再根据会计准则规定确认计量,其会计记录金额与税金负债相同,如消费税、资源税等的会计处理。

三、税务会计记录方法

(一)税务会计记录的会计科目与账簿设置

如前所述,在会计记录环节,我国财务会计与税务会计是"混合模式",即税务会计所用会计账户名称基本上都可以按会计准则,而税务会计的会计记录,一般只需要设置一个一级账户即可,即"应交税金"或"应交税费"。在一级账户下,分税种设置二级账户。只要纳税人在税务会计确认、计量和申报程序正确无误,在会计记录环节,其账户名称及级

---

① 国务院财政、税务主管部门另有规定的除外。

次、账簿体系设置等可以有一定的灵活性。比较而言，我认为"应交税金①"比"应交税费"名称更好一些，因为企业按有关法规规定上缴的税金与费用，两者性质和作用不同，税费混同、信息合并，其弊大于其利。当然，如果将分税种设置的二级账户提升为一级账户也未尝不可，即主要税种单独设置账户，如"应交增值税""应交消费税""应交所得税"等账户，小税种可以单设一个"应交其他税金"账户。

（二）税务会计的记录方法

1. 应交税金的会计记录

（1）应交增值税的会计记录。由于财务会计对增值税的会计处理追随税法"价外计税"的规定，在企业购进货物、接受劳务、服务时，其借记的资产以不含税价入账；在销售货物、提供劳务、服务时，其收入同样也不含税。因此，企业发生购销业务（符合增值税的确认条件）时，其进项税额、销项税额要单独反映，然后根据抵扣制原理，确认计量其应交增值税额。在"应交税费（或应交税金）"总账账户下，既可以只设"应交增值税"一个二级账户，也可以设若干二级账户（包括主管税务机关要求专设的"增值税检查调整"），并在"应交增值税"账户下，再设若干明细账户（详见第三章）。

（2）应交企业所得税、个人所得税的会计记录。当企业按照税法规定，确认计量其计税依据并计算应纳税额后，其基本会计分录均如下：

借：所得税费用——本期所得税费用、应付职工薪酬、销售费用、管理费用等
　　贷：应交税费（或应交税金）——应交××税

（3）应交消费税、关税、资源税、土地增值税、土地使用税、房产税、车船税、印花税、城市维护建设税、契税、车购税等的会计记录。当企业按照税法规定，确认计量其计税依据并计算应纳税额后，其基本会计分录均如下：

借：税金及附加、固定资产、无形资产等
　　贷：应交税费（或应交税金）——应交××税

2. 上缴税金的会计记录

企业上缴税金的会计记录比较简单，即在税法规定的纳税期内实际上缴时，作会计分录如下：

借：应交税费（或应交税金）——应交××税
　　贷：银行存款、其他货币资金

3. 退税的会计记录

退税包括多缴税款的退回、先征后退和出口退税等类型。

对企业多缴税款的退回，不论是税务机关多征退回，还是企业自己多缴退回，在税务机关确认后，实际退回时，其会计分录与上缴税金的会计记录方向相反。

税款的先征后退属于税收优惠形式之一，如研发机构采购国产设备，凡符合退税条件，在规定时限内办理退税申请获批后，企业在收到退税款时，借记"银行存款"账户，贷记"营业

---

① 企业按规定（其法规层次要明显低于税收法规）上缴的"费用"，按原《企业会计制度》是通过"其他应交款"；其实，该科目也可以称为"应交收费"，与"应交税金"对称。

外收入"等有关账户。

出口退税的会计记录方法,详见本书第六章。

4. 代扣(收)代缴的会计记录

当企业发生代扣(收)代缴业务时,在依法确认计量代扣、代收税种、税额后,作会计分录为:

借:应付职工薪酬、银行存款等

　　贷:应交税费(或应交税金)——代扣(收)代缴××税

在税法规定的缴税期内实际上缴时,作会计分录如下:

借:应交税费(或应交税金①)——应交××税

　　贷:银行存款

5. 支付滞纳金、罚款、罚金的会计记录

如果纳税人未在税法规定的纳税期限内及时、足额缴纳税款,如果扣缴义务人未在税法规定的纳税期限内及时、足额扣缴税款,除按税务机关的要求,在规定期限内补缴税款外,还要按《中华人民共和国税收征收管理法》(以下简称《税收征管法》)的规定,按日加收滞纳税款额的5‰计算缴纳滞纳金。如果企业(包括责任人)发生违反《税收征管法》的违法行为,除可能受到的行政处罚外,还要依法缴纳罚款;如果企业(包括责任人)发生属于《中华人民共和国刑法》(以下简称《刑法》)认定的涉税犯罪行为,除可能被判刑外,还可能被给予附加刑——缴纳罚金。不论发生上述哪种情况,属于企业支付的,应作会计分录如下:

借:营业外支出——税收滞纳金(罚款、罚金)

　　贷:银行存款

四、纳税会计信息与涉税会计信息

财务会计提供的财务信息,包括税金及附加、所得税费用、递延所得税资产、递延所得税负债、应交税费余额等涉税会计信息,管理会计报表中有涉税会计信息,其他专题会计(如环境会计、人力资源会计等)中也有涉税会计信息,而税务会计提供的是企业纳税申报、税款缴纳和退补等纳税会计信息。由此可见,纳税会计信息与涉税会计信息是两类会计信息,两者内容不同、作用不同,究其因是目标不同。纳税会计信息与涉税会计信息分属不同的会计信息处理程序,不能互相取代,但在进行企业税务(税负)分析、财务分析、风险识别及防控、投融资决策时,可以综合考虑、结合运用(计算分析)。

不论是税务会计信息使用者,还是财务会计信息使用者,不能、也不应将单一会计信息作为信息的唯一来源,当然也不能将涉税会计信息等同于纳税会计信息。

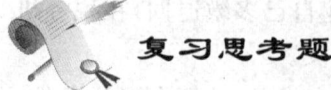 **复习思考题**

1. 试述税务会计概念、模式。

2. 简述税务会计对象和目标。

---

① 从第三章起,不再注明"应交税金"。企业既可以用"应交税费"科目名称,又可以用"应交税金"科目名称。

3. 简述税务会计的基本前提和原则。

4. 简述税务会计要素及其关系。

5. 试比较税务会计计量属性与财务会计计量属性的异同。

6. 纳税会计信息与涉税会计信息有何不同?

第二章 纳税基础

第一节 税收概述

一、税收的产生和发展

在历史的长河中,税收曾被称为"赋税""租税""捐税"等,简称为"税"。

税收的产生必须具备两个前提条件:一是国家的产生和存在;二是私有财产制度的存在和发展。这两个条件,互相影响,互相制约。只有社会上同时存在这两个条件,税收才能产生。因此,税收是国家和私有财产制度并存这样一种特定历史条件下的产物。

国家的出现同税收的产生有着本质的、内在的联系。其一,税收是国家实现其职能的物质基础,只有在国家为了行使其职能必须拥有一批专政机构、管理国家的行政管理机构,而这些国家机构及其公职人员,并不从事物质生产,但要不断耗用一定的物质资料时,为了满足这种需要,就要向社会成员征税。其二,税收是以国家为主体,以国家政治权力为依据的特定产品的分配。只有出现了国家,才能有征收税的主体——国家,也才能有国家征税的凭据——国家的政治权力,从而才会使税收的产生成为可能和现实。

私有财产制度的出现同税收的产生也有着直接的、必然的联系。国家取得的财政收入,可以有多种形式,但用什么方式,要受客观经济条件的制约。税收是国家凭借政治权力而不是财产权利的分配形式,只有社会上存在着私有财产制度,而国家又需要将一部分不属于国家所有或不能直接支配使用的社会产品转变为国家所有的情况下,才有必要采取税收的方式。而那些本来就属于国家所有或国家可以直接使用的社会产品,国家无需或不一定都采用税收的方式去征收。

古今中外,税收都是遵循着"无商无税、无税无国"的运行轨迹而变化和发展,深刻地揭示了税收同经济、税收同国家的内在辩证的运动规律。归根结底,税收是为适应人类社会经济发展的需要,特别是国家的需要而存在和发展的。同时,它又被用来作为执行国家职能的必不可少的重要经济杠杆。随着社会生产力的发展和各个社会政治、经济情况的发展变化,税收也经历了一个由简单到复杂,即由不成熟、不完善、不合理到比较成熟、比较完善、比较合理的发展演变过程。历史发展到今天,税收也由一国一制向国际化发展,税收的国际协调也日趋明显。

税收概念的表述与会计概念一样,由于所处的时代不同、环境不同、角度不同,对其表述也各异。目前比较一致的说法是:税收是国家为实现其职能,凭借政治权力,按照税法的规定(预定标准),对一部分社会产品和国民收入进行征收,以取得财政收入的一种方式,体现了以国家为主体的特定征缴关系,是一种强制性的再分配行为。

二、税收的基本特征

税收自产生以来,一直是国家取得财政收入的基本形式。它与其他财政收入形式相比较,具有以下基本特征。

(一)强制性

任何社会制度下的税收,都是国家凭借政治权力,通过税法所进行的强制征收。税法是国家法律的重要组成部分,任何纳税义务人都必须依照税法纳税,否则就要受到法律的制裁。因此,税收是国家取得财政收入的最普遍和最可靠的形式。

(二)无偿性

税收是国家对纳税义务人的无偿征收。征收以后的税款,就成为国家的财政收入,不付给任何报酬,也不再直接偿还给纳税人。正如列宁在 1921 年所说的:"所谓赋税,就是国家不付任何报酬而向居民取得东西。[①]"税收的这种无偿性,同债权收入有本质区别。

(三)固定性

在征税以前,税法预先对纳税人、纳税对象、税目、税率、应纳税额、纳税期限等作了规定,有一个比较稳定的适用期间,是一种固定的连续性收入。税收的这种固定性,使征纳双方都有法可依,以维护征纳双方的正当权益。当然,税收的固定性并非一成不变,国家依据政治、经济的发展变化,可以相应修改税法,调整税收的各项规定,但这种变动与税收的固定性并不矛盾。税收能成为调节经济的重要杠杆,是同税收的固定性特征密不可分的。

税收的上述特征,是相互联系、不可分离的。这就使它与利润、信贷、利息、折旧、罚没、规费、摊派等其他分配形式区别开来,成为一个特殊的分配范畴。税收的这三个特征是区别税与非税的根本标志,也是区别于其他财政收入的基本标志。在学术界,也有人对这三个特征提出质疑,认为不一定是"无偿"的,认为法定税收、中立性等也是其特征。

第二节 税收制度及其构成要素

一、税收制度

(一)税收制度的概念

税收制度亦称税收法律制度,简称"税制"。它是国家各种税收法令和征收办法的总称。它规定了国家与纳税人之间的征纳关系,是国家向纳税人征税的法律依据。从广义上说,它包括各种税收法规、暂行条例、实施细则、税收管理体制、税收征收管理制度以及税务机关内部的管理制度等。从狭义上说,它仅包括已完成立法手续的各种税收法规(如《中华人民共和国企业所得税法》《中华人民共和国个人所得税法》等)和虽未完成立法手续,但具有法律

[①] 列宁:《关于粮食税的报告》,《列宁全集》第 32 卷,人民出版社 1958 年版,第 275 页。

效力的各种税收条例(如《中华人民共和国增值税暂行条例》《中华人民共和国营业税暂行条例》等)。

任何一个国家的税收制度,都同该国的社会制度、政权性质及其实施的经济政策密切相关。

(二)税收制度的设计原则

一般认为,设计现代税收制度时,应符合四项标准:税收负担公平合理;保持中性,减少对经济的干预;征税效益高;征收管理简便。从理论上说,最佳(优)税收制度是指一种税收制度已经达到不可能再进行任何改革的理想税制,可作为评价现行税制的基准。设计最佳税收制度应遵循以下原则。

1. 税制设计的公平原则

在设计公平的税制时,受益原则和纳税能力原则缺一不可。尽管这两个原则都有一定的缺陷,但两个原则的配合运用,将会为公平税制的设计提供比较理想的选择。

(1)受益原则。税制的受益原则是主张公平的税制。在这种税制中,每个纳税者根据其从公共服务中得到的益处而相应纳税。按照这个原则,公平税制应该依支出结构的不同而不同。因此,受益原则不仅适用于评价税收政策,而且适用于评价税收收入的支出政策。要真正实行受益原则,就应该让纳税人知道自己从支出方面获得的受益,当然这在量上是很难计算的;但根据受益原则,每个纳税者缴纳的税金与其对公共劳务的需求应成正比。受益原则的优点是能够比较理想地分配税收负担,以支付某些政府公共劳务的费用;其缺点是难以用于分配某些纯公共服务的费用负担,不能处置政府的转移支付所需要的那部分税收,也不能用以实现再分配的目的。因为政府用于提供公共劳务的税收收入和用于实现收入再分配的税收是无法分开的。

(2)纳税能力原则。纳税能力原则是指每个纳税人应按其纳税能力纳税。按照这一原则,真正的公平税制是从税收自身考虑的,它与政府的支出决定无关,这一点与受益原则不同。根据纳税能力原则,拥有相同纳税能力的人必须缴纳相等的税款,而具有较高能力的人则必须缴纳更多的税款。前者称为横向公平,后者称为纵向公平。横向公平只适用于最基本的平等方面,例如采用比例税率的所得税的计征。纵向公平要求纳税人承受的负担必须一致,具有不同能力的人就应缴纳不同数量的税款。衡量纳税能力的标准有收入、消费和财富三个方面。收入作为纳税能力的标准,已为绝大多数人所接受。所得税就是以收入反映纳税能力的税基。但也有人认为消费是一种更好的纳税能力标准,即纳税人从社会财富这个蓄水池里抽走的数量来缴税,而不应根据其注入这个蓄水池里的数量来缴税,也不应对其储蓄起来的那部分缴税;所得税使纳税人在现在与未来消费之间的选择造成扭曲,形成额外税负;储蓄是投资的来源,而增加投资又是经济增长的重要因素。选择财富作为税基比选择收入作为税基有更长的历史。选择财富作为税基,反映了一种价值增值的观点,认为财富是取得资本收入流量的资本化价值。

在现实生活中,适当的税基选择,应受税收的现实经济结构及其所能提供的征税手段的制约。

(3)受益原则与纳税能力原则的比较。受益原则能够较好地解决分配税收负担,以支付政府公共劳务的费用,但它不能够处置政府转移支付的再分配问题。因此,公平税制原则需要受益原则与纳税能力原则的恰当结合。但实际操作时要准确、充分地体现这两个原则,却不是那么容易的事。

2. 税制设计的效率原则

税收本身的效率是指是否以最低的税收成本取得最大的税收收入。税收成本就是在税收征纳过程中所发生的全部费用支出。狭义的税收成本仅指税务机关征税的行政管理费用,广义的税收成本还应包括纳税人按照税法规定,在纳税过程中所支出的费用(税制越复杂,花在与税收有关方面的费用就会越多)。

目前税收制度设计原则的发展趋势是:税收原则由偏重纵向公平转向追求横向公平;税收效率原则由注重经济效率转向经济与效率并重;在税收公平与效率两原则之间由侧重公平转向突出效率;税收的经济效率原则由主张全面干预转向适度干预,即尽可能减少(并不是、也不可能完全避免)税收对经济的干预"度",尽量压低(并不是、也不可能完全取消)因征税而使纳税人或社会承受的额外负担"量"。

二、税收实体法构成要素

税收实体法[①]是税收法律关系主体的实体权利和义务的法律规范总称。税收实体法直接关系征纳双方的权力和责任/权利和义务的界定,税收实体法是税法的核心内容,如果没有税收实体法,政府就没有权力向纳税人征税,纳税人就没有义务向政府缴税,也就没有税法体系。由于国家设置并征收的每个税种的特定目的不同,因此,一般都是分税种立法,即"一税一法"——一个税种一部税收实体法;而且每个税种(即每个税收实体法)的构成要素(基本要素)具有统一性,一般包括纳税人、课税对象(纳税对象)、税目、税率、计税依据等。

(一) 纳税权利义务人

纳税权利义务人简称"纳税人"[②],是根据税法规定直接负有纳税义务并享有纳税人权利的单位和个人。纳税人可以是自然人,也可以是法人。自然人是依法享有民事权利,并承担民事义务的公民。法人是依法成立、能够独立支配财产并能以其名义享受民事权利并承担民事义务的社会组织。

在实际纳税中,与纳税人相关的概念还有:

(1) 预扣、代扣(收)代缴义务人,亦称扣缴义务人。税收法律、行政法规明确规定负有扣缴义务的单位和个人。扣缴义务人在支付或收取款项时,代税务机关向负有纳税义务的单位和个人扣留或收取并解缴(缴纳)税款。

(2) 名义纳税人和实际纳税人。在一般情况下,税法中规定的纳税人就是实际纳税人。但在某些税种中,国家为了及时取得财政收入,防止偷逃税款,往往采取控制源泉的方法,这就出现了名义纳税人和实际纳税人不统一的问题。名义纳税人是指替别人履行纳税义务的纳税人;实际纳税人是指直接支付税款的纳税人。实际纳税人通过名义纳税人实现向国家缴纳税款的义务。

---

① 相对于税收实体法的是税收程序法,即规范税务机关和税务行政相对人在行政程序中权力和责任/权利和义务的法规总称。它可以保障实体法的有效实施,弥补其不足;维护纳税人的权益,规范和制约行政权的行使,提高执法水平和执法效率。

② 笔者不认可"纳税义务人"的提法。若没有权利,何来义务?因此,纳税人应是纳税权利义务人的简称,而非"纳税义务人"的简称。

（3）代征人。依法接受委托、行使代征税款权利并承担《委托代征协议书》规定义务的单位或人员。遵循自愿原则，委托人应与代征人签订《委托代征协议书》，明确委托代征范围和期限（不超过 3 年）、代征手续费率、违约责任等内容。

（4）纳税单位。它是指申报缴纳税款的单位，是纳税人的有效集合。为了征管和缴纳税款的方便，可以允许在法律上负有纳税义务的同类型纳税人作为一个纳税单位，填写一份申报表进行纳税。在一般情况下，要根据管理的需要和国家政策来确定纳税单位。

（二）课税对象、课税依据

课税对象亦称纳税对象、征税客体等。它是征税的标的物，是明确对什么征税的问题。每种税都有其特定的征税对象，它是区别不同税种的主要标志，体现不同税种征税的基本界限，决定着不同税种名称的由来以及各税种在性质上的差别，并对税源、税收负担等产生直接影响。

纳税对象的计量标准是计税依据（课税依据或税基），它是税法中规定的据以计算应缴税款的直接数量依据。如果没有计量标准，就无法计算应缴（应征）税款。因此，计税依据要明确其计量单位，计量单位分为价值形态和实物形态两大类。如果计税依据是价值形态，如销售额、应纳税所得额等，其纳税对象与计税依据计量单位一致，均为货币计量；如果计税依据是实物形态，是以纳税对象的销售数量、计税面积、长度、重量等作为计税依据，则纳税对象与计税依据可能不一致，如车船税，其纳税对象是各种车辆、船舶，而其计税依据则是车船的辆、吨、米等实物计量单位。以价值形态作为计税依据时，其计税方法为从价计税；以实物形态作为计税依据时，其计税方法为从量计税；既以价值、又以实物为依据计税时，其计税方法为复合计税。

（三）税目

税目是征税对象的具体化，反映具体的征税范围，体现每个税种的征收广度。不是所有的税种都规定税目，对那些征税对象简单明确的税种，如房产税、烟叶税等，就不必另行规定税目。对征税对象比较复杂的税种，在税种内部不同征税对象需要采取不同的税率档次进行调节时，就需要对该税种的征税对象作进一步的划分，其划分类别就是税目。

（四）税率

税率是应纳税额与课税对象（计税依据）之间的关系或比例，是计算应纳税额的尺度，体现课税的深度。每种税的税率高低，反映国家在一定时期的有关经济政策，直接关系国家财政收入的多少和纳税人的税收负担的大小。因此，税率是体现税收政策的中心环节，是构成税制的基本要素。税率的设计要体现国家的政治、经济、社会发展等政策，要体现公平、简化的要求。税率可以从不同角度分类。

按照税率的经济意义，税率可以分成名义税率和实际税率两种。名义税率就是税法上规定的税率；实际税率就是纳税人实际缴纳的税额与其全部收益额的比例（比重）。在一般情况下，同种税的实际税率可能低于其名义税率。

按照税率的表现形式，税率可以分为以绝对量形式表示的税率和以百分比形式表示的税率。

1. 定额税率

它是按纳税对象的一定计量单位规定固定的税额，而不是规定纳税比例，所以又叫"固

定税额"。它是税率的一种特殊形式,一般适用于从量征收的某些税种。在具体运用上,又分为地区差别定额税率、幅度定额税率、分类分级定额税率等不同形式。还有将地区差别、分类分级和幅度相结合的定额税率,即对同一纳税对象,在按地区差别或分类分级定率的前提下,实行有幅度的定额税率,如城镇土地使用税就是采用有地区差别的幅度定额税率。定额税率的优点是:计算简便,税负稳定,不受物价波动的影响;在一定条件下采用时,有利于提高产品质量、改进包装或提高资源的利用率。

2. 比例税率

它是对同一征税对象,不论数额大小,都按同一比例纳税。税额与纳税对象之间的比例是固定的。比例税率在具体运用上又可分为产品比例税率、行业比例税率、地区差别比例税率、幅度比例税率以及其他一些比例税率等多种形式。

比例税率的优点是:对同一纳税对象的不同纳税人税收负担相同,有利于企业在大体相同的条件下开展竞争,促进企业加强管理,提高经济效益;计算方便,有利于企业核算、缴纳,也便于加强税收稽征管理工作。其主要缺点是:不分纳税人的收入多少、设备好坏、生产经营地点等,都按同一税率征税,这与纳税人的负担能力不完全适应,在调节企业利润水平方面有一定的局限性。

3. 累进税率

它是按照纳税对象数额的大小,实行等级递增的税率。即把纳税对象按一定的标准划分为若干个等级,从低到高分别规定逐级递增税率。这种税率制度,既可适应纳税人的负担能力,又便于充分发挥调节纳税人收入水平的作用,而且适应性强,灵活性大,一般适用于对所得和财产的征税。按累进税率结构的不同,又可分为以下几种:

(1)全额累进税率。它是对纳税对象的全部数额,都按照与之相适应的等级的累进税率计算纳税。在纳税对象提高到一个新的级距时,对其全额都提高到一级新的与之相适应的税率计算纳税。它的累进幅度较大,对纳税人的所得具有较强的调节作用,计算方法简单,但存在税负不尽合理的弊端。

(2)超额累进税率。它是把纳税对象按数额大小划分为若干等级,从低到高对每个等级分别规定相应的税率,一定数额的纳税对象可以同时适用几个等级的税率,每超过一级,超过部分则按提高一级的税率征税,这样分别计算税额,各等级应纳税额之和,就是纳税人的应纳税额。它的累进程度比较缓和,纳税人的税负较全额累进税率要轻一些,但在计算上比较复杂。

(3)超率累进税率。它与超额累进税率在道理上是相同的,不过税率累进的依据不是纳税对象数额的大小,而是销售利润率、资金利润率或增值率的高低。例如现行的土地增值税,就是采用超率累进税率。

4. 零税率与负税率

零税率是税率为零的税率。它是免税的一种形式。说明纳税对象的持有人负有纳税义务,但不需缴纳税款。零税率通常有两种情况:一是对所得征税时,对所得额中的免税全额部分规定税率为零,以保证所得少者的生活和生产之需。二是对商品征税时,对出口商品规定税率为零,即退还出口商品在生产制造和流转环节已纳的商品税,使商品以不含税价格进入国际市场,以增强商品在国际市场上的竞争力。负税率是指政府利用税收形式对所得额低于某一特定标准的家庭和个人予以补贴的比例。负税率主要用于负所得税的计算,它是

目前西方发达国家把所得税和社会福利补助制度相结合的一种主张和试验,就是对那些实际收入低于维持一定生活水平所需费用的家庭和个人,按一定比例由国家付给其所得税。负税率的设计必须依据社会愿意加以运用的社会福利函数去衡量,税率要适度,防止事与愿违,产生不思进取的消极后果。

（五）纳税环节

纳税环节是指对处于不断运动中的纳税对象选定应该缴纳税款的环节。税法对每一种税都要确定纳税环节,但有的税种纳税环节比较明确、固定,而有的税种则需要在许多流转环节中选择和确定。从对流转额的纳税来看,由于产品从生产到消费,中间要经过工业生产、商业批发、商业零售等环节,可以选择在产品的生产环节或第一次批发环节纳税,对其他环节可以不纳税,即实行"一次课征制",如资源税;也可以在产品出厂销售时缴纳一次工业环节的税,经过商业零售环节时再缴纳一次税,而对商业批发等中间环节不纳税,即实行"两次课征制"。还可以在工业品的产制、批发和零售环节都纳税,即实行"多次课征制",我国现行增值税就是属于多次课征制。从对收益额的纳税来看,既可以只在分配环节缴一道所得税,又可以先在收益形成环节缴纳一道级差收益税,再在收益分配环节缴纳一道所得税,并在收益使用环节有选择地缴纳其他目的税。纳税环节的确定,不仅关系到整个税制结构和税收体系的布局,而且对于保证国家财政收入,促进企业改善经营管理,贯彻公平税负、合理负担的税收政策,都极为重要。因此,在确定纳税环节时,要以有利于生产发展,有利于商品流通,有利于控制税源,保证财政收入和方便纳税人为原则。

（六）税额的计算

税额的计算是根据纳税人的生产经营或其他具体情况,对其应纳税产品（商品）或项目,按照国家规定的税率,采取一定的计算方法,计算出纳税人的应纳税额。税额计算的正确与否,直接关系到能否正确地贯彻执行税收政策。每种税都明确规定了应纳税额的具体计算公式,但其基本计算方法相同,即:

$$应纳税额 = 计税依据 \times 适用税率$$

公式中"计税依据"在具体运用时,又涉及两个概念。

1. 计税单位

计税单位也称计税标准、课税单位。它是课税对象的计量单位和缴纳标准,是课税对象的量化。计税单位分为从价计征、从量计征和混合计征三种。从价计征是以价值形态的货币金额作为课税对象的计量单位,大部分税种属于此类;从量计征是以课税对象的重量、数量、容量、面积等实物形态为计税单位;混合计征是从量与从价复合计征。

2. 计税价格

它是指税法规定应税产品计算其应纳税额所采用的价格。对从价计征的税种、税率一经确定,应纳税额的多少就取决于价格因素。按照计税价格是否包含税款划分,计税价格又可以分为含税价格和不含税价格。

（七）税负调整

纳税人负担的轻重,除了通过税基、税率体现外,还可以通过其他措施来调整纳税人的

负担。从税负看,税基、税率主要体现税负的统一性,而税负调整则体现税负的灵活性。税负调整分减轻税负(税收减免)和加重税负(税收加征)两种情况。税负调整权要高度集中,未经国家授权,任何地区和部门都不得擅自决定。

1. 税收减免

(1)税收减免及其要求。税收减免是减税与免税的合称。减免税是国家对特定纳税人或征税对象给予减轻或者免除税收负担的一种税收优惠措施,包括税基式减免、税率式减免和税额式减免,但不包括出口退税和财政部门办理的减免税。减免税体现税收在原则性基础上的灵活性,但它也存在扭曲资源配置的可能性。

纳税人同时从事减税、免税项目与非减免项目的,应分别确认计量。纳税人依法可以享受减免税待遇,但因故未享受而多缴税款的,纳税人可以在税收征管法规定期限内申请减免税,要求退还多缴税款。

税务机关应当遵循依法、公开、公正、高效、便利原则,规范减免税管理,及时受理和核准纳税人申请的减免税事项。税务机关应当结合税收风险管理,将享受减免税的纳税人履行纳税义务情况纳入风险管理,加强监督检查。

(2)税收减免的类型。

核准类减免税。它是指法律、法规规定应由税务机关核准的减免税项目。纳税人申请核准类减免税的,应当在政策规定的减免税期限内,向税务机关提出书面申请,并按要求报送相应的材料。纳税人对报送材料的真实性和合法性承担责任。

备案类减免税。纳税人享受备案类减免税,应当具备相应的减免税资质,并履行规定的备案手续。

自行判别。企业可根据经营情况以及相关税收规定自行判断是否符合优惠事项规定条件。认为符合条件的,应按规定时间自行计算减免税额,填报纳税申报表主表和相关附表,相关资料留存备查。

2. 起征点与免征额

(1)起征点。起征点是税法规定的对课税对象开始征税的临界点。课税对象未达到起征点的不征税;达到或超过起征点的,就其全部金额征税,而不是仅就超过部分征税。当起征点较高时,容易诱发纳税人避税。

(2)免征额。免征额是税法规定的对课税对象中免予征税的临界点。它是按税法规定的数额,从计税依据总额中预先减除的部分。即免征额部分不纳税,只对超过免征额的部分征税。免征额是一种普惠制,有利于保证纳税人的基本所得,如计算居民个人综合所得时的"减除费用"。

3. 税收加征

税收加征包括地方附加、加成征收和加倍征收三种形式:

(1)地方附加。地方附加简称附加,是地方政府按照国家规定的比例,随同正税一起征收的作为地方财政收入的款项。税收的附加率必须由国家统一规定,按附加率征收的地方附加款项,国家也规定专门的使用范围,地方政府均不得擅自变更。

(2)加成征收。加成征收是指在按规定税率计算出应纳税额后,再加征一定成数的税额。一成为税额的 10%,以此类推,一般最高为十成。加成实际上是税率的延伸,是对税率

的补充规定。规定加成征收办法,有利于对所得额较大的纳税人,在税收上加以限制,更好地体现公平税负原则;还有利于简化税率的设计。加成征税,可以在不增加税率档次的情况下,使税率能够合理地延伸,易于征纳双方掌握。

(3)加倍征收。加倍征收是指在按规定税率计算出税额后,再加征一定倍数的税额。加倍征税是累进税率的一种特别补充,其延伸程度远远大于加成征税。因为加成征税并未超过税率自身的规定范围,最大的加成幅度才是一倍,如税率为10%,加征一成,税负为11%,加征十成,税负为20%;而加倍征税则最少是一倍,因此,其调控跨度大。加倍征收主要适用于收益类税种,对收益额特大的纳税人,采用加倍征税办法时,一般应规定计税基数,对超基数的倍数实行加倍征收,以缩小由于纳税人收入相差悬殊而产生的贫富差距过大的现象。

第三节　税务登记与纳税申报

一、税务登记制度

税务登记是税务机关根据税法规定,对纳税人的生产经营活动进行登记管理的一项基本制度,是纳税人接受税务机关监督,依法履行纳税义务的必要程序。履行税务登记制度,是确立征纳双方法律关系的依据和证明,税务登记证件是抽象性的征税通知、税务许可证和权利证明书。税务登记包括设立登记、变更登记、注销登记和税务登记证验证、换证以及非正常户处理、报验登记等有关事项。

税务登记不仅是纳税人的法定义务,同时也是纳税人的一种权利证明。除了按规定不需要发给税务登记证件的情况外,纳税人可持税务登记证件办理以下事项:开立银行账户;申请减税、免税、退税;申请办理延期申报、延期缴纳税款;申领发票;申请开具外出经营活动税收管理证明;办理停业、歇业;其他有关税务事项。

(一)设立登记

政府简政放权后,推行"多证合一"登记制度①。新设立登记的企业首次办理涉税事宜时,税务机关依据工商部门共享的登记信息制作《"多证合一"登记信息确认表》,提醒纳税人对其中不全的信息进行补充,对不准确的信息进行更正,对需要更新的信息进行补正。对首次办理涉税事宜的新设登记企业需要补充的信息,部分信息由金税三期核心征管系统自动生成,部分信息合并至实名办税、财务会计制度备案等环节采集。

金税三期外部信息交换系统自动将纳税人在工商部门的换照信息传递至征管系统,各地税务机关通过征管系统相关模块,及时为纳税人办理相关涉税业务。税务机关将纳税人识别号变更为18位统一社会信用代码。实现在更大范围、更深层次信息共享和业务协同。

(二)变更登记

纳税人税务登记内容发生变化的,应当在规定时间内,提供相关证件和材料,向原发证机关申报办理变更登记(验证、换证)。

---

① 由原先的市场监管、质监、税务、人保、统计等部门分别办理、各自发证,改由申请人一表申请,市场监管部门或行政综合服务窗口统一收件,其他部门协同,核发加载统一社会信用代码的企业营业执照(正副本)。

（三）停业、复业登记

纳税人在申报办理停业登记时，应如实填写停业申请登记表，说明停业理由、停业期限、停业前的纳税情况和发票的领、用、存情况，并结清应纳税款、滞纳金、罚款。纳税人在停业期间发生纳税义务的，应按税收法律、行政法规的规定申报缴纳税款。

纳税人应当于恢复生产经营之前，向税务机关申报办理复业登记，领回并启用税务登记证件、发票申领簿及其停业前申领的发票。停业期满不能及时恢复生产经营的，应当在停业期满前向税务机关提出延长停业登记申请。

（四）注销登记

纳税人发生解散、破产、撤销以及其他情形，依法终止纳税义务的，应当在规定时间内，按规定要求提供相关证件和材料，向原发证机关申报办理注销登记。

对向市场监管部门申请一般注销的纳税人，税务机关在为其办理税务注销时，应限时办结。对未处于税务检查状态，无欠税、滞纳金及罚款，已缴销增值税专用发票及税控专用设备，且符合规定条件的纳税人，可即时办结，采取承诺制容缺办理，即资料不齐的，可在其作出承诺后，税务机关即时出具清税文书。纳税人应按承诺时限补齐资料并办结相关事项；否则，税务机关将对其法定代表人、财务负责人纳入纳税信用 D 级管理。

二、纳税申报

纳税申报是纳税人在发生纳税义务后，按国家有关法律、行政法规规定和税务机关的具体要求，向主管税务机关如实申报有关纳税事项及应缴税款时，应履行法定手续的制度。纳税申报不仅是征纳双方核定应纳税额、开具纳税凭证的主要依据，也是税务机关研究经济信息，加强税源管理的重要手段。实行纳税申报制度，可以促使纳税人增强纳税意识，提高税款计算的正确性，而且有利于税务机关依法征收税款，查处税务违法事件，保证税款及时、足额入库。

（一）纳税申报方式

目前，我国的纳税申报方式主要有直接申报和数据电文申报。

1. 直接申报

纳税人、扣缴义务人直接到主管税务机关办理纳税申报或扣缴税款的报告。

2. 数据电文申报

纳税人、扣缴义务人经税务机关批准，经由电子、光学或类似手段生成、储存或传递纳税申报或扣缴税款的报告。这些手段包括电子数据交换、电子邮件、电报、电传等。

（二）纳税申报范围

凡是有纳税义务的单位和个人，不论当期是否有应纳税款，都应办理纳税申报。此外，下列单位和个人，也应办理纳税申报：

（1）经税务机关批准，实行"自行核税、自行开票、自行缴库"的纳税人，应定期向税务机关提交纳税申报，接受税务机关的监督。

（2）采取定期定额缴纳税款方式的纳税人，按评估核定的销售额、营业额、所得额等分月计算缴纳税款，并定期办理申报纳税，以反映其实际经营情况，以便税务机关检查原先核定的税款定额是否合理。

（3）经税务机关批准减免税的纳税人，须定期申报减免税款的发生结果，以真实地反映减免税的成效。

（4）扣缴义务人须定期办理纳税申报，以防止不扣或少扣等情况的发生。

（三）纳税申报期限

1. 纳税义务与纳税期限的确认

纳税义务发生时间，即纳税人应税行为的发生时间，它是确认纳税期限的起始点。在各个税收实体法中，都明确规定了应税行为的发生时间。与财务会计有所不同，税务会计确认有的基于收付实现制、有的基于权责发生制，因涉税事项和税种的不同而不同。

2. 纳税期限

纳税期限是纳税人依法向国家缴纳税款的期限。纳税义务发生后，不可能立即缴纳税款。因此，在各税收实体法中，都规定了具体的间隔时间，即纳税期限。有按日、按月、按季之分，其中按日又有不同日期之别。不能按固定期限纳税的，应按次纳税。

3. 缴税期限

纳税期满后，应缴税款实际缴纳的期限，即从纳税期满之日起，多少天内申报纳税。超过期限，即为欠税。此外，有的税种还规定了预缴税款期限和结清（清缴）期限。

4. 延期申报

以下两种情况可以延期纳税申报：

一是法定延期。在纳税期限最后一日是法定休假日的，以休假日期满次日为期限的最后一日；在期限内有连续3日（含）以上法定休假日的，按休假日天数顺延。假设某企业某税种是每月1至10日为纳税期限，元旦1至3日为法定节假日，1月10日是星期六，其纳税期限的最后1天应是1月14日。

二是核准延期。纳税人、扣缴义务人不能按期办理纳税申报，经税务机关核准，可以延期申报。但应按上期实际缴纳的税款或税务机关核定的税款预缴，并在核准的延期内办理税款结算。

（四）纳税申报表及附报资料

纳税人、扣缴义务人在填写纳税申报表时，应将税种、税目、计税依据、适用税率或单位税额、应纳税额、代扣（收）代缴税额、税款所属期限、计算机代码、单位名称等填写清楚，并加盖有关印章。

纳税人无论有无应税收入、所得和其他应税项目，或者在减免税期间，必须依照《税收征管法》的规定，向主管税务机关报送同期财务会计报表及其他附列资料。

为了进一步深化税务系统"放管服"改革，简化企业纳税申报资料报送，减轻企业办税负担，国家税务总局颁布了有关事项的公告，纳税人向税务机关申报扣除资产损失，仅需填报《资产损失税前扣除及纳税调整明细表》，不再报送相关资料，而由企业留存备查[①]。虽然降低了企业的办税负担和申报资料的难度，但从另一个角度看，也是对企业税务合规与内控制度提出的更高要求。不再报送相关资料，并不意味着相关资料"不重要"。企业应对资产损

---

① 留存备查资料是指与企业享受优惠事项有关的合同、协议、凭证、证书、文件、账册、说明等资料。

失资料进行收集、整理、归集,妥为保存,留存备查,保证其真实性、合法性,否则要承担相应的法律责任。

第四节　发票管理与税款缴纳

一、发票管理制度

(一)发票的概念和属性

发票是指在购销商品、提供或者接受劳务、服务以及从事其他经营活动中,开具、收取的收付款凭证。发票是记录经济活动的商事凭证,也是税务机关进行税收征管的重要依据。

发票是用以证明交易事项已经发生,明确交易双方法律责任,记录交易原始形态和内容的商事凭证,有时也将其作为提货单、保修单等的辅助证明。同时,它还是财务会计核算凭证,用以作为会计记录的依据和会计档案资料;也是税务会计的计税凭证,是税务机关等执法检查的重要依据。

(二)发票基本要素

发票的基本要素有发票的名称、发票代码和号码、联次及用途、客户名称、开户银行及账号、商品名称或经营项目、计量单位、数量、单价、大小写金额、开票人、开票日期、开票单位(个人)名称(章)等。发票联次包括存根联、发票联、记账联。存根联由收款方或开票方留存备查;发票联由付款方或受票方作为付款的原始凭证;记账联由收款方或开票方作为记账的原始凭证。

(三)发票的领取

需要领取发票的单位和个人,应当持税务登记证件、经办人身份证明(经办人的居民身份证、护照或者其他能证明经办人身份的证件)、按照国务院税务主管部门规定式样制作的发票专用章(用票单位和个人在其开具发票时加盖的有其名称、税务登记号、发票专用章字样的印章)的印模,报主管税务机关审核。

从事收购种植业、养殖业、林业、牧业、水产业生产的各种初级产品的单位和个体工商户,应持要求的相关资料到税务机关领取农产品收购发票。

(四)发票的开具和保管

企业销售商品、提供服务以及从事其他经营活动的单位和个人,对外发生经营业务收取款项,收款方应当向付款方开具发票;特殊情况(收购单位和扣缴义务人支付个人款项及国家税务总局认为其他需要由付款方向收款方开具发票的情况)下,由付款方向收款方开具发票。

所有单位和从事生产、经营活动的个人在购买商品、接受服务以及从事其他经营活动支付款项,应当向收款方取得发票。取得发票时,不得要求变更品名和金额。不符合规定的发票,不得作为财务报销凭证,任何单位和个人有权拒收。

任何单位和个人不得有下列虚开发票行为:①为他人、为自己开具与实际经营业务情况不符的发票;②让他人为自己开具与实际经营业务情况不符的发票;③介绍他人开具与实际

经营业务情况不符的发票。

企业应当建立发票使用登记制度,设置发票登记簿,并定期向主管税务机关报告发票使用情况;应在办理变更或者注销税务登记的同时,办理发票和发票申领簿的变更、缴销手续;应按税务机关的规定存放和保管发票,不得擅自损毁。保存期满,报经税务机关查验后销毁。

(五)网络发票管理

网络发票是依托互联网、利用网络发票管理系统在线开具的普通发票(纸制发票)。税务机关根据纳税人的经营情况,核定其在线开具网络发票的种类、行业类别、开票限额等内容。发票开具人需要变更网络发票核定内容的,可向税务机关提出书面申请,经税务机关确认,方可予以变更。开具人需要开具红字发票的,必须收回原网络发票的全部联次或取得受票方出具的有效证明,并通过网络发票管理系统开具金额为负数的红字网络发票。

当受票方取得网络发票时,应及时查询验证网络发票信息的真实性、完整性,对不符合规定的发票,不得作为财务报销凭证,任何单位和个人有权拒收。

纳税人通过互联网,利用省以上税务机关公布的发票在线应用系统开具发票,实现发票的在线开具、查询、购销等功能;纳税人开具网络发票后,开票信息实时传至税务机关监管系统,不仅简化了审批程序,方便纳税人申领、开具发票,大大降低纳税人接受假发票的损失。同时,也便于税务机关及时对开票数据进行查询、统计,将纳税人的发票信息与其纳税申报以及财务报表信息进行对比,及时发现纳税人少报销售、多记成本等违法违规问题,增强税收征管的针对性和有效性,防止国家税款流失。

电子发票是指纸质发票的电子映像和电子记录,是网络发票的电子形态或者说无纸化形式。电子发票有利于加快简化发票的流转、贮存、查验、比对,降低纳税人成本,强化发票管理,为网络发票的电子形态或无纸化展示了广阔的发展前景。

二、税款缴纳

站在纳税人的角度,应按照国家现行税法的规定纳税;站在征税人的角度,就是税务机关依照法律、行政法规的规定,将纳税人依法应纳的税款,通过不同方式征集收缴入库的执法过程或工作,即税款征收。税款征收的主体(由谁征税)是税务机关,税款征收的客体(向谁征税)是纳税人,第三者均不可充当税款征收的征纳双方。税务机关必须严格依法征税、依率计征,将应征税款及时、足额地征收入库,不得违反规定开征、停征、多征、少征税款。税务机关自行开征、停征某种税款,是越权行为;多征,少征,则是执法犯法。税务机关不得在税法生效之前先向纳税人征收税款,同时,也不可在税法尚未失效时就停止征收该种税款。因此,《税收征管法》不只是单方面约束纳税人,而且在更高层次上体现了对纳税人合法权益的保护。

(一)税款缴纳方式

纳税人在纳税申报后,应按主管税务机关认定的如下税款缴纳方式,在规定期限内将应交税款解缴入库。

1. 自核自缴(查账征收)

它适用于财务制度健全、会计核算正确,能够主动自觉依法纳税的企业。经主管税务机关批准,企业自行计算应纳税款,自行填写纳税申报表并按规定办理纳税申报(包括附报资料），自行填写税收缴款书并及时缴纳税款。

2. 核实缴纳（查定征收）

它适用于财务制度基本健全、会计核算比较正确，能够依法计算应纳税款的企业。纳税人自行填写纳税申报表，并按规定办理纳税申报（包括附报资料），经主管税务机关审核并填开税收缴款书后，在规定期限内缴纳税款。

3. 查定缴纳（查验征收）

它适用于财务制度不够健全、凭证账簿不大完备的企业。纳税人应如实向主管税务机关办理纳税申报，并提供其生产经营情况等资料，经税务机关审查测定或实地查验后，填开税收缴款书或完税凭证，纳税人据以在规定期限内缴纳税款。

4. 定额（核定）缴纳

它适用于生产经营规模较小，无力建账或账证不全，不能提供准确纳税资料的企业。纳税人按照税务机关核定的销售额（收入额）和税率或征收率计算应交税款，并在规定期限内申报缴纳。当纳税人每期的实际销售额与税务机关核定的定额升降幅度超过 20% 时，经税务机关核实后，可对定额予以调整。适用核定应税所得率缴纳企业所得税的纳税人，其应纳税所得额按税法规定的公式计算，详见本书第八章第三节。

（二）税款缴纳凭证——税收票证

1. 税收票证意义

税收票证是指税务机关、扣缴义务人依照法律法规，代征代售人按照委托协议，征收税款、基金、费、滞纳金、罚没款等各项收入（以下统称税款）的过程中，开具的收款、退款和缴库凭证。税收票证是纳税人实际缴纳税款或者收取退还税款的法定证明。

税收票证包括纸质形式和数据电文形式。数据电文税收票证是指通过横向联网电子缴税系统办理税款的征收缴库、退库时，向银行、国库发送的电子缴款、退款信息。

税收票证的基本要素包括：税收票证号码、征收单位名称、开具日期、纳税人名称、纳税人识别号、税种（费、基金、罚没款）、金额、所属时期等。

2. 税收票证的种类

税收票证包括税收缴款书、税收收入退还书、出口货物劳务专用税收票证、印花税专用税收票证、税收完税证明以及国家税务总局规定的其他税收票证。

（1）税收缴款书。税收缴款书是纳税人据以缴纳税款，税务机关、扣缴义务人以及代征代售人据以征收、汇总税款的税收票证。它具体包括：

《税收缴款书（银行经收专用）》。它是由纳税人、税务机关、扣缴义务人、代征代售人向银行传递，通过银行划缴税款（出口货物劳务增值税、消费税除外）到国库时使用的纸质税收票证。其适用范围是：纳税人自行填开或税务机关开具，纳税人据以在银行柜面办理缴税（转账或现金），由银行将税款缴入国库；税务机关收取现金税款、扣缴义务人扣缴税款、代征代售人代征税款后开具，据以在银行柜面办理税款汇总缴入国库；税务机关开具，据以办理"待缴库税款"账户款项缴入国库。

《税收缴款书（税务收现专用）》。它是纳税人以现金、刷卡（未通过横向联网电子缴税系统）方式向税务机关缴纳税款时，由税务机关开具并交付纳税人的纸质税收票证。代征人代征税款时，也应开具本缴款书并交付纳税人。为方便流动性零散税收的征收管理，本缴

款书可以在票面印有固定金额,具体面额(单种面额不得超过 100 元)种类由各省税务机关确定。

《税收缴款书(代扣代收专用)》。它是扣缴义务人依法履行税款代扣代缴/代收代缴义务时开具并交付纳税人的纸质税收票证。扣缴义务人代扣代收税款后,已经向纳税人开具了税法规定或国家税务总局认可的记载完税情况的其他凭证的,可不再开具本缴款书。

《税收电子缴款书》。它是税务机关将纳税人、扣缴义务人、代征代售人的电子缴款信息通过横向联网电子缴税系统发送给银行,银行据以划缴税款到国库时,由税收征管系统生成的数据电文形式的税收票证。

(2) 税收收入退还书。税收收入退还书是税务机关依法为纳税人从国库办理退税时使用的税收票证。它具体包括:

《税收收入退还书》。它是税务机关向国库传递,依法为纳税人从国库办理退税时使用的纸质税收票证。

《税收收入电子退还书》。它是税务机关通过横向联网电子缴税系统依法为纳税人从国库办理退税时,由税收征管系统生成的数据电文形式的税收票证。

税收收入退还书应当由县以上税务机关税收会计开具并向国库传递或发送。

(3) 出口货物劳务专用税收票证。出口货物劳务专用税收票证是由税务机关开具、专门用于纳税人缴纳出口货物劳务增值税、消费税或者证明该纳税人再销售给其他出口企业的货物已缴纳增值税、消费税的纸质税收票证。

(4) 印花税专用税收票证。印花税专用税收票证是税务机关或印花税票代售人在征收印花税时向纳税人交付、开具的纸质税收票证。

(5) 税收完税证明。税收完税证明是税务机关为证明纳税人已经缴纳税款或者已经退还纳税人税款而开具的纸质税收票证。

第五节　诚信纳税与纳税信用

一、诚信纳税及其意义

(一)诚信及诚信纳税

诚信即诚实守信,一诺千金,言而有信。日裔美籍学者法兰西斯·福山(Francis Fukuyama)在分析诚信的经济效益时指出,当代社会分信任社会和低信任社会。信任社会人与人之间关系和谐,相互信任,有良好的合作意识和公益精神,信用度高,社会交往成本较低;低信任社会,人与人之间关系紧张,相互提防,相互间培养信任关系方面有较大的难度和风险,社会交往的成本较高。由此可见,诚信是最根本的社会关系,是整个社会赖以生存和发展的基础,不讲诚信,正常的社会关系就难以维系,市场经济也难以发展和完善。

诚信原则是现代民法的基本原则。诚信原则既具备一般条款的强制性效力,又蕴含伦理道德标准,将道德规范的自律性提升至强制性规范的他律性,实现了道德诚信的法律化。诚信原则的基本内涵是民事主体在民商事活动中应当恪守承诺,不仅应承担契约规定义务,

还应当承担诚实、善意的一般义务,即在追求各自利益的同时,不损害他人及社会利益。诚信原则包含市场经济的基本道德要求,体现公平、正义等价值取向。

将诚信原则应用于税法关系中,是对税收法定原则的有益和必要的补充。诚信原则施于征税人是诚信征税,施于纳税人则是诚信纳税。

税收诚信原则蕴含高度道德价值。在税法中,其内在的"诚实善意"对征纳双方都有要求:①征税方在履行职责时,要明确纳税人的合法权益,坚持诚信推定、无过错推定;保护纳税人的善意期待,保证已作出的行政行为的效力稳定;及时行使征税权,超出合理期限则可能是违法行政或丧失追诉权;坚持"取之有度,用之有效"的税收伦理等。②纳税人应诚信纳税,及时足额缴纳税款,积极主动地配合征税机关履行职责。

诚信纳税是在现代市场经济条件下,社会普遍存在的相互信任关系在税务领域的具体体现。对纳税人来说,是将诚信规范体现在履行纳税义务上。诚信纳税是指按照法律规定自觉、准确、及时地履行税收给付义务与各种作为义务,是表现和反映征纳双方相互之间信任程度的标的,是由规矩、诚实的征纳行为形成的税收道德规范。诚信纳税在一个行为规范、诚实而合作的税收征纳群体中产生,它既促进税收征纳双方共同遵守规则,改善征纳关系,也是在潜移默化中提高征纳主体成员的素质,在相互信任中转化成合作关系。

法不可违,信不可失。只有守信用、讲品德、重责任,才能树立企业的良好形象,在现代法治社会才会有长久立足之地。

（二）诚信纳税的意义

1. 诚信纳税有利于促进市场经济健康发展

市场经济是竞争经济,这种竞争是一种公平有序的竞争;市场经济也是一种法制经济,它通过将一切市场行为纳入法律体系以确保市场经济秩序有法可依与有法必依。可见,健全的法制和公平的竞争环境是保障市场经济健康发展的要件。实施诚信纳税,以财力保障政府行使其职能,为市场经济的健康发展提供了保证;诚信纳税还可以促使纳税人公平地参与市场竞争,可以营造良好的税收法制与公平的纳税环境,这是市场经济健康发展所不可或缺的条件。

2. 诚信纳税利国利民

诚信纳税可以保证政府有稳定、充足财政收入,增强国家实力,政府就可以为社会提供更多更好的公共物品和服务,满足人民对日益增长的美好生活需要。诚信纳税与国家和人民的利益息息相关,诚信纳税利国利民。国家富强,民族振兴,人民幸福才有坚实的基础。

3. 诚信纳税可以降低征收成本

纳税人讲诚信,纳税的遵从度高,税务部门就可以给依法纳税人以较大的自由度,取消或简化一些不必要的管理程序和要求,提高征管效率,降低征收成本。

4. 诚信纳税有利于维护企业的商誉

在市场经济条件下,一个企业的商誉不仅包括其在生产经营活动及商业交易中的诚信度,还包括其诚信纳税情况——纳税信用等级。可以说,诚信纳税是企业的一项无形资产,它传播着企业的良好商业信誉,成为衡量企业商业信誉的重要尺度。只有诚信纳税的企业才会赢得较高的商业信誉和更多的商机,才能行稳致远。

（三）涉税服务人员个人信用记录

为加快个人诚信记录建设,对从事涉税服务人员(会计从业人员、注册会计师、注册税务师、律师等)实行个人信用记录,及时归集有关人员在相关活动中形成的诚信信息,体现"守信激励、失信惩戒"。根据《从事涉税服务人员个人信用积分指标体系及积分记录规则》,"个人信用指标"包括基本信息、执业记录、不良记录、纳税记录四类一级指标。

执业记录部分采取累加计分规则,从事涉税服务人员为多个委托人提供同项涉税业务都会获得累加计分;不良记录部分采取累计扣分规则,从事涉税服务人员每发生一次违法违规情形都会扣去相应分值,情节较重或情节严重的,纳入涉税服务失信名录。

从事涉税服务人员只有通过电子税务局,办理"纳税申报代理"和"其他税务事项代理"业务方能加分。因此,应尽可能在线上办理,提高办理效率,降低征纳成本。

二、纳税信用管理与评价

纳税信用是指纳税人依法履行纳税义务,并被社会所普遍认可的一种信用,是社会信用体系建设重要内容之一。

纳税信用管理是指税务机关对纳税人的纳税信用信息开展的采集、评价、确定、发布和应用等活动,纳税信用管理遵循客观公正、标准统一、分级分类、动态调整的原则。国家税务总局推行纳税信用管理工作的信息化,规范统一纳税信用管理。税务机关积极参与社会信用体系建设,与相关部门建立信用信息共建共享机制,推动纳税信用与其他社会信用联动管理。

纳税信用评价采取年度评价指标得分和直接判级方式。评价指标包括税务内部信息和外部评价信息。年度评价指标得分采取扣分方式。纳税人评价年度内经常性指标和非经常性指标信息齐全的,从 100 分起评;非经常性指标缺失的,从 90 分起评。直接判级适用于有严重失信行为的纳税人。

税务机关每年 4 月确定上一年度纳税信用评价结果,并为纳税人提供自我查询服务。有下列情形之一的纳税人,本评价年度直接判为 D 级:

（1）存在逃避缴纳税款、逃避追缴欠税、骗取出口退税、虚开增值税专用发票等行为,经判决构成涉税犯罪的。

（2）存在前项行为,未构成犯罪,但逃避缴纳税款金额 10 万元以上且占各税种应纳税总额 10% 以上,或者存在逃避追缴欠税、骗取出口退税、虚开增值税专用发票等税收违法行为,已缴纳税款、滞纳金、罚款的。

（3）在规定期限内未按税务机关处理结论缴纳或者足额缴纳税款、滞纳金和罚款的。

（4）以暴力、威胁方法拒不缴纳税款或者拒绝、阻挠税务机关依法实施税务稽查执法行为的。

（5）存在违反增值税发票管理规定或者违反其他发票管理规定的行为,导致其他单位或者个人未缴、少缴或者骗取税款的。

（6）提供虚假申报材料享受税收优惠政策的。

（7）骗取国家出口退税款,被停止出口退(免)税资格未到期的。

（8）有非正常户记录或者由非正常户直接责任人员注册登记或者负责经营的。

（9）由 D 级纳税人的直接责任人员注册登记或者负责经营的。

（10）存在税务机关依法认定的其他严重失信情形的。

纳税信用级别设 A、B、M、C、D 五级，未发生上述失信行为的下列企业适用 M 级纳税信用：

（1）新设立企业。

（2）评价年度内无生产经营业务收入且年度评价指标得分 70 分以上的企业。

对纳税信用评价为 M 级的企业，税务机关实行下列激励措施：

（1）取消增值税专用发票认证。

（2）税务机关适时进行税收政策和管理规定的辅导。

A 级纳税信用为年度评价指标得分 90 分以上的；B 级纳税信用为年度评价指标得分 70 分以上不满 90 分的；C 级纳税信用为年度评价指标得分 40 分以上不满 70 分的；D 级纳税信用为年度评价指标得分不满 40 分或者直接判级确定的。

税务机关按照守信激励、失信惩戒的原则，对不同信用级别的纳税人实施分类服务和管理。对税收违法失信行为当事人，实行"一处失信，处处受限"的联合惩戒措施，将惩戒措施分为向社会公布和不向社会公布的两类当事人。对不向社会公布的当事人，实施纳税信用级别降为 D 级的惩戒措施。对 D 级纳税信用企业，严格限制发票领用量，严控每次领取数，并要预缴 3％的税额，必须到办税服务厅排队验票、比对认证等。鼓励纳税人主动纠正税收违法失信行为，建立信用修复制度。对纳税信用评价为 A 级的纳税人，税务机关予以下列激励措施：

（1）主动向社会公告年度 A 级纳税人名单。

（2）一般纳税人可单次领取 3 个月的增值税发票用量，需要调整增值税发票用量时即时办理。

（3）普通发票按需领用。

（4）连续 3 年被评为 A 级信用级别（简称 3 连 A）的纳税人，除享受以上措施外，还可以由税务机关提供绿色通道或专门人员帮助办理涉税事项。

（5）税务机关与相关部门实施的联合激励措施，以及结合当地实际情况采取的其他激励措施。

三、纳税信用的溢出效应及其提升

（一）纳税信用的溢出效应

溢出效应（Spillover Effect）是指一个组织在进行某项活动时，不仅会产生活动所预期的效果，而且会对组织之外的人或社会产生影响，即某项活动具有外部收益。

纳税信用数据（信息）有较高的客观性、真实性和准确性，是优质的"第三方数据"。通过"税银（银税）互动"，可以产生三方共赢的溢出效应。

对银行贷款授信审批部门来说，与企业的财务报表数据相比，税务机关提供的纳税信用信息具有更强的真实性、权威性、可量化性，是难得的高质量参考依据，可以在很大程度上消除银行与企业之间的信息不对称问题，消除银行的信息搜集盲区。银行可以借此综合分析企业的应税收入、进项税额抵扣、入库税款和税款缴纳速度等关键性指标来为企业"画像"，

由大数据来自动确定是否放款、放多少款。原先烦琐的贷款审批流程可以大幅简化,甚至可以实现全流程网上审批,加速审批速度,降低审批成本和不良贷款率,银行还能获得优质客户资源。

随着社会信用体系建设不断深入,纳税信用应用逐步拓展。在银行信贷、政府招投标、企业上市和评优争先等方面,已经将纳税信用情况作为重要的考量因素。

对税务机关来说,可以提高纳税信用的激励和惩戒效应,提高纳税人的税法遵从度。

(二)努力提升纳税信用等级

A 级纳税信用企业不仅可以在发票领用、认证、出口退税和日常办税多方面享受便利,而且在不动产登记、申请贷款和政府招投标等方面享受审批优先待遇。对企业来说,提升纳税信用等级,除可以直接降低纳税成本外,还可以降低融资成本,扩大融资规模。企业的纳税信用等级越高,得到的贷款就越多,贷款期限就越长。

纳税人应重视自身的纳税信用,提高税务会计核算水平,加强税务会计管理,日常积累纳税信用,努力提升纳税信用等级。具体而言,主要应做到:

(1) 按规定正确进行纳税申报,及时进行抄报税等。

(2) 按规定要求报送企业会计制度和会计处理方法。

(3) 归集并留存享受税收优惠政策的相关备查资料。

(4) 如实向税务机关提供与关联企业业务往来中的价格、费用标准等信息。

(5) 及时响应税务机关的风险提醒,按规定及时解除非正常户。

(6) 及时、如实向税务机关备案银行账户(见表2-1)。

依法纳税,诚信纳税,争做纳税信用 A 级纳税人、自豪快乐纳税人。

表 2-1　　　　　　　　　　　　纳税人存款账户账号报告表

纳税人名称			纳税人识别号			
经营地址						
银行开户登记证号			发证日期			年　月　日
账户性质	开户银行	账　号	开户时间	变更时间	注销时间	备注
报告单位: 经办人: 法定代表人(负责人): 　　　报告单位(签章) 　　　　　　　年 月 日			受理税务机关: 经办人: 负责人: 　　　税务机关(签章) 　　　　　　　年 月 日			

注:账户性质按照基本账户、一般账户、专用账户、临时账户如实填写本表一式二份,报送主管税务机关一份,纳税人留存一份。

 **复习思考题**

1. 何谓税收？其本质是什么？

2. 税收有哪些基本特征？

3. 何谓税收制度？税收制度建立的原则是什么？

4. 试述税收实体法的基本构成要素。

5. 税务登记有何意义？纳税人如何办理税务登记？

6. 何谓纳税申报？纳税人如何办理纳税申报？

7. 简述税款缴纳方式。

8. 简述诚信纳税及其意义，如何提升企业纳税信用等级？

9. 为什么要对涉税服务人员实行个人信用记录，如何保持个人信用的优良记录？

第三章 增值税会计

第一节 增值税税制要素

一、增值税及其特点

针对传统流转税重复征税的缺点,在第一次世界大战后,人们就开始研究如何改造传统的流转税。1954年,法国政府率先推行增值税,此后欧共体各成员国也先后采用增值税。增值税以其特有的优势,在短短的几十年内,已被170多个国家和地区所采用,成为世界税收史上最耀眼的一颗新星。

(一)增值税的概念

根据增值税的计税原理,增值税是对商品生产和流通、劳务服务中各个环节的新增价值和附加值——增值额计算征收的一种流转税。

在实务中,由于增值额难以准确确认计量,征纳双方容易产生歧义。因此,在世界各国税法中,一般采用税款抵扣的办法,即根据货物、劳务和服务的销售额,按规定税率计算出销项税额,然后再从中扣除上一环节已纳增值税款,其余额即为纳税人应缴纳的增值税税额。这种计算方法体现了按增值因素计税的原理,只是各国及各国的不同时期税法规定的扣除项目和税率有所不同而已。

按照我国现行增值税税法,增值税的定义可以概括为:增值税是对在我国境内销售货物、进口货物以及提供劳务、服务的单位和个人,就其应税销售额计算税款,并实行税款抵扣制的一种流转税。

(二)增值税的分类

按增值税税基进行分类,增值税可以分为以下三种。

1. 生产型增值税

这种类型增值税的计税依据等于工资、利润、利息、地租和折旧额之和。从国民经济整体看,因计税基数就是国内生产总值(GDP),故称其为生产型增值税。但是,由于这种类型增值税的扣除范围不包括固定资产,因此,它在一定程度上仍带有重复征税的问题,不利于投资较大的生产企业的专业化分工与协作,但对资本有机构成低的行业、企业和劳动密集型生产有利。

采用这种类型增值税的国家较少,主要是一部分发展中国家。

2. 收入型增值税

这种类型的增值税是以销售收入减去投入生产的中间性产品价值和固定资产折旧额后的余额为计税依据的一种增值税。就国民经济整体来说,计税依据相当于国民收入($v+m$),故称其为收入型增值税。其税基较生产型增值税稍窄,对经济增长的影响呈中性。

3. 消费型增值税

这种类型的增值税是以销售收入减去投入生产的中间性产品价值和同期购入固定资产后的余额为计税依据的一种增值税。这种类型的增值税准许扣除当期购入的全部固定资产的已纳税款,即对所有外购项目价值(非本企业新创造的价值)都实行彻底的购进扣税法。因此,它最能体现增值税的计税原理,是最典型的增值税。从国民经济整体来说,国内生产总值的 $c+v+m$ 中扣除了 c 及 $v+m$ 中用于积累的部分,其税基相当于全部消费品的价值,不包括原材料、固定资产等一切投资转移价值,故称其为消费型增值税。这种增值税税基较窄,具有抑制消费、刺激投资、促进资本形成和经济增长的作用。从 2016 年 5 月 1 日起,我国增值税实现货物和服务行业的全覆盖,包括不动产在内的全部固定资产进项税额允许抵扣,成为比较完整、规范的消费型增值税制度。

（三）增值税的特点

1. 税款抵扣机制

增值税的魅力源于增值税的抵扣机制(层层抵扣、环环征税)。税款抵扣机制是增值税区别于其他流转税的本质特征,是增值税的灵魂和内核。一个抵扣不完全的增值税税制不是真正的增值税,或者说不是一个完全符合增值税理论的规范的增值税税制。只有实现了完全抵扣,才能真正体现以增值额作为计税依据,才能做到既环环征税,又不重复征税。

由于各国采用的增值税类型不同以及增值税税制中还存在多档税率和征收率等因素,在实务中不能实现完全抵扣,因而也就不能完全消除重复征税的问题,也就难以体现税收中性原则。

2. 若同种产品最终售价相同,其总体税负相同

在增值税下,同一种产品(商品),不论经过多少流转环节,只要其最终售价相同,其总体税负相同(见表 3-1)。

表 3-1　　　　　　　　增值额与增值税额　　假定税率:10%　金额单位:万元

流　转　环　节	销售额	增值额	增值税额
1. 生产原材料	200	200①	20
2. 生产半成品	400	200	20
3. 生产产成品	700	300	30
4. 批发	900	200	20
5. 零售	1 000	100	10
合　　计	—	1 000	100

---

① 假设本环节无购进项目,其销售额即为"增值额"。

（续表）

流 转 环 节	销售额	增值额	增值税额
1. 生产原材料至半成品	400	400	40
2. 生产产成品并零售	1 000	600	60
合 计	—	1 000	100

为实现增值税税收中性的目标,各国普遍追求更为简明的增值税税制,简并税率、减少优惠、拓宽税基已经成为国际增值税制度发展的趋势和主流。

（四）增值税的优越性

1. 能够较好地体现公平税负的原则

不论企业是全能型还是非全能型,不论其生产经营客观条件如何,其税收负担应是一致的。由于增值税是以增值额作为计税依据,而商品的盈利是构成增值额的主要因素之一,因此,增值税的税收负担同纳税人的负担能力是基本相适应的。

2. 有利于促进企业生产经营结构的合理化

由于增值税的税收负担不会因流转环节的多少而使整体税负发生变化,只影响整体税负在各流转环节间的纵向分配结构。因此,增值税不但有利于企业向专业化、协作化方向发展,而且还有利于经营组织结构的合理化。

3. 有利于保证国家取得财政收入

凡是从事生产经营的单位和个人,只要其经营中产生增值额,就应缴纳增值税;一种产品(商品)不论其在生产、经营中经过多少环节,每个环节都应根据其增值额计税。因此,不论从横向看还是从纵向看,增值税都有利于保证国家的财政收入。

4. 有利于制定商品、服务价格

价格一般是由成本、利润、税金三部分构成。在阶梯式的流转税下(传统流转税),商品的税负是一个不确定因素,从而也使商品价格难以正确确定;征收增值税后,商品的整体税负成为可确定的因素,它只与税率有关。因此,为合理制定商品、服务价格提供了有利条件。

5. 有利于商品出口

在国际贸易中,各国都是不以含税价格出口商品。为此,要将出口商品从第一环节到最后环节所累计缴纳的税款全部退给出口企业。若退税不足,不利于鼓励出口;若退税过头,成为出口补贴,既影响国家财政收入,还可能招致进口国的报复或抵制。征收增值税后,因为税率与整体税负一致,出口企业只需以购入出口商品所付金额乘以适用税率即可计算应退税额。

6. 平衡进口商品与国内商品的税收负担

传统的阶梯式流转税税率只能体现商品在某一流转环节的税收负担,它对进口商品征税不足而使其税负轻于国内商品,不利于国内企业发展;而增值税的税率是按产品的整体税负设计的,对进口商品只需按进口金额乘以税率计征,使国内商品与进口商品在平等条件下竞争。

二、增值税的纳税人及其分类

（一）增值税的纳税人

在我国境内销售和进口货物、提供应税劳务服务、转让无形资产和不动产的单位和个人，为增值税的纳税人。

"境内"销售货物、提供应税劳务、应税服务是指销售货物的起运地或者所在地在境内，提供的应税劳务、服务发生在境内。

"单位"是指企业、行政单位、事业单位、军事单位、社会团体及其他单位；"个人"是指个体工商户和其他个人（指自然人，下同）。

单位租赁或者承包给其他单位或者个人经营的，以承租人或者承包人为纳税人。

境外单位或个人在境内销售货物、提供应税劳务、应税服务，在境内未设有经营机构的，其应纳税款以代理人为扣缴义务人；没有代理人的，以购买者为扣缴义务人。

（二）增值税纳税人的分类

为了便于增值税的征收管理并简化计税，我国将增值税纳税人划分为小规模纳税人和一般纳税人。

1. 小规模纳税人

小规模纳税人是指年应税销售额在规定标准以下，不能按规定报送有关纳税资料的纳税人。年应税销售额是纳税人在连续不超过 12 个月或四个季度的经营期内累计应征增值税销售额，包括纳税申报销售额[①]、稽查查补销售额、纳税评估调整销售额。现行规定，小规模纳税人的认定标准是：

增值税小规模纳税人标准为年应征增值税销售额[②] 500 万元及以下；已登记为增值税一般纳税人的单位和个人，在 2018 年 12 月 31 日前，可转登记为小规模纳税人，其未抵扣的进项税额作转出处理。

年应税销售额超过规定标准的其他个人，不经常发生应税行为的单位和个体工商户。

2. 一般纳税人

年应税销售额超过小规模纳税人规定标准的，应向主管税务机关办理一般纳税人登记（选择按小规模纳税人纳税的和其他个人除外）。纳税人应根据《增值税一般纳税人登记管理办法》，填报"增值税一般纳税人登记表"。纳税人兼有应税货物及劳务和销售服务、无形资产、不动产（简称"应税行为"）的，应税货物及劳务销售额与应税行为销售额分别计算，分别适用增值税一般纳税人登记标准，其中有一项销售额超过规定标准，也应按规定办理增值税一般纳税人登记相关手续。

年应税销售额未超过规定标准以及新开业的纳税人，若符合规定条件（有固定经营场所，能够准确提供税务核算资料），小规模纳税人会计核算健全（按照国家统一会计制度规定设置账簿，根据合法、有效会计凭证进行会计核算），也可向主管税务机关办理一般纳税人资格登记。一经认定为一般纳税人后，不得再转为小规模纳税人。

---

① 纳税人自行申报的全部应征增值税销售额，其中包括免税销售额和税务机关代开发票销售额。
② 小规模纳税人偶然发生的转让不动产的销售额，不计入应税行为年应税销售额。

三、增值税的纳税范围

（一）纳税范围的一般规定

在我国境内销售和进口货物，提供加工、修理修配劳务，销售服务①、无形资产和不动产，均属增值税的纳税范围。"货物"是指有形动产，包括电力、热力、气体；销售货物指有偿转让货物的所有权②，"有偿"是指从购买方取得货币、货物或者其他经济利益。下列非经营活动不属于增值税的纳税范围：

（1）行政单位收取的同时满足以下条件的政府性基金或行政事业性收费：由国务院或财政部批准设立的政府性基金，由国务院或省级人民政府及其财政、价格主管部门批准设立的行政事业性收费；收取时开具省级以上（含省级）财政部门监（印）制的财政票据；所收款项全额缴纳财政。

（2）非保本投资收益。如果合同中没有明确承诺到期本金可全部收回，则这种金融商品（理财产品、股票、基金等）持有期间取得的收益属于非保本收益，不属于利息或利息性质的收入。纳税人购入非保本型基金、信托、理财产品等各类资产管理产品，持有至到期，不属于金融商品转让，不缴纳增值税。如果购入的是保本型的资产管理产品，其兑付收益按贷款服务缴纳增值税。

（3）企业销售预付卡（开具增值税普通发票）时，不缴增值税；待持卡人实际消费（不得向持卡人开具发票）时，缴纳增值税。

（4）单位和个体工商户为聘用的员工提供服务、聘用的员工为本单位或雇主提供取得工资的服务。

（5）不动产租赁合同中双方约定的免租期，不视同销售缴纳增值税。

（6）财政部、国家税务总局规定的其他情形。

（二）纳税范围的特别规定

1. 视同销售

（1）视同销售及其意义。视同销售行为是指在财务会计中一般不确认销售收入③，但按税法规定属于应税行为，应确认收入并计算缴纳税款的转移行为。站在税制设计和税收征管的角度，将无偿赠送和有偿销售货物，无偿和有偿提供服务，无偿和有偿转让无形资产、不动产同等对待，均纳入征税范围，既体现税收的公平原则，又可堵塞漏洞，防止纳税人逃避缴纳税款。同时，又将以公益活动为目的或以社会公众为对象的无偿赠送（转让）货物、无偿提供服务排除在视同销售之外，有利于促进社会公益事业的发展。

（2）视同销售货物。下列行为视同销售货物：①将货物交付其他单位或者个人代销；②销售代销货物；③设有两个以上机构并实行统一核算的纳税人，将货物从一个机构移送其他机构用于销售，但相关机构设在同一县（市）的除外；④将自产、委托加工的货物用于非增值税应税项目、用于集体福利或个人消费；⑤将自产、委托加工或购进的货物作为投资、分配

---

① 销售服务包括提供交通运输服务、邮政服务、电信服务、建筑服务、金融服务、现代服务和生活服务。
② 还包括以不动产、无形资产等非货币性资产的对外投资行为。
③ 不符合会计准则规定的收入确认条件。

给股东或投资者、无偿赠送他人；⑥企业将资产用于市场推广、交际应酬①、职工奖励、对外捐赠②以及其他改变资产所有权权属用途的情况。

（3）视同销售服务、无形资产和不动产。单位、个体工商户向其他单位或个人无偿提供服务，无偿转让无形资产和不动产；财政部和国家税务总局规定的其他情形。

2. 兼营

一般纳税人兼营销售货物、加工修理修配劳务、服务、无形资产、不动产适用不同税率或者征收率的，应当分别核算适用不同税率或征收率的销售额，未分别核算销售额的，从高适用税率、征收率。

一般纳税人兼营免税、减税项目的，应当分别核算免税、减税项目的销售额；未分别核算的，不得免税、减税。

一般纳税人销售自产机器设备的同时提供安装服务，应分别核算机器设备和安装服务销售额，一般纳税人销售外购机器设备的同时提供安装服务，如果已按兼营的有关规定，分别核算机器设备和安装服务的销售额，安装服务可按甲供工程选择适用简易计税方法计税。

3. 混合销售

一项销售行为，如果既涉及货物又涉及服务，为混合销售。从事货物生产、批发或零售的单位和个体工商户的混合销售行为，按照销售货物缴纳增值税；其他单位和个体工商户的混合销售行为，按照销售服务缴纳增值税。

"一项销售行为"的判断标准是"密不可分"，而密不可分就是不可拆分。如果涉及的不同行为之间不可单独分割或之间存在依存关系，即离开其中一项，其他行为就无法独立存在，这样的应税行为属于混合销售，否则就是兼营。对混合销售税率的选择，应以起主导作用行为的税率为准。

4. 不征收增值税项目

不征收增值税项目就是不属于增值税征收范围的项目。它包括：①根据国家指令无偿提供的铁路运输服务、航空运输服务，属于公益事业的服务；②存款利息；③被保险人获得的保险赔付；④房地产主管部门或其指定机构、公积金管理中心、开发企业及物业管理单位代收的住宅专项维修资金；⑤在资产重组过程中，通过合并、分立、出售、置换等方式，将全部或部分实物资产以及与其相关联的债权、负债和劳动力一并转让给其他单位和个人，其中涉及的不动产、土地使用权转让行为。

四、增值税的税率、征收率

（一）增值税税率

1. 基本税率 13%

一般纳税人销售货物、进口货物、提供应税劳务、有形动产租赁服务。

---

① 仅指交际应酬中的赠送行为，即交际应酬费。如果在交际应酬中消费掉，属于交际应酬消费，其进项税额不得抵扣，见本章第二节。

② 用于公益事业、社会公众的对象除外。

2. 低税率

(1) 9%。一般纳税人销售、进口农产品(含粮食)、食用植物油、食用盐、自来水、石油液化气、天然气、煤气、农机、化肥农药、饲料、书报杂志、音像制品、电子出版物等,提供交通运输服务、邮政服务、基础电信服务和建筑服务,转让土地使用权,销售不动产和不动产租赁服务。购进农产品,扣除率为9%。

(2) 6%。销售(转让)土地使用权之外的其他无形资产,提供增值电信服务、金融服务、生活服务(餐饮服务,包括外卖收入和现场消费收入)以及除租赁服务之外的各项现代服务。

3. 零税率

(1) 出口货物税率为零(国务院另有规定的除外)。出口货物税率为零不等于出口货物免税。出口货物免税仅指在出口环节不征收增值税,而零税率是指对出口货物除了在出口环节免征增值税外,还要对产品在出口前已经缴纳的增值税退税或抵扣,以使出口产品在出口时完全不含增值税税款,从而以无税产品进入国际市场[①]。

(2) 跨境应税行为税率为零。境内单位和个人提供的国际运输服务、航天运输、向境外单位提供的研发服务和设计服务,境内单位和个人提供的往返香港、澳门、台湾的交通运输服务以及在香港、澳门、台湾提供的交通运输服务,适用增值税零税率;国际服务外包,实行增值税零税率或免税。境内单位和个人提供期租、程租和湿租服务,如果租赁的交通运输工具用于国际运输服务和港澳台运输服务,不适用增值税零税率,由承租方按规定申请适用零税率。

境内单位和个人提供适用零税率的应税服务,如果属于适用增值税一般计税方法的,实行免抵退税办法,退税率为其按照规定适用的增值税税率;如果属于适用简易计税方法的,实行免征增值税办法。外贸企业兼营适用零税率应税服务的,统一实行免退税办法。

纳税人提供应税服务同时适用免税和零税率规定的,可选择适用零税率或免税。

(二) 增值税征收率和预征率

1. 3%的征收率

小规模纳税人以及选择简易计税方法的一般纳税人销售货物、无形资产,提供劳务、服务、建筑服务、公交运输服务,有形动产租赁,资管产品运营收益等。

2. 5%的征收率。

小规模纳税人以及选择简易计税方法的一般纳税人销售不动产(不含自建),不动产租赁,转让土地使用权,提供劳务派遣服务等。

3. 2%、3%、5%的预征率

纳税人提供建筑服务取得预收款,适用一般计税方法计税的项目预征率为2%,适用简易计税方法计税的项目预征率为3%。

房地产开发企业采取预收款方式销售所开发的房地产项目,收到预收款时按3%的预征率预缴增值税。

房地产开发企业中的一般纳税人销售老项目,适用一般计税方法的,以取得的全部价款

---

① 但在实务中,并非全部出口产品都完全实行零税率。政府基于宏观经济调控政策,规定出口产品的不同出口退税率,大部分出口产品实行零税率,小部分出口产品未能实行零税率。

和价外费用,在不动产所在地,按 3% 的预征率预缴税款。

房地产开发企业中的一般纳税人,出租其"营改增"后自行开发的与机构所在地不在同一县(市)的房地产项目,应按 3% 的预征率在所在地预缴税款。

一般纳税人销售不动产,选择一般计税方法计税的,预征率为 5%。

五、增值税的纳税期限与纳税地点

(一)增值税的纳税期限

小规模纳税人可以选择以 1 个月或 1 个季度为纳税期限;其余纳税人的纳税期限为 1 日、3 日、5 日、10 日、15 日、1 个月。纳税人的具体纳税期限,由主管税务机关根据纳税人应纳税额的大小分别核定;不能按照固定期限纳税的,可以按次纳税。

纳税人以 1 个月或 1 个季度为纳税期的,自期满之日起 15 日内申报纳税;以 1 日、3 日、5 日、10 日或 15 日为一个纳税期的,自期满之日起 5 日内预缴税款,于次月 1 日至 15 日内申报纳税并结清上月应纳税款。扣缴义务人解缴税款的期限比照执行。

进口货物,应当自海关填发海关进口增值税专用缴款书之日起 15 日内缴纳税款。

(二)增值税的纳税地点

(1)固定业户应向其机构所在地主管税务机关申报纳税。总机构和分支机构不在同一县(市)的,应当分别向各自所在地主管税务机关申报纳税;经国家税务总局或其授权的税务机关批准,可以由总机构汇总向总机构所在地主管税务机关申报纳税。

(2)企业临时外出经营时,需要在"金三"网报系统中自主填报《跨区域涉税事项报告表》,系统自动推送至经营地税务机关,再去经营地主管税务机关报验,核实资料,接受经营地税收管理。外出经营结束后,经营地税务机关将涉税信息反馈至机构地主管税务机关,机构地税务机关对异地预缴税款情况进行比对分析,重点核查应预缴税款、已预缴税款和已抵减税款。

(3)非固定业户销售货物或者应税劳务、服务,应当向销售地或者劳务、服务发生地的主管税务机关申报纳税;未向销售地或者劳务、服务发生地的主管税务机关申报纳税的,由其机构所在地或者居住地的主管税务机关补征税款。

(4)进口货物,应当向报关地海关申报纳税。

(5)其他个人提供建筑服务,销售或租赁不动产,转让自然资源使用权,应向建筑服务发生地、不动产所在地、自然资源所在地主管税务机关申报纳税。

(6)扣缴义务人应当向其机构所在地或居住地的主管税务机关申报缴纳其扣缴的税款。

六、增值税的减免

(一)增值税的免税

增值税免税是指对货物、应税劳务、服务在本环节的应纳税额予以免征,但对以前各环节所缴纳的增值税不得抵扣(不予退还)。因此,纳税人仍然要承担一定的增值税税负。对学历教育、医疗服务、养老服务[①]、图书销售等社会基本服务免征增值税,具体项目主要还有:

---

① 为老年人提供集中居住和照料服务的各类养老机构,免征增值税。

（1）纳税人采取转包、出租、互换、转让、入股等方式将承包地流转给农业生产者用于农业生产。

（2）从事农业（种植业、养殖业、林业、牧业、水产业）生产的单位和个人销售的自产初级农产品；有机肥产品。

（3）批发、零售环节销售蔬菜（包括经过挑选、清洗、切分、晾晒、包装、脱水、冷藏、冷冻等工序加工的蔬菜，但不包括各种蔬菜类罐头），销售鲜活肉蛋。

（4）向社会收购的古书和旧书。

（5）直接用于科学研究、科学试验和教学的进口仪器、设备。

（6）外国政府、国际组织无偿援助的进口物资和设备。

（7）由残疾人组织直接进口供残疾人专用的物品。

（8）从 2018 年 9 月 1 日至 2020 年年底，金融机构向符合条件的小微企业和个体工商户贷款（单户授信额度上限 1 000 万元）收入免征增值税。金融机构可在以下两种方式中选择享受免税，一经选定，在一个会计年度内不得变更。

一是利率水平不高于人民银行同期贷款基准利率 150％（含）的单笔小额贷款取得的利息收入，免征增值税；高于同期贷款基准利率 150％的单笔小额贷款取得的利息收入，按现行规定缴纳增值税。

二是对单笔小额贷款取得的利息收入，不高于该笔贷款按照人民银行同期贷款基准利率 150％（含）计算的利息收入部分，免征增值税；超过部分按现行规定缴纳增值税。

如果选择第一种免税方式，操作比较简便，但享受优惠的程度相对较小；若选择第二种免税方式，操作较复杂，但享受优惠的程度相对较大，更利于降低金融机构的税负。

（9）跨境应税行为。国际运输、港澳台运输、出口服务和无形资产，境内保险公司向境外保险公司提供的完全在境外消费的再保险服务，财政部和国家税务总局规定的其他服务。

境内单位和个人销售适用增值税零税率的服务或无形资产的，可以放弃适用增值税零税率，选择免税缴纳增值税；适用简易计税方法的，实行免征增值税。

（10）金融机构同业往来利息收入。同业往来利息收入包括金融机构与央行所发生的资金往来业务、银行联行往来业务、金融机构之间的资金往来业务和之间开展的同业存款、同业借款、同业代付、买断式买入返售金融商品、持有金融债券、同业存单等。免税范围的扩大，意味着不得抵扣进项税额或进项税额转出的增加，纳税人应该权衡其中的得与失。

（11）保险公司开办 1 年期以上人身保险产品取得的保费收入。

（12）自 2018 年 11 月 7 日起至 2021 年 11 月 6 日止，对境外机构投资境内债券市场取得的债券利息收入，暂免征收企业所得税和增值税。

（二）增值税的即征即退、先征后退

（1）销售软件产品。增值税一般纳税人销售其自行开发生产的软件产品（含电子出版物）①，或将进口软件进行转换等本地化改造（重新设计、改进、转换等，不含单纯进行汉字化

---

① 它是指同时符合以下两个条件的软件产品：一是取得省级软件产业主管部门认可的软件检测机构出具的检测证明材料；二是取得软件产业主管部门颁发的《软件产品登记证书》或著作权行政管理部门颁发的《计算机软件著作权登记证书》。

处理)后对外销售,按 13% 的税率缴纳增值税后,对其增值税实际税负①超过 3% 的部分,实行增值税即征即退。

$$\frac{即征即退}{税额} = \frac{当期软件产品}{增值税应纳税额} - \frac{当期软件}{产品销售额} \times 3\%$$

(2) 一般纳税人提供管道运输服务,对其增值税实际税负超过 3% 的部分,实行增值税即征即退。

(3) 经人民银行、银监会或商务部批准从事融资租赁业务的试点纳税人中的一般纳税人,提供有形动产融资租赁服务和有形动产融资性售后回租服务,对其增值税实际税负超过 3% 的部分,实行增值税即征即退。

(4) 属于增值税一般纳税人的动漫企业销售其自主开发生产的动漫软件,对其增值税实际税负超过 3% 的部分,实行增值税即征即退。

(5) 资源综合利用产品和劳务。增值税一般纳税人销售自产的资源综合利用产品和提供资源综合利用劳务,符合相关规定时,可享受一定比例的增值税即征即退政策。

(6) 安置残疾人的单位和个体工商户。由税务机关按纳税人安置残疾人人数②,实行限额即征即退增值税办法。每位残疾人每月可退还增值税的具体限额,由县级以上税务机关根据纳税人所在区县适用的经省级政府批准的月最低工资标准的 4 倍确定。

纳税人本期已缴增值税额小于本期应退税额不足退还的,可在本年度内以前纳税期已缴增值税额扣除已退增值税额的余额中退还,仍不足退还的,可结转本年度内以后纳税期退还。年度已缴增值税额小于或等于年度应退税额的,退税额为年度已缴增值税额;年度已缴增值税额大于年度应退税额的,退税额为年度应退税额。年度已缴增值税额不足退还的,不得结转以后年度退还。

符合增值税即征即退规定的纳税人,可以先行申请退税,然后再进行纳税评估。享受即征即退政策的纳税人,如果认为会出现转出进项税额大于应退回的即征即退金额,企业可以放弃该项免税,但在放弃后,36 个月内不得再申请。

(7) 符合相关法规规定的特定图书、报纸和期刊,增值税先征后退 50% 或 100%。

(三) 增值税的减征

第一,纳税人(一般指旧货经营单位)销售旧货,依 3% 的征收率减按 2% 征收增值税,且只能开具普通发票,不得自行或由税务机关代开增值税专用发票。"旧货"是指进入二次流通的具有部分使用价值的货物(含旧汽车、旧摩托车和旧游艇),但不包括自己使用过的物品。

第二,一般纳税人销售自己使用过的特定固定资产(在财务会计中已经计提折旧),按简易计税方法依 3% 的征收率减按 2% 计缴增值税:

(1) 购进或自制固定资产时为小规模纳税人,认定为一般纳税人后,销售该固定资产。

---

① 增值税实际税负是指纳税人当期提供应税服务实际缴纳的增值税额占纳税人当期提供应税服务取得的全部价款和价外费用的比例(下同)。

② 盲人按摩机构月安置的残疾人占在职职工人数的比例不低于 25%(含 25%),且安置的残疾人人数不少于 5 人(含 5 人);其他纳税人月安置的残疾人占在职职工人数的比例不低于 25%(含 25%),且安置的残疾人人数不少于 10 人(含 10 人);依法与安置的每位残疾人签订了 1 年以上(含 1 年)的劳动合同或服务协议。

（2）适用一般计税方法的增值税一般纳税人，销售其规定不得抵扣且未抵扣进项税额的固定资产。

（3）一般纳税人发生按简易计税方法计缴增值税应税行为，销售其按规定不得抵扣且未抵扣进项税额的固定资产。

（4）销售"营改增"之前购进或自制的、自己使用过的固定资产。

（四）减免增值税的放弃

纳税人销售货物、提供应税劳务、应税服务，适用免税、减税规定的，可以放弃免税、减税。要求放弃减免税权应当以书面形式提交放弃减免税权声明，报主管税务机关备案。一经放弃减免税权，其生产销售的全部增值税应税货物、劳务、服务均应按照适用税率缴税，不得选择某一减免税项目放弃减免税权，也不得根据不同的销售对象选择部分货物、劳务、服务放弃减免税权，而且在 36 个月内不得再申请减免税。

纳税人也可以放弃适用零税率，选择减免税或按规定缴纳增值税。放弃适用零税率后，36 个月内不得再申请适用零税率。

（五）增值税的起征点

小微企业、个体工商户和其他个人的小规模纳税人，合计月销售额未超过 10 万元或季度销售额未超过 30 万元的，免征增值税。

小规模纳税人发生增值税应税销售行为，合计月销售额超过 10 万元，但扣除本期发生的销售不动产的销售额后未超过 10 万元的，其销售货物、劳务、服务、无形资产取得的销售额免征增值税。

七、增值税发票管理

（一）增值税发票

增值税发票是增值税纳税人销售货物、提供应税服务而给受票方开具的发票。增值税发票有增值税专用发票、增值税普通发票、增值税电子普通发票和机动车销售统一发票。

增值税专用发票不仅具有商事凭证的作用，还具有完税凭证的作用，是兼具销货方纳税义务和购货方进项税额抵扣权利的证明。增值税专用发票由基本联次或基本联次附加其他联次构成，基本联次有发票联、抵扣联和记账联三联。发票联作为购买方核算采购成本和增值税进项税额的记账凭证；抵扣联作为购买方报送主管税务机关认证和留存备查的凭证；记账联作为销售方核算销售收入和增值税销项税额的记账凭证。其他联次用途，由一般纳税人自行确定。

增值税专用发票像链条一样，把各个环节的纳税人连接在一起，从而形成了增值税自身的制约机制，即购销双方利用发票进行交叉审计的机制。由于增值税专用发票的这一特殊作用，许多实行增值税的国家把这种发票称为"税务发票"。

增值税普通发票由不同颜色的五联构成（但没有抵扣联）；此外，主要适用于生活服务业纳税人的普通发票（卷票）则为单联票。专用发票不仅包括普通发票所记载的内容，而且还要记录购销双方的税务登记号、地址、电话、银行账户和税额等；增值税普通发票的价款是含税价，专用发票是税款与价格分开填列。

　　增值税电子普通发票(简称"电子发票")是指在购销商品、提供或接受服务以及从事其他经营活动中,开具或取得的以电子方式存储的收付款凭证。电子发票不需要纸质载体,没有印制、打印、存储和邮寄等成本,企业可以节约相关费用。需要纸质发票的,可以自行打印电子发票的版式文件,其法律效力、基本用途、基本使用规定等与税务机关监制的增值税普通发票相同。

　　(二)增值税发票的领取

　　纳税人凭发票领取簿、经办人身份证明等领取增值税发票。纳税人有下列情形之一的,不得领取开具专用发票:

　　(1)会计核算不健全,不能向税务机关准确提供增值税销项税额、进项税额、应纳税额数据及其他有关增值税税务资料的。

　　(2)有《税收征管法》规定的税收违法行为,拒不接受税务机关处理的。

　　(三)增值税专用发票的开具

　　1.开具主体

　　一般纳税人可以使用同一套增值税防伪税控系统开具增值税专用发票、增值税普通发票等。一般纳税人销售货物、提供应税劳务服务时,应向付款方开具专用发票。特殊情况下,由付款方向收款方开具发票。特殊情况是指:①收购单位和扣缴义务人支付个人款项时;②国家税务总局认为其他需要由付款方向收款方开具发票的。

　　从事以下经营业务的小规模纳税人(试点纳税人)发生增值税应税行为,需要开具增值税专用发票的,可以选择使用增值税发票管理系统自行开具(不受月销售额标准的限制):住宿业,鉴证咨询业,建筑业,工业,信息传输、软件和信息技术服务业,租赁和商务服务业,科学研究和技术服务业,居民服务、修理和其他服务业。小规模纳税人也可以自行开具增值税普通发票。

　　试点纳税人销售其取得的不动产,需要开具增值税专用发票的,应按有关规定向税务机关申请代开。

　　2.开具要求

　　(1)一般纳税人销售货物、提供劳务和应税服务,可汇总开具增值税专用发票,并须同时使用增值税发票管理新系统开具《销售货物或者提供应税劳务、服务清单》。

　　(2)按照现行规定适用差额征税办法缴纳增值税,且不得全额开具增值税发票的(另有规定的除外),纳税人自行开具或税务机关代开增值税发票时,通过新系统中差额征税开票功能,录入含税销售额(或含税评估额)和扣除额,系统自动计算税额和不含税金额,备注栏自动打印"差额征税"字样,发票开具不应与其他应税行为混开。

　　(3)提供建筑服务,纳税人自行开具或者税务机关代开增值税发票时,应在发票的备注栏注明建筑服务发生地县(市、区)名称及项目名称。

　　(4)销售不动产。纳税人自行开具或税务机关代开增值税发票时,应在发票"货物或应税劳务、服务名称"栏填写不动产名称及房屋产权证书号码(无房屋产权证书的可不填写),"单位"栏填写面积单位,备注栏注明不动产的详细地址。

　　(5)出租不动产。纳税人自行开具或者税务机关代开增值税发票时,应在备注栏注明

不动产的详细地址。

（6）提供货物运输服务，在开具增值税专用发票时，应将起运地、到达地、车种车号及货物运输信息填写在发票备注栏中，如内容较多，可另附清单（铁路运输企业受托代征的印花税款信息，也要填写在发票备注栏中）。

（7）税务机关代开增值税发票时，"销售方开户行及账号"栏填写税收完税凭证字轨及号码或系统税票号码（免税代开增值税普通发票可不填写）。

（8）税务机关为跨县（市、区）提供不动产经营租赁服务、建筑服务的小规模纳税人（不包括其他个人），代开增值税发票时，在发票备注栏中自动打印"YD"字样。

3. 不得开具专用发票情况

①向消费者个人销售应税项目；②一般纳税人零售的烟酒、服装、鞋帽（不含劳保专用品）、化妆品等最终消费品；③销售货物、提供应税劳务、应税服务，适用免税规定的；④接受方是其本单位的视同销售货物；⑤销售旧货。

4. 错开发票的责任

由于一般纳税人开具的增值税专用发票上注明的税款是按不含税价计算的，而购买方按普通发票上的买价计算的进项税额是按含税价计算的，计算基数大于专用发票上注明的价款。因此，如果将应开具的增值税专用发票开成了普通发票，就会造成购买方（一般纳税人）多抵扣进项税额而少缴增值税。按发票管理办法的规定，不但要对销售方未按规定开具发票行为进行处罚，还要再处以造成购买方不缴、少缴税款1倍以下的罚款。

【例3-1】 某粮油公司（一般纳税人）向某酿酒厂（一般纳税人）销售玉米300吨，开具普通发票，金额为510 000元；酿酒厂据此抵扣进项税额为45 900元（510 000×9%）。购销双方的做法是否符合有关法规规定？ 如果不符，应如何处理？

购销双方的做法不符合有关法规规定。稽查局对此作出了如下处罚决定：

粮油公司在销售玉米时应开具增值税专用发票而开了普通发票，造成酿酒厂多抵扣进项税额=510 000×9%−510 000÷(1+9%)×9%=3 790(元)。

对粮油公司处罚如下：一是按照发票管理办法和增值税专用发票使用规定，对粮油公司未按规定开具发票行为处以1万元罚款；二是按照发票管理办法，对粮油公司处以酿酒厂不缴、少缴增值税税款1倍的罚款，即同时对粮油公司处以3 790元的罚款。

对酿酒厂取得普通发票抵扣税款计算扣税行为，应当补税并缴纳滞纳金[①]。假定粮油公司正在享受增值税即征即退等优惠政策，在销售粮食时，凡购买方要求开具发票的，也应意识到应开具增值税专用发票的规定，以免受损。一般纳税人在销售初级农产品时，只有在确知对方系小规模纳税人时，才能开具普通发票。

5. 红字发票的开具

一般纳税人开具专用发票后，发生销货退回、开票有误、应税服务中止等情形但不符合发票作废条件，或因销货部分退回及发生销售折让，需要开具红字专用发票的，应按以下方法处理：

（1）购买方取得专用发票已用于申报抵扣的，购买方可在增值税发票管理新系统（以下

---

① 当然，这种情形也可能会被定性为逃税，这就会有逃税罚款的问题。在实务中，对这种情况，各地执行并不统一。

简称"新系统")中填开并上传《开具红字增值税专用发票信息表》(以下简称《信息表》)。购买方未用于申报抵扣、但发票联或抵扣联无法退回的,填开《信息表》时应填写相对应的蓝字专用发票信息。

专用发票尚未交付购买方或购买方未用于申报抵扣并将发票联及抵扣联退回的,销售方可在新系统中填开并上传《信息表》。销售方填开《信息表》时应填写相对应的蓝字专用发票信息。

(2)主管税务机关通过网络接收纳税人上传的《信息表》,系统自动校验通过后,生成带有"红字发票信息表编号"的《信息表》,并将信息同步至纳税人端系统中。

(3)销售方凭税务机关系统校验通过的《信息表》开具红字专用发票,在新系统中以销项负数开具。红字专用发票应与《信息表》一一对应。

(4)纳税人也可凭《信息表》电子信息或纸质资料到税务机关对《信息表》内容进行系统校验。

税务机关为小规模纳税人代开专用发票,需开具红字专用发票的,按一般纳税人开具红字专用发票方法处理。

纳税人需要开具红字增值税普通发票的,可以在所对应的蓝字发票金额范围内开具多份红字发票。红字机动车销售统一发票需与原蓝字机动车销售统一发票一一对应。

(四)增值税普通发票的开具

销售方为被视为企业的购买方开具增值税普通发票时,应在"购买方纳税人识别号"栏填写购买方的纳税人识别号或统一社会信用代码。不符合规定的发票,不得作为税收凭证用于办理涉税业务,如计税、退税、抵免等。开具发票时,应如实开具与实际经营业务相符的发票。购买方索取发票时,不得要求变更品名和金额。

金融机构开展贴现、转贴现业务需要就贴现利息开具发票的,由贴现机构按照票据贴现利息全额向贴现人开具增值税普通发票,转贴现机构按照转贴现利息全额向贴现机构开具增值税普通发票。

(五)增值税发票的确认

一般纳税人取得增值税发票(包括增值税专用发票、机动车销售统一发票、收费公路通行费增值税电子普通发票,下同)后,可以自愿使用增值税发票选择确认平台查询、选择用于申报抵扣、出口退税或者代办退税的增值税发票信息。

增值税发票选择确认平台的登录地址由国家税务总局各省、自治区、直辖市和计划单列市税务局确定并公布。

增值税小规模纳税人没有进项抵扣的问题,不需要取得增值税专用发票和进行发票认证。红字增值税专用发票不需要认证。纳税人初次购买增值税税控设备,按规定可以全额抵减应纳税额,不需要进行认证。

(六)辅导期纳税人专用发票的管理

(1)辅导期纳税人取得的增值税专用发票抵扣联、海关进口增值税专用缴款书以及运输费用结算单据应当在交叉稽核比对无误后,方可抵扣进项税额。

(2)实行纳税辅导期管理的小型商贸批发企业,申领专用发票的最高开票限额不得超

过 10 万元;其他一般纳税人专用发票最高开票限额应根据企业实际经营情况重新核定。

（3）辅导期纳税人专用发票的申领实行按次限量控制,主管税务机关可根据纳税人的经营情况核定每次专用发票的供应数量,但每次提供专用发票数量不得超过 25 份。

（4）辅导期纳税人在 1 个月内多次申领专用发票的,应从当月第 2 次申领专用发票起,按照上一次已申领并开具的专用发票销售额的 3% 预缴增值税,未预缴增值税的,主管税务机关不会向其提供专用发票。

第二节　增值税的确认计量与申报

一、增值税纳税义务的确认

1. 纳税义务确认的基本原则

纳税人发生应税行为并收讫销售款项或者取得索取销售款项凭据的当天;先开具发票的,为开具发票的当天。取得索取销售款项凭据的当天是指书面合同确定的付款日期;未签订书面合同或书面合同未确定付款日期的,为资产转让、提供服务完成当天或不动产权属变更当天。

2. 纳税义务确认的时点

实务中,还应根据销售服务内容、收款方式、发票开具等因素确认纳税义务。

（1）直接收款方式。一般采用"提货制"或"送货制",即已将货物移送对方,货款结算大多采用现金或支票结算方式,纳税义务为收款或开票的当天。

（2）托收承付和委托银行收款方式。销售方根据合同发货或提供服务后,委托银行向异地付款单位收取价款,付款单位根据合同核对单证后,向银行承认付款,或收款人委托银行向异地付款人收取款项。其纳税义务为发出货物或提供服务并办理托收或委托收款手续的当天。

（3）分期收款方式。纳税义务为书面合同约定的收款日期的当天,无书面合同或者书面合同未约定收款日期的,为货物发出的当天。

（4）预收款方式。何时确认收入主要看应税行为是否发生,一旦应税行为发生就要确认收入。具体分为:

第一,先开具发票的,为开具发票的当天。一旦发票开具,取得发票的一方就可以抵扣进项税额,还可以在税前列支成本费用。因此,先开具发票的,开具方应确认应税收入。

第二,先收款后开票的,为纳税人发生应税行为并收讫销售款的当天。在此情况下,应税行为与收讫销售款项同时发生。如提供租赁服务采取预收款方式的,其纳税义务发生时间为收到预收款的当天;而建筑服务在预收款时,不确认纳税义务,无须开具发票,但应根据付款凭证及合同预缴税款,其纳税义务发生时间是在项目完工结算、全额开具发票时确认。

第三,未收款也未开票的,为纳税人发生应税行为并取得索取销售款项凭据的当天。在发生销售行为但未收到销售款项时,应先确认应税行为,然后再考虑是否签订书面合同;签订书面合同的,为合同确定的付款日期;未签订书面合同或书面合同未确定付款日期的,为

销售完成当天或不动产权属变更当天。

（5）销售预付卡。售卡企业销售预付卡时,不得向购卡人、充值人开具增值税专用发票,可开具增值税普通发票,不确认增值税收入,应在实际发出商品、提供服务时确认增值税收入。

（6）委托其他纳税人代销货物,为收到代销单位的代销清单或者收到全部或者部分货款的当天。未收到代销清单及货款的,为发出代销货物满规定期限的当天。

（7）纳税人从事金融商品转让的,为金融商品所有权转移的当天。

（8）纳税人发生税法规定的视同销售货物行为(不包括委托和受托代销行为),为货物移送的当天;其他视同销售行为,其纳税义务发生时间为服务、无形资产转让完成的当天或不动产权属变更的当天。

（9）进口货物,为报关进口的当天。

（10）扣缴义务发生时间为纳税人纳税义务发生的当天。

在实务中,购销双方签订的合同,可能会出现结算方式不明确的情况,如直接收款与预收货款,预收款、赊销同分期收款等;而在税收法规中,也有与会计准则、银行结算办法不一致的情况。对此,应根据书面合同(形式)优先和实质重于形式原则予以判定。

3. 纳税义务确认的特殊原则

纳税义务确认的特殊原则——以先发生者为准。对以下情况,哪一个发生在先,就以那个时点确认纳税义务:

（1）开具增值税发票的时间。

（2）实际收款(包括预收款)的时间。

（3）合同约定的收款时间。

特殊原则是为了保证销售方应纳增值税的确认应早于购买方抵扣税款的认定,而不能相反。

二、增值税的销项税额

（一）销售额的确认计量

1. 一般销售额的确认计量

第一,销售额及其包括范围。销售额是纳税人发生应税行为取得的全部价款和价外费用。价外费用是指销售方向购买方收取的手续费、补贴、基金、集资费、返还利润、奖励费、违约金、包装费、包装物租金、储备费、优质费、运输装卸费、代收款项、代垫款项和其他各种性质的价外收费。但不包括以下项目:

（1）受托加工应征消费税的消费品所代收代缴的消费税。

（2）销售货物的同时代办保险等而向购买方收取的保险费,以及向购买方收取的代购买方缴纳的车辆购置税。

（3）代为收取并符合规定的政府性基金或行政事业性收费。

（4）以委托方名义开具发票代委托方收取的款项。

第二,销售额以人民币计算。纳税人按照人民币以外的货币结算销售额的,应当折合成人民币计算,折合率可以选择销售额发生的当天或者当月1日的人民币汇率中间价。纳税人应当在事先确定采用何种折合率,确定后12个月内不得变更。

第三,纳税人发生应税行为价格明显偏低或者偏高且不具有合理商业目的的,或者发生视同销售行为而无销售额的,主管税务机关有权按下列顺序确定销售额:

(1) 按照纳税人最近时期销售同类货物、服务、无形资产或者不动产的平均价格确定。

(2) 按照其他纳税人最近时期销售同类货物、服务、无形资产或者不动产的平均价格确定。

(3) 按组成计税价格确定。组成计税价格的公式如下:

$$组成计税价格＝成本×(1＋成本利润率)$$

属于应征消费税的货物,其组成计税价格中应加计消费税税额。公式中的成本,属销售自产货物的,应为实际生产成本;属销售外购货物的,应为实际采购成本。成本利润率由国家税务总局确定,如果同时属于从价定率征收消费税的货物,其成本利润率应为消费税中规定的成本利润率。

第四,纳税人采取折扣方式销售货物,如果销售额和折扣额是在同一张发票的"金额"栏分别注明的,可按折扣后的销售额计缴增值税;如果仅在发票的"备注"栏注明折扣额,或者将折扣额另开发票,不论其在财务会计上如何处理,均不得从销售额中减去折扣额。

2. 特定销售额的确认计量

(1) 贷款服务,以提供贷款服务取得的全部利息及利息性质的收入为销售额。金融机构开展贴现、转贴现业务,以其实际持有票据期间取得的利息收入作为贷款服务销售额计算缴纳增值税。

(2) 直接收费金融服务,以提供直接收费金融服务收取的手续费、佣金、酬金、管理费、服务费、经手费、开户费、过户费、结算费、转托管费等各类费用为销售额。

(3) 金融商品转让,按卖出价扣除买入价后的余额为销售额。转让金融商品出现的正负差,以盈亏相抵后的余额为销售额。若相抵后出现负差,可结转下一纳税期与下期转让金融商品销售额相抵,若年末仍为负差的,不得转入下一个会计年度。

金融商品的买入价,可以选择按加权平均法或移动加权平均法进行核算,选择后 36 个月内不得变更。金融商品转让,不得开具增值税专用发票。

(4) 经纪代理服务,以取得的全部价款和价外费用,扣除向委托方收取并代为支付的政府性基金或者行政事业性收费后的余额为销售额。向委托方收取的政府性基金或者行政事业性收费,不得开具增值税专用发票。

(5) 融资租赁和融资性售后回租业务。

经人民银行、银监会或商务部批准从事融资租赁业务的纳税人,提供融资租赁服务,以取得的全部价款和价外费用,扣除支付的借款利息(含外汇借款和人民币借款利息,下同)、发行债券利息和车辆购置税后的余额为销售额;提供融资性售后回租服务,以取得的全部价款和价外费用(不含本金),扣除对外支付的借款利息、发行债券利息后的余额作为销售额。

纳税人根据"营改增"前签订的有形动产融资性售后回租合同,在合同到期前提供的有形动产融资性售后回租服务,可继续按照有形动产融资租赁服务缴纳增值税。

（6）航空运输企业的销售额,不包括代收的机场建设费和代售其他航空运输企业客票而代收转付的价款。

（7）一般纳税人提供客运场站服务,以其取得的全部价款和价外费用,扣除支付给承运方运费后的余额为销售额。

（8）提供旅游服务,可以选择以取得的全部价款和价外费用,扣除向旅游服务购买方收取并支付给其他单位或者个人的住宿费、餐饮费、交通费、签证费、门票费和支付给其他接团旅游企业的旅游费用(不得开具专用发票)后的余额为销售额。

（9）提供建筑服务适用简易计税方法的,以取得的全部价款和价外费用扣除支付的分包款后的余额为销售额。

（10）房地产开发企业中的一般纳税人销售其开发的房地产项目(选择简易计税方法的房地产老项目①除外),以取得的全部价款和价外费用,扣除受让土地时向政府部门支付的土地价款后的余额为销售额。房地产老项目是指《建筑工程施工许可证》注明的合同开工日期在"营改增"前的房地产项目。

（11）纳税人按上述规定从全部价款和价外费用中扣除的价款,应当取得符合法律、行政法规和国家税务总局规定的有效凭证(属于增值税扣税凭证的,其进项税额不得从销项税额中抵扣);否则,不得扣除。

（二）含税销售额的换算

增值税是以不含增值税税款的销售额作为计税销售额,即实行价外计税。小规模纳税人销售货物、应税劳务、服务一般采用销售额和应纳税额合并定价的方法,一般纳税人也有可能采用合并定价的方法。如果不将含税销售额换算为不含税销售额而直接计税,会造成计税环节上的重复纳税现象。因此,应将含税销售额换算为不含税销售额后,再计算增值税额。换算公式如下:

$$销售额 = \frac{含税销售额}{1 + 增值税税率或征收率}$$

房地产开发企业中的一般纳税人销售自行开发的房地产项目,适用一般计税方法计税,其销售额的计算公式如下:

$$销售额 = \frac{全部价款和价外费用 - 当期允许扣除的土地价款}{1 + 9\%}$$

$$当期允许扣除的土地价款 = \frac{当期销售房地产项目建筑面积}{房地产项目可供销售建筑面积} \times 支付的土地价款$$

当期销售房地产项目建筑面积是当期进行纳税申报销售额对应的建筑面积;房地产项目可供销售建筑面积是房地产项目可出售的总建筑面积,不包括销售房地产项目时未单独作价结算的配套公共设施的建筑面积;支付的土地价款是向政府、土地管理部门或受政府委托收取土地价款的单位直接支付的土地价款。

---

① 房地产老项目是指《建筑工程施工许可证》注明的合同开工日期在2016年4月30日前的房地产项目。

（三）销项税额及其计算

纳税人销售货物或者提供应税劳务、服务，按照规定税率计算并向购买方收取的增值税额，称为销项税额。销项税额的计算公式如下：

$$销项税额＝销售额×税率$$

三、增值税的进项税额

（一）进项税额

进项税额是增值税一般纳税人购进货物，接受应税劳务、服务所支付或者所负担的增值税额。进项税额实际上是购货方通过销货方向政府支付的税额，对购货方来说是进项税额，对销货方来说，则是在价外收取的应交增值税。

（二）准予抵扣进项税额的确认

（1）一般纳税人在取得增值税扣税凭证后，应在规定期限内进行认证，并在通过认证后，向主管税务机关申报抵扣进项税额。增值税扣税凭证是指增值税专用发票、机动车销售统一发票、海关进口增值税专用缴款书、农产品收购（或销售）发票和完税凭证。

（2）从海关取得的增值税专用缴款书。一般纳税人真实进口货物，从海关取得进口增值税专用缴款书，可按规定抵扣增值税税款。专用缴款书实行“先比对后抵扣”办法。税务机关将进口货物取得的进口增值税专用缴款书信息与海关采集的缴款信息进行稽核比对。稽核比对结果相符的，专用缴款书上注明的增值税额作为进项税额可以抵扣。若不相符，所列税额不得抵扣，待核查确认海关缴款书票面信息与纳税人实际进口业务一致后，方可作为进项税额在销项税额中抵扣。

（3）购进农产品。进项税额扣除有凭票扣除和核定扣除两种方式。凭票扣除是纳税人凭增值税扣税凭证，计算抵扣进项税额；核定扣除是特定行业纳税人购进农产品时，根据主管税务机关核定的当期农产品单耗数量或农产品耗用率，根据实际销售的产成品，倒推计算可抵扣进项税额。

第一，凭票扣除。按规定取得专用发票、专用缴款书、农产品销售或收购发票的，应区分不同情况抵扣进项税额：

a. 购进农产品用于生产销售或委托受托加工适用 13％税率的货物。取得专用发票的，按票面税额认证抵扣；取得农产品销售或收购发票的，或按简易计税方法计税的纳税人开具的专用发票，按 9％的扣除率计算税额，并在申报时，按 2％的比例计算加计扣除税额。

b. 若用于 a. 以外的货物，则不能享受 2％的加计扣除进项税额。

c. 既用于 a. 的货物，又用于 b. 的货物，企业应分别核算。未分别核算的，按简易计税方法计税的小规模纳税人开具的专用发票时，直接按票面注明的 3％进项税额抵扣，不能按 9％扣除率计算抵扣；其余情况，按专用发票或专用缴款书上注明的税额抵扣；或按农产品销售或收购发票金额 9％的扣除率计算抵扣进项税额。

纳税人从批发、零售环节购进适用免征增值税政策的蔬菜、部分鲜活肉蛋而取得的普通发票，不得作为计算抵扣进项税额的凭证。

第二,核定扣除。①纳税人以购进农产品为原料生产货物。可按投入产出法、成本法及参照法计算当期可抵扣的进项税额。扣除率为销售货物的适用税率(13%或9%)。②用于生产经营且不构成货物实体,如包装物、辅助材料、低值易耗品等。其适用扣除率要视购进农产品的实际用途:用来生产销售或委托受托加工13%的货物,扣除率为10%;用来生产销售低税率的货物,扣除率为9%。③购进农产品直接销售。按直接销售农产品的增值税税率,根据公式计算可抵扣进项税额。

纳税人采用核定扣除方式购进农产品,取得专用发票、专用缴款书时,应将凭证上注明的金额及增值税额一并计入相关成本账户;纳税人取得自行开具收购或销售发票时,要将凭证上注明的买价直接计入成本。计算当期允许抵扣的进项税额后,应将允许抵扣的金额从"主营业务成本"转入"应交税金——应交增值税(进项税额)"。

(4)纳税人支付的道路通行费,按照收费公路通行费增值税电子普通发票上注明的增值税额抵扣进项税额;纳税人支付的桥、闸通行费,暂凭取得的通行费发票上注明的收费金额,按下式计算可抵扣进项税额:

$$桥、闸通行费可抵扣进项税额=通行费发票上注明的金额÷(1+5\%)×5\%$$

(5)纳税人取得固定资产的进项税额,可一次性全额抵扣。

(6)纳税人购进国内旅客运输服务,其进项税额允许从销项税额中抵扣。未取得增值税专用发票的,暂按以下规定确定进项税额:

第一,取得增值税电子普通发票的,为发票上注明的税额。

第二,取得注明旅客身份信息的航空运输电子客票行程单的,按下式计算进项税额:

$$航空旅客运输进项税额=(票价+燃油附加费)÷(1+9\%)×9\%$$

第三,取得注明旅客身份信息的铁路车票的,按下式计算的进项税额:

$$铁路旅客运输进项税额=票面金额÷(1+9\%)×9\%$$

第四,取得注明旅客身份信息的公路、水路等其他客票的,按下式计算进项税额:

$$公路、水路等其他旅客运输进项税额=票面金额÷(1+3\%)×3\%$$

(7)自2019年4月1日至2021年12月31日,允许生产、生活性服务业(即"四项服务")纳税人[①]按照当期可抵扣进项税额加计10%,抵减应纳税额(即"加计抵减")。适用加计抵减政策的纳税人,同时兼营四项服务的,应按四项服务中收入占比最高的业务在《适用加计抵减政策的声明》中勾选确定所属行业。

第一,纳税人应按当期可抵扣进项税额的10%计提当期加计抵减额。按规定不得从销项税额中抵扣的进项税额,不得计提加计抵减额;已计提加计抵减额的进项税额,按规定作进项税额转出的,应在进项税额转出当期,相应调减加计抵减额。计算公式如下:

当期计提加计抵减额 = 当期可抵扣进项税额×10%

当期可抵减加计抵减额 = 上期末加计抵减额余额＋当期计提加计抵减额－当期调减加计抵减额

第二,纳税人应按规定计算一般计税方法下的应纳税额后,区分以下情形加计抵减:

① 这是指提供邮政服务、电信服务、现代服务、生活服务取得的销售额占全部销售额的比重超过50%的纳税人。

a. 抵减前的应纳税额等于零的,当期可抵减加计抵减额全部结转下期抵减。

b. 抵减前的应纳税额大于零,且大于当期可抵减加计抵减额的,当期可抵减加计抵减额全额从抵减前的应纳税额中抵减。

c. 抵减前的应纳税额大于零,且小于或等于当期可抵减加计抵减额的,以当期可抵减加计抵减额抵减应纳税额至零。未抵减完的当期可抵减加计抵减额,结转下期继续抵减。

第三,纳税人出口货物劳务、发生跨境应税行为不适用加计抵减政策,其对应的进项税额不得计提加计抵减额。纳税人兼营出口货物劳务、发生跨境应税行为且无法划分不得计提加计抵减额的进项税额,按下式计算:

$$\text{不得计提加计抵减额的进项税额} = \text{当期无法划分的全部进项税额} \times \frac{\text{当期出口货物劳务和发生跨境应税行为的销售额}}{\text{当期全部销售额}}$$

第四,纳税人应单独核算加计抵减额的计提、抵减、调减、结余等变动情况。

(8)纳税人租入固定资产、不动产,既用于一般计税方法计税项目,又用于简易计税方法计税项目、免征增值税项目、集体福利或者个人消费的,其进项税额准予从销项税额中全额抵扣。

(三)准予抵扣进项税额的申报

(1)增值税一般纳税人在取得增值税专用发票、机动车销售统一发票后,应自开具之日起360日内认证或登录增值税发票选择确认平台进行确认,并在规定的纳税申报期内,向主管税务机关申报抵扣进项税额。

(2)增值税一般纳税人取得海关进口增值税专用缴款书,应自开具之日起360日内向主管税务机关报送《海关完税凭证抵扣清单》,申请稽核比对。

(3)一般纳税人接受应税劳务、服务,必须在劳务费、服务费支付后才能申报抵扣进项税额;对接受应税劳务但尚未支付款项的,其进项税额不得作为当期进项税额抵扣。

(4)对企业接受投资、捐赠和分配的货物,则以收到增值税专用发票的时间为申报抵扣进项税额的时限。

(5)一般纳税人进口货物取得的属于增值税扣税范围的海关缴款书,自开具之日起,在规定期限内向主管税务机关报送《海关完税凭证抵扣清单(电子数据)》,申请稽核比对,逾期未申请的,其进项税额不予抵扣。经税务机关稽核比对相符后,其增值税额方能作为进项税额抵扣。

(6)一般纳税人发生真实交易但由于客观原因造成增值税扣税凭证(包括增值税专用发票、海关进口增值税专用缴款书)逾期的,经主管税务机关审核、逐级上报,由国家税务总局认证、稽核比对后,对比对相符的增值税扣税凭证,允许纳税人继续抵扣其进项税额。客观原因是指:①因自然灾害、社会突发事件等不可抗力因素造成增值税扣税凭证逾期;②增值税扣税凭证被盗、抢,或者因邮寄丢失、误递导致逾期;③有关司法、行政机关在办理业务或者检查中,扣押增值税扣税凭证,纳税人不能正常履行申报义务,或者税务机关信息系统、网络故障,未能及时处理纳税人网上认证数据等导致增值税扣税凭证逾期;④买卖双方因经济纠纷,未能及时传递增值税扣税凭证,或者纳税人变更纳税地点,注销旧户和重新办理税务登记的时间过长,导致增值税扣税凭证逾期;⑤由于企业办税人员伤亡、突发危重疾病或者擅自离职,未能办理交接手续,导致增值税扣税凭证逾期;⑥国家税务总局规定的其他情形。

（四）不得抵扣进项税额

纳税人凭完税凭证抵扣进项税额的,应当具备书面合同、付款证明和境外单位的对账单或者发票。纳税人取得的增值税扣税凭证不符合有关规定或资料不全,其进项税额不得从销项税额中抵扣。下列项目的进项税额不得从销项税额中抵扣:

（1）用简易计税方法计税项目、免征增值税项目、集体福利及个人消费的购进货物、加工修理修配劳务、服务、无形资产和不动产,其中涉及的固定资产①、无形资产、不动产,仅指专用于上述项目的固定资产、无形资产（不包括其他权益性无形资产）、不动产。交际应酬消费也是一种个人消费（业务招待中消费的各类礼品）,属于生活性消费活动,不是生产经营中的投入和支出。

（2）非正常损失②的购进货物,相关的加工修理修配劳务和交通运输服务。

（3）非正常损失的在产品、产成品所耗用的购进货物（不含固定资产）、加工修理修配劳务和交通运输服务。

（4）非正常损失的不动产及该不动产所耗用的购进货物、设计服务和建筑服务。

（5）非正常损失的不动产在建工程③所耗用的购进货物、设计服务和建筑服务。

（6）购进贷款服务、餐饮服务、居民日常服务和娱乐服务。

（五）不得抵扣进项税额的分类

对于不得从销项税额中抵扣的进项税额,可分以下两种类型:

一类是进项税额直接计入相关成本费用。①采用简易计税方法的纳税人;②采用一般计税方法的纳税人,在涉税行为发生时就能明确是用于免税项目、集体福利、个人消费,即使取得的是专用发票,其进项税额也应直接计入相关成本费用。

另一类是进项税额抵扣后,因资产改变用途,用于不得抵扣项目,或计税方法改为简易计税方法,原已抵扣的进项税额应予转出。

【例3-2】 某企业系增值税一般纳税人,主要从事采砂业务;同时购进散装水泥,部分包装外销,部分用于生产掺兑煤矸石比例不低于30%的水泥砖。出售采砂选择简易计税方法缴纳增值税,生产的水泥砖符合规定免缴增值税。1月份不含税销售收入70万元,其中水泥销售收入24.5万元、砂销售收入19.5万元、水泥砖销售收入26万元。当月无法划分的进项税额为1.2万元。

$$当月不得抵扣的进项税额＝1.2×(19.5＋26)÷(24.5＋19.5＋26)＝0.78(万元)$$

如果企业全年销售收入650万元,其中水泥收入220万元、砂收入185万元、水泥砖收

---

① 增值税中的固定资产仅指有形动产,属于"货物"范畴;而财务会计中的固定资产是指有形资产,除有形动产外,还包括房屋、建筑物（即增值税中的不动产）。

② 它是指因管理不善造成被盗、丢失、霉烂变质,以及因违反法律法规造成货物或不动产被依法没收、销毁、拆除的情形。

③ 纳税人新建、改建、扩建、修缮、装饰不动产,均属于不动产在建工程。

入 245 万元。全年无法划分的进项税额共计 22 万元。

根据年度数据计算的当年应转出进项税额＝22×(185＋245)÷650＝14.55(万元)

假定企业按月计算的全年不得抵扣的进项税额共计 11.22 万元,在主管税务机关对增值税清算时,其差额 3.33 万元(14.55－11.22)应补缴增值税;如果按年度数据计算不得抵扣的进项税额小于按月计算的,应将差额调整到进项税额中,在清算月份可少缴增值税。

(六)不得抵扣进项税额的转出

进项税额转出的计算方法有直接转出法、还原转出法、比例转出法和净值转出法等方法。

(1)已抵扣进项税额的不动产,发生非正常损失,或者改变用途,专用于简易计税方法计税项目、免征增值税项目、集体福利或者个人消费的,按照下列公式计算不得抵扣的进项税额,并从当期进项税额中扣减:

不得抵扣的进项税额 ＝ 已抵扣进项税额×不动产净值率

不动产净值率 ＝ (不动产净值÷不动产原值)×100%

(2)一般纳税人销售自行开发的房地产项目,兼有一般计税方法计税、简易计税方法计税、免征增值税的房地产项目而无法划分不得抵扣的进项税额的,应以《建筑工程施工许可证》注明的"建设规模"为依据进行划分。

$$不得抵扣的进项税额 = 当期无法划分的全部进项税额 × \left(简易计税、免税房地产项目建设规模 ÷ 房地产项目总建设规模\right)$$

适用一般计税方法的纳税人,兼营简易计税方法计税项目、免税项目而无法划分进项税额的,不得抵扣进项税额按以下方法计算:

$$不得抵扣的进项税额 = 当期无法划分的全部进项税额 × \left(当期简易计税方法计税销售额 + 免税项目销售额\right) ÷ 当期全部销售额$$

【例 3-3】 天缘房地产公司既有简易计税项目,也有一般计税项目,《建筑工程施工许可证》上注明的建设规模分别为 2.2 万平方米和 3.3 万平方米。9 月份公司购进货物和服务取得的增值税专用发票注明的进项税额为 180 万元,进项税额无法划分用途。应转出进项税额计算如下:

$$不得抵扣的进项税额 = 当期无法划分的全部进项税额 × \left(简易计税建设规模 ÷ 房地产项目总建设规模\right)$$
$$=180×(22\,000÷55\,000)=72(万元)$$

公司当月应将 72 万元进项税额转出。

【例 3-4】 某建筑企业当月有 A、B、C 三个施工项目,其中 A 项目采用简易计税方法,B、C 项目采用一般计税方法。当月购进原材料 900 万元(不含税),其中 B 项目专用 350 万元,AC 项目原材料无法准确划分。当月 A 项目收入 400 万元、B 项目收入 450 万元、C 项目收入 500 万元(均含税)。计算当月不得抵扣进项税额。

不含税收入的换算:

$$A 项目不含税收入 = 400 \div (1 + 3\%) = 388.35(万元)$$
$$B 项目不含税收入 = 450 \div (1 + 9\%) = 412.84(万元)$$
$$C 项目不含税收入 = 500 \div (1 + 9\%) = 458.72(万元)$$

不得抵扣进项税额的计算:

$$不得抵扣进项税额 = (900 - 350) \times 13\% \times 388.35 \div (388.35 + 458.72)$$
$$= 550 \times 13\% \times 388.35 \div 847.07 = 32.78(万元)$$

(七)允许抵扣进项税额的转入

根据规定不得抵扣进项税额的不动产,发生用途改变,用于允许抵扣进项税额项目的,按下列公式在改变用途的次月计算可抵扣进项税额。

$$可抵扣进项税额 = 增值税扣税凭证注明或计算的进项税额 \times 不动产净值率$$

四、增值税应纳税额的计算

增值税应纳税额的计算有一般计税方法和简易计税方法两种基本方法。一般纳税人选择简易计税方法的,选择后,36 个月内不得变更。

(一)一般计税方法应纳税额的计算

在一般计税方法下,当期销项税额减去同期准予抵扣进项税额后的余额即为应纳税额,这是其基本表述,但在持续经营情况下,应纳税额的计算程序是:

应抵扣税额=进项税额+上期留抵税额−进项税额转出−免抵退应退税额+纳税检查应补缴税额
应纳税额=销项税额−实际抵扣税额

如果销项税额大于应抵扣税额,实际抵扣税额就是应抵扣税额。如果销项税额小于应抵扣税额,实际抵扣税额就是销项税额,当期销项税额与同期应抵扣税额的差额为本期留抵税额,留抵税额可以结转下期继续抵扣,直至抵扣完(无时间限制)。企业若有增值税欠税,应以期末留抵税额抵减。

应纳税额合计=应纳税额+简易计税应纳税额−减免税额

【例 3-5】 某电信集团某分公司系一般纳税人。8 月份利用固网、移动网、卫星、互联网提供语音通话服务,取得价税合计收入 3 330 万元;出租带宽、波长等网络元素取得价税合计服务收入 832.5 万元;出售带宽、波长等网络元素取得价税合计服务收入 1 332 万元。分公司在提供电信业服务时,还附带赠送用户识别卡、电信终端等货物或者电信业服务,给客户提供基础电信服务价税合计 499.5 万元。当月认证增值税专用发票进项税额 300 万元,符合进项税额抵扣规定。该分公司 8 月份应交增值税计算如下:

$$应交增值税 = (3\,330 + 832.5 + 1\,332 + 499.5) \div (1 + 9\%) \times 9\% - 300 = 194.92(万元)$$

【例 3-6】 某建筑公司为在某市设立的建筑集团有限公司,系增值税一般纳税人。9月发生如下业务:

购进办公楼一幢,取得增值税专用发票,注明价款 1 100 万元,增值税额 99 万元;购进钢材等商品取得增值税专用发票,注明价款 8 500 万元,增值税额 1 105 万元;从个体户张某处购得沙石料 50 万元,取得税务机关代开的增值税专用发票;支付银行贷款利息 100 万元;支付私募债券利息 200 万元;支付来客用餐费用 10 万元。

销售"营改增"前在本市开工的建筑服务,开具专用发票,注明价款 1 200 万元;销售当月在本市开工的建筑服务,开具专用发票,注明价款 17 000 万元,增值税额 1 530 万元;为本市某敬老院无偿建造一幢老年公寓,价值 460 万元;公司异地工程项目部在南京提供建筑服务,开具增值税专用发票,注明价款 1 550 万元,增值税额 139.5 万元;在缅甸提供建筑服务,取得收入折合人民币 240 万元。公司当月增值税计算如下。

1. 进项税额的计算

(1) 购进办公楼进项税额 99 万元。

(2) 购进钢材等商品进项税额 1 105 元。

(3) 购沙石料进项税额＝50÷(1＋3％)×3％＝1.456 3(万元)。

(4) 支付银行贷款利息和私募债券利息属于贷款服务,不得从销项税额中抵扣进项税额。

(5) 支付来客用餐费用属于餐饮服务,不得从销项税额中抵扣进项税额。

$$可抵扣进项税额合计 = 99＋1 105＋1.456 3 = 1 205.456 3(万元)$$

2. 销项税额的计算

(1) "营改增"前开工的建筑服务销项税额＝1 200×3％＝36(万元)。

(2) 当月开工的建筑服务销项税额＝17 000×9％＝1 530(万元)。

(3) 无偿建造一幢老年公寓属公益事业,不视同销售,不缴纳增值税。

(4) 异地工程项目部销售建筑服务,按 2％预征率在建筑服务发生地预缴增值税 31 万元(1 550×2％),在公司所在地应交增值税 108.5 万元(139.5－31)。

(5) 在缅甸销售建筑服务,取得收入折合人民币 240 万元,属于工程项目在境外的建筑服务,免征增值税。

$$销项税额合计 = 36＋1 530＋108.5 = 1 674.5(万元)$$

3. 应纳税额的计算

$$应交增值税 = 1 674.5－1 205.456 3 = 469.043 7(万元)$$

(二) 简易计税方法应纳税额的计算

(1) 小规模纳税人采用简易计税方法。

(2) 符合条件的一般纳税人也可选择适用简易计税方法,如公共交通运输服务[①]、销售或出租不动产等。简易计税方法的应纳税额是按销售额和征收率计算的增值税额,不得抵扣进项税额。应纳税额计算公式如下:

----

① 即使年销售额超过 500 万元,也可选择按简易计税方法纳税。

$$应纳税额＝销售额×征收率$$

（3）建筑工程总承包单位为房屋建筑的地基与基础、主体结构提供工程服务，建设单位自行采购全部或部分钢材、混凝土、砌体材料、预制构件的，适用简易计税方法计税。

（4）资管产品管理人在运营资管产品过程中发生的增值税应税行为，暂适用简易计税方法。管理人应分别核算资管产品运营业务和其他业务的销售额和增值税应纳税额；未分别核算的，资管产品运营业务不得适用简易计税方法。

【例 3-7】 某运输企业系增值税一般纳税人，除提供运输服务外，同时还提供装卸搬运服务。装卸搬运服务可以选择简易计税方法按 3% 的征收率计算缴纳增值税。某月与客户签订运输合同，运费与装卸搬运费合并计价，合同金额 2 万元。

$$增值税销项税额＝20\ 000÷(1＋9\%)×9\%＝1\ 651.38(元)$$

如果合同分别计价、分别开票，合同总金额不变，假定运费占 70%、装卸搬运费占 30%，增值税计算如下：

$$运费销项税额＝14\ 000÷(1＋9\%)×9\%＝1\ 155.96(元)$$

$$装卸搬运费应交增值税＝6\ 000÷(1＋3\%)×3\%＝174.76(元)$$

增值税合计 1 330.72 元(1 155.96＋174.76)，比合并计价节税 320.66 元，同时还会相应地减少应交城建税和教育费附加。

（三）进口货物应纳税额的计算

进口货物的收货人（承受人）为进口货物的增值税纳税人。无论是一般纳税人还是小规模纳税人，均应按组成计税价格和规定税率（与国内购进货物的税率相同）计算应纳税额。其计算公式如下：

$$进口环节增值税计税价格 ＝ 关税完税价格①＋关税＋进口环节消费税$$
$$应交增值税 ＝ 进口环节增值税计税价格×进口环节增值税税率$$

在计算进口环节应纳增值税时，不得抵扣发生在我国境外的各种税金。但在计算国内增值税时，其进口环节缴纳的增值税可以作为进项税额予以抵扣。

在对进口货物征税的同时，对某些进口货物也有减免税或不征税的规定，还有保税的规定，如对从国外进口的原材料、零部件等，对这些货物实行保税监管，即进口时先不缴税，企业在海关的监管下，使用、加工这些进口料件，并且复出口；若不能再出口而销往国内时，则要按规定缴税；对于国外过境或转口货物，也采用同类方法。

【例 3-8】 某商贸公司是增值税一般纳税人，8 月，该企业进口生产办公家具用的木材一批，该批木材在国外的买价折合 200 万元，运抵我国海关前发生的包装费、运输费、保险费等共计 100 万元。货物报关后，公司按规定缴纳进口环节增值税并取得了海关开具的专用缴款书。假定该批进口货物在国内全部销售，取得不含税销售额 500 万元。

计算该批货物进口环节、国内销售环节分别应缴纳的增值税额（货物进口关税税率

---

① 关税完税价格的确认计量见第五章。

12%,增值税税率13%)。

(1) 关税完税价格＝200＋100＝300(万元)。

(2) 应交进口关税＝300×12%＝36(万元)。

(3) 组成计税价格＝300＋36＝336(万元)。

(4) 进口环节应交增值税＝336×13%＝43.68(万元)。

(5) 国内销售的销项税额＝500×13%＝65(万元)。

(6) 国内销售应交增值税＝65－43.68＝21.32(万元)。

五、预缴增值税

(一) 预缴增值税的范围和特点

1. 预缴增值税的范围

(1) 房地产开发企业采用预收款方式销售其自行开发的房地产项目时,对预收款应预缴增值税。但按规定,其纳税义务在交房或办理产权转移时方予确认。由于预缴时点早于纳税义务发生时点,预缴时尚未形成销项税额,其留抵税额不能抵扣预缴增值税。因此,企业在预收房款时,原则上不能开具发票。如果开具发票,则应按适用税率或征收率缴纳增值税。

(2) 提供建筑服务。根据建筑施工合同约定,在开工前收到发包方预先支付的工程款(预付备料款)——预收款后,虽未发生纳税义务(未开具发票),但有预缴税款义务。纳税人应以取得的预收款扣除支付的分包款后的余额,按预征率计算预缴增值税。

纳税人在不同地级行政管辖区范围内跨县(市、区)异地提供建筑服务的建筑工程项目,应在建筑服务发生地税务机关预缴增值税;在同一地级行政管辖区范围内跨县提供建筑服务,应在建筑服务机构所在地税务机关预缴增值税。

在按合同约定的预收款抵扣工程进度款(建筑项目结算)时,确认预收款纳税义务的发生,按项目全额开具发票。

(3) 其他企业异地转让不动产、异地提供不动产租赁服务、异地提供建筑服务,应在异地纳税义务发生时预缴增值税。

(4) 建立预缴税款台账。为了加强对异地预缴税款的管理,企业应按事项发生地和服务项目,逐笔登记与预缴税款有关的内容,留存备查。

2. 预缴增值税的特点

(1) 异地预缴增值税,在机构所在地进行纳税申报。

(2) 企业预缴的增值税可从本期应纳税额中抵减,本期抵减不完的,可结转后期继续抵减,直至抵完。

(3) 抵减时不需要区分计税方法,可直接抵减应纳税额。

本期应补(退)税额 ＝ 应纳税额合计－(预缴税额＋出口开具专用缴款书预缴税额)

(二) 预缴增值税的计算和要求

1. 预缴增值税的计算

(1) 房地产开发企业(一般纳税人)预缴增值税计算。销售"营改增"前的房地产项目和采用预收款方式销售其所开发房地产项目,增值税预征率为3%。

$$一般计税方法预缴税额 = 销售额 ÷ (1+9\%) × 3\%$$
$$简易计税方法预缴税额 = 销售额 ÷ (1+5\%) × 3\%$$

"销售额"是实际收取或税务机关确认的全部预收价款和价外费用。

（2）出租、转让异地不动产预缴增值税计算（见表3-2）。

表3-2　　　　　　　出租、转让异地不动产预缴增值税计算表

项　目	计税方法	预征率	预征时间	预征地点	计算公式
异地出租不动产	一般计税	3%（营改增后取得的）	取得租金次月纳税申报期内	不动产地与机构地不在同一县，向不动产地税务机关	预缴税额＝含税销售额÷(1+9%)×3%
	简易计税（不含个人出租）	5%（营改增前取得的）			预缴税额＝含税销售额÷(1+5%)×5%
	个体工商户	5%减按1.5%			预缴税额＝含税销售额÷(1+5%)×1.5%
异地转让自建不动产	一般计税/简易计税	5%	取得转让款时	不动产所在地税务机关	预缴税额＝全部价款和价外费用÷(1+5%)×5%

（3）建筑服务预缴增值税计算（见表3-3）。

表3-3　　　　　　　建筑服务预缴增值税计算表

收款项目	计税方法	预征率	预征时间	预征地点	计算公式
预收款	一般计税方法	2%	收到预收款时	◆ 同一地级行政区内跨县（市、区）作业，在机构所在地主管税务机关 ◆ 不同地级行政区作业，在发生地主管税务机关	应预缴税额＝(收到的预收款－支付的分包款)÷(1+9%)×2%
	简易计税方法	3%			应预缴税额＝(收到的预收款－支付的分包款)÷(1+3%)×3%
异地提供服务收到工程结算款	一般计税方法	2%	取得结算款时		应预缴税额＝(收到的全部价款和价外费用－支付的分包款)÷(1+9%)×2%

【例3-9】　当年9月份，天海房地产开发公司简易计税项目预收房款4 000万元；一般计税项目收取预收款9 000万元，当月公司有留抵税额90万元。

当年9月预缴增值税计算如下：

$$简易计税项目预缴税款 = 4\,000 ÷ (1+5\%) × 3\% = 114.285\,7（万元）$$
$$一般计税项目预缴税款 = 9\,000 ÷ (1+9\%) × 3\% = 247.706\,4（万元）$$
$$当月应预缴增值税合计 = 114.285\,7 + 247.706\,4 = 361.992\,1（万元）$$

1年后，简易计税的房地产项目交付业主；2年后一般计税的房地产项目交付业主。交付当月公司可抵扣进项税额（含留抵税额）合计为250万元。简易计税项目和一般计税项目合计缴纳土地款5 000万元，合计可售建筑面积1.4万平方米，其中简易计税项目可售建筑面积4 000平方米，一般计税项目可售建筑面积1万平方米。

（1）简易计税交房后应纳增值税计算。

$$应纳税额 = 4\,000 ÷ (1 + 5\%) × 5\% = 190.476\,2（万元）$$

该公司此前已预缴税款 361.992 1 万元，因此当月无须缴纳增值税，可抵减的预缴增值税还有 171.515 9（361.992 1－190.476 2）万元。

（2）一般计税交房后应纳增值税计算。

$$当期销售房地产项目对应的土地价款 = 5\,000 × 1 ÷ 1.4 = 3\,571.428\,6（万元）$$

$$销售额 = (9\,000 - 3\,571.428\,6) ÷ (1 + 9\%) = 4\,980.340\,7（万元）$$

$$销项税额 = 销售额 × 税率 = 4\,980.340\,7 × 9\% = 448.230\,7（万元）$$

$$应纳税额 = 448.230\,7 - 250 = 198.230\,7（万元）$$

$$应补缴增值税 = 应纳税额 - 可抵减预缴增值税 = 198.230\,7 - 171.515\,9 = 26.714\,8（万元）$$

2. 预缴增值税的要求

（1）企业应建立预缴税款台账。为了加强对异地预缴税款的管理，企业应按服务发生地和项目逐笔登记与预缴税款有关的内容，留存相关资料备查。

（2）填报《增值税预缴税款表》，提供发包方与总包方合同复印件（加盖公章）等资料。

六、增值税的纳税申报

（一）一般纳税人的纳税申报

一般纳税人不论当期是否发生应税行为或是否应该缴税，均应按规定进行纳税申报。纳税申报是税务风险防控的最后环节，无论是多缴税的风险，还是少缴税的风险，都会在纳税申报完成后形成。

1. 纳税申报、缴纳程序

一般纳税人办理纳税申报需要经过发票认证、抄报、纳税申报、报税和税款缴纳等程序。

网上报税和网上申报的操作流程。纳税人必须先操作防伪税控开票子系统进行抄税，然后使用网上抄报税系统进行远程报税，再操作网上申报软件发送申报数据，最后使用网上抄报税系统清卡。通过网上申报软件发送申报数据后，要查看申报结果提示，如果提示申报成功则关注税款扣缴结果，在申报软件中及时查看银行扣款是否成功。

2. 纳税申报资料

一般纳税人进行纳税申报，实行电子信息采集。使用防伪税控系统开具专用发票，在抄报成功后，方可向其主管税务机关进行纳税申报。

纳税申报资料包括主表《增值税纳税申报表（一般纳税人适用）》（见表 3－4）和附列资料（附表），附列资料有本期销售情况明细，本期进项税额明细，服务、不动产和无形资产扣除项目明细，税额抵减情况表，不动产分期抵扣计算表，固定资产（不含不动产）进项税额抵扣情况表，本期抵扣进项税额结构明细表，增值税减免税申报明细表。

另外，还有专用发票汇总表、专用发票明细表、普通发票汇总表、普通发票明细表、企业网上认证结果通知书、企业网上认证结果清单、其他资料（增值税海关完税凭证抵扣明细表、增值税抵扣凭证稽核结果通知书、机动车销售企业在防伪税控系统中开具的机动车销售统一发票汇总表和明细表等）。

表 3-4   **增值税纳税申报表**

（适用于增值税一般纳税人）

根据国家税收法律法规及增值税相关规定制定本表。纳税人不论有无销售额，均应按税务机关核定的纳税期限填写本表，并向当地税务机关申报。

税款所属时间：自××年 8 月 01 日至××年 8 月 31 日　　　　填表日期：××年 9 月 09 日

金额单位：元至角分

纳税人识别号																	所属行业：	
纳税人名称		法定代表人姓名		注册地址		生产经营地址	
开户银行及账号		登记注册类型		电话号码	

项 目		栏 次	一般项目		即征即退项目	
			本月数	本年累计	本月数	本年累计
销售额	（一）按适用税率计税销售额	1	234 784.57	3 216 553.74		
	其中：应税货物销售额	2	234 784.57	3 216 553.74		
	应税劳务销售额	3				
	纳税检查调整的销售额	4				
	（二）按简易办法计税销售额	5				
	其中：纳税检查调整的销售额	6				
	（三）免、抵、退办法出口销售额	7			—	—
	（四）免税销售额	8			—	—
	其中：免税货物销售额	9			—	—
	免税劳务销售额	10			—	—
税款计算	销项税额	11	30 521.99	418 151.99		
	进项税额	12	18 707.27	236 331.73		
	上期留抵税额	13				
	进项税额转出	14				
	免、抵、退应退税额	15				
	按适用税率计算的纳税检查应补缴税额	16			—	—
	应抵扣税额合计	17＝12＋13－14－15＋16	18 707.27	—		
	实际抵扣税额	18（如 17＜11，则为 17，否则为 11）	18 707.27	236 331.73		
	应纳税额	19＝11－18	11 814.72	181 820.26		
	期末留抵税额	20＝17－18		—	—	
	简易计税办法计算的应纳税额	21				
	按简易计税办法计算的纳税检查应补缴税额	22				
	应纳税额减征额	23				
	应纳税额合计	24＝19＋21－23	11 814.72	181 820.26		

项　　目		栏　次	一般项目		即征即退项目	
			本月数	本年累计	本月数	本年累计
税款缴纳	期初未缴税额（多缴为负数）	25	36 719.50	36 719.50		
	实收出口开具专用缴款书退税额	26			—	—
	本期已缴税额	27＝28＋29＋30＋31	36 719.50	202 712.82		
	①分次预缴税额	28		—		
	②出口开具专用缴款书预缴税额	29		—		
	③本期缴纳上期应纳税额	30	36 719.50	202 712.82		
	④本期缴纳欠缴税额	31				
	期末未缴税额（多缴为负数）	32＝24＋25＋26－27	11 814.72	15 826.92		
	其中：欠缴税额（≥0）	33＝25＋26－27				
	本期应补（退）税额	34＝24－28－29	11 814.72			
	即征即退实际退税额	35		—		
	期初未缴查补税额	36				
	本期入库查补税额	37				
	期末未缴查补税额	38＝16＋22＋36－37			—	—
授权声明	如果你已委托代理人申报,请填写下列资料: 为代理一切税务事宜,现授权 （地址） 为本纳税人的代理申报人,任何与本申报表有关的往来文件,都可寄予此人。 授权人签字:		申报人声明	此纳税申报表是根据《中华人民共和国增值税暂行条例》的规定填报的,我相信它是真实的、可靠的、完整的。 声明人签字:		

主管税务机关:　　　　　　　　　接收人:　　　　　　　　　　接收日期:

（二）小规模纳税人的纳税申报

小规模纳税人纳税申报,应填报《增值税纳税申报表（小规模纳税人适用）》（见表3-5）、附列资料、增值税减免税申报明细表。试点纳税人应对开具增值税专用发票的销售额计算增值税应纳税额,并在规定纳税申报期内向主管税务机关申报缴纳。在填写增值税纳税申报表时,应当将当期开具增值税专用发票的销售额,按照3‰和5‰的征收率,分别填写在《增值税纳税申报表》（小规模纳税人适用）第2栏和第5栏"税务机关代开的增值税专用发票不含税销售额"的"本期数"相应栏次中。在确定服务销售额时,按有关规定从取得的全部价款和价外费用中扣除价款的,需填报《增值税纳税申报表（小规模纳税人适用）》附列资料,其他情况不填写该附列资料。

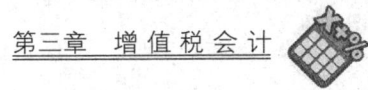

表 3-5　　　　　　　　　　　　**增值税纳税申报表**

（小规模纳税人适用）

纳税人识别号：□□□□□□□□□□□□□□□□□□□□

纳税人名称(公章)：　　　　　　　　　　　　　　　　　　　金额单位:元至角分

税款所属期：　年　月　日至　年　月　日　　　　　　　　填表日期：　年　月　日

项　　目	栏次	本期数		本年累计	
		货物及劳务	服 务、不动产和无形资产	货物及劳务	服 务、不动产和无形资产
一、计税依据　（一）应征增值税不含税销售额	1				
税务机关代开的增值税专用发票不含税销售额	2				
税控器具开具的普通发票不含税销售额	3				
（二）销售、出租不动产不含税销售额	4	—		—	
税务机关代开的增值税专用发票不含税销售额	5	—		—	
税控器具开具的普通发票不含税销售额	6	—		—	
（三）销售使用过的固定资产不含税销售额	7(7≥8)		—		—
其中:税控器具开具的普通发票不含税销售额	8		—		—
（四）免税销售额	9=10+11+12				
其中:小微企业免税销售额	10				
未达起征点销售额	11				
其他免税销售额	12				
（五）出口免税销售额	13(13≥14)				
其中:税控器具开具的普通发票销售额	14				
二、税款计算　本期应纳税额	15				
本期应纳税额减征额	16				
本期免税额	17				
其中:小微企业免税额	18				
未达起征点免税额	19				
应纳税额合计	20=15-16				
本期预缴税额	21		—		—
本期应补(退)税额	22=20-21		—		—

纳税人或代理人声明：	如纳税人填报,由纳税人填写以下各栏：
本纳税申报表是根据国家税收法律法规及相关规定填报的,我确定它是真实的、可靠的、完整的。	办税人员：　　　　　　　　财务负责人： 法定代表人：　　　　　　　联系电话： 如委托代理人填报,由代理人填写以下各栏： 代理人名称(公章)：　　　　　　　　经办人： 　　　　　　　　　　　　　　　　　联系电话：

主管税务机关：　　　　　　　　接收人：　　　　　　　　接收日期：

（三）房地产企业的纳税申报

房地产公司采取预收款方式销售自行开发的房地产项目,应在收到预收款时,开具增值税普通发票,因为不符合收入确认条件,仅照预征率计算应预缴增值税,不进行纳税申报。对预缴的增值税,应填报《增值税预缴税款表》。

纳税人在完成不动产权属变更并收取项目剩余款项时,应将包括预收款的全部售房价款确认为增值税应税销售额,并开具增值税专用发票。预收款是"未发生销售行为的不征税项目"收入,之前开具的普通发票,只是对此预收款项出具的收付性质凭证,不是严格意义上的增值税发票。因此,在开具增值税专用发票时,不需要再进行冲红处理。以应税销售额和11‰的适用税率计算当期应纳税额,抵减已预缴税款后,向主管税务机关申报纳税。未抵减完的预缴税款,可以结转下期继续抵减。

第三节 增值税进项税额及其转出的会计处理

一、增值税会计账户的设置

（一）一般纳税人增值税会计账户设置

1. "应交税费（或应交税金,下同）"下设二级账户

（1）应交增值税。该账户的借方发生额为购进和进口货物、固定资产、无形资产以及接受应税劳务服务支付的进项税额、缴纳增值税等,贷方发生额为销售货物、转让无形资产、不动产、提供应税劳务服务等应交增值税、出口货物退税、进项税额转出等。期末贷方余额反映企业尚未缴纳的增值税额,借方余额反映企业尚未抵扣的、多交的增值税额。

（2）未交增值税。纳税人月度终了从"应交增值税""预交增值税"明细账户转入当月应交未交、多交或预交的增值税额,以及当月缴纳以前期间未交的增值税额。其借方发生额反映上交以前月份未交增值税和期末转入多交增值税,贷方发生额记录转入当月未交增值税;期末借方余额为企业多交增值税,贷方余额为未交增值税。

（3）预交增值税。记录纳税人转让不动产、提供不动产租赁服务、提供建筑服务、采用预收款方式销售自行开发的房地产项目等,按规定应预交的增值税额。

（4）待认证进项税额。记录纳税人因未经税务机关认证而不得从当期销项税额中抵扣的进项税额。包括纳税人已取得增值税扣税凭证、按规定准予从销项税额中抵扣,但尚未认证的进项税额;纳税人取得货物等已入账,但因尚未收到相关增值税扣税凭证而不得从当期销项税额中抵扣的进项税额。

（5）待抵扣进项税额。记录纳税人已取得增值税扣税凭证并经认证,按照规定准予以后期间从销项税额中抵扣的进项税额。它包括实行纳税辅导期管理的一般纳税人取得的尚未交叉稽核比对的增值税扣税凭证上注明或计算的进项税额、企业取得海关专用缴款书实行"先稽核比对、后抵扣"方式的进项税额;"营改增"后,当企业取得不动产分期抵扣进项税额时,留待下次（以后）抵扣的进项税额以及进项税额的转入额。对不同的不动产和不动产在建工程,纳税人应分别核算其待抵扣进项税额。

（6）待转销项税额。纳税人销售货物、无形资产及不动产,提供劳务、服务时,财务会计根据会计制度规定先确认相关收入及相应增值税额,在期末填制资产负债表时,需要重分类至"其他流动负债"或"其他非流动负债"。税务会计根据税法规定,对尚未发生增值税纳税义务的事项不予确认销项税额。

（7）转让金融商品应交增值税。记录纳税人转让金融商品发生的增值税额。月末,结转金融商品转让损失的应抵扣税额及实际缴纳增值税时,借记本账户;结转金融商品转让收益应纳税额时,贷记本账户。

（8）代扣代交增值税。记录纳税人购进在境内未设经营机构的境外单位或个人在境内的应税行为代扣代交的增值税。

（9）增值税留抵税额。对纳税人而言,当本期可抵扣进项税额大于同期销项税额时,其差额(期末"应交增值税"账户呈借方余额)为留抵税额,即留待后期抵扣的税额,不必单独进行会计处理。企业实际收到税务机关退还的留抵税额时,借记"银行存款",贷记"应交税费——应交增值税(进项税额转出)"。

（10）增值税检查调整。记录企业在增值税检查中查出的以前各期应补、应退增值税额,借方记调减的销项税额和调增的进项税额,贷方记调增的销项税额、调减的进项税额、调增的进项税转出额,全部调整事项入账后,应结出本账户余额,并对余额进行账务处理。

（11）增值税简易计税。记录一般纳税人采用简易计税方法时,增值税的计提、扣减、预缴、缴纳、抵减、减免等事项。既核算纳税人适用简易计税方法应纳税额的计提,也核算差额计税的扣减、特定情形的预缴及申报后的缴纳。

2."应交税费——应交增值税"下设三级明细账户

企业一般应设置进项税额、进项税额转出、销项税额、销项税额拆减、已交税金、减免税款、出口退税、出口退税抵减应纳税额、转出未交增值税、转出多交增值税等三级明细账户。

（1）进项税额。记录企业购入和进口货物、固定资产、不动产、无形资产、接受应税劳务、服务而支付的、准予从销项税额中抵扣的增值税额;若发生购货退回或折让,应以红字记入,以示冲销进项税额。

（2）进项税额转出。当企业已经抵扣的进项税额不再符合抵扣条件时,应将确认的已经抵扣的进项税额在会计上作转出处理,贷记该明细账户,表示对借记"进项税额"账户的冲减。

（3）销项税额。记录企业销售货物、固定资产、不动产,提供应税劳务、服务应收取的增值税额。若发生销货退回或销售折让,应以红字记入,以示冲减销项税额。一般纳税人采用简易计税方法计算的应交增值税额,也应在此明细账中反映,但也可通过专设明细账户记录。

（4）销项税额抵减。记录一般纳税人中适用全额开票、差额计税政策时(如房地产企业),因按规定抵减销售额而减少的销项税额。

（5）已交税金。记录企业当月缴纳本月应交增值税额;收到退回的多交增值税额时,以红字记入。

（6）减免税款。记录企业按规定直接减免、用于指定用途的或未规定专门用途的、准予从销项税额中抵扣的增值税额。

（7）出口退税。记录企业向海关办理报关出口手续后，凭出口报关单等有关单证，向主管出口退税的税务机关申报办理出口退税而确认的应予退回的税款及应免抵税款；若办理退税后，又发生退货或者退关而补缴已退增值税，则用红字记入（详见本书第六章）。

（8）出口退税抵减应纳税额。记录出口企业按规定退税率计算的当期应予抵扣的税额（详见本书第六章）。

（9）转出未交增值税。记录企业月（季）终将当月发生的应交未交增值税转出额，转至"未交增值税"账户后，"应交增值税"账户的期末余额不包括当期应交未交税额。

（10）转出多交增值税。记录企业月（季）终时将当月多交税额的转出额，转至"未交增值税"账户后，"应交增值税"账户的期末余额不含当期多交税额。

如果企业不设"未交增值税"二级账户，在"应交增值税"三级明细账户中也就没有必要设置"转出未交增值税"和"转出多交增值税"明细账户。从事"四项服务"的纳税人，可在"应交税费——应交增值税"下增设"加计抵减额"明细项目。

增值税会计科目设置如图 3-1 所示。

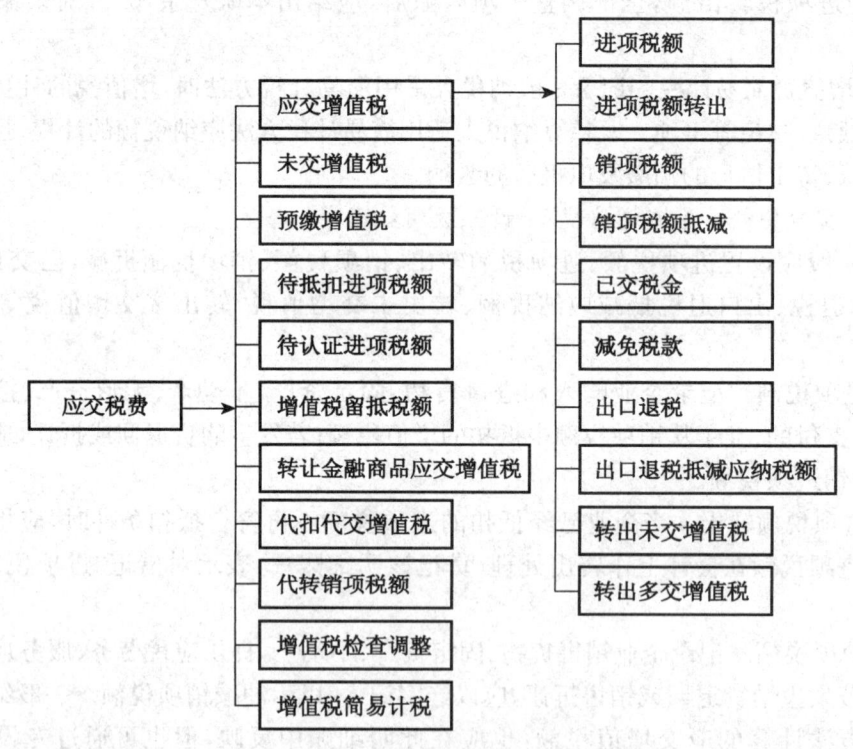

图 3-1　增值税会计科目

（二）小规模纳税人增值税会计账户设置

小规模纳税人应在"应交税费"账户下设置"应交增值税"二级账户，并根据需要，可设置"转让金融商品应交增值税""代扣代交增值税"明细账户，但一般无需再设其他明细项目。

其贷方记应交的增值税额,借方记实际上交的增值税额;期末贷方余额反映企业尚未上交或欠交的增值税额,借方余额则反映多交的增值税额。此外,根据需要,还可以设置"增值税检查调整"二级账户,其核算内容与一般纳税人相同。

二、增值税进项税额的会计处理

一般纳税人(采用一般计税方法,下同)购进货物、无形资产和不动产、接受劳务服务,按应计成本费用的金额,借记"在途物资""原材料""库存商品""生产成本""无形资产""固定资产""管理费用"等账户,借记"应交税费——应交增值税(进项税额)"账户(已认证的可抵扣税额)、"应交税费——待认证进项税额"账户(未认证的可抵扣税额),按应付或实际支付金额,贷记"应付账款""应付票据""银行存款"等账户。退货时,若原增值税专用发票已作认证,根据红字增值税专用发票作冲账的会计分录;若原增值税专用发票未作认证,应将发票退回并作冲账的会计分录。

一般纳税人购进货物等已验收入库,但尚未收到增值税扣税凭证的,应按货物清单或相关合同协议价格暂估入账,借记"原材料""库存商品""无形资产""固定资产"等账户,按以后可抵扣增值税额,借记"应交税费——待认证进项税额"账户,贷记"应付账款""应付票据""银行存款"等账户。待取得扣税凭证并经认证后,借记"应交税费——应交增值税(进项税额)"或"应交税费——待抵扣进项税额"账户,贷记"应交税费——待认证进项税额"账户。

一般纳税人自"营改增"后取得并按固定资产核算的不动产、不动产在建工程,其进项税额按现行规定自取得之日起分2年从销项税额中抵扣的,应按取得成本,借记"固定资产""在建工程"等账户,按当期可抵扣增值税额,借记"应交税费——应交增值税(进项税额)"账户,对后期可抵扣的增值税额,借记"应交税费——待抵扣进项税额"账户,贷记"应付账款""应付票据""银行存款"等账户。尚未抵扣的进项税额在后期允许抵扣时,按允许抵扣的金额,借记"应交税费——应交增值税(进项税额)"账户,贷记"应交税费——待抵扣进项税额"账户。

(一)购进货物进项税额的会计处理

企业外购应税货物,应按货物的实际采购成本,借记"材料采购""在途物资""原材料""库存商品"等账户,企业按应预缴或垫支的增值税额,借记"应交税费——应交增值税(进项税额)"账户,按货物的实际成本和增值税进项税额之和,贷记"银行存款""应付票据""应付账款"等账户。

1. 购进原材料进项税额的会计处理

【例3-10】　天华工厂9月6日收到银行转来的购买光明工厂丙材料的"托收承付结算凭证"及发票,数量为5 000千克,价格为11元/千克,增值税进项税额为7 150元。

企业购进货物并取得增值税专用发票后,在未认证前,应通过"待认证进项税额"账户过渡,作会计分录如下:

借:在途物资(光明工厂)　　　　　　　　　　　　　　　　55 000
　　应交税费——待认证进项税额　　　　　　　　　　　　　7 150
　　贷:银行存款　　　　　　　　　　　　　　　　　　　　　　62 150

材料验收入库时:

借：原材料——丙材料   55 000
　　贷：在途物资（光明工厂）   55 000

企业在规定时间内进行比对认证并获得通过后，记：

借：应交税费——应交增值税（进项税额）   7 150
　　贷：应交税费——待认证进项税额   7 150

如果在规定时间内进行认证但未获通过，或超过规定时间未进行认证，则记：

借：原材料——丙材料   7 150
　　贷：应交税费——待认证进项税额   7 150

2. 购进商品进项税额的会计处理

购进商品分提货制和送货制两种购货方式，一般采用支票、商业汇票、现金结算方式。异地供货单位购进商品，一般采用发货制方式，货款通常采用异地托收承付等结算方式。货款结算时，按购买价格，借记"在途物资"账户，按增值税专用发票上注明的增值税额，借记"应交税费——应交增值税（进项税额）"账户，按购买价格与增值税之和，贷记"应付账款""应付票据""银行存款"等账户；商品验收入库时，借记"库存商品"账户，贷记"在途物资"或"在途商品"账户。

【例3-11】　某商业企业从服装厂购进女衬衣1 000件，88元/件，增值税专用发票注明：价款88 000元，税额为11 440元（88 000×13%），以转账支票付款。作会计分录如下：

借：库存商品——衬衣   88 000
　　应交税费——应交增值税（待认证进项税额）   11 440
　　贷：银行存款   99 440

"库存商品"账户是根据商品零售企业按售价金额核算和实物负责制的传统做法而设计的。如果库存商品按不含税售价记入，就会造成柜台价签上的标价与库存价格不符，使实物负责人的责任不清，也违背了按售价金额核算和实物负责制的本意，造成各柜组月末清点库存的麻烦。因此，对于按售价核算的各柜组，购进商品结转商品采购成本时，必须按含税销售价格计算库存商品，将税额记入商品进销差价，通过差价金额来抵减库存金额，最终使库存商品进价金额不含税。

【例3-12】　某商家向某自行车厂购入自行车400辆，400元/辆，增值税专用发票上注明：价款160 000元，税额为20 800元（400×400×13%），采用托收承付结算方式结算，单货俱到。作会计分录如下：

承付货款时：

借：在途物资——××自行车厂   160 000
　　应交税费——应交增值税（进项税额）   20 800
　　贷：银行存款   180 000

验收入库时：

借：库存商品——自行车   160 000
　　贷：在途物资——××自行车厂   160 000

在"货到单未到"的情况下,平时先不记账。若到月终结算时,凭证仍未到达,按暂估的进货原价入账,借记"库存商品"账户,贷记"应付账款"账户;下月初再作相同的会计分录用红字冲回。

【例 3-13】 承[例 3-12],若货先到而有关单据月终尚未到达,作会计分录如下:

月终,每辆自行车按 350 元估价入账:

借:库存商品——自行车 140 000
　　贷:应付账款——××自行车厂 140 000

下月初再用红字冲回:

借:库存商品——自行车 140 000
　　贷:应付账款——××自行车厂 140 000

当托收承付结算凭证到达,并已承付货款,作会计分录同[例 3-12]。

企业购进商品,必须在付款后才能申报抵扣进项税额,尚未付款或尚未开出商业承兑汇票的,其进项税额不得作为纳税人当期进项税额予以抵扣。

若进货时已收到发票,企业因资金周转困难暂时不能付款,在核算时,既要如实反映应付账款的金额,又不能将未付款的进项税额列入当期进项税额予以抵扣,可通过"待认证进项税额"账户记录反映。

3. 购进农产品进项税额的会计处理

购进农产品,增值税扣除率为 9%;纳税人购进用于生产销售、委托加工 13% 税率货物的农产品,按 11% 的扣除率计算进项税额。对农民专业合作社销售本社成员生产的农业产品,视同农业生产者销售自产农业产品免征增值税;增值税一般纳税人从农民专业合作社购进的免税农业产品,可计算抵扣增值税进项税额。

【例 3-14】 天天食品公司系增值税一般纳税人,主要从事饼干、雪饼、果汁等的生产销售。10 月份发生如下购进业务:

(1) 从一般纳税人 A 公司购进大米 100 吨,专用发票金额 50 万元,增值税额 4.5 万元;当月生产领用大米 40 吨用于雪饼生产。

(2) 从 B 农民专业合作社购入自产苹果 4 000 千克,价款 3.2 万元,取得增值税普通发票,当月全部领用生产苹果汁。

(3) 从小规模纳税人 C 公司购进鲜橙 1 500 千克,价款 2.1 万元,取得增值税普通发票,当月领用生产橙汁;从批发市场购入适用免税政策的胡萝卜 800 千克,价款 2 400 元,取得增值税普通发票。

相关会计处理如下:

(1) 购进大米时。

借:原材料——大米 500 000
　　应交税费——应交增值税(进项税额) 45 000
　　贷:银行存款 545 000

(2) 生产领用大米时。

企业购进大米用于生产销售的饼干、雪饼,为适用 13% 增值税税率的货物,应于领用当期按 11% 的扣除率与 9% 之间的差额,计算当期可加计扣除的农产品进项税额。

$$\frac{加计扣除农产}{品进项税额} = \frac{当期生产领用农产品已按}{9\% 扣除率抵扣税额} \div 9\% \times (扣除率 - 9\%)$$

$$= [50 \times 40 \div 100 \times 9\% \div 9\% \times (11\% - 9\%)] = 0.4(万元)$$

借:生产成本——雪饼　　　　　　　　　　　　　　　　196 000
　　应交税费——应交增值税(进项税额)　　　　　　　　4 000
　　贷:原材料——大米　　　　　　　　　　　　　　　　200 000

(3) 购进自产苹果时。

一般纳税人从农民专业合作社购进自产苹果系免税农业产品,可计算抵扣增值税进项税额。

借:原材料——苹果　　　　　　　　　　　　　　　　　29 120
　　应交税费——应交增值税(进项税额)(3.2×9%)　　　 2 880
　　贷:银行存款　　　　　　　　　　　　　　　　　　　32 000

(4) 生产领用苹果时。

当月购进苹果全部用于生产,可加计扣除进项税额 = 2 880 ÷ 9% × (11% - 9%) = 640(元)。

借:生产成本——苹果汁　　　　　　　　　　　　　　　28 480
　　应交税费——应交增值税(进项税额)　　　　　　　　 640
　　贷:原材料——苹果　　　　　　　　　　　　　　　　29 120

(5) 购进鲜橙、胡萝卜时。

纳税人从小规模纳税人 C 公司购进鲜橙不属于从农业生产者购进自产农产品,进项税额不予抵扣;从批发、零售环节购进适用免征增值税的蔬菜、部分鲜活肉蛋而取得的普通发票,不得作为计算抵扣进项税额的凭证。

借:原材料——鲜橙　　　　　　　　　　　　　　　　　21 000
　　　　　——胡萝卜　　　　　　　　　　　　　　　　 2 400
　　贷:银行存款　　　　　　　　　　　　　　　　　　　23 400

(6) 领用鲜橙时。

借:生产成本——橙汁　　　　　　　　　　　　　　　　21 000
　　贷:原材料——鲜橙　　　　　　　　　　　　　　　　21 000

4. 进口货物进项税额的会计处理

纳税人在取得海关缴款书后,先借记"应交税费——待认证进项税额"账户,贷记相关对应账户;稽核比对相符允许抵扣时,借记"应交税费——应交增值税(进项税额)"账户,贷记"应交税费——待认证进项税额"账户。对不得抵扣的进项税额,借记相关对应账户,贷记"应交税费——待认证进项税额"账户。

【例 3-15】 天华厂从国外进口一批材料(材料已验收入库),海关审定的关税完税价格为 1 000 000 元,应纳关税 150 000 元,消费税 50 000 元。

增值税计算如下:

$$进项税额 = (1\ 000\ 000 + 150\ 000 + 50\ 000) \times 13\% = 156\ 000(元)$$

作会计分录如下:

借:原材料   1 200 000

  应交税费——待认证进项税额   156 000

   贷:银行存款   1 356 000

(二)委托加工材料、接受应税劳务进项税额的会计处理

企业接受应税劳务,按照增值税专用发票注明的增值税额,借记"应交税费——应交增值税(进项税额)"账户;按增值税专用发票记载的劳务费用,借记"其他业务成本""制造费用""委托加工物资""管理费用"等账户;按应付或实际支付金额,贷记"应付账款""银行存款"等账户。

【例 3-16】 天华厂委托东方厂加工产品包装用木箱,发出材料 16 000 元,支付加工费 3 600 元和增值税额 468 元。支付给承运部门的往返运杂费 400 元(含税)。作会计分录如下:

(1)发出材料时:

借:委托加工物资   16 000

   贷:原材料   16 000

(2)支付加工费和增值税额时:

借:委托加工物资   3 600

  应交税费——应交增值税(进项税额)   468

   贷:银行存款   4 068

(3)用银行存款支付往返运杂费时:

$$应计进项税额 = 400 \div (1 + 9\%) \times 9\% = 33.03(元)$$

借:委托加工物资   366.97

  应交税费——应交增值税(进项税额)   33.03

   贷:银行存款   400.00

(4)结转加工材料成本时:

借:包装物——木箱   19 966.97

   贷:委托加工物资   19 966.97

【例 3-17】 天海厂 4 月份修理机器,从对方取得的增值税专用发票上注明的修理费为 1 000 元,增值税额为 130 元(1 000×13%);另外,修理劳资科使用的电脑,普通发票上注明的修理费为 500 元。上述修理支出均通过银行存款支付。作会计分录如下:

支付机器修理费及增值税款时:

借：制造费用	1 000	
应交税费——应交增值税（进项税额）	130	
贷：银行存款		1 130

支付电脑修理费时：

| 借：管理费用 | 500 | |
| 贷：银行存款 | | 500 |

（三）接受应税服务进项税额的会计处理

企业接受应税服务时，根据取得的增值税专用发票，通过认证可以抵扣进项税额。如果对方是非法人单位，接受方在根据合同或协议付款时，应代扣代缴增值税。

【例 3-18】 天冀房地产公司聘请某国外著名建筑设计师为其开发的花园别墅进行整体规划设计，合同价款（含税）总计 106 万元，公司在支付服务费时，作会计分录如下：

借：开发成本——××别墅	1 000 000	
应交税费——应交增值税（进项税额）	60 000	
贷：银行存款		1 060 000

（四）支付水电费进项税额的会计处理

企业支付水电费，可以根据增值税专用发票上注明的增值税额进行税款抵扣。

【例 3-19】 天华厂 10 月份收到电力公司开来的电力增值税专用发票，因该厂生产经营用电和职工生活用电是一个电度表，因此增值税专用发票的增值税额中有属于职工个人消费的部分。10 月份该厂用电总价 20 000 元，其中：生产用电的电价为 18 000 元，职工生活用电的电价是 2 000 元。电力公司开来的增值税专用发票，电价 20 000 元，税额 2 600 元，价税合计 22 600 元。该厂对职工个人用电的价税计算到人，在发工资时扣回。作会计分录如下：

借：制造费用	18 000	
应交税费——应交增值税（进项税额）	2 340	
应付职工薪酬	2 260	
贷：银行存款		22 600

（五）购入固定资产（有形动产、不动产）进项税额的会计处理

外购时，根据收到的增值税专用发票记载金额，借记"固定资产""应交税费——应交增值税（进项税额）"等账户，贷记"应付账款""应付票据""银行存款"等账户。

纳税人应建立不动产和不动产在建工程台账，分别记录并归集不动产和不动产在建工程的成本、费用、扣税凭证及进项税额抵扣情况，留存备查。用于简易计税方法计税项目、免征增值税项目、集体福利或个人消费的不动产和不动产在建工程，也应在纳税人建立的台账中记录。

【例 3-20】 天海公司系增值税一般纳税人，购入"营改增"前建造的厂房一栋，含税价款 1 500 万元，选择简易计税方法。

$$进项税额 = 1\,500 \div 1.05 \times 5\% = 71.428\,6（万元）$$

借：固定资产——房屋建筑物	14 285 714	
应交税费——应交增值税（进项税额）	714 286	
贷：应付账款——××单位		15 000 000

假定天海公司购入的是"营改增"后建造的厂房，价款 1 500 万元，增值税额 135 万元，根据收到的专用发票并通过认证，作会计分录如下：

借：固定资产——房屋建筑物	15 000 000	
应交税费——应交增值税（进项税额）	1 350 000	
贷：应付账款——××单位		16 350 000

【例 3-21】　天利公司系增值税一般纳税人，9 月购进仓库一栋，购入价 1 090 万元，取得增值税专用发票。企业在购入不动产取得扣税凭证的当期可抵扣 100% 的进项税额。进项税额的计算：

$$进项税额 = 1\,090 \div (1 + 9\%) \times 9\% = 90（万元）$$

作会计分录如下：

借：固定资产——××仓库	10 000 000	
应交税费——应交增值税（进项税额）	900 000	
贷：银行存款		10 900 000

新修订的《企业会计准则第 16 号——政府补助》对政府补助的会计处理，增加了确认营业收入、其他收益、冲减资产成本、费用等不同选项。因此，会对增值税、消费税、企业所得税、土地增值税等多个税种的计税依据、税收优惠等要素产生影响。

企业从政府取得的，与企业日常经营活动密切相关且构成企业商品或服务对价组成部分的经济资源，应按收入准则而不是政府补助准则进行会计处理。对与企业日常经营活动密切相关的政府补助，记入新增的损益类会计账户"其他收益"。该账户专门用于核算与企业日常活动相关、但不宜确认收入或冲减成本费用的政府补助，并应在利润表中的"营业利润"项目之上单独列报（即作为"营业利润"的组成部分）。

企业收到的节能环保补贴、电价补贴、减免税金等，与企业日常经营活动密切相关。因此，财务会计作为营业利润并记入"其他收益"，税务会计处理仍以税收法规规定为准。

企业收到的购置环保专用设备等项政府专项补贴，应冲减相关资产的账面价值，并确认为"递延收益"。自相关资产达到预定使用状态时起，在其使用寿命内按照合理、系统的方法分期计入损益。在资产使用寿命结束前被出售、转让、报损的，其尚未分配的递延收益余额一次性转入当期处置损益。企业可以根据取得补助对资产和利益影响的具体情况，在冲减资产账面价值（净额法）和确认递延收益（总额法）之间选择一种合理、恰当的处理方法。

【例 3-22】　天华公司 6 月份购入节能环保设备一套并向政府申请补助。当月底，收到政府财政性资金 210 万元，款已到账。该设备不含税价款 450 万元，增值税额 58.5 万元，款已支付。设备当月交付使用，财务会计折旧年限 10 年，按直线法计提折旧，假定无残值。

1. 公司选择用总额法进行会计处理

(1) 购入环保设备时。

借：固定资产——环保设备 4 500 000

  应交税费——应交增值税（进项税额） 585 000

  贷：银行存款 5 085 000

(2) 收政府补助时。

借：银行存款 2 100 000

  贷：递延收益——环保设备补助 2 100 000

(3) 下半年计提折旧(4 500 000÷10÷2)时。

借：制造费用——折旧费用 225 000

  贷：累计折旧 225 000

(4) 分配同期递延收益(2 100 000÷10÷2)时。

借：递延收益——环保设备补助 105 000

  贷：其他收益 105 000

2. 如果选择用净额法进行会计处理

(1) 会计处理同上。

(2) 收政府补助时。

借：银行存款 2 100 000

  贷：递延收益——环保设备补助 2 100 000

同时：

借：递延收益 2 100 000

  贷：固定资产 2 100 000

(3) 下半年计提折旧(2 400 000÷10÷2)时。

借：制造费用——折旧费用 120 000

  贷：累计折旧 120 000

(六) 小规模纳税人购进货物的会计处理

由于小规模纳税人不实行税款抵扣制，因此，不论收到普通发票，还是增值税专用发票，其所付税款均不必单独反映，可直接计入采购成本。按应付或实际支付的价款和进项税额，借记"材料采购""原材料""管理费用"等账户，贷记"应付账款""银行存款""库存现金"等账户。

【例 3-23】 大明厂系小规模纳税人，3月份购入原材料一批，增值税专用发票上注明价款 8 800 元，税额 1 408 元；购入包装物一批，普通发票上所列价款 2 500 元。已付款并验收入库。作会计分录如下：

借：原材料 9 944

  包装物 2 500

  贷：银行存款 12 444

三、增值税进项税额转出的会计处理

当企业购进货物用于免征增值税项目、集体福利、个人消费,或者发生非正常损失,应做进项税额转出或将其视同销项税额处理,从本期的进项税额中抵减,借记有关账户,贷记"应交税费——应交增值税(进项税额转出)"等。出口货物的进项税额与出口退税额的差额,也应作"进项税额转出"的会计处理(见本书第六章)。

(一)直接或改为用于集体福利、个人消费进项税额转出的会计处理

企业购进货物、不动产,如果直接或者改为用于集体福利、个人消费,对其已抵扣的进项税额,应做"进项税额转出"处理。

【例3-24】 某企业系增值税一般纳税人,3月份发生涉及进项税额转出的四笔业务如表3-6所示。

表3-6   **当月购进货物明细表(部分)**

货物名称	数量	单位	单价	金额(不含税)	税额	价税合计	用途
大米	3 600	千克	4.5	14 336.28	1 863.72	16 200	职工食堂
食用油	1 500	千克	22.6	30 000.00	3 900.00	33 900	职工食堂
燃气灶具	套	2	14 100	24 955.75	3 244.25	28 200	职工食堂
应酬消费	—	—	—	31 858.41	4 141.59	36 000	业务
合 计	—	—	—	101 150.44	13 149.56	114 300	—

相关会计处理如下:

(1)取得发票并支付货款时。

借:应付职工薪酬——职工福利费   44 336.28
    管理费用——业务费   31 858.41
    固定资产——燃气灶具   24 955.75
    应交税费——待认证进项税额   13 149.56
  贷:银行存款   114 300.00

(2)对上述发票进行认证后。

借:应交税费——应交增值税(进项税额)   13 149.56
  贷:应交税费——待认证进项税额   13 149.56

(3)因上述税额不得抵扣销项税额,所以作进项税额转出处理。

借:应付职工薪酬——职工福利费   5 763.72
    管理费用——业务费   4 141.59
    固定资产——燃气灶具   3 244.25
  贷:应交税费——应交增值税(进项税额转出)   13 149.56

4月份在填报上期增值税纳税申报表时,在附表二"本期认证相符且本期申报抵扣"栏填列本期认证相符的进项税额,同时将上述不得抵扣金额在该表第二部分"进项税额转出额"下的"集体福利、个人消费"明细项目填列其"税额"。

（二）用于免税项目转出进项税额的会计处理

企业购进的货物，如果既用于应税项目，又用于免税项目，而进项税额又不能单独核算时，月末应按免税项目销售额与应税免税项目销售额合计之比计算免税项目不予抵扣的进项税额，然后作"进项税额转出"的会计处理。如果企业生产的产品全部是免税项目，其购进货物的进项税额应计入采购成本，因而就不存在进项税额转出的问题。

【例 3-25】 某超市为增值税一般纳税人，其中经营当地蔬菜、水果等农产品。在上年12 月末增值税纳税申报表中，"期末留抵税额"中蔬菜、水果金额共计 88 000 元。按有关规定，从当年 1 月份起，蔬菜、水果分别属于免税货物和应税货物。该超市 1 月份销售蔬菜240 000 元、水果 160 000 元。本月销售上述业务，共发生（分摊）电费 8 000 元、运输费 6 000元，均取得符合规定的抵扣凭据，但无法在水果与蔬菜之间进行划分。

期初留抵税额中转出数 = 88 000 × 240 000 ÷ (240 000 + 160 000) = 52 800(元)

当月电费和运输费用可抵扣进项税额 = 8 000 × 13% + 6 000 × 9% = 1 580(元)

当月免税项目进项税额转出数 = 1 580 × 240 000 ÷ 400 000 = 948(元)

进项税额转出合计 = 52 800 + 948 = 53 748(元)

作会计分录如下：

借：主营业务成本——蔬菜　　　　　　　　　　　　　　　　　　　53 748

　　贷：应交税费——应交增值税（进项税额转出）　　　　　　　　　　　53 748

（三）非正常损失货物转出进项税额的会计处理

一般纳税人在生产经营过程中，可能因管理不善，造成存货被盗、霉烂变质等损失。按照税法规定，非正常损失购进货物的进项税额和非正常损失的在产品、产成品所耗用的购进货物或应税劳务的进项税额，不得从销项税额中抵扣。

购进货物发生非正常损失后，其税负也就不能再往后转嫁。因此，对发生损失的企业（视为应税货物的最终消费者）应征收该货物的增值税。因当初进货时支付的增值税额已作为"进项税额"进行了抵扣，发生损失后应将其转出，由该企业负担该项税负，即转作待处理财产损失的增值税，应与遭受损失的存货成本一并处理。企业应根据税法规定，正确界定正常损失[①]与非正常损失。非正常损失存货有不含运费的原材料、含运费的原材料及产成品、半成品等情况，企业应分别情况，正确进行会计处理。

对非正常损失存货进行会计处理，关键是正确计算其涉及的不得从销项税额中抵扣的进项税额。由于非正常损失的购进货物与非正常损失的在产品、产成品所耗用的购进货物或者应税劳务的进项税额，一般都已在此前作了抵扣。发生损失后，一般很难核实所损失的货物是在何时购进的。其原始进价和进项税额也无法准确核定。因此，可按货物的实际成本计算不得抵扣的进项税额。由于损失的在产品、产成品中耗用外购货物或应税劳务的实际成本，还需要参照企业近期的成本资料加以计算。存货损失还涉及企业所得税，其税前扣除见第八章。

---

① 正常损失额确认后，可计入"管理费用"或"销售费用"，不作"进项税额转出"。

【例 3-26】 某企业一批原材料被盗,其账面价值 150 000 元,该批原材料增值税进项税额为 24 000 元。因被盗而发生的损失属于非正常损失,其进项税额不可抵扣。会计处理如下:

(1)毁损发生时:

借:待处理财产损溢——待处理流动资产损溢　　　　　　　169 500
　　贷:原材料　　　　　　　　　　　　　　　　　　　　　150 000
　　　　应交税费——应交增值税(进项税额转出)　　　　　19 500

(2)报经批准后:

借:营业外支出　　　　　　　　　　　　　　　　　　　　169 500
　　贷:待处理财产损溢——待处理流动资产损溢　　　　　　169 500

假定该项损失是因火灾造成的损失,收到各项赔款 14 000 元,残料入库 2 200 元。火灾造成的损失不属于非正常损失,其进项税额可以抵扣,不需要转出。计算其损失额 = 150 000 - 14 000 - 2 200 = 133 800(元)。

会计处理如下:

(1)毁损发生时:

借:待处理财产损溢——待处理流动资产损溢　　　　　　　133 800
　　原材料　　　　　　　　　　　　　　　　　　　　　　　2 200
　　其他应收款　　　　　　　　　　　　　　　　　　　　　14 000
　　贷:原材料　　　　　　　　　　　　　　　　　　　　　150 000

(2)报经批准后:

借:营业外支出　　　　　　　　　　　　　　　　　　　　133 800
　　贷:待处理财产损溢——待处理流动资产损溢　　　　　　133 800

【例 3-27】 某酒厂为增值税一般纳税人,本月外购食用酒精 150 吨,每吨不含税价 7 600 元,取得的增值税专用发票上注明金额 1 140 000 元、税额 148 200 元;取得的增值税专用发票上注明的不含税运费金额 45 000 元;取得的增值税专用发票上注明的不含税装卸费金额 25 000 元。月末盘存时发现,因管理不善当月购进的酒精被盗 5 吨,经主管税务机关确认作为损失转营业外支出处理。

$$应转出进项税额 = 5 \times 7\ 600 \times 13\% + 45\ 000 \times 9\% \div 150 \times 5 + 25\ 000 \times 6\% \div 150 \times 5$$
$$= 4\ 940 + 135 + 50 = 5\ 125(元)$$

(1)反映被盗发生时:

借:待处理财产损溢——待处理流动资产损溢　　　　　　　45 458
　　贷:原材料——食用酒精　　　　　　　　　　　　　　　40 333
　　　　应交税费——应交增值税(进项税额转出)　　　　　5 125

(2)报经批准后:

借:营业外支出——非正常损失　　　　　　　　　　　　　45 458
　　贷:待处理财产损溢——待处理流动资产损溢　　　　　　45 458

（四）进项税额转入的会计处理

【例3-28】 天科公司（一般纳税人）于两年前8月份购进一栋房产，专门用于职工业余文体活动。取得增值税专用发票，价税合计金额1 199万元。其中金额600万元的一份增值税专用发票经认证相符，税额54万元；金额500万元的一份增值税专用发票未认证，税额45万元。该房产作为固定资产入账，假定按10年计提折旧，无残值。今年8月份，公司因业务扩展，将该活动室改作办公用房。改变用途后，计算该不动产进项税额转入额，并做相应会计分录。

（1）不动产净值率＝［1 199－1 199÷（10×12）×24］÷1 199×100％＝80％。

（2）可抵扣进项税额的确认计算。根据有关规定，经认证相符的专用发票属于增值税扣税凭证，未认证相符的专用发票属于不得抵扣的增值税扣税凭证。因此，允许抵扣增值税扣税凭证的税额是54万元（如果当初收到的是增值税普通发票，不符合税法规定的有效抵扣凭证，改变用途后其进项税额也不得转入）。

可抵扣进项税额 ＝ 增值税扣税凭证注明的进项税额×不动产净值率 ＝ 54×80％ ＝ 43.2（万元）

（3）改变用途当月转入进项税额时：

借：应交税费——应交增值税（进项税额）　　　　　　　　　　　　　　432 000
　　贷：固定资产——办公楼　　　　　　　　　　　　　　　　　　　　　432 000

第四节　增值税销项税额的会计处理

企业销售货物、无形资产、不动产，提供劳务服务，借记"应收账款""银行存款"等账户，贷记"主管业务收入""固定资产清理""工程结算"等账户，贷记"应交税费——应交增值税（销项税额）"账户。

若按会计准则确认收入或利得的时点早于按照税法规定确认的增值税纳税义务发生时点时，先将相关销项税额记入"应交税费——待转销项税额"账户，待实际发生纳税义务时再转入"应交税费——应交增值税（销项税额）"账户。如果前者确认的时点晚于后者确认的时点，应按应纳增值税额，借记"应收账款"账户，贷记"应交税费——应交增值税（销项税额）"账户，待按会计准则确认收入或利得时，应按扣除增值税销项税额后的金额确认收入。

企业发生视同销售行为，应按会计制度进行相应的会计处理，并按增值税规定计算的销项税额，借记"应付职工薪酬""利润分配"等账户，贷记"应交税费——应交增值税（销项税额）"账户。

一、现销方式销售货物销项税额的会计处理

（一）一般销售方式销项税额的会计处理

现销方式销售货物即直接收款方式销售货物，按收入确认的原则和条件，不论货物是否发出，均应以收到货款或取得索取销货款凭据、销货发票交给购货方的当日，确认销售成立并发生纳税义务。即使对不完全符合收入确认条件的销售业务，只要已向对方开出专用发票，也应确认销项税额。企业应根据销售结算凭证和银行存款进账单等，借记"银行存款""应收账

款"等账户;按专用发票上所列增值税额或普通发票上所列货款按征收率折算增值税额,贷记"应交税费——应交增值税(销项税额)"账户,按销售额,贷记"主营业务收入"账户。

【例 3-29】 天华厂采用汇兑结算方式向光明厂销售甲产品 360 件,600 元/件,计价款 216 000 元、税额 28 080 元(360×600×13%),开出转账支票代垫运杂费 1 000 元,货款尚未收到。

借:应收账款——光明厂 245 080
 贷:主营业务收入 216 000
  应交税费——应交增值税(销项税额) 28 080
 银行存款 1 000

如果天华工厂是以自备运输工具送货上门,此笔业务属于混合销售。假定应收取的运费 1 000 元不含税,销项税额 28 210 元[(216 000+1 000)×13%],借记"应收账款"账户 245 210 元,贷记"主营业务收入"账户 217 000 元、"应交税费——应交增值税(销项税额)"账户 28 210 元。

【例 3-30】 天鹏公司为境内外同时上市的增值税一般纳税人。当年 12 月 10 日出售 100 件商品给天晋公司,销售价格为 150 万元,销售成本为 105 万元。天鹏公司开出增值税专用发票,发票上注明增值税 19.5 万元。

按双方约定,天晋公司应在 12 月 31 日前支付该批商品货款,在下年 6 月 31 日前有权退还所有商品。根据以往销售数据统计,预计该批商品退货率约为 10%。12 月 31 日,B 公司支付商品货款。

(1) 确认销售收入。按准则规定,对于附有退回条款的销售,企业应在客户取得相关商品控制权时,按因向客户转入商品而预期有权收取的对价金额确认收入,以预期因销售退回而退还的金额确认负债,即"主营业务收入"中预期有权收取的对价金额不包含预期退回的 15 万元,将预期退还的 15 万元计入"合同负债"。

借:应收账款 1 695 000
 贷:应交税费——应交增值税(销项税额) 195 000
  主营业务收入 1 350 000
  合同负债 150 000

(2) 结转销售成本。按准则规定,企业应将预期退回商品的账面价值减去收回商品预计成本后的余额作为资产,并按转让商品的账面价值扣除资产成本的净额结转成本,即"合同负债"相对应的"合同资产"应为 10.5 万元,结转主营业务成本 94.5 万元。

借:主营业务成本 945 000
 合同资产 105 000
 贷:库存商品 1 050 000

(二)直接收款方式销售商品的会计处理

直接收款方式销售商品,一般采用"提货制"或"送货制",货款结算大多采用现金或支票结算方式。批发企业根据增值税专用发票的记账联和银行结算凭证,借记"银行存款"账户,

贷记"主营业务收入""应交税费——应交增值税（销项税额）"账户；零售企业应在每日营业终了时，由销售部门填制销货日报表，连同销货款一并送交财会部门，倒算出销售额，借记"银行存款"账户，贷记"主营业务收入""应交税费——应交增值税（销项税额）"账户。

【例3-31】 某商业零售企业9月8日各营业柜组交来销货款现金8 775元，货款已由财会部门集中送存银行。作会计分录如下：

对最终消费者的商品销售，实行价税合并收取，因此，应换算销售额如下：

$$销售额 = 含税销售额 \div (1 + 税率) = 8\,475 \div (1 + 13\%) = 7\,500(元)$$
$$销项税额 = 销售额 \times 适用税率 = 7\,500 \times 13\% = 975(元)$$

对于该项业务，根据各柜组的内部缴款单，填制销货日报表、"进账单"等凭证，并作会计分录如下：

借：银行存款   8 475

 贷：主营业务收入   7 500

   应交税费——应交增值税（销项税额）   975

上述做法，需要每天或每次计算销项税额，工作量大，也会出现误差。为此，对采用售价金额核算、实物负责制的企业，按实收销货款（含税），借记"银行存款"账户，贷记"主营业务收入"账户；同时按售价金额结转成本，借记"主营业务成本"账户，贷记"库存商品"账户。这里的商品销售收入暂按含税价格全部计入。月末，按含税商品销售收入乘以13.79%或9.09%计算出全店的销项税额，借记"主营业务收入"账户，贷记"应交税费——应交增值税（销项税额）"账户，使商品销售收入由含税变为不含税。按月末差价表结转实际成本，借记"商品进销差价"（差价＋销项税额）账户，贷记"主营业务成本"（含税）账户，调整"主营业务成本"账户为实际的商品销售成本。

仍以［例3-31］资料，每天收到销货款时，作会计分录如下：

借：银行存款   8 475

 贷：主营业务收入   8 475

借：主营业务成本   8 475

 贷：库存商品   8 475

假设本月全店的含税销售收入总额为50 000元，本月的销项税额为5 752元［50 000÷(1+13%)×13%］。作会计分录如下：

借：主营业务收入   5 752

 贷：应交税费——应交增值税（销项税额）   5 752

按月末商品进销差价表结转实际成本。假设商品进销差价表上所列商品进销差价总额为14 500元（含税）：

借：商品进销差价   14 500

 贷：主营业务成本   14 500

$$月末实现的毛利 = 本期含税毛利 - 销项税额 = 14\,500 - 5\,752 = 8\,748(元)$$

（三）平销行为的会计处理

生产企业以商业企业经销价或高于商业企业经销价将货物销售给商业企业,商业企业再以进货成本或低于进货成本进行销售,生产企业则以返回利润等方式弥补商业企业的进销差价损失。生产企业弥补商业企业进销差价损失的方式有:通过返回资金方式,如返回利润或向商业企业投资等;赠送实物或以实物方式投资。

对商业企业向供货方收取的与商品销售量、销售额挂钩(如以一定比例、金额、数量计算)的各种返还收入,均应按照平销返利行为的有关规定冲减当期增值税进项税额。商业企业向供货方收取的各种收入,一律不得开具增值税专用发票。其计算公式如下:

$$\frac{当期应冲减}{的进项税额} = \frac{当期取得的返还资金}{1 + 所购货物适用的增值税税率} \times \frac{所购货物适用}{的增值税税率}$$

【例3-32】　5月份,某大型连锁超市销售某食品生产企业提供的商品50万元(不含税价),月末收到返还现金11 300元,增值税税率为13%。此笔收款应属于与商品销售额(量)挂钩的返还收入,应按平销返利行为的有关规定冲减当期增值税进项税额。因多数平销返利是在商品售出后结算的,相当于进货成本的减少,应冲减主营业务成本。作会计分录如下:

借:银行存款　　　　　　　　　　　　　　　　　　　　　　　　　　11 300
　　贷:主营业务成本　　　　　　　　　　　　　　　　　　　　　　　　10 000
　　　　应交税费——应交增值税(进项税额转出)[11 300÷(1+13)×13%]　　1 300

现金返利的涉税事项,一方面,减少了增值税的进项税额,从而要缴纳相应的增值税;另一方面,增加了企业应纳税所得额,还要缴纳相应的企业所得税。

【例3-33】　假如在[例3-32]中连锁超市收到的是实物返利,该商品零售价为11 300元,生产成本为15 000元,其他资料不变。收到实物返利时,分两种情况:

假如供货方开具增值税专用发票,作会计分录如下:

借:库存商品　　　　　　　　　　　　　　　　　　　　　　　　　　10 000
　　应交税费——应交增值税(进项税额)　　　　　　　　　　　　　　　1 300
　　贷:主营业务成本　　　　　　　　　　　　　　　　　　　　　　　　10 000
　　　　应交税费——应交增值税(进项税额转出)　　　　　　　　　　　　1 300

假如供货方不开具增值税专用发票,则:

借:库存商品　　　　　　　　　　　　　　　　　　　　　　　　　　11 300
　　贷:主营业务成本　　　　　　　　　　　　　　　　　　　　　　　　10 000
　　　　应交税费——应交增值税(进项税额转出)　　　　　　　　　　　　1 300

可见,无论是否取得增值税专用发票,都要按货物的公允价值冲减成本,缴纳同样金额的所得税,如果取得增值税专用发票,则有抵税作用,不再缴纳增值税。

（四）租赁业务销项税额的会计处理

【例3-34】　A企业向B企业出租生产用新购设备一台,合同约定租赁日期从当年4月1日起,租期1年,含税租赁价款总额为248.6万元。双方约定,B企业应于每个季度的第一

个月 10 日前向 A 企业按季预付租金。

3 月 20 日,A 企业收到 B 企业预付的第一个季度的租金 62.15 万元并开具发票,作会计分录如下:

(1) 收到 B 企业预付租金时。

采用预收款方式的租赁服务,纳税义务发生时间为收到预收款的当天。

$$应交增值税 = 621\ 500 \div (1 + 13\%) \times 13\% = 550\ 000 \times 13\% = 71\ 500(元)$$

借:银行存款　　　　　　　　　　　　　　　　　　　　　　621 500
　　贷:预收账款——B 企业　　　　　　　　　　　　　　　　　550 000
　　　　应交税费——应交增值税(销项税额)　　　　　　　　　　71 500

(2) 确认该季度每月收入时。

$$每月收入额 = 550\ 000 \div 3 = 183\ 333(元)$$

借:预收账款——B 企业　　　　　　　　　　　　　　　　　183 333
　　贷:其他业务收入——租赁收入　　　　　　　　　　　　　　183 333

二、分期收款、赊销方式销售货物销项税额的会计处理

(一) 分期收款方式销项税额的会计处理

企业采用分期收款方式销售货物,其纳税义务的发生时间为"按合同约定的收款日期的当天。"即不论在合同约定的收款日是否收到或如数收到货款,均应确认纳税义务发生,并在规定时间内缴纳增值税。发出商品时,借记"长期应收款"账户,贷记"主营业务收入"账户;同时,结转销售成本。按合同约定的收款日期开具发票,借记"银行存款""应收账款"等账户,贷记"长期应收款""应交税费——应交增值税(销项税额)"账户。而按会计准则的规定,如果收款期较短(通常在 3 年以下),以合同金额确认收入,其会计处理与税法规定基本相同。如果收款期较长(通常在 3 年以上),实质上是具有融资性质的销售商品,按应收合同或协议价款,借记"长期应收款"账户,按应收合同或协议价款的公允价值(未来现金流量现值),贷记"主营业务收入"账户,按专用发票上注明的增值税额,贷记"应交税费——应交增值税(销项税额)"账户,按其差额,贷记"未实现融资收益"账户。未实现融资收益在收款期内按实际利率法摊销,摊销结果与直线法相差不大时,也可以采用直线法摊销。

【例 3-35】　大华工厂按销售合同向 N 公司销售 A 产品 300 件,不含税售价 1 000 元/件,产品成本 800 元/件,税率 13%。按合同规定付款期限为 18 个月,货款分 3 次平均支付。4 月 30 日为第 1 期产品销售实现月,开出增值税专用发票:价款 100 000 元,税额 13 000 元,价税已收到(假定不计息)。作会计分录如下:

(1) 确认销售时。

借:长期应收款　　　　　　　　　　　　　　　　　　　　　339 000
　　贷:主营业务收入　　　　　　　　　　　　　　　　　　　300 000
　　　　应交税费——待转销项税额　　　　　　　　　　　　　　39 000

借：主营业务成本　　　　　　　　　　　　　　　　　　　240 000

　　贷：库存商品　　　　　　　　　　　　　　　　　　　　　240 000

（2）4月30日，在约定收款日收到款项时。

借：银行存款　　　　　　　　　　　　　　　　　　　　113 000

　　贷：长期应收款　　　　　　　　　　　　　　　　　　　　113 000

借：应交税费——待转销项税额　　　　　　　　　　　　　13 000

　　贷：应交税费——应交增值税（销项税额）　　　　　　　　13 000

（二）赊销方式销项税额的会计处理

赊销赊购是一种信用方式，即销售方给予购买方一定时期的信用期，购买方在信用期内支付货物、服务的款项。赊销方发出货物时即负有以后要缴纳增值税的义务，且该义务并非未来发生的交易事项形成的，属于现时义务，因此应就该义务确认一项税金负债。

按会计准则确认收入或利得的时点早于按增值税法规确认纳税义务发生时点的，应将相关销项税额记入"应交税费——待转销项税额"账户，待实际发生纳税义务时再转入"应交税费——应交增值税（销项税额）"或"应交税费——简易计税"账户。

【例3-36】 天韵公司系一般纳税人，11月份向甲公司赊销一批货物，不含税价款5万元。双方签订书面合同约定，甲公司应于次年3月份向天韵公司一次全额支付款项，公司收到款项时向赊购方开具增值税专用发票。

（1）货物赊销时。

借：应收账款　　　　　　　　　　　　　　　　　　　　56 500

　　贷：主营业务收入　　　　　　　　　　　　　　　　　　　50 000

　　　　应交税费——待转销项税额　　　　　　　　　　　　　6 500

（2）收到货款时。

借：银行存款　　　　　　　　　　　　　　　　　　　　56 500

　　贷：应收账款　　　　　　　　　　　　　　　　　　　　　56 500

同时：

借：应交税费——待转销项税额　　　　　　　　　　　　　6 500

　　贷：应交税费——应交增值税（销项税额）　　　　　　　　6 500

11月末，赊购企业按货物清单或合同协议价格暂估入账。已验收入库但尚未取得增值税扣税凭证的货物暂估入账时，入账金额不包含增值税进项税额。企业当年度实际发生的相关成本、费用，因故未能及时取得有效凭证，企业在预缴季度所得税时，可暂按账面发生金额进行核算；但在汇算清缴时，应补充提供有效凭证。如果赊购货物在纳税年度已被领用并已进入成本费用，但在次年5月31日前仍未取得发票，则在所得税汇算清缴时须作纳税调整，以后取得发票时，再追补至赊购年度税前扣除。

三、销货退回及折让、折扣销项税额的会计处理

一般纳税人销售货物、提供应税劳务服务并开具增值税专用发票后，在发生销售货物退

回、折让时,应按规定开具红字专用发票,对退还给购买方的增值税额,可从发生销货退回、折让当期的销项税额中扣减。未按规定开具红字专用发票的,不得冲减当期销项税额。

(一)销货退回销项税额的会计处理

(1)已开发票未入账退货的会计处理。当销货方收到退回发票时,可对原蓝字发票作废处理,一般不做账务处理。在产品退回时发生的相关费用,借记"销售费用"账户,贷记"银行存款""其他应付款"(购货方代垫)等账户。

(2)无退货条件且已入账的会计处理。如未确认收入,企业应按已计入发出商品账户的商品成本金额,借记"库存商品"等账户,贷记"发出商品"账户。采用计划成本或售价核算的,应按计划成本或售价记入库存商品,同时计算产品成本差异或商品进销差价。

(3)如已确认收入,销货方在购货方提供《进货退出或索取折让通知单》后,开具红字专用发票。红字贷记"主营业务收入""应交税费——应交增值税(销项税额)"账户,红字借记(或蓝字贷记)"应收账款""银行存款""财务费用"等账户;同时,借记"库存商品"账户,贷记"主营业务成本"账户。

(4)根据新修订的《企业会计准则第14号——收入》,对于附有销售退回条款的销售,企业应当在客户取得相关商品控制权时,按照因向客户转让商品而预期有权收取的对价金额(不含预期因销售退回而可能退还的金额)确认收入,按照预期因销售退回而可能退还的金额确认负债;同时,按预期将退回商品转让时的账面价值扣除收回该商品预计发生的成本(包括退回商品的价值减损)后的余额,确认为一项资产;按商品转让时的账面价值,扣除上述资产成本的净额结转成本。在资产负债表日,应重新估计未来销售退回情况,如有变化,应当作为会计估计变更进行会计处理。

(5)税务会计应在销售时全部确认销项税额,实际发生退货时开具红字发票冲减当期的销项税额和销售收入等;财务会计只对有控制权的不会退回部分确认收入,由此产生的暂时性差异,需要进行递延所得税的会计处理。

【例3-37】 天通公司是增值税一般纳税人,销售自产货物实行10天无理由退货。根据以往的销售数据统计,年平均退货率为10%。上年12月份销售商品含税价为113万元(其中增值税销项税额13万元),成本85万元。

(1)确认销售收入时。

借:应收账款——××客户   1 130 000
 贷:应交税费——应交增值税(销项税额)   130 000
  预计负债——应付退货款(1 000 000×10%)   100 000
  主营业务收入(1 130 000−130 000−100 000)   900 000

(2)结转销售成本时。

借:主营业务成本   765 000
 应收退货成本(850 000×10%)   85 000
 贷:库存商品   850 000

(3)确认退回金额时。无理由退货期满,假设今年1月6日前,共支付退货金额7.6万元(含税金额),开具红字专用发票。

借：预计负债——应付退货款 67 257

　　贷：银行存款 76 000

　　　应交税费——应交增值税（销项税额）[76 000÷(1+13%)×13%] 8 743①

（4）采用未来适用法调整上年年底多预计的退货金额（不涉及销项税额），多预计的退货费应增加退货当期的主营业务收入。若是少预估了退货费用，则应调减退货当期的主营业务收入。

借：预计负债——应付退货款(100 000-67 257) 32 743

　　贷：主营业务收入 32 743

（5）确认退货成本时。

借：库存商品(850 000÷1 000 000×67 257) 57 168

　　主营业务成本 27 832

　　贷：应收退货成本 85 000

注：上述5笔会计分录，第(1)(3)笔属于税务会计处理，其余应属财务会计处理。

（二）销货折让销项税额的会计处理

销售折让指货物销售后，因品种、规格、质量等原因，购货方未予退货，而由销货方给予购货方的一种价格上的减让。对销售折让，可在实际发生时直接从当期实现的销售收入中抵减，即按折让后的货款作为销售额，计算缴纳增值税。具体处理应分以下不同情况：

（1）购货方尚未进行账务处理、也未付款。销货方应在收到购货方转来的原开增值税专用发票的发票联和抵扣联上注明"作废"字样。

如属当月销售，销货方尚未进行账务处理，则不需要进行冲销当月产品销售收入和销项税额的账务处理，只需根据双方协商扣除折让后的价款和增值税额重新开具增值税专用发票，并进行账务处理。

（2）购货方已进行账务处理，发票联和抵扣联已无法退还。这时，销货方一般也已进行了账务处理，销货方应根据购货方转来的通知单，按折让金额（价款和税额）开具红字增值税专用发票，作为冲销当期主营业务收入和销项税额的凭据。

如属以前月份销售，销货方已进行账务处理，则应根据折让后的价款和增值税额重新开具增值税专用发票，按原开增值税专用发票的发票联和抵扣联与新开的增值税专用发票的记账联的差额，冲销当月主营业务收入和当月销项税额，红字借记"应收账款"账户，红字贷记"主营业务收入""应交税费——应交增值税（销项税额）"账户。

【例3-38】 天华厂上月销售给耀华厂丙产品40件，由于质量不符合要求，双方协商折让20%。耀华厂转来的证明单上列明：折让价款20 000元，折让税额2 600元。根据证明单开出红字增值税专用发票，并通过银行汇出款项。作会计分录如下：

借：主营业务收入——丙产品 20 000

　　应交税费——应交增值税（销项税额） 2 600

　　贷：银行存款 22 600

① 方框表示红字冲账，下同。

实际登账时,"主营业务收入""应交税费——应交增值税(销项税额)"账户应以红字或负数记入贷方发生额。

(三)折扣销售销项税额的会计处理

在财务会计中,销售折扣分为商业折扣和现金折扣两种形式,而在税务会计(税法)中,折扣销售方式分为折扣销售和销售折扣两种方式。

1. 折扣销售销项税额的会计处理

折扣销售即财务会计中的商业折扣,是指销货方在销售货物时,因购货方购货数量较大或与销售方有特殊关系等原因而给予对方的折扣额和实物折扣[①]。纳税人采取折扣方式销售货物,如果销售额和折扣额在同一张发票上的"金额"栏分别注明,可按折扣后的销售额征收增值税;未在同一张发票"金额"栏注明折扣额,而仅在发票的"备注"栏注明折扣额的,折扣额不得从销售额中扣除。如果将折扣额另开发票,不论其在财务会计上如何处理,也不得从销售额中扣除折扣额,即要按折扣前的销售额全额作为计算销项税额的依据。

折扣销售仅限于对货物价格的折扣,如果销售方将自产、委托加工和购买的货物用于实物折扣的,则该实物价款不能从货物销售额中减除,且该实物应按"视同销售货物"中的"将自产、委托加工或者购进的货物无偿赠送其他单位或者个人"的行为计算缴纳增值税。

【例3-39】 某企业于9月8日销售给某商场一批货物,该货物的正常销售价格为220 000元(不含税),鉴于商场购货额较大,厂家给予商场5%的价格折扣优惠。在货物发出时,开具增值税专用发票,将销售额和折扣额在同一张发票上分别注明,货款于当月15日由当地银行转来。会计处理如下:

$$折扣后的销售额 = 220\ 000 \times (1 - 5\%) = 209\ 000(元)$$
$$销项税额 = 209\ 000 \times 13\% = 27\ 170(元)$$

借:银行存款　　　　　　　　　　　　　　　　　　236 170
　　贷:主营业务收入　　　　　　　　　　　　　　　　209 000
　　　　应交税费——应交增值税(销项税额)　　　　　　27 170

税法中对纳税人采取折扣方式销售货物销售额的核定,之所以强调销售额与折扣额必须在同一张发票上注明,主要是从保证增值税征管的需要(征税、扣税一致)。如果允许对销售额开一张销货发票,对折扣额再开一张退款的增值税负数(红字)发票,就可能造成销售方按减去折扣额后的销售额计算销项税额,而购货方却按未减去折扣额的销售额及其进项税额进行抵扣的问题,导致增值税逃税现象的发生。

"随货赠送"是组合销售本企业商品,实为折扣销售,属有偿赠送,应将总的销售金额按各项商品公允价值的比例进行分摊,以确认各项销售收入。它是指企业采用的一种促销行为:在销售主货物的同时赠送从货物,这种赠送是出于利润动机的正常交易,属于捆绑销售或降价销售。赠送的目的是诱导消费者购买,其实赠品的价值已经包含在销售商品的售价之中。

【例3-40】 某超市开展"买一赠一"的促销活动,当月卖出100大瓶花生油,每瓶含税售价90元,进价55元;按超市承诺,顾客购买1大瓶花生油,赠送1小瓶花生油。当月赠送

---

① 实物折扣按视同销售中"无偿捐赠"处理。

100 小瓶花生油,每小瓶花生油进价 15 元,含税售价 30 元。会计处理如下:

$$\text{销售大瓶花生油销项税额} = 90 \times 100 \times 90 \div (90 + 30) \div (1 + 9\%) \times 9\% = 6\ 192.66 \times 9\% = 557.34(\text{元})$$

$$\text{赠送小瓶花生油销项税额} = 90 \times 100 \times 30 \div (90 + 30) \div (1 + 9\%) \times 9\% = 2\ 064.22 \times 9\% = 185.78(\text{元})$$

$$\text{销项税额合计} = 557.34 + 185.78 = 743.12(\text{元})$$

开具发票时,应将大瓶花生油销售额和小瓶花生油销售额与折扣额 3 000 元在同一张发票上的"金额"栏分别注明。

借:银行存款	9 000.00
贷:主营业务收入——大瓶花生油	6 192.66
——小瓶花生油	2 064.22
应交税费——应交增值税(销项税额)	743.12
借:主营业务成本——大瓶花生油	5 500
——小瓶花生油	1 500
贷:库存商品——大瓶花生油	5 500
——小瓶花生油	1 500

2. 销售折扣销项税额的会计处理

销售折扣即财务会计中的现金折扣,是指销货方在销售货物后,为了鼓励购货方早日偿还货款而许诺给予一定比率的折扣优惠。折扣条件一般用"2/10,1/20,n/30"等表示,其含义是:10 天内付款给予 2% 的折扣,20 天内付款给予 1% 的折扣,30 天内付款全价付款,没有折扣。

纳税人销售货物时,确认纳税义务,开具专用发票,折扣额不得从销售额中减除,即按销售额全额计算销项税额。

在财务会计中,对附有现金折扣条件的商品销售时,可将销售额扣除估计的极有可能发生的现金折扣后的余额记入"应收账款"账户,将销售额(不含税交易总价)扣除现金折扣后的余额贷记"主营业务收入"账户。资产负债表日,应重新估计可能收到的对价,按其差额调整"主营业务收入"账户。

【例 3-41】　8 月 8 日,天疆公司销售一批产品给 B 客户,合同规定现金折扣条件为"2/10,1/20,n/30",按含税价款计算现金折扣。当日开具专用发票,价款 200 000 元,税额 26 000 元。根据 B 客户此前付款情况等综合考虑,估计一般在 11～20 天可以支付全部货款,即可能获得 2 000 元(200 000×1%)现金折扣。天疆公司会计处理如下:

(1) 产品发出并办理完托收手续时。

借:应收账款	224 000
贷:主营业务收入(200 000－2 000)	198 000
应交税费——应交增值税(销项税额)	26 000

(2) 如果客户在 11～20 日付清货款,根据扣除现金折扣后的收款额。

借:银行存款	224 000
贷:应收账款	224 000

(3) 如果客户超过 20 日付款,不能获得现金折扣,应将估计的现金折扣贷记收入。

借：应收账款   2 000
  贷：主营业务收入   2 000

3. 代金券消费的会计处理

售（发）卡企业销售单用途卡，或接受单用途卡持卡人充值取得的预收款，不属于增值税征税范围，不需缴纳增值税，同时也不涉及企业所得税。售卡方可按规定向购卡人、充值人开具增值税普通发票，不得开具增值税专用发票。销售方与售卡方不是同一个纳税人的，销售方在收到售卡方结算的销售款时，应向售卡方开具增值税普通发票，并在备注栏注明"收到预付卡结算款"，不得开具增值税专用发票。售卡方从销售方取得的增值税普通发票，作为其销售单用途卡或接受单用途卡充值取得预收资金不缴纳增值税的凭证，留存备查。

【例 3-42】 天乐超市为推动消费者下载使用其客户端，对首次下载并安装其客户端的注册客户可以 50 元购入 100 元代金券。代金券性质与预付卡相同，即以 50 元购入 100 元预付卡，到购物结算时以代金券所注金额 100 元抵减部分价款（但不能退款）。超市销售代金券时，不能向客户开具增值税专用发票，可开具增值税普通发票，并需使用"未发生销售行为的不征税项目"编码中的 601"预付卡销售和充值"开具，发票税率栏应填写"不征税"。虽然代金券金额为 100 元，但实际收款 50 元，应按 50 元开具普通发票（不在增值税申报表中体现）。当月超市向某客户售卡两张，作会计分录如下：

借：银行存款   100
  贷：其他应付款——代金券（100 抵 200）   100

客户持代金券到超市购买商品时，代金券所注金额与当初销售代金券的差额系对客户的销售折扣，应按折扣后的金额确认收入，超市仅对客户补付货款部分开具发票。如果不需补付价款，则不应向客户开具发票。

假设客户到超市购买单价 351 元的衣服，使用 2 张 50 元抵 200 元的代金券，实际支付现金 151 元。会计分录如下：

借：银行存款   151.00
  其他应付款——代金券（100 抵 200）   100.00
  贷：主营业务收入（251÷1.13）   222.12
    应交税费——应交增值税（销项税额）（222.12×13％） 28.88

超市按 151 元金额向客户开具发票，发票备注栏可注明"使用 50 元抵 100 元代金券两张"。增值税申报时，含税销售额 151 元作为已开具发票销售额申报，含税销售额 100 元作为未开具发票销售额申报；如果实收 151 元未向客户开具发票，则按含税销售额 251 元作为未开具发票销售额申报。

四、视同销售销项税额的会计处理

视同销售是指没有直接现金流入的"销售"。根据税法的要求，所有视同销售行为都应正常计税。在财务会计中，视同销售一般不符合收入确认原则。对视同销售行为的会计处理，难点主要是应否通过收入账户进行核算，有两种观点（两种做法）：一种是与正常的、真正的销售核算相同，即按售价记销售收入并相应计提销项税金，再按成本结转销售成本。另一种是不通

过收入账户核算,直接按成本结转,同时按市价或公允价值计提销项税金;期末,还应进行所得税纳税调整。前者是财务会计与税务会计不分离,即会计准则与税法规定一致或财务会计服从税法;后者是两种会计分离的做法。对视同销售行为的会计处理,一般应遵循如下原则:

(1)视同销售行为是否会使企业获得收益。如果能获得收益,就应按销售收入处理;否则,按其成本进行结转。

(2)对视同销售计算的应交增值税,与一般的"进项税额转出"意义不同,税务会计应将其作为"销项税额"处理。

(3)视同销售行为的价格(计税依据)应按税法规定确定(税务部门认定)。

(4)财务会计不作收入的视同销售的会计处理。企业将自产货物用于业务招待、宣传、捐赠、赞助等,不属于两个会计主体之间的利益交换。这类会计事项不符合会计准则收入确认标准(条件),因为不产生经济利益流入,主要风险和报酬也没有转移到另一个会计主体。因此,不作收入处理,直接结转产品成本,但按税法规定,应按公允价值确认计量其销项税额。

(5)作为收入的视同销售的会计处理。企业将自产或外购货物用于债务重组、奖励、职工福利、利润分配等,税务会计与财务会计均视同销售处理,即企业应交增值税、所得税要视同销售进行处理,财务会计也同步确认收入。这类会计事项,符合会计准则的收入确认条件。虽然没有直接的现金流入,但它减少了企业的负债或提升了企业形象,促进商品销售,提高潜在盈利能力。

根据我国现行税法和会计准则的规定,增值税视同销售、进项税额转出与会计准则处理对比如表 3-7 所示。

表 3-7　　　　　　　　视同销售行为:税法与企业会计准则处理对比表

项 目	去 向	税法(税务会计)	会计准则(财务会计)
视同买断	委托代销	属于视同销售行为,贷记: 应交税费——应交增值税(销项税额)	确认收入
支付手续费	委托代销		确认收入
视同买断	受托代销		确认收入
收取手续费	受托代销		确认收入
统一核算,异地移送			不确认收入
外购货物、自产货物、委托加工货物	对外投资		确认收入
外购货物、自产货物、委托加工货物	利润分配		确认收入
外购货物、自产货物、委托加工货物	无偿捐赠		不确认收入
自产货物、委托加工货物	集体福利		确认收入
自产货物、委托加工货物	个人消费		确认收入
无偿提供服务、转让无形资产、不动产	其他单位或个人		确认收入
无偿提供服务、转让无形资产、不动产	公益事业或以社会公众为对象	不属视同销售行为,应做进项税额转出处理,贷记: 应交税费——应交增值税(进项税额转出)	不确认收入
外购货物	简易计税项目、免征增值税项目		不确认收入

（一）委托代销商品的销项税额的会计处理

纳税人以代销方式销售货物，一般有以下三种方式：

第一种是收取手续费方式。委托方和受托方签订代销合同或协议，受托方按合同或协议约定的价格销售商品，并按代销商品销售额或销售量以一定比例或金额计算确定代销手续费收入。

第二种是视同买断方式。委托方和受托方签订代销合同或协议，委托方按合同或协议价格收取代销商品款，商品实际售价由受托方自定，实际售价与合同或协议约定价之间的差额归受托方所有。委托方将商品交付给受托方时，商品所有权的风险和报酬并未转移给受托方，因此，该方式本质上仍属代销。

第三种是视同买断并收取手续费方式。委托方按合同或协议约定的价格收取代销商品款，实际销售价格由受托方自定，其加价部分归受托方所有；此外，委托方还要再按代销商品销售额或销售量以一定比例或金额支付受托方手续费。

委托方在收到代销清单前已收到全部或部分货款的，其纳税义务发生时间为收到全部或部分货款的当天。对于发出代销商品超过规定时间仍未收到代销清单及货款的，视同销售实现，其纳税义务发生时间为发出代销商品满规定期限的当天。

1. 以支付手续费方式的委托代销

委托方应按商品售价（不含税）反映销售收入，所支付的手续费以"销售费用——手续费"列支。如果受托方为一般纳税人，则应给其开具增值税专用发票，列明代销商品价款和增值税款；如果受托方为小规模纳税人，应按税款和价款合计开具普通发票。借记"应收账款"或"银行存款"账户，贷记"主营业务收入""应交税费——应交增值税（销项税额）"账户。收到受托方开来的手续费普通发票后，借记"销售费用——手续费"账户，贷记"应收账款"或"银行存款"账户。

【例3-43】 某商业批发企业委托天方商店（一般纳税人）代销B商品400件，合同规定含税代销价为226元/件，手续费按不含税代销额的5%支付，该商品进价150元/件。

拨付委托代销商品时（按进价）：

借：发出商品——委托代销商品　　　　　　　　　　　　　　　　　60 000
　　贷：库存商品——B商品　　　　　　　　　　　　　　　　　　　　　　60 000

在规定时间内收到天方商店报来的代销清单而货款尚未收到时（代销清单列明销售数量150件，金额33 900元，倒算销售额并开具增值税专用发票，列明价款30 000元、增值税额3 900元）：

借：应收账款——天方商店　　　　　　　　　　　　　　　　　　33 900
　　贷：主营业务收入　　　　　　　　　　　　　　　　　　　　　　　30 000
　　　　应交税费——应交增值税（销项税额）　　　　　　　　　　　　　3 900

如果超过规定时间而未收到"代销清单"，应在当期确认销项税额，但不确认收入：

借：应收账款　　　　　　　　　　　　　　　　　　　　　　　　3 900
　　贷：应交税费——应交增值税（销项税额）　　　　　　　　　　　　　3 900

收到天方商店汇来的款项和手续费时[普通发票列明：扣除手续费 1 500 元（30 000×5%），实收金额 32 400 元]：

借：银行存款   32 400
　销售费用   1 500
　　贷：应收账款——天方商店   33 900

结转委托代销商品成本时：

借：主营业务成本   22 500
　　贷：发出商品——委托代销商品   22 500

2. 视同买断的委托代销

委托方不采用支付手续费方式的委托代销商品，一般是通过商品售价调整，作为对代销单位的报酬。这种方式实质上是一种赊销，至于受托方按什么价格销售，既可以双方事先约定，也可以由受托方自定。委托方在收到受托方的代销清单后，按商品代销价反映销售收入，其账务处理基本同前，只是不支付手续费而已。

【例 3-44】 某商品零售企业委托天天商店代销 A 商品 300 件，双方协商含税代销价 113 元/件，原账面价 128.90 元/件，代销价低于原账面价的差额，冲销商品进销差价。作会计分录如下：

（1）拨付委托代销商品时：

借：发出商品——委托代销商品   33 900
　商品进销差价   4 770
　　贷：库存商品——A 商品   38 670

（2）收到代销款存入银行时：

天天商店定期报来的代销清单，代销商品全部销售金额 33 900 元，倒算销售额并开具增值税发票给受托单位，销售额为 30 000 元，增值税额为 3 900 元：

借：银行存款   33 900
　　贷：主营业务收入   30 000
　　　应交税费——应交增值税（销项税额）   3 900

收到代销清单时，也可以将代销货款（包括销项税额），借记"银行存款"账户，贷记"主营业务收入"账户。月终，将含税销售额换算为不含税销售额，乘以税率，计算销项税额，借记"主营业务收入"账户，贷记"应交税费——应交增值税（进项税额）"账户。

（3）结转委托代销商品成本时：

借：主营业务成本   33 900
　　贷：发出商品——委托代销商品   33 900

如果不采取支付手续费方式而是采取"库存定额、交款补货"的方式，则可将代销单位的销售额包括在本企业商品的销售额之内，收到代销单位交来的货款的同时补货，以代销单位交来货款时作为收入的实现。

（二）受托代销商品的销项税额的会计处理

收取手续费方式。受托方代销商品应作为应税商品销售,计算增值税销项税额;收取的手续费属应税劳务,应计算缴纳增值税。

视同买断方式。委托方在交付商品时不确认收入,受托方也不作商品购进处理。受托方在销售商品时,应向购货方开具增值税专用发票,作销售处理,计算缴纳增值税。

由于受托代销商品的所有权不属于本企业,因此,应当在表外账户核算并登记受托代销商品登记簿。若企业受托代销商品业务规模较大,与本企业自有商品在实物形态上难以划分,企业也可以设置"受托代销商品"和"受托代销商品款"账户进行核算,并分别不同的代销方式进行账务处理。

1. 以收取手续费方式的受托代销

受托方收取的代销手续费收入应按劳务收入计算缴纳增值税;代销商品应作为应税销售,计算销项税额,如购货方为一般纳税人,就要为其开具增值税专用发票。

【例3-45】 某商业零售企业接受代销B商品600件,委托方规定代销价为60元/件(含税),代销手续费为含税代销额的5%,增值税税率为13%,代销手续费收入的增值税税率为6%。

（1）收到代销商品时(按含税代销价):

借:受托代销商品——××部、组(B商品) 36 000
　　贷:受托代销商品款 36 000

（2）代销商品全部售出时:

借:银行存款 36 000
　　贷:应付账款——××企业 36 000

（3）向委托单位报送代销清单,并向委托单位索要增值税专用发票。同时,计算代销商品的销项税额并调整"应付账款"、注销"代销商品款"和"受托代销商品"。

$$代销商品销项税额 = 600 \times 60 \div (1 + 13\%) \times 13\% = 4\ 141.59(元)$$

借:应付账款——××企业 4 141.59
　　贷:应交税费——应交增值税(销项税额) 4 141.59

同时:

借:受托代销商品款 36 000
　　贷:受托代销商品——××部、组(B商品) 36 000

（4）收到委托单位的增值税专用发票时:

借:应交税费——应交增值税(进项税额) 4 141.59
　　贷:应付账款——××企业 4 141.59

（5）开具代销手续费收入发票时:

$$代销手续费收入 = 36\ 000 \times 5\% = 1\ 800(元)$$
$$应交增值税 = 1\ 800 \div (1 + 6\%) \times 6\% = 102(元)$$

借:应付账款——××企业　　　　　　　　　　　　　　　1 800
　　贷:主营业务收入——代购代销收入　　　　　　　　　　　　1 698
　　　　应交税费——应交增值税(销项税额)　　　　　　　　　　102

(6)划转扣除代销手续费后的代销价款时:

借:应付账款——××企业　　　　　　　　　　　　　　　34 200
　　贷:银行存款　　　　　　　　　　　　　　　　　　　　　34 200

零售企业商品品种繁多,业务繁忙,企业不可能把每一笔销货款都按自营和代销商品分开登记,更不可能在每天营业终了时,对代销商品进行盘点,以存计销。因此,对代销商品和自营商品在销售时全部记入"主营业务收入"账户,待代销商品全部销售或月终时,则由各部、组填报代销商品分户盘存计销表,冲销主营业务收入,增加应付账款。仍以[例3-45]资料,作会计分录如下:

收到代销商品时:

会计处理同前。

平时零售收到销货款75 200元(不分自营和代销)时:

借:银行存款　　　　　　　　　　　　　　　　　　　　　75 200
　　贷:主营业务收入　　　　　　　　　　　　　　　　　　　75 200

本月26日代销商品全部售出,根据各部、组填报的代销商品分户盘存计销表,上列代销商品销售额36 000元,开具代销商品清单和计算销项税额4 142元时:

贷:主营业务收入　　　　　　　　　　　　　　　　　　　36 000
贷:应付账款　　　　　　　　　　　　　　　　　　　　　31 858
　　应交税费——应交增值税(销项税额)　　　　　　　　　　4 142

注销"受托代销商品款"和"受托代销商品"账户时:

借:受托代销商品款　　　　　　　　　　　　　　　　　　36 000
　　贷:受托代销商品——××部、组(B商品)　　　　　　　　　36 000

2.视同买断方式的受托代销

在会计处理上又分两种方式:一种是委托方和受托方在合同或协议中明确受托方在取得代销商品后,无论是否能够卖出、是否获利,均与委托方无关。双方之间的代销商品交易,与委托方直接销售商品给受托方没有实质区别,在符合销售商品收入确认条件时,委托方确认销售收入,受托方则直接作购进商品处理。另一种情况是,双方之间的合同或协议明确,如果受托方未能将商品售出,可将商品退给委托方,或受托方因代销商品出现亏损,可要求委托方补偿。委托方在交付商品时不确认收入,受托方也不作购进商品处理。受托方将商品销售后,按实际售价确认销售收入,并向委托方开具代销清单,委托方收到代销清单时,再确认销售收入。该方式实属赊购商品销售,代销商品收益不表现为手续费收入,而是差额(毛利)。

代销商品售出时,借记"银行存款"账户,贷记"主营业务收入""应交税费——应交增值

税(销项税额)"账户,定期开出代销清单送交委托方,根据增值税专用发票,借记"受托代销商品款""应交税费——应交增值税(进项税额)"账户,贷记"应付账款"账户,同时转销代销商品成本,借记"主营业务成本"账户,贷记"受托代销商品"账户。

【例3-46】 A公司委托B公司代销商品100件,合同约定每件价格为300元,对外售价由B公司自定,其加价部分归其所有,B公司可以将未能代销出去的商品退回A公司。商品已发给B公司,B公司销售时每件价格为320元,商品已全部出售。B公司的会计处理如下:

(1)收到代销商品时:

借:受托代销商品   30 000
  贷:受托代销商品款   30 000

(2)对外销售时:

借:银行存款   36 160
  贷:主营(或其他)业务收入   32 000
    应交税费——应交增值税(销项税额)   4 160
借:主营业务成本   30 000
  贷:受托代销商品   30 000

(3)将代销清单交给A公司,取得代销商品发票时:

借:受托代销商品款   30 000
  应交税费——应交增值税(进项税额)   3 900
  贷:应付账款——××委托代销企业   33 900

(4)按合同约定价格将代销商品款付给A公司时:

借:应付账款——××委托代销企业   33 900
  贷:银行存款   33 900

B公司应交增值税=4 160-3 900=260(元),因2 000元的劳务报酬已经缴纳了增值税,无需再缴增值税。A公司代销商品取得的劳务报酬为2 000元(32 000-30 000),相当于代销手续费收入,它已经含在32 000元的主营(或其他)业务收入中,且已计提了4 160元的销项税额。

(三)自产或委托加工货物用于集体福利、个人消费的销项税额的会计处理

企业将自产或委托加工货物用于集体福利、个人消费时,虽然没有产生现金流,但不论是增值税规定,还是会计准则规范,都将其视为销售,应按移送货物的市场销售平均价格确认计量收入并计算销项税额。

【例3-47】 某面粉有限公司,系增值税一般纳税人,主营面粉、挂面加工等,共有职工90人,其中生产工人80人,厂部管理人员10人。7月份,公司决定以其生产的特制面粉作为福利发放给职工,每人2袋面粉。每袋面粉单位生产成本40元,当月平均销售价格为

65.4元/袋（含增值税）。会计处理如下：

（1）给职工发放面粉时：

$$应交增值税 = [65.4 \div (1 + 9\%) \times 90 \times 2] \times 9\% = 10\,800 \times 9\% = 972(元)$$

借：应付职工薪酬——职工福利	11 772
贷：主营业务收入	10 800
应交税费——应交增值税（销项税额）	972

（2）结转发放自产面粉成本时：

借：主营业务成本	7 200
贷：库存商品——面粉	7 200

（3）成本费用分配：

$$计入生产成本 = 11\,772 \times 80 \div 90 = 10\,464(元)$$
$$计入管理费用 = 11\,772 \times 10 \div 90 = 1\,308(元)$$

借：生产成本	10 464
管理费用	1 308
贷：应付职工薪酬——职工福利	11 772

上述会计处理已经按公允价值核算主营业务收入及主营业务成本，因此，在所得税纳税申报时，不再单独填报视同销售收入及视同销售成本。

（四）无偿赠送货物、无偿提供服务销项税额的会计处理

在财务会计中，这类事项不符合收入确认条件，因为企业并未获得经济利益，但按税法规定，要视同销售计算缴纳增值税等。由于自产、委托加工的货物本身所耗原材料、支付的加工费等的"进项税额"以及购入货物中的"进项税额"已从"销项税额"中抵扣，若不按视同销售处理，双方"互赠"，将会造成税款流失。企业按所赠货物成本，贷记"产成品""库存商品"等账户，按所赠货物售价或组成计税价格乘以税率计算应纳增值税，贷记"应交税费——应交增值税（销项税额）"账户，按两者之和借记"营业外支出"账户。

【例3-48】 天华公司系增值税一般纳税人，适用增值税税率为13%。10月份将一批自产产品通过政府部门向灾区捐赠，成本500万元，市场不含增值税价650万元；将一批外购产品通过政府部门向灾区捐赠，外购价格为400万元。会计处理（仅反映增值税，其他税费略）如下：

（1）自产产品对外捐赠：

视同销售收入：650万元

视同销售成本：500万元

借：营业外支出——捐赠	5 845 000
贷：库存商品	5 000 000
应交税费——应交增值税（销项税额）	845 000

（2）外购产品对外捐赠：

视同销售收入：400万元

视同销售成本：400万元

借：营业外支出——捐赠　　　　　　　　　　　　　　　　　　　　　　4 520 000
　　贷：库存商品　　　　　　　　　　　　　　　　　　　　　　　　　4 000 000
　　　　应交税费——应交增值税（销项税额）　　　　　　　　　　　　　520 000

【例3-49】　天翼网络公司举办周年庆典活动，请客户100人参加。外购笔记本电脑100台用于赠送，购进不含税单价2 800元，支付价税合计金额316 400元。会计处理：

（1）购买笔记本电脑时：

借：库存商品——笔记本电脑　　　　　　　　　　　　　　　　　　　　280 000
　　应交税费——应交增值税（进项税额）　　　　　　　　　　　　　　　36 400
　　贷：银行存款　　　　　　　　　　　　　　　　　　　　　　　　　316 400

（2）向客户赠送电脑时：

借：管理费用——业务招待费　　　　　　　　　　　　　　　　　　　　316 400
　　贷：库存商品——笔记本电脑　　　　　　　　　　　　　　　　　　280 000
　　　　应交税费——应交增值税（销项税额）　　　　　　　　　　　　　36 400

　　为了交际应酬、宣传广告等目的，餐饮企业在本企业招待客户就餐，旅游娱乐企业使用本企业资源招待客户旅游或娱乐，文化体育企业免费为用户办理健身卡提供健身服务，美容美发企业免费为他人美容美发，广播影视企业免费为其他单位或个人提供播映服务，建筑企业无偿为其他单位或个人提供建筑服务等，均视同销售服务。它应具备两点：一是服务为"自产"，即提供者是纳税人自己；二是无偿，即企业提供服务并不向服务接受方收取款项或获取其他形式的、直接的经济利益。

【例3-50】　天天商务酒店主要提供餐饮住宿服务，其重要关系单位AN公司一行4人入住该酒店，酒店作免单处理。假定该住宿服务成本850元，近期销售同类服务平均价格（不含税）为950元。增值税会计处理如下：

借：管理费用——业务招待费　　　　　　　　　　　　　　　　　　　　907
　　贷：主营业务成本　　　　　　　　　　　　　　　　　　　　　　　850
　　　　应交税费——应交增值税（销项税额）（950×6%）　　　　　　　57

五、包装物销售及没收押金的销项税额的会计处理

（一）包装物销售的销项税额的会计处理

　　包装物随产品销售而销售时，若不单独计价，其会计处理同商品销售；若单独计价，应作为销售计算缴纳增值税，借记"银行存款""应收账款"账户，贷记"其他业务收入""应交税费——应交增值税（销项税额）"账户。

【例3-51】　天华厂销售给本市天众厂带包装物的丁产品600件，包装物单独计价，开出

增值税专用发票列明:产品销售价款 96 000 元,包装物销售价款 10 000 元,增值税额13 780元,款未收到。作会计分录如下:

借:应收账款——天众厂　　　　　　　　　　　　　　　　　119 780
　　贷:主营业务收入——丁产品　　　　　　　　　　　　　　　　　96 000
　　　　其他业务收入——包装物销售　　　　　　　　　　　　　　　10 000
　　　　应交税费——应交增值税(销项税额)　　　　　　　　　　　13 780

（二）包装物出租、出借销项税额的会计处理

1. 包装物租金的会计处理

包装物随产品销售而周转（出租）时,其应计税的销售额为纳税人销售货物或应税劳务向购买方收取的全部价款和价外费用。企业收取的包装物租金属于价外费用,应缴纳增值税。

【例 3-52】　天华厂采用银行汇票结算方式,销售给东平机械厂甲产品 400 件,400 元/件,增值税税额为 20 800 元(400×400×13%),包装物 400 个出租,承租期为两个月,共计租金 4 520 元,一次收取包装物押金 23 400 元,总计结算金额 208 720 元(400×400＋20 800＋4 520＋23 400)。作会计分录如下:

收取包装物租金应计算的销售额,不包括向购买方收取的销项税额,应倒算销售额,计算应交增值税。

$$包装物租金销售额 ＝ 4 520 ÷ (1＋13\%) ＝ 4 000(元)$$
$$包装物租金应计销项税额 ＝ 4 000 × 13\% ＝ 520(元)$$

借:银行存款　　　　　　　　　　　　　　　　　　　　　　208 720
　　贷:主营业务收入　　　　　　　　　　　　　　　　　　　　160 000
　　　　其他业务收入　　　　　　　　　　　　　　　　　　　　　4 000
　　　　应交税费——应交增值税(销项税额)　　　　　　　　　　21 320
　　　　其他应付款——存入保证金　　　　　　　　　　　　　　　23 400

2. 包装物押金的会计处理

按现行财务会计制度的规定,包装物押金可分为三大类:

（1）销售酒类产品而收取的押金。它又分为两种情况:一是啤酒、黄酒,其计税要求、会计处理方法同第二类;二是其他酒类,对这类货物销售时收取的包装物押金,无论将来押金是否返回或按时返回,以及财务会计上如何核算,均应并入当期销售额计税。

（2）销售酒类产品之外的货物而收取的押金。当包装物逾期未收回时,没收押金,按适用税率计算销项税额。"逾期"以 1 年为限,收取押金超过 1 年时,无论是否退回,均应并入销售额计税。

（3）加收押金。它指包装物已随产品售出并已计税,但为了督促购货方退回包装物,在销售产品时又加收一定数额的押金。购货方按时退回包装物时,除了如数退回加收的押金外,还应按一定比例退回收取的包装物价款;若逾期未退回包装物,则没收加收的包装物押金。"逾期"的含义同第二类,只是会计账户(账户)有所不同。

【例 3-53】　某企业上年 2 月销售 B 产品,加收包装物押金 2 260 元。今年 4 月,逾期没

收押金时,作会计分录如下:

借:其他应付款——存入保证金   2 260
 贷:其他业务收入   2 000
  应交税费——应交增值税(销项税额)   260

六、销售(转让)固定资产(有形动产、不动产)和无形资产销项税额的会计处理

(一)转让固定资产(有形动产)应交增值税的会计处理

企业转让(销售)已使用过的、可抵扣增值税的固定资产,因该项固定资产在原来取得时,其增值税进项税额已记入"应交税费——应交增值税(进项税额)"账户,销售时按计算的增值税销项税额,应借记"固定资产清理"账户,贷记"应交税费——应交增值税(销项税额)"账户。如果是在增值税转型之前购入的机器设备,因当初购入时进项税额已计入资产成本,现在出售时,应按简易计税方法,依3%征收率减按2%计算缴纳增值税,将固定资产转让损益记入"资产处置损益"账户。

【例3-54】某企业出售一台已经使用过的生产设备,含税价为113万元,已提折旧10万元,但未计提资产减值准备。该固定资产取得时,其进项税额13万元已记入"应交税费——应交增值税(进项税额)"账户,出售时收到价款80万元,不考虑城市维护建设税及附加税费。

(1)转入清理时:

借:固定资产清理   900 000
 累计折旧   100 000
 贷:固定资产   1 000 000

(2)出售时:

借:银行存款   800 000
 贷:固定资产清理   707 965
  应交税费——应交增值税(销项税额)   92 035
借:资产处置损益   192 035
 贷:固定资产清理   192 035

(二)销售不动产应交增值税的会计处理

房地产开发企业中的一般纳税人销售自行开发的房地产项目,适用一般计税方法计税,按照取得的全部价款和价外费用,扣除当期销售房地产项目对应的土地价款后的余额计算销售额。当期允许扣除的土地价款=(当期销售房地产项目建筑面积÷房地产项目可供销售建筑面积)×支付的土地价款。采取预收款方式销售自行开发的房地产项目,应在收到预收款时按照3%的预征率预缴增值税。以当期销售额和9%的适用税率计算当期应纳税额,抵减已预缴税款后,向主管税务机关申报纳税。

【例3-55】天缘房产公司上年5月份支付土地出让金327万元取得一块土地,开发某小区商品房,适用一般计税方法。建筑总规模12 000平方米,可供出售建筑面积10 000平方米。当年6月开始预售,当月预售4 500平方米,预收房款1 090万元。当年11月份,该房产公司办理预售房权转移手续,开具专用发票。作相关会计分录如下:

(1) 收到预收款并预缴增值税时:

借:银行存款　　　　　　　　　　　　　　　　　　　　　　　　　10 900 000
　　贷:预收账款　　　　　　　　　　　　　　　　　　　　　　　　　　　10 900 000

应预缴增值税 = 1 090 ÷ (1 + 9%) × 3% = 30(万元)

借:应交税费——预交增值税　　　　　　　　　　　　　　　　　　　300 000
　　贷:银行存款　　　　　　　　　　　　　　　　　　　　　　　　　　　300 000

(2) 办理产权转移手续、确认纳税义务时:

借:预收账款　　　　　　　　　　　　　　　　　　　　　　　　　10 900 000
　　贷:主营业务收入　　　　　　　　　　　　　　　　　　　　　　　10 000 000
　　　　应交税费——应交增值税(销项税额)　　　　　　　　　　　　　900 000

(3) 结转当期土地价款中的增值税:

当期准予扣除土地价款 = 327 × 4 500 ÷ 10 000 = 147.15(万元)
土地价款增值税 = 147.15 ÷ (1 + 9%) × 9% = 12.15(万元)

借:应交税费——应交增值税(销项税额抵减)　　　　　　　　　　　121 500
　　贷:主营业务成本　　　　　　　　　　　　　　　　　　　　　　　　121 500

(4) 期末结转预交增值税:

借:应交税费——未交增值税　　　　　　　　　　　　　　　　　　　300 000
　　贷:应交税费——预交增值税　　　　　　　　　　　　　　　　　　　300 000

★如果公司在11月份没有发生增值税其他事项,结转"未交增值税"时:

未交增值税 = 90 - 12.15 = 77.85(万元)

借:应交税费——应交增值税(转出未交增值税)　　　　　　　　　　　778 500
　　贷:应交税费——未交增值税　　　　　　　　　　　　　　　　　　　778 500

★下月初缴纳时:

应交增值税 = 77.85 - 30 = 47.85(万元)

借:应交税费——未交增值税　　　　　　　　　　　　　　　　　　　478 500
　　贷:银行存款　　　　　　　　　　　　　　　　　　　　　　　　　　　478 500

【例3-56】 某公司系增值税一般纳税人,8月份转让其"营改增"前购入的房屋一栋,房屋售价和价外费用共计1 200万元,当初购置价格880万元。选择简易计税方法,按5%的征收率计算应交增值税。

应交增值税 = (1 200 - 880) ÷ (1 + 5%) × 5% = 304.761 9 × 5% = 15.238 1(万元)

借：银行存款　　　　　　　　　　　　　　　　　　　　　12 000 000

　　贷：应交税费——简易计税　　　　　　　　　　　　　　　 152 381

　　　　其他业务收入（或主营业务收入）　　　　　　　　　　1 047 619

　　如果纳税人转让的是其"营改增"前自建的房屋，选择简易计税方法，应以房屋售价和价外费用为销售额计税，应交增值税 57.14 万元 [1 200÷(1+5%)×5%]。

（三）转让无形资产应交增值税的会计处理

【例 3-57】　江海公司 8 月份将 A 产品的商标权以 106 万元（含税）转让给另一家企业。该商标权账面余额 70 万元，已计提减值准备 8 万元。款已收妥入账，作会计分录如下：

$$应缴增值税 = 106÷(1+6\%)×6\% = 100×6\% = 6（万元）$$
$$转让收益 = 不含税价款 - 资产成本 = 100-(70-8) = 38（万元）$$

借：银行存款　　　　　　　　　　　　　　　　　　　　　 1 060 000

　　无形资产减值准备　　　　　　　　　　　　　　　　　　　 80 000

　　贷：无形资产　　　　　　　　　　　　　　　　　　　　　700 000

　　　　应交税费——应交增值税（销项税额）　　　　　　　　　 60 000

　　　　资产处置损益　　　　　　　　　　　　　　　　　　　 380 000

（四）出租不动产应交增值税的会计处理

【例 3-58】　天宇公司为从事货物生产销售的增值税一般纳税人。8 月份将"营改增"后购置的异地房产出租，按一般计税方法计税，年租金 196.2 万元，租赁期限 2 年，租金按年收取。8 月 30 日收到第 1 年租金，租期从 9 月 1 日开始计算。

$$应预缴增值税 = 196.2÷(1+9\%)×3\% = 5.4（万元）$$
$$应交增值税 = 196.2÷(1+9\%)×9\% = 16.2（万元）$$
$$应申报缴纳增值税 = 16.2-5.4 = 10.8（万元）$$

（1）收到房屋租金时：

借：银行存款　　　　　　　　　　　　　　　　　　　　　 1 962 000

　　贷：预收账款　　　　　　　　　　　　　　　　　　　　 1 800 000

　　　　应交税费——应交增值税（销项税额）　　　　　　　　　162 000

（2）异地预交增值税时：

借：应交税费——预交增值税　　　　　　　　　　　　　　　　 54 000

　　贷：银行存款　　　　　　　　　　　　　　　　　　　　　 54 000

（3）期末结转预交增值税时：

借：应交税费——未交增值税　　　　　　　　　　　　　　　　 54 000

　　贷：应交税费——预交增值税　　　　　　　　　　　　　　　 54 000

（4）在机构所在地缴税时：

借：应交税费——未交增值税　　　　　　　　　　　　　　　　108 000

　　贷：银行存款　　　　　　　　　　　　　　　　　　　　　108 000

（5）每月确认收入时：

借：预收账款　　　　　　　　　　　　　　　　　　　　　　150 000

　　贷：其他业务收入（1 800 000÷12）　　　　　　　　　　　　　150 000

七、金融商品转让的增值税会计处理

金融商品转让，按卖出价扣除买入价后的余额为销售额。转让金融商品产生的正负差，按盈亏相抵后的余额为销售额。相抵后出现的负差，可结转下一纳税期与下期转让金融商品销售额相抵，但年末仍出现负差的，不得转入下一个会计年度。金融商品的买入价，可按加权平均法或移动加权平均法核算，选择后 36 个月内不得变更。

对转让当月产生的转让收益，按应纳税额借记"投资收益"等账户，贷记"应交税费——转让金融商品应交增值税"账户；若当月产生的转让损失，按可结转下月的抵扣税额，借记"应交税费——转让金融商品应交增值税"账户，贷记"投资收益"等账户。缴纳增值税时，借记"应交税费——转让金融商品应交增值税"账户，贷记"银行存款"账户。年末，如果"应交税费——转让金融商品应交增值税"是借方余额，应借记"投资收益"等账户，贷记"应交税费——转让金融商品应交增值税"账户。

【例 3-59】　天泰公司（一般纳税人）于 6 月 1 日从上交所购入 A 公司股票 1 万股，该股票在购买日的公允价值 10 万元；支付交易费用 100 元，进项税额 6 元，取得专用发票并通过认证。当年 8 月 10 日，公司处置全部 A 公司股票，处置价款 14.5 万元。

（1）购入时：

借：交易性金融资产——A 公司（成本）　　　　　　　　　　100 000

　　贷：其他货币资金——存出投资款　　　　　　　　　　　　100 000

借：投资收益　　　　　　　　　　　　　　　　　　　　　　　100

　　应交税费——应交增值税（进项税额）　　　　　　　　　　　6

　　贷：其他货币资金——存出投资款　　　　　　　　　　　　　106

（2）处置时：

$$应交增值税 = (145\ 000 - 100\ 000) \div (1 + 6\%) \times 6\% = 2\ 547.17(元)$$

借：其他货币资金——存出投资款　　　　　　　　　　　　　145 000

　　贷：交易性金融资产——A 公司（成本）　　　　　　　　　　100 000

　　　　投资收益　　　　　　　　　　　　　　　　　　　　　45 000

借：投资收益　　　　　　　　　　　　　　　　　　　　　　2 547.17

　　贷：应交税费——转让金融商品应交增值税　　　　　　　　　2 547.17

八、增值税简易计税方法的会计处理

增值税简易计税方法适用于小规模纳税人和一般纳税人的特定货物、特定服务、特定项目。

（一）小规模纳税人增值税的会计处理

小规模纳税人不实行税款抵扣办法，应以不含税销售额乘以征收率，计算应交增值税。

因此,只需通过"应交税费——应交增值税"账户反映增值税的应交、上交和欠交情况。

【例3-60】 某工业企业属小规模纳税人,3月份产品含税销售收入10 600元,货款尚未收到。作会计分录如下:

(1)销售时:

$$应纳增值税额 = 10\ 600 \div (1 + 3\%) \times 3\% = 308.74(元)$$

借:应收账款		10 600.00
贷:主营业务收入		10 291.26
应交税费——应交增值税		308.74

(2)月末缴纳增值税时:

借:应交税费——应交增值税		308.74
贷:银行存款		308.74

【例3-61】 某餐饮企业系小规模纳税人。当月与驻地某施工队签订为期3个月的施工人员就餐协议。协议规定,每月餐费为5万元(含税),在协议签订时一次付清3个月的就餐费15万元,同时为施工队开具增值税专用发票。根据有关规定,先开具发票的,纳税义务发生时间为开具发票的当天。相关会计处理如下:

$$销售额 = 150\ 000 \div (1 + 3\%) = 145\ 631(元)$$
$$应交增值税 = 145\ 631 \times 3\% = 4\ 369(元)$$
$$每月销售额 = 145\ 631 \div 3 = 48\ 544(元)$$

(1)收到施工队支付的餐费款时:

借:银行存款		150 000
贷:预收账款		145 631
应交税费——应交增值税		4 369

(2)每月确认营业收入时:

借:预收账款		48 544
贷:主营业务收入		48 544

如果该餐饮企业将一次性收取15万元餐费改为发行单用途预付卡,施工队一次性充值15万元,餐馆开具15万元增值税普通发票,施工队每月划卡消费5万元。若该餐馆是月底售卡,施工队下月消费,则当月该餐馆不必就售卡缴纳增值税;若餐馆当月售卡,施工队当月消费,餐馆当月应缴纳增值税=50 000÷(1+3%)×3%=1 456(元)[①]。

(1)发售预付卡时:

借:银行存款		150 000
贷:预收账款		150 000

(2)下个季度的第1个月月末:

---

① 小规模纳税人按季申报,假设售卡是在季末月份。

借：预收账款 50 000
　　贷：主营业务收入 48 544
　　　　应交税费——应交增值税 1 456

第2、第3个月会计处理与第1个月相同。

（二）一般纳税人简易计税方法的会计处理

一般纳税人采用简易计税方法的计税项目，其进项税额按规定不得从销项税额中抵扣，应计入相关成本费用，不通过"应交税费——应交增值税（进项税额）"账户；在其销售货物、无形资产、不动产，提供劳务服务时，借记"应收账款""银行存款"等账户，贷记"主营业务收入"等账户，贷记"应交税费——增值税简易计税"账户。

【例3-62】 某公司系一般纳税人，主营钢材和商品混凝土业务，其中，自产商品混凝土选择简易计税方法。当月钢材销售额700万元，钢材采购额800万元；商品混凝土销售收入159万元（含税）。作会计分录如下：

（1）销售钢材：

借：应收账款——××客户 7 910 000
　　贷：主营业务收入——钢材 7 000 000
　　　　应交税费——应交增值税（销项税额） 910 000

（2）采购钢材：

借：库存商品 8 000 000
　　应交税费——应交增值税（进项税额） 1 040 000
　　贷：应付账款——××供应商 9 040 000

（3）销售混凝土：

借：应收账款——××客户 1 590 000
　　贷：主营业务收入——商品混凝土 1 543 690
　　　　应交税费——增值税简易计税 46 310

在实务中，对于简易计税方法减按2％征收的会计处理，因为纳税申报表中没有2％征收率一栏，为了完整地体现税收优惠，可以将少纳的1％作为补贴收入，在主表第23行"应纳税额减征额"填写。

【例3-63】 某企业系增值税一般纳税人，其提供一项适用简易计税方法的建筑服务，当期发生有关涉税事项的会计处理如下：

（1）购进原材料/周转材料一批，含税价14 000元。

借：原材料/周转材料 14 000
　　贷：银行存款 14 000

（2）将原材料/周转材料投入工程。

借：工程施工——合同成本 14 000
　　贷：原材料/周转材料 14 000

（3）接受适用简易计税方法的 AD 公司提供的建筑服务，价款 12 000 元，款项已支付，取得普通发票。

　　借：工程施工——合同成本　　　　　　　　　　　　　　　　　　　11 650.49

　　　　应交税费——应交增值税（销项税额抵减）　　　　　　　　　　349.51

　　　　贷：银行存款　　　　　　　　　　　　　　　　　　　　　　　12 000.00

（4）按建筑承包合同约定的日期收到预收账款 36 000 元，开具发票。

　　借：银行存款　　　　　　　　　　　　　　　　　　　　　　　　　36 000.00

　　　　贷：应交税费——应交增值税（简易计税）　　　　　　　　　　　1 048.54

　　　　　　工程结算/预收账款　　　　　　　　　　　　　　　　　　　34 951.46

（5）期末结转未交增值税。

　　借：应交税费——应交增值税（转出未交增值税）　　　　　　　　　　699.03

　　　　贷：应交税费——未交增值税　　　　　　　　　　　　　　　　　699.03

　　如果是小规模纳税人提供建筑服务，因"应交税费——应交增值税"下不设明细账户，按规定扣减销售额而减少的应交增值税应直接冲减"应交税费——应交增值税"账户，其他会计处理与一般纳税人的简易计税项目基本相同。

第五节　增值税减免、缴纳及查补的会计处理

一、减免增值税的会计处理

　　我国现行增值税的减免分为直接免征、即征即退、先征后返（退）三种形式。因此，其会计处理方法也有所不同。

（一）直接减免增值税的会计处理

　　增值税免税收入的会计处理有价税分离记账法和价税合计记账法两种方法。在价税分离记账法下，销售免税项目时，借记"银行存款"等账户，贷记"主营业务收入""应交税费——应交增值税（销项税额）"账户；对直接减免的销项税额，借记"应交税费——应交增值税（减免税款）"账户，应贷记"其他收益"账户，但这样可能会导致记账凭证与原始凭证不符，如果贷记"主营业务收入"账户就不会出现两者不符的情况。在价税合计记账法下，对法定免征的增值税无需作专门的会计处理，其进项税额计入相关项目的成本或费用中，并按收款全额，贷记"主营业务收入"账户。

　　【例 3-64】　某供热公司为增值税一般纳税人，主要从事居民个人供热业务（免税），同时也向部分企业和商户供热（应税）。1 月份，公司购进天然气不含税价款 2 000 万元，取得专用发票注明税款 180 万元（无法区分居民和非居民供热耗用情况）。当月收取居民供热收入 1 090 万元（1 000＋90）、非居民供热收入 654 万元（600＋54）。

　　（1）购进天然气时：

借：库存商品　　　　　　　　　　　　　　　　　　　　　　　　20 000 000
　　应交税费——应交增值税（进项税额）　　　　　　　　　　　1 800 000
　　贷：银行存款　　　　　　　　　　　　　　　　　　　　　　　21 800 000

（2）供热收费时：

$$供热收入应交增值税 = (1\,000 + 600) \times 9\% = 144(万元)$$

$$居民供热减免增值税 = 144 - 54 = 90(万元)$$

借：银行存款　　　　　　　　　　　　　　　　　　　　　　　　17 440 000
　　应交税费——应交增值税（减免税款）　　　　　　　　　　　　900 000
　　贷：主营业务收入——非居民　　　　　　　　　　　　　　　　6 000 000
　　　　　　　　　　　——居民　　　　　　　　　　　　　　　10 900 000
　　　　应交税费——应交增值税（销项税额）　　　　　　　　　　1 440 000

（3）居民供热不得抵扣进项税额转出：

$$不得抵扣进项税额 = 180 \times 1\,000 \div (1\,000 + 600) = 112.5(万元)$$

借：主营业务成本　　　　　　　　　　　　　　　　　　　　　　21 125 000
　　贷：库存商品　　　　　　　　　　　　　　　　　　　　　　　20 000 000
　　　　应交税费——应交增值税（进项税额转出）　　　　　　　　1 125 000

【例 3-65】　某小微企业 6 月份发生两笔货物销售业务，其含税收入分别是 20 600 元、10 094 元。如何进行会计处理？

一般情况下，小微企业的单笔销售额都比较小，在月度中间一般不能确定本月销售额是否会超过 3 万元。因此，应按正常销售计提应纳税额。本例，每笔销售的会计分录如下：

借：银行存款等　　　　　　　　　　　　　　　　　　　　　　　　20 600
　　贷：主营业务收入　　　　　　　　　　　　　　　　　　　　　　20 000
　　　　应交税费——应交增值税　　　　　　　　　　　　　　　　　　600
借：银行存款等　　　　　　　　　　　　　　　　　　　　　　　　10 094
　　贷：主营业务收入　　　　　　　　　　　　　　　　　　　　　　9 800
　　　　应交税费——应交增值税　　　　　　　　　　　　　　　　　　294

因增值税属价外计税，3 万元免税起征点应是不含税销售额。该企业当月两笔销售额合计应是 29 800 元，而非 30 694 元，符合免税条件。月末，应将已计提的增值税转入当月"营业外收入"账户，作会计分录如下：

借：应交税费——应交增值税　　　　　　　　　　　　　　　　　　894
　　贷：其他收益——减免税款　　　　　　　　　　　　　　　　　　894

（二）即征即退增值税的会计处理

税法规定，对符合条件的应税事项，采用增值税即征即退的办法，即企业在向主管税务机关办理增值税纳税的同时，办理增值税的退税手续。到税务机关办理即征即退手续后，凭有关单据，作会计处理如下：

（1）反映缴纳：借记"应交税费——应交增值税（已交税金）"或"应交税费——未交增值税"账户，贷记"银行存款"账户。

（2）同时，按即退税额，借记"银行存款"账户，贷记"其他收益——减免税款"账户等。

【例 3-66】 某外贸企业进口原棉一批，进口棉花征增值税实行即征即退办法。该批棉花价值折合人民币 500 000 元，应交增值税 65 000 元，作会计分录如下：

（1）外贸企业入账时：

借：材料采购		500 000
应交税费——应交增值税（进项税额）		65 000
贷：应付账款或银行存款等		565 000

（2）收到进口商品退税款时：

借：银行存款		65 000
贷：应付账款——待转销进口退税单		65 000

（3）外贸企业将进口商品销售给生产企业时（假设销售价格为 600 000 元，增值税额为 78 000 元）：

借：应收账款等		613 000
应付账款——待转销进口退税单		65 000
贷：主营业务收入（600 000－65 000）		535 000
其他收益——减免税款		65 000
应交税费——应交增值税（销项税额）		78 000

（4）生产企业购进上述商品时（外贸企业要出具退税款证明，按扣除退税额因素反映应付金额）：

借：材料采购		535 000
应交税费——应交增值税（进项税额）		78 000
贷：应付账款等		613 000

如果即征即退 50%，仅将退回的 50% 部分贷记"其他收益——减免税款"账户。

【例 3-67】 某软件开发企业 8 月购进生产材料取得增值税专用发票注明的价款 8 500 元，增值税税额为 1 105 元；支付运费 300 元，取得的专用发票上注明的进项税额 27 元；当月销售自行开发生产的软件产品，销售额 69 000 元，增值税额 8 970 元，已开具增值税专用发票。假设上月无留抵税额，本月无其他与增值税有关的经济事项。

$$应交增值税 = 69\,000 \times 13\% - 1\,105 - 27 = 7\,838（元）$$
$$实际税负 = 7\,838 \div 69\,000 = 11.36\%$$

实际税负超过 3% 的部分实行即征即退。

$$实际应负担税额 = 69\,000 \times 3\% = 2\,070（元）$$
$$应退税额 = 7\,838 - 2\,070 = 5\,768（元）$$

相关会计处理如下：

（1）购进原材料。

借：原材料　　　　　　　　　　　　　　　　　　　　　　　　8 500

　　应交税费——应交增值税（进项税额）　　　　　　　　　　1 105

　　贷：银行存款等　　　　　　　　　　　　　　　　　　　　　　　9 605

（2）支付运费。

借：原材料　　　　　　　　　　　　　　　　　　　　　　　　300

　　应交税费——应交增值税（进项税额）　　　　　　　　　　27

　　贷：银行存款等　　　　　　　　　　　　　　　　　　　　　　　327

（3）销售软件。

借：应收账款等　　　　　　　　　　　　　　　　　　77 970

　　贷：主营业务收入　　　　　　　　　　　　　　　　　　　69 000

　　　　应交税费——应交增值税（销项税额）　　　　　　　　　8 970

（4）应即征即退税额。

借：应交税费——应交增值税（减免税款）　　　　　　　　　5 768

　　贷：其他收益——政府补助　　　　　　　　　　　　　　　　　5 768

（5）结转本月应交税金。

借：应交税费——应交增值税（转出未交税金）　　　　　　　2 070

　　贷：应交税费——未交增值税　　　　　　　　　　　　　　　2 070

二、缴纳增值税的会计处理

（一）按日申报缴纳增值税的会计处理

以日为一期纳税的，自期满之日起 5 日内通过"应交税费——应交增值税（已交税金）"账户预缴税款，于次月 1 日起 15 日内申报纳税并结清上月应纳税款。

（1）平时，企业在"应交税费——应交增值税"多栏式明细账户中核算增值税业务，其中，当月预缴当月增值税额时，作会计分录如下：

借：应交税费——应交增值税（已交税金）

　　贷：银行存款

（2）月末，结出"应交税费——应交增值税"账户借贷方合计和余额。

若"应交税费——应交增值税"账户为贷方余额，表示本月应交未交增值税额。

（3）若"应交税费——应交增值税"账户为借方余额，由于月中有预缴税款的情况，因此，该借方余额不仅可能是尚未抵扣的进项税额，还可能包含多交的部分。具体界定，可分以下三种情况：

第一种：当"应交税费——应交增值税"账户借方余额大于"应交税费——应交增值税"账户的"已交税金"专栏合计数时，表明当月已交税金全部为多交，两者差额为本月尚未抵扣的进项税额。

第二种：当"应交税费——应交增值税"账户借方余额等于"应交税费——应交增值税"账户的"已交税金"专栏合计数时，表明当月已交税金全部为多交，同时，本月无尚未抵扣的

进项税额。

第三种：当"应交税费——应交增值税"账户借方余额小于"应交税费——应交增值税"账户的"已交税金"专栏合计数时，表明当月已交税金部分为应交税额，部分为多交税额，借方余额即为多交税额。

（4）如果企业设置了"应交税费——未交增值税"账户，其月末多交的增值税应转入该账户贷方，其月未交的增值税应转入该账户借方；结转后，"应交税费——应交增值税"账户的借方余额为"留抵税额"。

（二）按月申报缴纳增值税的会计处理

【例3-68】 天海建筑公司系增值税一般纳税人。10月份销项税额为110万元，当期认证抵扣的进项税额为155万元。11月份销项税额为320万元，当期认证抵扣的进项税额为240万元；当月部分钢材被盗，应转出进项税额61万元。12月10日，申报缴纳11月份增值税（相关附加税费略）。

10月份应纳增值税额＝1 100 000－1 550 000＝－450 000（元）＜0，当月应交增值税为0，留抵税额为450 000元。

11月份增值税会计分录如下：

（1）进项税额转出。

借：营业外支出   610 000
　　贷：应交税费——应交增值税（进项税额转出）   610 000

（2）应纳增值税额。

当月可抵扣进项税额 ＝ 450 000＋2 400 000－610 000 ＝ 2 240 000（元）
当月应纳税额 ＝ 3 200 000－2 240 000 ＝ 960 000（元）

借：应交税费——应交增值税（转出未交增值税）   960 000
　　贷：应交税费——未交增值税   960 000

（3）12月10日，申报缴纳11月份增值税。

借：应交税费——未交增值税   960 000
　　贷：银行存款   960 000

（三）按季申报缴纳增值税的会计处理

纳税人按季度申报增值税时，每月只作计提增值税的会计处理，不作缴纳或免征增值税的会计处理，季末合并计算销售额，如果符合免征增值税条件，再作免征增值税的会计处理；如果不符合免征增值税条件，按季度合计销售额全额计算缴纳增值税。

【例3-69】 天鹤厂系制造企业，被认定为增值税小规模纳税人。当年7月份销售额为8万元（不含税，下同），8月份销售额为9万元，9月份销售额为12万元。第三季度销售额合计为29万元，选择按季申报缴纳增值税。

按季申报缴纳增值税时，即使有的月份未达到起征点，应免缴增值税，但因无法确定季度是否应该免税。因此，各月应按正常计税进行会计处理，季末一次结转免缴增值税额。

（1）7月份应交增值税。

借：应收账款等   82 400
     贷：主营业务收入   80 000
         应交税费——应交增值税   2 400

（2）8月份应交增值税。

借：应收账款等   92 700
     贷：主营业务收入   90 000
         应交税费——应交增值税   2 700

（3）9月份应交增值税。

借：应收账款等   123 600
     贷：主营业务收入   120 000
         应交税费——应交增值税   3 600

（4）结转季度免缴增值税时。

第三季度合计销售额 29 万元（8＋9＋12），低于 30 万元，免缴增值税。

$$季度免缴税额 = 2\,400 + 2\,700 + 3\,600 = 8\,700（元）$$

借：应交税费——应交增值税   8 700
     贷：其他收益——减免税款   8 700

★如果该企业选择按月申报缴纳增值税

（1）7月份应交增值税。

借：应收账款等   82 400
     贷：主营业务收入   80 000
         应交税费——应交增值税   2 400

结转免缴税额时。

借：应交税费——应交增值税   2 400
     贷：其他收益——减免税款   2 400

（2）8月份应交增值税。

借：应收账款等   92 700
     贷：主营业务收入   90 000
         应交税费——应交增值税   2 700

结转免缴税额时。

借：应交税费——应交增值税   2 700
     贷：其他收益——减免税款   2 700

（3）9月份应交增值税。

借：应收账款等   123 600
     贷：主营业务收入   120 000
         应交税费——应交增值税   3 600

9月份实际缴纳增值税的会计分录,略。

该例说明,小规模纳税人选择按月、还是按季申报缴纳增值税,其计算结果不同。如果该季度各月的销售额依次是 8 万元、13 万元、10 万元,企业又该作何选择呢?

企业应根据其生产经营特点,慎重选择申报缴纳期限,且一个会计年度内不得变更。

（四）预缴和补缴增值税的会计处理

一般纳税人采用一般计税方法时,借记"应交税费——预交增值税"账户,贷记"银行存款"账户;月末,应将"预交增值税"明细账户余额转入"未交增值税"明细账户,借记"应交税费——未交增值税"账户,贷记"应交税费——预交增值税"账户。一般纳税人选择简易计税方法时,借记"应交税费——增值税简易计税"账户,贷记"银行存款"账户;月末不必结转,无需进行专门的会计处理。

小规模纳税人预缴税款时,借记"应交税费——应交增值税"账户,贷记"银行存款"账户;月末不必结转,无需进行专门的会计处理。

【例3-70】 天方建筑公司为增值税一般纳税人,7月份在本市承包B公司R工程项目,合同总金额（含税）1 090万元,签订合同5日内,甲方按合同总价款的20%预付工程款。8月1日,B公司支付的预付款218万元入账,公司采用一般计税方法。

（1）收到B公司的预付款。

借：银行存款	2 180 000
贷：预收账款——B公司	2 180 000

（2）计提并预缴增值税。

借：应交税费——预交增值税（218÷1.09×2%）	40 000
贷：银行存款	40 000

（3）8月末,将"预交增值税"结转至"未交增值税"。

借：应交税费——未交增值税	40 000
贷：应交税费——预交增值税	40 000

（4）10月末进行工程进度结算,工程结算价款（含税）为545万元,工程结算款抵顶预付工程款。公司开具增值税专用发票,确认销售,计提销售税额45万元（545÷1.09×9%）。

$$应收账款 = 545 - 218 = 327（万元）$$

借：应收账款——B公司	3 270 000
预收账款——B公司	2 180 000
贷：工程结算	5 000 000
应交税费——应交增值税（销项税额）	450 000

（5）当年底,工程竣工验收,结清工程价款,开具专用发票。

借：应收账款——B公司	5 450 000
贷：工程结算	5 000 000
应交税费——应交增值税（销项税额）	450 000

（6）收回工程款余额。

借：银行存款 8 720 000
　　贷：应收账款——B公司 8 720 000

（7）计算应缴未缴增值税，并结转至"未交增值税"。

借：应交税费——应交增值税（转出未交增值税） 40 000
　　贷：应交税费——未交增值税 40 000

【例3-71】 天缘房地产开发公司开发 N-2 房地产项目，8月18日预售房屋一套，售价 1 000 万元，收到客户 A 交付的预售款 800 万元。该项目采用一般计税方法计税，相关会计处理如下：

（1）预收房款并预交增值税时：

借：银行存款 8 000 000
　　贷：预收账款——客户 A 8 000 000

应预交增值税 = 8 000 000 ÷ (1＋9％) × 3％ = 220 183(元)

借：应交税费——预交增值税 220 183
　　贷：银行存款 220 183

（2）销售房屋时：

应交增值税 = 10 000 000 ÷ (1＋9％) × 9％ = 825 688(元)

借：银行存款 2 000 000
　　预收账款——客户 A 8 000 000
　　贷：主营业务收入 9 174 312
　　　　应交税费——应交增值税（销项税额） 825 688

同时，结转预缴增值税：

借：应交税费——未交增值税 220 183
　　贷：应交税费——预交增值税 220 183

（3）计算应缴增值税时：
假设当月应抵扣进项税额为 540 091 元，应纳增值税＝825 688－540 091＝285 597(元)。

借：应交税费——应交增值税（转出未交销售税） 285 597
　　贷：应交税费——未交增值税 285 597

（4）补缴增值税时：

应补缴增值税 = 285 597 － 220 183 = 65 414(元)

借：应交税费——未交增值税 65 414
　　贷：银行存款 65 414

（五）从事生产、生活性服务纳税人缴纳增值税的会计处理

从事生产、生活性服务的纳税人，应在"应交税费——应交增值税"账户下，设置"加计抵

减额"明细账户,单独核算和反映增值税加计抵减的计提、调减、结余等情况。该账户的借方记当期计提的加计抵减额,贷方记当期按规定调整减少的加计抵减额,期末借方余额反映加计抵减结余金额。

计提加计抵减额时,借记"应交税费——应交增值税(加计抵减额)"账户,贷记"其他收益——增值税加计抵减收益"账户;期末按规定调整减少时,借记"其他收益——增值税加计抵减收益"账户,贷记"应交税费——应交增值税(加计抵减额)"账户。

三、查补增值税的会计处理

(一)查补逃税应纳税额的确定

增值税一般纳税人不报、少报销项税额或多报进项税额,均影响增值税的缴纳,是逃税行为。其逃税数额应当按销项税额的不报、少报部分或进项税额的多报部分确定。如果销项、进项均查有逃税问题,其逃税数额应当为两项逃税数额之和。

一般纳税人若采取账外经营,即购销活动均不入账,而造成不缴、少缴增值税的,其逃税数额应按账外经营部分的销项税额抵扣账外经营部分中已销货物进项税额后的余额确定。此时逃税数额为应纳税额。即:

$$应纳税额 = 账外经营部分销项税额 - 账外经营部分中已销货物进项税额$$
$$已销货物进项税额 = 账外经营部分购货的进项税额 - 账外经营部分存货的进项税额$$

(二)查补税款金额的确定

一般纳税人发生逃税行为,确定逃税数额补征入库时,其补税数额应根据纳税人不同情况分别处理。即:根据检查核实的一般纳税人与其全部销项税额与进项税额(包括当期留抵扣税额),重新计算当期全部应纳税额。若应纳税额为正数,应当作补税处理;若应纳税额为负数,应按《增值税日常稽查办法》的规定执行。

(三)查补税款的会计处理

增值税经税务机关检查后,应进行相应的会计调整。为此,应设立"应交税费——增值税检查调整"账户。凡检查后应调减账面进项税额或调增销项税额和进项税转出的数额,借记有关账户,贷记本账户;凡检查后应调增账面进项税额或调减销项税额和进项税额转出的数额,借记本账户,贷记有关账户;全部调账事项入账后,应结出本账户的余额,并对该余额进行处理:

(1)若余额在借方,全部视同留抵进项税额,按借方余额数,借记"应交税费——应交增值税(进项税额)"账户,贷记本账户。

(2)若余额在贷方,且"应交税费——应交增值税"账户无余额,按贷方余额数,借记本账户,贷记"应交税费——未交增值税"账户。

(3)若本账户余额在贷方,"应交税费——应交增值税"账户有借方余额且等于或大于这个贷方余额,按贷方余额数,借记本账户,贷记"应交税费——应交增值税"账户。

(4)若本账户余额在贷方,"应交税费——应交增值税"账户有借方余额但小于这个贷方余额,应将这两个账户的余额冲出,其差额贷记"应交税费——未交增值税"账户。

【例3-72】 某工业企业为增值税一般纳税人。12月份增值税纳税资料:当期销项税额

236 000元,当期购进货物的进项税额为247 000元。"应交税费——应交增值税"账户的借方余额为11 000元。

次年1月15日,税务机关对其检查时,发现有如下两笔业务会计处理有误:

(1)12月3日,发出产品一批用于捐赠,成本价80 000元,无同类产品售价,企业已作会计处理如下:

借:营业外支出　　　　　　　　　　　　　　　　　　　　　　　　　　80 000
　　贷:产成品　　　　　　　　　　　　　　　　　　　　　　　　　　　　80 000

(2)12月24日,为基建工程购入材料34 800元,企业已作会计处理如下:

借:在建工程　　　　　　　　　　　　　　　　　　　　　　　　　　　30 000
　　应交税费——应交增值税(进项税额)　　　　　　　　　　　　　　　3 900
　　贷:银行存款　　　　　　　　　　　　　　　　　　　　　　　　　　33 900

针对上述问题,应作查补税款的会计处理。

1. 对查出的问题进行会计调整

(1)企业对外捐赠产品,应视同销售,计算销项税额,无同类产品售价的,按组成计税价格计算。企业按成本价直接冲减产成品,但未计算销项税额,属逃税行为。

销项税额=80 000×(1+10％)×13％=11 440(元),据此,应调账如下:

借:营业外支出　　　　　　　　　　　　　　　　　　　　　　　　　　11 440
　　贷:应交税费——增值税检查调整　　　　　　　　　　　　　　　　　11 440

(2)企业用于非应税项目的购进货物,其进项税额不得抵扣,企业这种多报进项税额行为,属逃税行为。

据此,应调账如下:

借:在建工程　　　　　　　　　　　　　　　　　　　　　　　　　　　3 900
　　贷:应交税费——增值税检查调整　　　　　　　　　　　　　　　　　3 900

2. 确定企业逃税数额

逃税数额=不报销项税额+多报进项税额=11 440+3 900=15 340(元)

应按逃税额的一倍罚款。

3. 确定应补交税额

当期应补税额=236 000-247 000+15 340=4 340(元)

4. 进行会计处理

借:应交税费——增值税检查调整　　　　　　　　　　　　　　　　　　15 340
　　营业外支出——税收罚款　　　　　　　　　　　　　　　　　　　　15 340
　　贷:应交税费——未交增值税　　　　　　　　　　　　　　　　　　　4 340
　　　　　　　——应交增值税　　　　　　　　　　　　　　　　　　　11 000
　　　　　　　——税收罚款　　　　　　　　　　　　　　　　　　　　15 340

补缴税款及罚款时：

借：应交税费——未交增值税   4 340

      ——税收罚款   15 340

    贷：银行存款   19 680

由此可见，企业的逃税数额，不一定等于补税数额；罚款额是税务机关根据《税收征管法》作出的。

【例3-73】 某商业企业为增值税一般纳税人，12月份增值税纳税资料：当期销项税额50 000元，当期进项税额35 000元，当期已纳增值税15 000元。次年年初税务机关检查时，发现如下两笔业务未作会计处理：

（1）12月2日，企业购入商品100件，取得了增值税专用发票，注明：价款50 000元，税款6 500元，但未作任何会计处理。

（2）12月21日，企业又将上述购入商品出售45件，取得现金33 900元，也未作任何会计处理。

经税务人员检查核实，认定企业在搞账外经营。逃税数额如下：

$$\frac{\text{已销货物}}{\text{进项税额}} = \frac{\text{账外经营部分购}}{\text{货的进项税额}} - \frac{\text{账外经营部分}}{\text{存货的进项税额}} = 6\ 500 - 6\ 500 \times 55\% = 2\ 925(\text{元})$$

$$\frac{\text{应纳}}{\text{税额}} = \frac{\text{账外经营部}}{\text{分销项税额}} - \frac{\text{账外经营部分中}}{\text{已销货物的进项税额}} = 3\ 900 - 2\ 925 = 975(\text{元})$$

由于企业当期正常的增值税额核算已经结束，此笔应纳税额975元，既是逃税数额，又是补税数额（会计处理略）。

复习思考题

1. 何谓增值税？增值税有何特点？

2. 为什么增值税不是直接根据增值额计税，而是采用税款抵扣制？

3. 增值税的免税与零税率有何异同？

4. 何谓销项税额、进项税额？增值税应纳税额如何计算？

5. 哪些进项税额不准抵扣？不得抵扣的进项税额有几种类型？如何进行会计处理？

6. 分析比较增值税的简易计税方法与一般计税方法。

7. 增值税的减免与缴纳如何进行会计处理？查补增值税款如何进行会计处理？

8. 企业将购买的产品发给职工作为奖励，是应作为增值税进项税额转出，还是按视同销售处理？

9. 纳税人办理ETC预付费卡，在预付充值时索取的按全额开具的发票，能否抵扣进项税额？为什么？怎样做才能抵扣进项税额？

第四章　消费税会计

第一节　消费税税制要素

消费税是对在我国境内从事生产、委托加工和进口应税消费品的单位和个人征收的一种税。或者说,消费税是对特定消费品和消费行为征收的一种流转税。

消费税(亦称货物税)源远流长,在我国可追溯到西汉时期对酒的课税。古罗马时代曾课征盐税。目前,美、英、德、法、日等国都开征消费税。随着商品经济的发展,消费税课征范围不断扩大,数额日益增加。由于消费税的独特调节作用,它受到了世界各国的普遍重视。新中国成立以来,在先后征收的货物税、商品流通税、工商统一税、工商税以及产品税、增值税中,对烟、酒、化妆品、成品油等消费品都设计了较高的税率,基本上具备对消费品课税的性质。随着对原工商税制的改革,消费税从中分化出来成为独立税种。国务院于1993年12月13日发布了《中华人民共和国消费税暂行条例》(以下简称《暂行条例》)及其实施细则,并决定于1994年1月1日起实施。自2009年1月1日起,我国开始执行修订后的《暂行条例》及其实施细则。

消费税具有征收范围的选择性、税率的调节性、征收环节的单一性和征收方法的多样性等特点。

一、消费税的纳税人和纳税范围

(一)消费税的纳税人

消费税的纳税人是在中华人民共和国境内生产、委托加工、进口应税消费品的单位和个人。这就是说,纳税人必须是在我国境内从事生产、委托加工和进口应税消费品;纳税人从事的活动必须涉及《暂行条例》规定的应税消费品,两者缺一不可。"单位"是指企业、行政单位、事业单位、军事单位、社会团体及其他单位;"个人"是指个体工商户及其他个人。

(二)消费税的纳税范围

消费税的纳税范围主要是根据我国目前的经济发展现状和消费政策,人民群众的消费水平和消费结构,以及财政需要,并借鉴国外的成功经验和通行做法所确定的产品。

第一,一些过度消费会对人类健康、社会秩序、生态环境等方面造成危害的特殊消费品。

(1)烟。以烟叶为原料加工生产的特殊消费品。如卷烟、雪茄烟、烟丝等。

（2）酒。以粮食、薯类、糠麸、植物果实、果品和药材为原料或辅料经发酵或配制的白酒、黄酒、啤酒及其他复制酒、药酒、酒精等产品。

（3）鞭炮、焰火。以火药、烟火剂制成爆炸品或烟火喷射品。

第二，奢侈品、非生活必需品。

（1）高档化妆品。高档化妆品是指生产（进口）环节销售（完税）价格在 10 元/毫升（克）或 15 元/片（张）及以上的美容、修饰类化妆品和护肤类化妆品。

（2）贵重首饰及珠宝玉石，各种金银、珠宝首饰和经采掘、打磨、加工的各种珠宝玉石。包括纯金银首饰及镶嵌首饰、钻石、珍珠、翡翠、玛瑙、琥珀及合成刚玉和玻璃仿制品等。

第三，高能耗及高档消费品。

（1）小汽车。由动力装置驱动，具有四个和四个以上车轮的非轨道、无架线，主要用于载送人员及其随身物品的车辆。

（2）摩托车。由动力装置驱动，具有两个或三个车轮的车辆，包括两轮车、边三轮车和正三轮车。

第四，不可再生和替代的石油类消费品。

二、消费税的税目、税率

（一）税目

消费税共设置十四个税目、若干个子目，征税主旨明确，课税对象清晰。

（1）烟税目。它包括卷烟、雪茄烟和烟丝等子目。

（2）酒税目。它包括粮食白酒、薯类白酒、黄酒、啤酒、其他酒等子目。

（3）高档化妆品税目。它包括高档美容、修饰类化妆品、高档护肤类化妆品和成套化妆品。

（4）高尔夫球及球具税目。

（5）高档手表税目。

（6）游艇税目。

（7）木制一次性筷子税目。

（8）实木地板税目。

（9）贵重首饰和珠宝玉石税目。

（10）鞭炮、焰火税目。

（11）成品油税目。它包括汽油、柴油、石脑油、溶剂油、润滑油、燃料油、航空煤油等子目。

（12）摩托车税目。

（13）小汽车税目。它包括乘用车、中轻型商用客车和超豪华小汽车三个子目。

（14）电池涂料。

（二）税率

根据不同消费品的种类、档次、结构、功能或消费品中某一成分含量，以及市场供求状况、消费价格水平等情况，消费税制定了高低不同的从价比例税率、从量定额税率和复合计税三种形式。

消费税税目税率（税额）表，如表 4-1 所示。

表 4-1	消费税税目税率表
税　　目	税率或单位税额
一、烟	
1. 卷烟	
（1）甲类卷烟（生产、进口环节）	56％加 0.003 元/支
（2）乙类卷烟（生产、进口环节）	36％加 0.003 元/支
（3）卷烟（批发环节）	11％加 0.005 元/支
2. 雪茄烟	36％
3. 烟丝	30％
二、酒	
1. 白酒	20％ 加 0.5 元/500 克（或 500 毫升）
2. 黄酒	240 元/吨
3. 啤酒	
（1）甲类啤酒	250 元/吨
（2）乙类啤酒	220 元/吨
4. 其他酒	10％
三、高档化妆品	15％
四、贵重首饰及珠宝玉石	
1. 金银首饰、铂金首饰和钻石及钻石饰品	5％
2. 其他贵重首饰和珠宝玉石	10％
五、鞭炮、焰火	15％
六、成品油	
1. 汽油、石脑油、溶剂油、润滑油	1.52 元/升
2. 柴油、航空煤油、燃料油	1.2 元/升
七、摩托车	
1. 汽缸容量（排气量，下同）250 毫升	3％
2. 汽缸容量 250 毫升以上的	10％
八、小汽车	
1. 乘用车	
（1）汽缸容量（排气量，下同）在 1.0 升（含 1.0 升）以下的	1％
（2）汽缸容量在 1.0 升以上至 1.5 升（含 1.5 升）的	3％
（3）汽缸容量在 1.5 升以上至 2.0 升（含 2.0 升）的	5％
（4）汽缸容量在 2.0 升以上至 2.5 升（含 2.5 升）的	9％
（5）汽缸容量在 2.5 升以上至 3.0 升（含 3.0 升）的	12％
（6）汽缸容量在 3.0 升以上至 4.0 升（含 4.0 升）的	25％
（7）汽缸容量在 4.0 升以上的	40％
2. 中轻型商用客车	5％
3. 超豪华小汽车（零售环节）	10％

（续表）

税　　目	税率或单位税额
九、高尔夫球及球具	10%
十、高档手表	20%
十一、游艇	10%
十二、木制一次性筷子	5%
十三、实木地板	5%
十四、电池、涂料	4%

注释：

（1）卷烟实行从量定额和从价定率相结合的复合计税办法。先从量定额计税，定额税率为每标准箱（50 000 支，下同）150 元；再按调拨价格从价计税，每标准条（200 支，下同）调拨价格在 70 元（含 70 元，不含增值税）以上的卷烟税率为56%；每标准条调拨价格在 70 元（不含增值税）以下的卷烟税率为 36%；白包卷烟，手工卷烟，自产自用没有同牌号、同规格调拨价格的卷烟，委托加工没有同牌号、同规格调拨价格的卷烟，未经国务院批准纳入计划的企业和个人生产的卷烟，一律适用 56% 的比例税率。

（2）粮食白酒、薯类白酒实行从量定额和从价定率相结合的复合计税办法。定额税率为每斤（500 克）或每 500 毫升0.5 元。比例税率，粮食白酒和薯类白酒均为 20%。

从量定额计税的计量单位按实际销售商品重量确定，如果实际销售商品是按体积标注计量单位的，应按 500 毫升为 1斤换算，不得按酒度折算。

（3）钻石及钻石饰品的纳税环节，由生产环节、进口环节改为零售环节，其消费税税率为 5%。

（4）乘用车也适用于进口环节消费税。

（5）电池、涂料在生产、委托加工和进口环节征收。

（6）对无汞原电池、金属氢化物镍蓄电池（又称"氢镍蓄电池"或"镍氢蓄电池"）、锂原电池、锂离子蓄电池、太阳能电池、燃料电池和全钒液流电池免征消费税。

（7）对施工状态下挥发性有机物（Volatile Organic Compounds，VOC）含量低于 420 克/升（含）的涂料免征消费税。

三、消费税纳税义务的确认

（一）消费税的纳税环节

我国现行消费税基本上是单一环节征税，仅对个别消费品在生产（进口）环节和批发或零售两个环节征税。

（1）纳税人生产的应税消费品，于纳税人销售（有偿转让应税消费品的所有权）时纳税。用于连续生产应税消费品（将自产自用的应税消费品作为直接材料生产最终应税消费品，自产自用应税消费品构成最终应税消费品的实体）的，不纳税；用于其他方面（用于生产非应税消费品、在建工程、管理部门、非生产机构、提供劳务、馈赠、赞助、集资、广告、样品、职工福利、奖励等方面）的，于移送使用时纳税。

（2）委托加工的应税消费品（委托方提供原料和主要材料，受托方只收取加工费和代垫部分辅助材料），除受托方为个人外，由受托方在向委托方交货时代收代缴税款。在与受托方结算货款时，要分清受托方是个人还是单位。如果受托方是个人，则不能由其代收代缴税款,委托方应在收回后缴纳消费税。对委托加工收回的应税消费品,委托方用于连续生产应税消费品的,所纳税款准予按规定抵扣。委托加工的应税消费品,若以不高于受托方的计税价格直接出售的,不再缴纳消费税。

(3)以外购、进口和委托加工收回汽油、柴油、石脑油、燃料油、润滑油(以下简称应税油品)用于连续生产应税成品油,准予从成品油消费税应纳税额中扣除应税油品已纳消费税税款。

(二)消费税纳税义务的确认

第一,纳税人销售应税消费品的,根据不同销售结算方式确认其纳税义务:

(1)采取赊销和分期收款结算方式的,为书面合同约定的收款日期的当天,书面合同没有约定收款日期或者无书面合同的,为发出应税消费品的当天。

(2)采取预收货款结算方式的,为发出应税消费品的当天。

(3)采取托收承付和委托银行收款方式的,为发出应税消费品并办妥托收手续的当天。

(4)采取其他结算方式的,为收讫销售款或者取得索取销售款凭据的当天。

第二,纳税人自产自用应税消费品的,为移送使用的当天。

第三,纳税人委托加工应税消费品的,为纳税人提货的当天。

第四,纳税人进口应税消费品的,为报关进口的当天。

四、消费税纳税期限与纳税地点

(一)纳税期限

对同一纳税人,其消费税的纳税申报期限和税款的缴纳期限,与增值税相同。

(二)纳税地点

纳税人销售的应税消费品、自产自用的应税消费品,除国家另有规定者外,均应在纳税人核算地的主管税务机关申报纳税。

纳税人到外县(市)销售或者委托外县(市)代销自产应税消费品的,于应税消费品销售后,向机构所在地或者居住地主管税务机关申报纳税。

纳税人的总机构与分支机构不在同一县(市)的,应当分别向各自机构所在地的主管税务机关申报纳税;经财政部、国家税务总局或者其授权的财政、税务机关批准,可以由总机构汇总向总机构所在地的主管税务机关申报纳税。

委托个人加工的应税消费品,由委托方向其机构所在地或者居住地主管税务机关申报纳税。

进口的应税消费品,由进口人或者其代理人向报关地海关申报纳税。

五、消费税的减免与退补

(1)航空煤油暂缓缴纳消费税。

(2)按债转股企业与金融资产管理公司签订的债转股协议,债转股原企业将应税消费品作为投资提供给债转股新公司的,免缴消费税。

（3）凡用作乙烯、芳烃类产品原料的进口和国产石脑油，免缴消费税。

（4）金银首饰、钻石及钻石饰品消费税减按 5% 的税率征收。按 5% 征收消费税的范围仅限于金、银和金基、银基合金、铂金首饰，以及金、银和金基、银基合金的镶嵌首饰。

（5）纳税人销售的应税消费品，如因质量等原因由购买者退回时，经所在地主管税务机关审核批准后，可退还已缴纳的消费税税款。

（6）出口的应税消费品办理退税后，发生退关或者国外退货进口时予以免税的，报关出口者必须及时向其所在地主管税务机关申报补缴已退的消费税税款（出口退免税见本书第七章）。

（7）纳税人直接出口的应税消费品办理免税后，发生退关或国外退货进口时已予以免税的，经所在地主管税务机关批准，可暂不办理补税，待其转为国内销售时，再向其主管税务机关申报补缴消费税。

第二节　消费税的计算与申报

一、销售额的确认

（一）白酒生产企业销售额的确认

1. 基本要求

白酒生产企业销售给销售单位的白酒，生产企业消费税计税价格低于销售单位对外销售价格（不含增值税，下同）70% 以下的，税务机关应核定消费税最低计税价格。"销售单位"是指销售公司、购销公司以及委托境内其他单位或个人包销本企业生产的白酒的商业机构。"销售公司""购销公司"是指专门购进并销售白酒生产企业生产的白酒，并与该白酒生产企业存在关联性质。"包销"是指销售单位依据协定价格从白酒生产企业购进白酒，同时承担大部分包装材料等成本费用，并负责销售白酒。

白酒生产企业销售给销售单位的白酒，生产企业消费税计税价格高于销售单位对外销售价格 70%（含 70%）以上的，税务机关暂不核定消费税最低计税价格。

2. 计税价格的申报（申请）

白酒生产企业应将各种白酒的消费税计税价格和销售单位销售价格，在主管税务机关规定的时限内，填报"白酒相关经济指标申报表"。

白酒生产企业申报的销售给销售单位的消费税计税价格低于销售单位对外销售价格 70% 以下的各种白酒，在规定的时限内，填报"白酒消费税最低计税价格核定申请表"（见表 4-2），由税务机关核定消费税最低计税价格。[①]

---

① 年销售额 1 000 万元以上的各种白酒，在规定时限内逐级上报至国家税务总局选择部分白酒核定消费税最低计税价格，其余均由各省、自治区、直辖市和计划单列市国家税务局核定。

表 4-2 白酒消费税最低计税价格核定申请表

生产企业名称(公章): 填报时间:

序号	品名	规格	出厂价格(元)	产品成本利润率	销售价格(元)	出厂价格占销售价格比例	销售收入(万元)	备注
1	2	3	4	5	6	7=4÷6	8	9

经办人(签章): 财务负责人(签章): 法人代表(签章):

3. 最低计税价格的核定

(1) 最低计税价格的核定标准。白酒生产企业销售给销售单位的白酒,生产企业消费税计税价格低于销售单位对外销售价格 70% 以下的,消费税最低计税价格由税务机关根据生产规模、白酒品牌、利润水平等情况,在销售单位对外销售价格 50%～70% 范围内自行核定。其中生产规模较大,利润水平较高的企业生产的需要核定消费税最低计税价格的白酒,税务机关核价幅度原则上应选择在销售单位对外销售价格 60%～70% 范围内。

(2) 从高适用计税价格。已核定最低计税价格的白酒,生产企业实际销售价格高于消费税最低计税价格的,按实际销售价格申报纳税;实际销售价格低于消费税最低计税价格的,按最低计税价格申报纳税。

(3) 重新核定计税价格。已核定最低计税价格的白酒,销售单位对外销售价格持续上涨或下降时间达到 3 个月以上、累计上涨或下降幅度在 20%(含)以上的白酒,税务机关重新核定最低计税价格。

白酒生产企业在办理消费税纳税申报时,应附已核定最低计税价格白酒清单。

4. 账证不全的情况

对账证不全的小酒厂白酒消费税采取核定征收方式。

(二) 其他生产企业销售额的确认

应税产品销售额为纳税人销售应税消费品向购买方收取的全部价款和价外费用(其含义及包括内容与增值税相同);但不包括应向购货方收取的增值税税款。以外汇结算销售额的,其销售额以结算当日或当月 1 日的外汇牌价(中间价)折合人民币计算。一旦确定后,1 年内不得变更。

如果纳税人应税消费品的销售额中未扣除增值税税款或者因不得开具增值税专用发票而发生价款和增值税税款合并收取的,在计算消费税时,应当换算为不含增值税税款的销售额。其换算公式如下:

应税消费品的销售额＝含增值税销售额÷(1＋增值税税率或征收率)

应税消费品连同包装物销售的,无论包装物是否单独计价以及在会计上如何核算,均应并入应税消费品的销售额中缴纳消费税。如果包装物不作价随同产品销售,而是收取押金,此项押金则不应并入应税消费品的销售额中征税。但对因逾期未收回的包装物不再退还的或者已收取的时间超过 12 个月的押金,应并入应税消费品的销售额,按照应税消费品的适用税率缴纳消费税。

二、销售数量的确认

销售数量是指应税消费品的数量。其含义包括:

(1) 销售应税消费品的,为应税消费品的实际销售量。

(2) 自产自用应税消费品的,为应税消费品的移送使用量。

(3) 委托加工应税消费品的,为纳税人收回的应税消费品量。

(4) 进口的应税消费品,为海关核定的应税消费品进口征税量。

三、应纳消费税的计算

(一)销售应税消费品应纳税额的计算

消费税实行从价定率、从量定额,或者从价定率和从量定额复合计税(以下简称复合计税)的办法计算应纳税额。应纳税额计算公式如下:

$$实行从价定率办法计算的应纳税额＝销售额×比例税率$$

$$实行从量定额办法计算的应纳税额＝销售数量×定额税率$$

$$实行复合计税办法计算的应纳税额＝销售额×比例税率＋销售数量×定额税率$$

纳税人销售的应税消费品,以人民币计算销售额。纳税人以人民币以外的货币结算销售额的,应当折合成人民币计算。

在从量定额计税时,黄酒、啤酒是以吨为税额单位,成品油是以升为税额单位。为了规范不同产品的计量单位,准确计算应纳税额,税法对吨与升两个计量单位的换算标准规定如下:

黄酒 1 吨＝962 升	啤酒 1 吨＝988 升	汽油 1 吨＝1 388 升
柴油 1 吨＝1 176 升	石脑油 1 吨＝1 385 升	溶剂油 1 吨＝1 282 升
润滑油 1 吨＝1 126 升	燃料油 1 吨＝1 015 升	航空煤油 1 吨＝1 246 升

【例 4-1】 某烟厂出售卷烟 20 个标准箱,每标准条调拨价格 75 元,共计 375 000 元,烟丝 45 000 元,不退包装物,采用托收承付结算方式,货已发出并办好托收手续。计算应交消费税税额如下:

$$20×150＋375 000×56\%＋45 000×30\%＝226 500(元)$$

【例 4-2】 某酒厂年销售白酒 2 000 吨,年销售额预计 880 万元。9 月份销售白酒 150 吨,对外销售不含税单价 6 500 元/吨,销售散装白酒 10 吨,单价 5 000 元/吨,款项全部存入银行。其应纳消费税计算如下:

$$\underset{消费税}{应\ 交}=(150\times6\ 500+10\times5\ 000)\times20\%+(150\times2\ 000+10\times2\ 000)\times0.5=365\ 000(元)$$

如果该酒厂设立一个销售部,酒厂销售给销售部的白酒价格为4 100元/吨、散装白酒价格为3 100元/吨,计税价格低于销售单位对外销售价格70%以下,则该酒厂销售给销售部的白酒计税价格需要经过省级(包括计划单列市)国家税务局核定消费税最低计税价格。假设省级国税机关核定的最低计税价格分别为白酒5 900元/吨、散装白酒4 200元/吨,酒厂应交消费税计算如下:

$$\underset{消费税}{应\ 交}=(150\times5\ 900+10\times4\ 200)\times20\%+(150\times2\ 000+10\times2\ 000)\times0.5=345\ 400(元)$$

企业不能按照 289 200 元[(150×4 100+10×3 100)×20%+(150×2 000+10×2 000)×0.5]缴纳消费税。

【例 4-3】　某企业采购原油 40 吨,委托炼油厂加工成无铅汽油 15 吨,计算应交消费税额如下:

$$应交消费税=15\ 吨\times1\ 388\ 升/吨\times1.52\ 元/升=31\ 646.4(元)$$

"超豪华小汽车"的征收范围为每辆零售价格 130 万元(不含增值税)及以上的乘用车和中轻型商用客车,即乘用车和中轻型商用客车子税目中的超豪华小汽车。对超豪华小汽车,在生产(进口)环节按现行税率征收消费税基础上,在零售环节加征消费税,税率为 10%。将超豪华小汽车销售给消费者的单位和个人为超豪华小汽车零售环节纳税人,应交消费税计算公式如下:

$$应交消费税=零售环节销售额(不含增值税,下同)\times零售环节税率$$

国内汽车生产企业直接销售给消费者的超豪华小汽车,消费税税率按照生产环节税率和零售环节税率加总计算,应交消费税计算公式如下:

$$应交消费税=销售额\times(生产环节税率+零售环节税率)$$

(二)自产自用应税消费品应纳税额的计算

自产自用就是纳税人生产应税消费品后,不是用于直接对外销售,而是用于连续生产应税消费品或用于其他方面。

纳税人若是用于连续生产应税消费品的(作为生产最终应税消费品的直接材料,并构成最终产品实体的应税消费品,如卷烟厂生产的烟丝,再用于本厂连续生产出最终产品——卷烟),根据税不重征的原则,不纳消费税。生产企业将自产石脑油用于本企业连续生产汽油等应税消费品的,不缴纳消费税;用于连续生产乙烯等非应税消费品或其他方面的,于移送使用时缴纳消费税。

纳税人若是用于其他方面,应于移送时缴纳消费税。纳税人自产自用的应税消费品,不是用于连续生产应税消费品,而是用于其他方面,应按照纳税人生产同类消费品的销售价格为计税依据;若没有同类消费品的销售价格,则可按组成计税价格计算纳税。纳税人自产自用的应税消费品,按照纳税人生产的同类消费品的销售价格计算纳税;没有同类消费品销售

价格的,按照组成计税价格计算纳税。

"同类消费品的销售价格"是指纳税人或者代收代缴义务人当月销售的同类消费品的销售价格,如果当月同类消费品各期销售价格高低不同,应按销售数量加权平均计算。但销售的应税消费品有下列情况之一的,不得列入加权平均计算:

（1）销售价格明显偏低并无正当理由的。

（2）无销售价格的。

如果当月无销售或者当月未完结,应按照同类消费品上月或者最近月份的销售价格计算纳税。

实行从价定率办法计算纳税的组成计税价格计算公式如下:

$$组成计税价格=（成本+利润）÷（1-比例税率）$$

实行复合计税办法计算纳税的组成计税价格计算公式如下:

$$组成计税价格=\left(成本+利润+自产自用数量×\frac{定额}{税率}\right)÷\left(1-\frac{比例}{税率}\right)$$

其中:成本是应税消费品的产品生产成本;利润是按应税消费品的全国平均成本利润率计算的利润。

应税消费品的全国平均成本利润率如下:烟类消费品为 10%、5%;酒类消费品,除粮食白酒为 10%,其余为 5%;高档化妆品、鞭炮焰火等为 5%;贵重首饰及珠宝玉石、摩托车为 6%;乘用车为 8%;高尔夫球及球具为 10%;高档手表为 20%;游艇为 10%;木制一次性筷子为 5%;实木地板为 5%;中轻型商用客车为 5%;电池为 4%;涂料为 7%。

纳税人用于换取生产资料和消费资料、投资入股和抵偿债务等方面的应税消费品,应以纳税人同类应税消费品的最高售价作为计税依据。如果自产自用应税消费品是复合计税,则"组成计税价格"应在原计算公式的基础上,加"视同销售数量×单位税额"(下同)。

【例 4-4】 某汽车制造厂将自产乘用车(汽缸容量 2.0 升)1 辆,转作自用(固定资产),该种汽车对外销售价格 180 000 元。计算应交消费税额如下:

$$180\ 000×5\%=9\ 000（元）$$

如果该自用车没有同类消费品的销售价格,其生产成本为 150 000 元,则组成计税价格如下:

$$消费税组成计税价格=\frac{150\ 000×（1+8\%）}{1-5\%}=170\ 526（元）$$

应交消费税 $=170\ 526×5\%=8\ 526（元）$

增值税组成计税价格 $=150\ 000×（1+8\%）+8\ 526=170\ 526（元）$

应交增值税 $=170\ 526×13\%=22\ 168（元）$

（三）委托加工应税消费品应纳税额的计算

委托加工应税消费品是指由委托方提供原料或主要材料,受托方只收取加工费和代垫部分辅助材料进行加工的应税消费品。

如确属税法规定的委托加工行为,受托方必须严格履行代收代缴义务,正确计算和按时代缴税款(若受托方为个体经营者,一律于委托方收回后,在委托方所在地缴纳消费税)。在与委托方办理交货结算时,代收代缴消费税。

委托加工的应税消费品,按照受托方的同类消费品的销售价格计算纳税;没有同类消费品销售价格的,按照组成计税价格计算纳税。

实行从价定率办法计算纳税的组成计税价格计算公式如下:

$$组成计税价格＝(材料成本＋加工费)÷(1－比例税率)$$

实行复合计税办法计算纳税的组成计税价格计算公式如下:

$$组成计税价格＝\left(材料成本＋加工费＋委托加工数量×定额税率\right)÷\left(1－比例税率\right)$$

组成计税价格中的"材料成本",是指委托方所提供加工的材料实际成本。委托方必须在委托加工合同中如实注明(或者以其他方式提供)材料成本,凡未提供材料成本的,受托方主管税务机关有权核定其材料成本。"加工费"是受托方加工应税消费品向委托方收取的全部费用(包括代垫的辅助材料实际成本)。

【例4-5】　某酒业有限公司为增值税一般纳税人,11月初从农业生产者手中收购粮食40吨,每吨收购价格3 000元,支付粮食收购价款120 000元。公司将收购的粮食从收购地直接运回本地并委托本市某酒厂生产加工高度白酒(在当地无同类产品市场价格)。白酒加工完毕,公司当月收回白酒10吨,并取得该酒厂开具的防伪税控的增值税专用发票,注明协议加工费75 000元,其中包含代垫辅助材料40 000元。月底,公司在支付加工费和代扣代缴消费税后,直接将这批委托加工的高度白酒以每吨28 000元的价格出售。双方应交消费税计算如下:

(1)　代收代缴消费税组成计税价格 $= [40×3\ 000×(1－9\%)＋75\ 000＋10×2\ 000×0.5]÷(1－20\%)$

$= 242\ 750(元)$

代收代缴消费税 $= 242\ 750×20\%＋10×2\ 000×0.5＝58\ 550(元)$

(2)酒业有限公司在向酒厂支付加工费的同时,已经向受托方支付其代收代缴消费税58 550元。酒厂生产这批高度白酒的每吨消费税组成计税价格为24 275元(242 750÷10),酒业有限公司是以每吨28 000元的计税价格直接出售,高于酒厂的组成计税价格,不属于直接出售行为。因此,公司在销售这批高度白酒后,还应申报缴纳消费税。

$$应交消费税额 = (28\ 000×10×20\%＋10×2\ 000×0.5)－58\ 550＝7\ 450(元)$$

(四)外购和委托加工收回的应税消费品连续生产应税消费品应纳税额的计算

若以外购、委托加工收回的应税消费品为原料,继续加工生产成为另一种应税消费品,当其销售时,根据税不重征的原则,准予从应纳消费税中扣除原已缴纳的消费税。

企业外购和委托加工收回的应税消费品连续生产应税消费品时,应按该纳税期生产耗用的外购和委托加工收回的已税消费品数量,计算当期准予扣除的应税消费品已纳税款,即用"实耗扣税法"计算扣税,"外购应税消费品买价"是不含增值税的价格。有关的计算公式如下:

$$\begin{matrix} \text{本期应交} \\ \text{消 费 税} \end{matrix} = \begin{matrix} \text{当 期} \\ \text{销售额} \end{matrix} \times \begin{matrix} \text{消费税} \\ \text{税 率} \end{matrix} - \begin{matrix} \text{当期准予扣除的应} \\ \text{税消费品已纳税额} \end{matrix}$$

$$\begin{matrix} \text{当期准予扣除的外购} \\ \text{应税消费品已纳税款} \end{matrix} = \begin{matrix} \text{当期准予扣除的外} \\ \text{购应税消费品买价} \end{matrix} \times \begin{matrix} \text{外 购 应 税 消} \\ \text{费品适用税率} \end{matrix}$$

$$\begin{matrix} \text{当 期 准 予 扣} \\ \text{除 的 外 购 应} \\ \text{税消费品买价} \end{matrix} = \begin{matrix} \text{期初库存的} \\ \text{外购应税消} \\ \text{费品的买价} \end{matrix} + \begin{matrix} \text{当 期 购 进} \\ \text{应 税 消} \\ \text{费品的买价} \end{matrix} - \begin{matrix} \text{期末库存的} \\ \text{外购应税消} \\ \text{费品的买价} \end{matrix}$$

$$\begin{matrix} \text{当期准予扣除的委托加} \\ \text{工应税消费品已纳税款} \end{matrix} = \begin{matrix} \text{期初库存的委托加工} \\ \text{应税消费品已纳税款} \end{matrix} + \begin{matrix} \text{当期收回的委托加工} \\ \text{应税消费品已纳税款} \end{matrix} - \begin{matrix} \text{期末库存的委托加工} \\ \text{应税消费品已纳税款} \end{matrix}$$

如果企业对收回的委托加工应税消费品不再继续加工,当以不高于受托方的计税价格直接出售时,不再计算缴纳消费税;如果企业对收回的委托加工应税消费品不再继续加工,但以高于受托方的计税价格出售时,需按规定计算缴纳消费税,并准予扣除受托方已代收代缴的消费税。

【例4-6】 某高档化妆品生产企业为增值税一般纳税人,以外购已税化妆品为原料生产高档化妆品。月初库存外购原料买价50万元,当月购进原料150万元,月末库存外购原料买价100万元。购进原材料按规定取得增值税专用发票,并于当月通过增值税发票选择确认平台勾选认证。高档化妆品消费税税率为15%,增值税税率为13%。

当月准予抵扣的增值税进项税额 = 150 × 13% = 19.5(万元)

当月准予扣除的外购应税消费品价款 = 50 + 150 − 100 = 100(万元)

当月准予扣除的已交消费税 = 100 × 15% = 15(万元)

【例4-7】 某葡萄酒有限公司8月8日从其他葡萄酒生产企业购进葡萄酒290万元,取得增值税专用发票;12日,生产葡萄酒领用上述购进葡萄酒200万元,15日生产领用进口葡萄酒110万元。本月期初库存葡萄酒160万元,期初留抵税额21万元,17日直接销售进口葡萄酒11万元。本月共生产销售各类应征消费税的葡萄酒取得收入1 900万元。葡萄酒适用"酒"税目下的"其他酒"子目,计算当月应交消费税。

期末库存额 = 1 600 000 + 2 900 000 − (2 000 000 + 1 100 000) − 110 000 = 1 290 000(元)

本月准予抵扣税额 = 210 000 + 3 100 000 × 10% = 510 000(元)

本月应交消费税 = 19 000 000 × 10% = 1 900 000(元)

本期准予抵减税额 = 510 000(元)

本期应补交税额 = 1 900 000 − 510 000 = 1 390 000(元)

(五)进口应税消费品应纳税额的计算

进口的应税消费品,于报关进口时缴纳消费税,并由海关代征。

进口的应税消费品,按照组成计税价格计算纳税。

实行从价定率办法计算纳税的组成计税价格计算公式如下:

$$\begin{matrix} \text{组成计} \\ \text{税价格} \end{matrix} = \left(\begin{matrix} \text{关税完} \\ \text{税价格} \end{matrix} + \text{关税}\right) \div \left(1 - \begin{matrix} \text{消 费 税} \\ \text{比例税率} \end{matrix}\right)$$

实行复合计税办法计算纳税的组成计税价格计算公式如下:

$$组成计税价格 = \left(关税完税价格 + 关税 + 进口数量 \times 消费税定额税率\right) \div \left(1 - 消费税比例税率\right)$$

关税完税价格是指海关核定的关税计税价格。

进口环节消费税,除国务院另有规定者外,一律不得给予减税、免税。

【例4-8】　某公司进口成套高档化妆品一批。该成套高档化妆品 CIF 价格折合人民币为 44 万元,消费税税率 15%,增值税税率 13%,假定关税税率 40%。其应交消费税、增值税计算如下:

消费税组成计税价格 = 440 000 × (1+40%) ÷ (1−15%) = 724 706(元)

应交消费税 = 724 706 × 15% = 108 706(元)

增值税的计税价格 = 440 000 + 440 000 × 40% + 108 706 = 724 706(元)

应交增值税 = 724 706 × 13% = 94 212(元)

（六）包装物及其押金的消费税计算

包装物连同应税消费品销售。无论包装物是否单独计价以及在会计上如何核算,均应并入应税消费品的销售额中缴纳消费税。对一般纳税人向购买方收取的价外费用和逾期包装物押金,应视为含税收入,在计税时换算成不含税收入并入销售额计算增值税、消费税。

包装物不作价随同产品销售,而是收取押金时,押金不应并入应税消费品的销售额中计税,但对因逾期未收回的包装物不再退还的或者已收取时间超过 12 个月的押金,应并入应税消费品的销售额,按照应税消费品的适用税率计算缴纳消费税。

既随应税消费品销售又加收押金的包装物。这种情况下,押金暂不并入销售额计税,只对作价销售的包装物征收消费税,但纳税人在规定的期限内没有退还的,均应并入应税消费品的销售额,按照应税消费品的适用税率缴纳消费税。

【例4-9】　A 企业(一般纳税人)向某商场销售摩托车(250 毫升以上),价款共计 26 000 元,并收取包装费 4 000 元,另外又加收包装物押金 2 500 元,应税消费品消费税税率为 10%。计算应交消费税。

应交消费税 = [26 000 + 4 000 ÷ (1+13%)] × 10% = 2 953.98(元)。

如果纳税人在规定期限内没有退还包装物,对没收的押金,应交消费税 = [2 500 ÷ (1+13%)] × 10% = 221.24(元)。

（七）从量定额计税

销售啤酒、黄酒收取的包装物押金,无论是否逾期,均不缴消费税。因为啤酒、黄酒采用从量定额办法征收消费税,应税消费品的计税依据是销售数量而非销售金额,征税的多少与销售数量成正比,而与销售金额无直接关系。因此,企业销售啤酒、黄酒时,如果发生包装物销售行为,或收取押金,均不存在计征消费税的问题。

【例4-10】　B 企业(一般纳税人)8 月份销售粮食白酒,不含税价 40 000 元,另收取包装物押金 4 000 元,消费税适用税率 20%,从量计征的消费税 2 000 元。计算应交消费税。

应交消费税 = [40 000 + 4 000 ÷ (1+13%)] × 20% + 2 000 = 10 707.96(元)

四、消费税的纳税申报

纳税人无论当期有无销售或是否盈利,均应在规定时间内填制"消费税申报表",并向主管税务机关进行纳税申报。纳税人销售的应税消费品因质量等原因发生退货的,其已缴纳的消费税税款可予以退还。在办理退税手续时,应将开具的红字增值税发票、退税证明等资料报主管税务机关备案,经其核对无误后办理退税。纳税人直接出口的应税消费品办理免税后发生退关或者国外退货,复进口时已予以免税的,可暂不办理补税,待其转为国内销售的当月申报缴纳消费税。

消费税纳税申报表包括烟类应税消费品消费税纳税申报表、酒类应税消费品消费税纳税申报表、成品油消费税纳税申报表、小汽车消费税纳税申报表、电池消费税纳税申报表和其他应税消费品消费税纳税申报表,其中酒类应税消费品消费税纳税申报表、其他应税消费品消费税纳税申报表格式,如表 4-3、表 4-4 所示。

表 4-3 　　　　　　　　　　**酒类应税消费品消费税纳税申报表**

税款所属期:　　　 年 月 日至　　　 年 月 日

纳税人名称(公章):

纳税人识别号: ☐☐☐☐☐☐☐☐☐☐☐☐☐☐☐☐

填表日期:　　　 年 月 日　　　　　　　　　　　　　金额单位:元(列至角分)

项　目 　　应税消费品名称	适用税率		销售数量	销售额	应纳税额
	定额税率	比例税率			
粮食白酒	0.5 元/斤	20%			
薯类白酒	0.5 元/斤	20%			
啤酒	250 元/吨	—			
啤酒	220 元/吨	—			
黄酒	240 元/吨	—			
其他酒	—	10%			
合计	—	—	—	—	

本期准予抵减税额:	声明:此纳税申报表是根据国家税收法律的规定填报的,我确定它是真实的、可靠的、完整的。
本期减(免)税额:	
	经办人(签章):
期初未缴税额:	财务负责人(签章): 联系电话:
本期缴纳前期应纳税额:	(如果你已委托代理人申报,请填写)授权声明:
本期预缴税额:	为代理一切税务事宜,现授权
本期应补(退)税额:	(地址　　　　)为本纳税人的代理申报人,任何与本申报表有关的往来文件,都可寄予此人。
期末未缴税额:	授权人签章:

以下由税务机关填写:

受理人(签章):　　　　 受理日期:　　　 年 月 日　　 受理税务机关(章):

表 4-4

其他应税消费品消费税纳税申报表

税款所属期：　　年　月　日至　　年　月　日

纳税人名称(公章)：

纳税人识别号：□□□□□□□□□□□□□□□

填表日期：　　年　月　日

金额单位：元(列至角分)

项 目 应税消费品名称	适用税率	销售数量	销 售 额	应纳税额
合 计	—	—	—	

本期准予抵减税额：	声明：此纳税申报表是根据国家税收法律的规定填报的，我确定它是真实的、可靠的、完整的。
本期减(免)税额：	经办人(签章)： 财务负责人(签章)：
期初未缴税额：	联系电话：
本期缴纳前期应纳税额：	(如果你已委托代理人申报，请填写)授权声明：
本期预缴税额：	为代理一切税务事宜，现授权　　　　(地址
本期应补(退)税额：	)为本纳税人的代理申报人，任何与本申报表有关的往来文件，都可寄予此人。
期末未缴税额：	授权人签章：

以下由税务机关填写：

受理人(签章)：　　　受理日期：　　年　月　日　　受理税务机关(章)：

第三节　消费税的会计处理

一、会计账户的设置

(一)"应交税费——应交消费税"账户

为了正确、及时地反映企业应缴、已缴、欠缴消费税等相关涉税事项，纳税人应在"应交税费"账户下设置"应交消费税"明细账户进行会计处理。该明细账户采用三栏式账户记账，贷方核算企业按规定应缴纳的消费税，借方核算企业实际缴纳的消费税、允许抵扣的消费税；期末，贷方余额表示尚未缴纳的消费税，借方余额表示企业多缴的消费税。

(二)"税金及附加"账户

为了反映因消费税负债而产生的消费税费用，企业还应设置"税金及附加"账户，该账户核算因企业销售应税产品而负担的消费税金及其附加(城市维护建设税、教育费附加等)。

企业计算应交消费税时,借记"税金及附加"账户,贷记"应交税费——应交消费税"账户。实际缴纳时,借记"应交税费——应交消费税"账户,贷记"银行存款"账户。期末,应将"税金及附加"账户的余额转入"本年利润"账户,结转后,本账户无余额。

二、销售应税消费品的会计处理

因消费税是价内税,企业销售应税消费品的售价包含消费税(但不包含增值税),所以,企业缴纳的消费税应记入"税金及附加"账户,由销售收入补偿。

发生销货退回及退税时,作相反的会计分录。企业出口应税消费品,如按规定不予免税或退税的,应视同国内销售,按上述规定进行会计处理。

【例 4-11】 某企业 9 月份销售乘用车 15 辆,汽缸容量为 2.2 升,出厂价 150 000 元/辆,价外收取有关费用每 11 000 元/辆。有关的计算公式如下:

$$应交消费税=(150\,000+11\,000÷1.13)×9\%×15=215\,642(元)$$
$$应交增值税=(150\,000+11\,000÷1.13)×13\%×15=311\,482(元)$$

根据上述有关凭证,作会计分录如下:

借:银行存款		2 707 500
贷:主营业务收入		2 396 018
应交税费——应交增值税(销项税额)		311 482

同时:

借:税金及附加		215 642
贷:应交税费——应交消费税		215 642

上缴税金(假设同期应交增值税 11 万元)时,作会计分录如下:

借:应交税费——应交增值税(已交税金)		110 000
——应交消费税		215 642
贷:银行存款		325 642

【例 4-12】 某酒厂 6 月 8 日从本市 B 酒厂购进薯类生产的酒精 10 吨,不含税价 2 000 元/吨,取得增值税专用发票并付款入库。6 月 10 日购入用粮食生产的酒精 4 吨,增值税专用发票注明价款共计 28 000 元、增值税额 3 640 元;专用发票注明运费 400 元、增值税额 36 元;酒精验收入库,款未付。6 月 28 日,销售用本月 8 日购入酒精生产的白酒 5 吨,含税价 33 052.5 元/吨,开出普通发票,货款尚未收到。作会计分录如下:

(1)6 月 8 日:

借:原材料——酒精		20 000
应交税费——应交增值税(进项税额)		2 600
贷:银行存款		22 600

(2)6 月 10 日:

借:原材料——酒精		28 400
应交税费——应交增值税(进项税额)		3 676
贷:应付账款		32 076

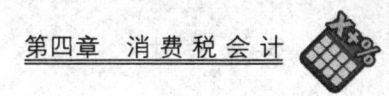

（3）6月28日：

$$不含税销售额 = 33\ 052.5 \div (1+13\%) \times 5 = 146\ 250(元)$$

$$增值税销项税额 = 146\ 250 \times 13\% = 19\ 012.5(元)$$

外购酒精已纳消费税不得抵扣当期应交消费税，白酒的消费税税率为20%，应交消费税计算如下：

$$应交消费税 = 146\ 250 \times 20\% + 2\ 000 \times 0.5 \times 5 = 29\ 250 + 5\ 000 = 34\ 250(元)$$

借：应收账款　　　　　　　　　　　　　　　　　　　　　165 262.5
　　贷：主营业务收入　　　　　　　　　　　　　　　　　　146 250.0
　　　　应交税费——应交增值税（销项税额）　　　　　　　　19 012.5

借：税金及附加　　　　　　　　　　　　　　　　　　　　　34 250
　　贷：应交税费——应交消费税　　　　　　　　　　　　　　34 250

三、应税消费品视同销售的会计处理

消费税的视同销售行为范围除与增值税相同之处外，还包括纳税人以自产应税消费品连续生产非应税消费品行为。对视同销售行为，一般按同类应税消费品市场价格计税，但对纳税人用于换取生产资料、消费资料、投资入股和抵偿债务等方面的应税消费品，应当以纳税人同类应税消费品的最高销售价格为计税依据计算应交消费税。

（一）企业以生产的应税消费品作为投资的会计处理

企业以生产的应税消费品作为投资，应视同销售缴纳消费税；但在会计处理上，投资不宜作销售处理。因为投资与销售两者性质不同，投资作价与用于投资的应税消费品账面成本之间的差额应由整个投资期间的损益来承担，而不应仅由投资当期损益承担。但现行税法要求作销售处理，主要是基于不影响所得税的计算。

企业在投资时，借记"长期股权投资"及"存货跌价准备"等账户，按该应税消费品的账面成本，贷记"产成品"或"自制半成品"及"银行存款"等（反映支付的相关税费）账户，按合同作价与账面成本的差额，借记或贷记"资本公积"账户，但税法规定，其金额要计入同期应税所得额。按投资应税消费品售价或组成计税价格计算的应交消费税，贷记"应交税费——应交消费税"账户。

【例4-13】　某汽车制造厂7月份以20辆乘用车（2.0升）向市出租汽车公司投资。双方协议，税务机关认可的每辆汽车售价为150 000元，每辆车的实际成本为120 000元。有关的计算公式如下：

$$应交增值税 = 150\ 000 \times 13\% \times 20 = 390\ 000(元)$$

$$应交消费税 = 150\ 000 \times 5\% \times 20 = 150\ 000(元)$$

根据上述有关凭证和数据，作会计分录如下：

借：长期股权投资　　　　　　　　　　　　　　　　　　　　3 390 000
　　贷：主营业务收入　　　　　　　　　　　　　　　　　　3 000 000
　　　　应交税费——应交增值税（销项税额）　　　　　　　　390 000

借：税金及附加	150 000	
贷：应交税费——应交消费税		150 000
借：主营业务成本	2 400 000	
贷：库存商品		2 400 000

（二）企业以生产的应税消费品换取生产资料、消费资料或抵偿债务的会计处理

企业以生产的应消费品换取生产资料、消费资料或抵偿债务、支付代购劳务费等，应视同销售行为，在会计上作销售处理。以应税消费品换取生产资料和消费资料的，应按售价（若有不同售价，计算增值税时按平均售价，计算消费税时，应按最高售价）借记"材料采购"等账户，贷记"主营业务收入"账户；以应税消费品支付代购劳务费，按售价借记"应付账款"等账户，贷记"主营业务收入"账户。同时，按售价计算应交消费税，借记"税金及附加"账户，贷记"应交税费——应交消费税"账户；并结转销售成本。

【例 4-14】 某白酒厂 1 月份用粮食白酒 10 吨，抵偿胜利农场大米款 55 000 元。该粮食白酒每吨本月售价在 4 800～5 200 元之间浮动，平均销售价格 5 000 元/吨。10 吨白酒的市价为 51 000 元。

以物抵债属销售范畴，应交增值税的销项税额为：

$$5\ 000×10×13\%=6\ 500（元）$$

该粮食白酒的最高销售价格为 5 200 元/吨，应交消费税额：

$$5\ 200×10×20\%+10×2\ 000×0.5=20\ 400（元）$$

作会计分录如下：

借：应付账款——胜利农场	55 000	
营业外支出	2 500	
贷：主营业务收入		51 000
应交税费——应交增值税（销项税额）		6 500
借：税金及附加	20 400	
贷：应交税费——应交消费税		20 400

（三）企业以自产应税消费品用于在建工程、职工福利的会计处理

企业将自产的产品自用是一种内部结转关系，不存在销售行为，企业并没有现金流入，因此，应按产品成本转账，并据其用途记入相应账户。当企业将应税消费品移送自用时，按其成本转账，借记"在建工程""营业外支出""销售费用""应付职工薪酬"等账户，贷记"产成品"或"自制半成品"账户。按自用产品的销售价格或组成计税价格计算应交消费税时，则借记"在建工程""营业外支出""销售费用"等账户（不通过"税金及附加"账户），贷记"应交税费——应交消费税"账户。

企业将自产应税消费品作为职工福利发放时，应确认收入，即按销售进行会计处理，借记有关对应账户，贷记"主营业务收入""应交税费"等账户。

【例 4-15】 某啤酒厂将自己生产的某新品牌啤酒 20 吨发给职工作为福利，10 吨用于广告宣传，让客户及顾客免费品尝。该啤酒每吨成本 2 000 元，每吨出厂价格 2 500 元。作

会计处理如下:

(1) 发给职工的啤酒:

$$应付职工薪酬 = 20 \times 2\,500 \times 1.13 = 56\,500(元)$$

$$应交消费税 = 20 \times 220 = 4\,400(元)$$

$$应交增值税 = 2\,500 \times 20 \times 13\% = 6\,500(元)$$

借:应付职工薪酬		56 500
贷:主营业务收入		50 000
应交税费——应交增值税(销项税额)		6 500
借:税金及附加		4 400
贷:应交税费——应交消费税		4 400
借:主营业务成本		40 000
贷:产成品		40 000

(2) 用于广告宣传的啤酒:

$$应交消费税 = 10 \times 220 = 2\,200(元)$$

$$应交增值税 = 2\,500 \times 10 \times 13\% = 3\,250(元)$$

借:销售费用		25 450
贷:应交税费——应交增值税(销项税额)		3 250
——应交消费税		2 200
产成品		20 000

期末,对用于广告宣传的啤酒应作视同销售,调增应纳税所得额。

四、应税消费品包装物应交消费税的会计处理

实行从价定率计征消费税的消费品连同包装物销售的,无论包装物是否单独计价,均应并入应税消费品的销售额中计算缴纳消费税。对出租、出借包装物收取的押金和包装物已作价随同应税消费品销售,又另外加收的押金,因逾期未收回包装物而没收的部分,也应并入应税消费品的销售额中缴纳消费税。

(一)随同产品销售而不单独计价

因为其收入已包括在产品销售收入中,其应纳消费税与产品销售一并进行会计处理。

(二)随同产品销售而单独计价

【例4-16】 某酒厂异地销售粮食白酒,包装物单独计价,收取包装费700元(不含税)。计算包装物应交增值税和消费税,并作会计分录如下:

$$应交消费税 = 700 \times 20\% = 140(元)$$

$$应交增值税 = 700 \times 13\% = 91(元)$$

借:应收账款		791
贷:其他业务收入		700
应交税费——应交增值税(销项税额)		91

| 借:税金及附加 | 140 |
| 贷:应交税费——应交消费税 | 140 |

(三)出租、出借包装物逾期未收回而没收的押金

【例 4-17】 某企业销售 A 产品 100 件,成本价 350 元/件,售价 500 元/件,收取包装物押金 9 040 元,包装物成本价为 70 元/件。该产品是征收消费税产品,税率为 10%。作会计分录如下:

(1)销售产品时:

借:银行存款	65 540
贷:主营业务收入——A产品	50 000
应交税费——应交增值税(销项税额)	6 500
其他应付款——存入保证金	9 040

(2)计提消费税时:

| 借:税金及附加 | 5 000 |
| 贷:应交税费——应交消费税 | 5 000 |

(3)没收逾期未退包装物押金时:

借:其他应付款——存入保证金	9 040
贷:应交税费——应交增值税(销项税额)	1 040
其他业务收入	8 000
借:税金及附加	800
贷:应交税费——应交消费税	800

同时:

| 借:其他业务成本 | 7 000 |
| 贷:库存商品——包装物 | 7 000 |

五、委托加工应税消费品的会计处理

(一)委托方的会计处理

1. 收回后直接用于销售的

委托方发出委托加工材料、向受托方支付加工费和代收代缴消费税时,借记"委托加工物资"等账户,贷记"应付账款""银行存款"等账户。在将收回的委托加工应税消费品不再加工而销售时,如果委托方在受托方计税基础上加价出售,计税并作应交消费税的会计分录;如果直接出售(不加价),因为不缴消费税,不必作应交消费税的会计分录。

【例 4-18】 某卷烟厂委托 A 厂加工烟丝,卷烟厂和 A 厂均为一般纳税人。卷烟厂提供烟叶 55 000 元,A 厂收取加工费 20 000 元,增值税额 2 600 元。卷烟厂应作会计分录如下:

(1)发出材料时:

| 借:委托加工物资 | 55 000 |
| 贷:原材料 | 55 000 |

（2）支付加工费时：

借：委托加工物资 20 000

应交税费——应交增值税（进项税额） 2 600

贷：银行存款 22 600

（3）支付代收代缴消费税时：

$$代收消费税税额 = (55\,000 + 20\,000) \div (1 - 30\%) \times 30\% = 32\,143（元）$$

借：委托加工物资 32 143

贷：银行存款 32 143

（4）加工烟丝入库时：

借：产成品 107 143

贷：委托加工物资 107 143

如果烟丝按入库价对外销售时，不再计算缴纳消费税；如果加价出售，其会计处理同[例4-19]。

2. 收回后连续生产应税消费品的

收回后连续生产应税消费品时，已纳消费税款准予抵扣。因此，委托方应将受托方代收代缴的消费税，借记"应交税费——应交消费税"账户，待最终应税消费品销售时，允许从应缴纳的消费税中抵扣。

因为修改后的税法已将收回扣税法改为生产实耗扣税法。为了在会计上清晰反映其抵扣过程，可设"待扣税金"账户。

仍以[例4-18]资料，假定委托加工后的烟丝，尚需再加工成卷烟，则作会计分录如下：

（1）发出材料、支付加工费时：

会计分录同[例4-18]。

（2）支付代收消费税时：

借：待扣税金——待扣消费税 32 143

贷：银行存款 32 143

（3）加工烟丝入库时：

借：产成品 75 000

贷：委托加工物资 75 000

【例4-19】 上述委托加工烟丝经过继续加工，成为卷烟后对外销售。假设当月销售3个标准箱，每标准条调拨价格60元，期初库存委托加工应税烟丝已纳消费税2 580元，期末库存委托加工应税烟丝已纳税额29 880元。有关会计分录如下：

（1）取得收入时：

借：银行存款 50 850

贷：主营业务收入（3×250×60） 45 000

应交税费——应交增值税（销项税额） 5 850

（2）计提消费税时：

$$应交消费税 = 150 \times 3 + 45\,000 \times 36\% = 16\,650(元)$$

借：税金及附加   16 650

  贷：应交税费——应交消费税   16 650

（3）抵扣消费税时：

$$当月准予抵扣的消费税 = 2\,580 + 32\,143 - 29\,880 = 4\,843(元)$$

借：应交税费——应交消费税   4 843

  贷：待扣税金——待扣消费税   4 843

（4）当月实际上缴消费税时：

借：应交税费——应交消费税   11 807

  贷：银行存款   11 807

（二）受托方的会计处理

受托方可按本企业同类消费品的销售价格计算代收代缴消费税；若没有同类消费品销售价格的，按照组成计税价格计算。设[例 4－18]，按组成计税价格计算，税率为 30%，则：

$$组成计税价格 = (55\,000 + 20\,000) \div (1 - 30\%) = 107\,143(元)$$

$$应交消费税 = 107\,143 \times 30\% = 32\,143(元)$$

A 厂作会计分录如下：

（1）收加工费时：

借：银行存款   22 600

  贷：主营业务收入   20 000

    应交税费——应交增值税（销项税额） 2 600

（2）收取代收代缴消费税时：

借：银行存款   32 143

  贷：应交税费——应代交消费税   32 143

（3）上缴代收税金时：

借：应交税费——应代交消费税   32 143

  贷：银行存款   32 143

六、进口应税消费品的会计处理

进口应税消费品时，进口单位缴纳的增值税、消费税应计入应税消费品成本中。按进口成本连同应纳增值税、消费税，借记"固定资产""库存商品"等账户；由于进口货物在海关缴税，与提货联系在一起，即缴税后方能提货。为了简化核算，应交关税、增值税、消费税可以不通过"应交税费"账户，直接贷记"银行存款"账户。若是先提货后缴税时，可以通过"应交税费"账户。

【例 4-20】 某企业从国外购进高档化妆品一批，CIF 价格折合人民币 25 万元。消费税税率 15%，增值税税率 13%，假定关税税率 20%。

$$应交关税 = 250\,000 \times 20\% = 50\,000(元)$$

$$消费税组成计税价格 = 250\,000 \times (1 + 20\%) \div (1 - 15\%) = 352\,941(元)$$

$$应交消费税 = 352\,941 \times 15\% = 52\,941(元)$$

$$应交增值税 = 352\,941 \times 13\% = 45\,882(元)$$

作会计分录如下：

借：库存商品　　　　　　　　　　　　　　　　　　　　　　　352 941
　　应交税费——应交增值税（进项税额）　　　　　　　　　　45 882
　　贷：应付账款——××供货商　　　　　　　　　　　　　　250 000
　　　　应交税费——应交关税、消费税、增值税　　　　　　　148 823

七、出口应税消费品的会计处理

出口应税消费品的会计处理，见本书第六章。

八、金银首饰[①]、钻石首饰零售业务的会计处理

（一）自购自销

企业销售金银首饰、钻石首饰应交的消费税，借记"税金及附加"账户，贷记"应交税费——应交消费税"账户。

金银首饰、钻石首饰连同包装物一起销售的，无论包装物是否单独计价，均应并入金银首饰、钻石首饰的销售额计缴消费税。

随同首饰销售但不单独计价的包装物，其收入及应交消费税，均与主营业务收入和税金及附加一起计算和处理；随同首饰销售而单独计价的包装物，其收入贷记"其他业务收入"账户，其应交消费税（税率同商品）借记"其他业务成本"账户。

【例4-21】　某金银首饰商店是经过中国人民银行总行批准经营金银首饰的企业。8月份实现以下销售业务：

（1）销售给经中国人民银行总行批准的经营金银首饰单位金项链一批，销售额为2 648 000元。

（2）销售给未经中国人民银行总行批准的经营金银首饰单位金首饰一批，销售额为1 845 000元。

（3）门市零售金银首饰销售额3 415 800元。

（4）销售金银首饰连同包装物销售，其包装物金额为314 500元，未合并入金银首饰销售额内，作为其他业务收入。

（5）采取以旧换新方式销售金银首饰，换出金银首饰按同类品种销售价计算为1 644 000元，收回旧金银首饰作价916 000元，实收回金额为728 000元。

该商品8月份应交消费税计算如下：

（1）消费税的计算：

$$\frac{金银首饰零售}{应交消费税}=(1\ 845\ 000+3\ 415\ 800+728\ 000)\div(1+13\%)\times5\%=264\ 991.15（元）$$

包装物应交消费税＝314 500÷1.13×5％＝13 915.93（元）

（2）增值税销项税额的计算。

$$\frac{金银首饰}{销项税额}=(2\ 648\ 000+1\ 845\ 000+3\ 415\ 800+728\ 000)\div1.13\times13\%=993\ 614.16（元）$$

包装物销项税额＝314 500÷1.13×13％＝36 181.42（元）

---

① 黄金摆件和金条不属于金银首饰范围，在零售环节不征收消费税。

（3）根据以上计算，作会计分录如下：

金银首饰（批发、零售、以旧换新）收入：

借：银行存款　　　　　　　　　　　　　　　　　　　　　8 636 800.00

　　库存商品（旧金银首饰）　　　　　　　　　　　　　　　916 000.00

　　贷：主营业务收入——批发　　　　　　　　　　　　　　　2 343 362.83

　　　　　　　　　　——零售　　　　　　　　　　　　　　　6 215 823.01

　　　　应交税费——应交增值税（销项税额）　　　　　　　　993 614.16

计提金银首饰消费税（附加税费略）：

借：税金及附加　　　　　　　　　　　　　　　　　　　　264 991.15

　　贷：应交税费——应交消费税　　　　　　　　　　　　　264 991.15

随金银首饰销售包装物收入：

借：银行存款　　　　　　　　　　　　　　　　　　　　　314 500.00

　　贷：其他业务收入　　　　　　　　　　　　　　　　　　278 318.58

　　　　应交税费——应交增值税（销项税额）　　　　　　　　36 181.42

计提包装物收入应交消费税：

借：税金及附加　　　　　　　　　　　　　　　　　　　　13 915.93

　　贷：应交税费——应交消费税　　　　　　　　　　　　　13 915.93

（二）受托代销

企业受托代销金银首饰时，消费税由受托方负担，即受托方是消费税的纳税人。

如果是以收取手续费的方式代销金银首饰，收取的手续费计入代购代销收入，根据销售价格计算的应交消费税，相应冲减代购代销收入，销售实现时，借记"代购代销收入"账户，贷记"应交税费——应交消费税"账户。

不采用收取手续费方式代销的，通常是由双方签订首饰的协议价，委托方按协议价收取代销货款，受托方实际销售的货款与协议价之间的差额归己所有。在这种情况下，受托方缴纳消费税的会计处理与自购自销相同。

 **复习思考题**

1. 何谓消费税？为什么要开征消费税？

2. 试述消费税的纳税范围。

3. 与增值税相比，消费税有何特点？

4. 试分析比较消费税的不同计税方法。

5. 消费税的会计处理方法与增值税有何不同？

第五章 关税会计

第一节 关税税制要素

一、关税的概念和特点

（一）关税的概念

关税是国家授权海关对出入关境的货物和物品征收的一种流转税。关境是一国海关法得以全面实施的区域，包括该国的领土、领海和领空在内的全面国家领土。"关税起源于封建主对其领地上的过往客商所征收的捐税，客商缴了这种税款就可免遭抢劫。"[①]

在古希腊、古罗马都可以寻到其踪迹。在公元前 8 至 6 世纪，古希腊出现了一批奴隶制城邦国家，雅典就是在这一时期兴起的，此后，成为经济文化交流中心的著名城邦。雅典官方以使用港口索取报酬为名，对输入输出货物征收一定比例的使用费，拒纳者不得进港。

在罗马王朝时代也对通过其海港、桥梁等的货物征收 2.5% 税收，后来税率提高至12.5%。这些税收是在货物通过一定地区时征收的，带有关税的性质。

英国很早就有一种"例行的通行税"，在商人进入市场时缴纳给当地的领主，后来把这种税称为关税，沿用至今。

我国自西周以后，在所设的"关卡"开始征收税金，供王室之用。《周礼》一书指出："关市之赋，以待王之膳服。"至唐、宋、元、明四代，设立市舶机构管理对外贸易，征收关税。

英国是最早实行统一的国境关税制的国家，英国资产阶级革命在 1640 年取得胜利后，便建立了这种国境关税制。法国在 1660 年开始废除内地关税，到 1791 年才建立国境关税制。比利时、荷兰受法国的影响，也设立统一的国境关税。随后世界各国普遍采用，实行至今。

我国自唐朝开始一直关税自主。自鸦片战争后，关税出现了畸形状态。1842 年，清政府与英国签订了《南京条约》，并于次年议定《中英五口通商章程》和海关税则，规定基本上值百抽五的关税税率，中国即丧失了制定关税税则的自主权。1859 年，帝国主义又进一步攫取中国海关收支权，这样海关的行政管理权和关税自主权都被帝国主义攫取，这就为帝国主义在中国倾销商品和获得廉价原料打开了方便之门，严重地摧残了中国工农业的发展。1929 年，帝国主义者被迫在表面上放弃控制中国关税的特权，但实际上关税的制定仍受英、

[①] 《马克思恩格斯全集》第三卷，人民出版社 1960 年版，第 65 页。

美、日等国的约束。

1949 年,中华人民共和国成立,彻底废除了一切不平等条约,海关行政管理权和自主权得以恢复,我国才真正实现了关税自主。

2001 年 12 月 11 日,中国正式加入世界贸易组织的当天,财政部以新闻稿的形式宣布:经国务院批准,中国政府将从 2002 年 1 月 1 日起履行关税减让义务。关税减让是 WTO 缔约方根据互惠互利原则,对贸易货物免征超过其已商定的普遍关税部分的份额。2010 年,我国加入世界贸易组织承诺的关税减让义务全部履行完毕。

(二)关税的分类

依据不同的分类标准,关税可以划分为以下不同种类,如表 5 - 1 所示。

表 5-1　　　　　　　　　　　我国关税种类一览表

	货物出口关税	法定出口税率 暂定出口税率	
进口关税	货物进口关税	最惠国税率 协定税率 特惠税率 普通税率 暂定税率 关税配额税率 ITA 税率(非全税目信息技术产品税率)	
		附加关税	报复性税率 反补贴税率 反倾销税率 加重税率
	进境物品进口税	入境旅客行李物品和个人邮递物品进口税税率	

1. 按征收对象分

按征收对象分,有进口关税、出口关税和过境关税。

(1)进口关税。它是指海关在外国货物进口时所课征的关税。进口税通常在外国货物进入关境或国境时征收;或在外国货物从保税仓库提出运往国内市场时征收。现今世界各国的关税,主要是征收进口税。征收进口税的目的在于保护本国市场和增加财政收入。

(2)出口关税。它是指海关在本国货物出口时所课征的关税。为了降低出口货物的成本,提高本国货物在国际市场上的竞争能力,世界各国一般少征或不征出口税。但为了限制本国某些产品或自然资源的输出,或为了保护本国生产、本国市场供应和增加财政收入以及某些特定的需要,有些国家也征收出口税。

(3)过境关税又称通过税。它是对外国货物通过本国国境或关境时征收的一种关税。过境税最早产生并流行于欧洲各国,主要是为了增加国家财政收入而征收的。后由于各国的交通事业发展,竞争激烈,再征收过境税,不仅妨碍国际商品流通,而且还减少港口、运输、仓储等方面的收入,于是自 19 世纪后半期起,各国相继废止征收,1921 年资本主义国家在巴塞罗那签订自由过境公约后,便废除了过境税的条款。

2. 按征收目的分

按征收目的分,有财政关税和保护关税。

(1)财政关税又称收入关税。它以增加国家财政收入为主要目的而课征的关税。财政关税的税率比保护关税低,因为过高就会阻碍进出口贸易的发展,达不到增加财政收入的目的。随着世界经济的发展,财政关税的意义逐渐减低,而为保护关税所代替。

(2)保护关税。它是以保护本国经济发展为主要目的而课征的关税。保护关税主要是进口税,税率较高,有的高达百分之几百。通过征收高额进口税,使进口商品成本较高,从而削弱它在进口国市场的竞争能力,甚至阻碍其进口,以达到保护本国经济发展的目的。保护关税是实现一个国家对外贸易政策的重要措施之一。

3. 按征收标准分

按征收标准分,有从量税、从价税、混合税和滑准税。

4. 按税率制定分

按税率制定分,有自主关税和协定关税。

(1)自主关税又称国定关税。一个国家基于其主权,独立自主地制定的、并有权修订的关税,包括关税税率及各种法规、条例。国定税率一般高于协定税率,适用于没有签订关税贸易协定的国家。

(2)协定关税。两个或两个以上的国家,通过缔结关税贸易协定而制定的关税税率。协定关税有双边协定税率、多边协定税率和片面协定税率。双边协定税率是两个国家达成协议而相互减让的关税税率。多边协定税率,是两个以上的国家之间达成协议而相互减让的关税税率,如关税及贸易总协定中的相互减让税率的协议。片面协定税率是一国对他国输入的货物降低税率,为其输入提供方便,而他国并不以降低税率回报的税率制度。

5. 按差别待遇分

按差别待遇分,可以分为普通关税、优惠关税(包括特惠关税、普惠关税、最惠国待遇)、差别关税(包括加重关税、反补贴关税、反倾销关税、报复关税)。

(三)关税的主要特征

1. 关税的征收以"关境"为界

关境与国境既有联系,又有区别。国境是主权国家行使行政权力的领域,即主权国家的领土、领海、领空范围。关境亦称税境,是一个国家的海关征收关税的领域,即主权国家关税法令实施的领域,只有在货物、物品进出关境时,才能对其征税。因此,关税是以通过关境为征税界点。

如果一国既不与其他国家结成关税同盟,也不在本国设立自由港、保税区等,在这种情况下,关境与国境等同。如果一国与其他国家结成关税同盟,实施统一的关税法令和统一的税则,则关境的概念大于国境,关境内的跨国贸易无须缴纳关税;如果一国政府在其境内设立自由港、保税区、自贸区等,则关境的概念小于国境,对关境外而国境内的贸易,也必须缴纳关税。

2. 关税的征收主体是海关

税收一般是由国家税务机关征收的,但关税是由海关征收管理的,海关是依法监督管理进出境事务的国家行政机关。关税法规是相对独立的法律法规体系。

3. 税率上的复式性

我国现行关税税则采用最惠国税率、协定税率、特惠税率和普通税率。复式税则充分反映了关税具有维护国家权益、平等互利发展国际贸易往来和经济技术合作的特点。

4. 对进出口贸易的调节性

许多国家通过制定和调整关税税率来调节进出口贸易。在出口方面,通过低税、免税和退税来鼓励商品出口;在进口方面,通过税率的调整、减免来调节商品的进口,如为了维护我国的正当权益,可以依法加征特别关税。

5. 关税的保护性

关税是国际经济竞争的一种有效手段,强调对等与互惠,加强与世界各国的经济联系,同时也要坚决维护国家主权和经济利益,体现其保护性。制定保护性关税(protective tariff)的一般原则是征收的税额要等于或略高于该商品的国内外差价,即进口商品在征收关税后,其进口成本等于或略高于本国商品的平均成本。

二、关税的纳税范围和纳税人

(一)纳税人

根据《中华人民共和国进出口关税条例》(以下简称《关税条例》)第 5 条规定:"进口货物的收货人、出口货物的发货人、进境物品的所有人,是关税的纳税义务人。"

在外贸企业逐步实行进出口代理制以后,凡由外贸企业代理进出口业务的,都由办理进出口业务的外贸企业代纳税,不通过外贸企业而自行经营进出口业务的,则由收发货人自行申报纳税。

非贸易性物品的纳税人是物品持有人、所有人或收件人。

(二)纳税范围

关税的纳税范围(对象)是进出我国国境的货物和物品。货物是指贸易性商品;物品包括入境旅客随身携带的行李和物品、个人邮递物品,各种运输工具上的服务人员携带进口的自用物品、馈赠物品,以及其他方式进入我国国境的个人物品。

三、关税税则、税目和税率

(一)关税税则、税目

关税税则(Customs Tariff)亦称海关税则。它是一国对进出口商品计征关税的规章和对进出口的应税商品和免税商品加以系统分类的一览表,是海关征税的依据,是一国关税政策的具体体现。

海关税则一般包括两个部分:一部分是海关课征关税的规章条例及说明;另一部分是关税税目税率表。

《中华人民共和国海关进出口税则》包括正文和附录两大部分,正文包括海关进口税则和出口税则,附录是进口商品税目税率表,进口商品关税配额税目税率表,进口商品税则暂定税率表,出口商品税则暂定税率表,入境旅客行李物品和个人邮递物品税目税率表,非全税目信息技术产品税率表等附表。自 2004 年 1 月 1 日起,执行国务院修订后的《中华人民共和国进出口关税条例》。2019 年,我国进口关税税目共计 8 549 个。

（二）关税税率

1. 进口货物税率

国务院制定的《中华人民共和国进出口税则》（以下简称《税则》）、《中华人民共和国进境物品进口税税率表》，规定了关税的税目、税则号列和税率。

《关税条例》第 9 条规定："进口关税设置最惠国税率、协定税率、特惠税率、普通税率、关税配额税率等税率。对进口货物在一定期限内可以实行暂定税率。"

（1）最惠国税率。它适用于原产于共同适用最惠国待遇条款的世界贸易组织成员的进口货物，原产于与中华人民共和国签订含有相互给予最惠国待遇条款的双边贸易协定的国家或者地区的进口货物，以及原产于中华人民共和国境内的进口货物。

（2）协定税率。它适用于原产于与中华人民共和国签订含有关税优惠条款的区域性贸易协定的国家或者地区的进口货物。如对原产于韩国、印度、斯里兰卡、孟加拉国和老挝五国的部分进口货物实施协定税率；对原产于智利的部分进口货物实施协定税率；对原产于巴基斯坦的部分进口货物实施协定税率等。

（3）特惠税率。它适用于原产于与中华人民共和国签订含有特殊关税优惠条款的贸易协定的国家或者地区的进口货物。如对老挝、柬埔寨、埃塞俄比亚等国家的部分进口货物实行特惠税率。

（4）普通税率。它适用于原产于上述（1）、（2）、（3）所列以外国家或地区的进口货物，以及原产地不明的进口货物。

（5）配额税率。配额内关税是对一部分实行关税配额的货物，按低于配额外税率的进口税率征收的关税。按照国家规定实行关税配额管理的进口货物，关税配额内的，适用关税配额税率；原产于澳大利亚、新西兰的部分产品，根据双方签订的"自由贸易协定"，适用国别关税配额税率。

（6）暂定税率。它适用最惠国税率、协定税率、特惠税率、普通税率、关税配额税率的进口货物，可以实行暂定税率。适用最惠国税率的进口货物有暂定税率的，应当适用暂定税率；适用协定税率、特惠税率的进口货物有暂定税率的，应当从低适用税率；适用关税配额税率的进口货物有暂定税率的，应当适用暂定税率。适用普通税率的进口货物，不适用暂定税率。

（7）ITA 税率（税率为零）。ITA 税率即非全税目信息技术产品税率。根据加入世贸组织的有关协议，我国自加入世贸组织时起加入《信息技术协定》，并将取消中国减让表所列所有信息技术产品的关税。进出口货物收发货人或其代理人应于货物实际进口前 15 个工作日内向所在地海关递交《进口部分适用 ITA 税率的商品用途申报表》，海关审核后确定其适用 ITA 税率的，出具《进口部分适用 ITA 税率的商品用途认定证明》，进口地海关据此按 ITA 税率征税。

（8）附加关税亦称为特别关税。一般都是在正常征收关税的基础上加征的一种关税，包括反倾销税、反补贴税、保障措施关税和报复性关税。

报复性关税。任何国家或地区违反与中华人民共和国签订或者共同参加的贸易协定及相关协定，对中华人民共和国在贸易方面采取禁止、限制、加征关税或者其他影响正常贸易

的措施的,对原产于该国家或者地区的进口货物可以征收报复性关税,适用报复性关税税率。征收报复性关税的货物、适用国别、税率、期限和征收办法,由国务院关税税则委员会决定并公布。

反倾销税。倾销是指在正常贸易过程中以低于正常价值的出口价格,大量输出商品到另一国(或地区)市场的行为。倾销行为被认为是一种不公平的贸易做法。世贸组织在《反倾销税和反补贴税》条款中规定:"各缔约方有权采取合理的反倾销和反补贴措施,作为对倾销和补贴等不公平贸易行为的正当防卫。反倾销税和反补贴税的幅度依据倾销和补贴幅度,而不受关税约束的限制。"

反补贴税。补贴是指出口国(或地区)政府或者其任何公共机构提供的并为接受者带来利益的财政资助以及任何形式的对收入或者价格的支持。它是一种比较隐蔽的降低经营者经营成本的措施。进行调查、采取反补贴措施的补贴,必须具有专向性(如政府明确确定的对某些企业、产业获得的补贴,特定区域内的企业、产业获得的补贴,以出口实绩为条件获得的补贴等)。

保障措施关税。进口产品增加,并对生产同类产品或直接竞争产品的国内产业造成严重损害或严重威胁的,可按有关法规规定,采取保障措施,征收保障措施关税。任何国家或地区对我国出口成品采取歧视性保障措施的,我国可以根据实际情况对该国或地区采取相应的税收措施。

2. 出口货物税率

《关税条例》第9条规定:"出口关税设置出口税率。对出口货物在一定期限内可以实行暂定税率。"适用出口税率的出口货物有暂定税率的,应当适用暂定税率。我国确定征出口关税的总原则是:既要服从于鼓励出口的政策,又要做到能够控制一些商品的盲目出口,因而征收出口关税只限于少数产品。主要是指:盈利特别高而且利润比较稳定的大宗商品;在国际市场上我国出口已占有相当比重的商品;国际市场上容量有限而盲目出口容易在国外形成削价竞销的商品,国内紧俏又大量进口的商品,以及国家控制出口的商品。出口关税实行从价税,在每年实际执行时,按暂定税率。

四、关税的缴纳及退补

(一)关税的缴纳

1. 关税的基本缴纳方式

由接受进(出)口货物通关手续申报的海关逐票计算应征关税并填发关税缴款书,由纳税人凭以向海关或指定的银行办理税款交付或转账入库手续后,海关凭"银行回执联"办理结关放行手续。征税手续在前,结关放行手续在后,有利于税款及时入库,防止拖欠税款。因此,各国海关都以这种方式作为基本纳税方式。

2. 关税的后纳方式

海关允许某些纳税人在办理有关关税手续后,先行办理放行货物的手续,然后再办理征纳关税手续的海关制度。后纳方式是针对某些易腐、急需或有关手续无法立即办结等特殊情况采取的一种变通措施,海关在提取货样、收取保证金或接受纳税人其他担保后即可放行有关货物。

为降低纳税成本(通关成本),促进进出口贸易发展,近年来,海关改革传统的税收征管模式,在有效监管的前提下变"逐票审核、先税后放"为"先放后税,汇总缴税"。即对符合条件的纳税人实行"先进口后征税"政策,对在 1 个月内多次进口货物应纳税款实施汇总计征。

3. 关税的纳税地点

海关征收关税时,根据纳税人的申请及进出口货品的具体情况,既可以在关境地缴税,也可以在主管地缴税。

(二)关税的申报

进口货物的收发货人或其代理人,应当在海关填发税款缴纳凭证之日起 15 日内(法定公休日顺延),向海关或其指定银行缴纳税款。逾期缴纳的,除依法追缴外,由海关自到期次日起至缴清税款之日止,按日加收欠缴税款的滞纳金。

纳税人缴纳关税时,需填"海关(进出口关税)专用缴款书"并携带有关单证。"缴款书"一式六联,依次是收据联(此联是国库收到税款签章后退还纳税人作为完税凭证的法律文书,是关税核算的原始凭证)、付款凭证联、收款凭证联、回执联、报查联、存根联。

(三)关税的退税

有下列情况之一的,进出口货物的收发货人或者他们的代理人,可以自缴纳税款之日起 1 年内,书面声明理由,连同纳税收据向海关申请退税,逾期不予受理:

(1)因海关误征,多纳税款的。

(2)海关核准免验进口的货物,在完税后发现有短缺情况并经海关审查认可的。

(3)已征出口关税的货物,因故未装运出口,申报退关,经海关查验属实的。

按规定,上述退税事项,海关应当自受理退税申请之日起 30 日内作出书面答复并通知退税申请人。

(四)关税的补缴

进出口货物完税后,如发现少征或者漏征税款,海关应当自缴纳税款或者货物放行之日起 1 年内,向收发货人或者他们的代理人补征。因收发货人或者他们的代理人违反规定而造成少征或者漏征的,海关在 3 年内可以追征,因特殊情况,追征期可延至 10 年。骗取退税款的,可无限期追征。

五、关税的减免

(一)法定减免

法定减免税是税法中明确规定的减税、免税。只要符合规定条件,纳税人可以免缴或减缴关税,海关一般不进行后续管理。目前,以下进出口货物免缴关税:

(1)关税税额在人民币 50 元以下的一票货物。

(2)无商业价值的广告品和货样。

(3)外国政府、国际组织无偿赠送的物资。

(4)在海关放行前损失的货物。

(5)进出境运输工具装载的途中必需的燃料、物料和饮食用品。

经海关核准暂时进境或者暂时出境,并在 6 个月内复运出境或者复运进境的货物,在进境或出境时,纳税人向海关缴纳相当于税款的保证金或者提供担保后,可予暂时免税。纳税人在规定期限内未复运出境的,纳税人应依法缴税。

(二)特定减免

在法定减免税之外,根据国际通行规则和我国实际情况,制定发布的有关进出口货物减免关税的政策,亦称特定或政策性减免税。特定减免税货物一般有地区、企业和用途的限制,海关需要进行后续管理,也需要进行减免税统计。

(1)科教用品。对于不以营利为目的的科学研究机构和学校,在合理数量范围内进口国内不能生产的科学研究和教学用品,直接用于科学研究或者教学的,免缴进口关税以及进口环节的增值税、消费税。

(2)残疾人专用品。对于规定范围内的残疾人个人专用品,免缴进口关税和进口环节增值税、消费税;对康复机构、福利机构、假肢厂和荣誉军人康复医院进口国内不能生产的、该规定明确的残疾人专用品,免缴进口关税和进口环节增值税。

(3)扶贫、慈善性捐赠物资。对境外自然人、法人或者其他组织等境外捐赠人,无偿向经国务院主管部门依法批准成立的,以人道救助和发展扶贫、慈善事业为宗旨的社会团体以及国务院有关部门和各省、自治区、直辖市人民政府捐赠的,直接用于扶贫、慈善事业的物资,免缴进口关税和进口环节增值税。

(4)对于加工贸易产品、边境贸易进口物资、保税区进出口货物、出口加工区进出口货物、进口设备、特定地区、特定行业(用途)均有相应的减免税政策。

(三)临时减免

临时减免税是指上述法定减免和特定减免税以外的其他减免税,即由国务院根据《海关法》对某项目、某类(批)进出口货物的特殊情况,给予特别照顾而一案一批、专文下达的减免税。

第二节 关税的计算与申报

我国现行进出口关税基本上都是按从价征税。从价征税首先必须确定应税货物的完税价格,才能正确依率计征。因此,正确合理地确定应税货物的完税价格,是贯彻国家关税政策的重要环节。

一、关税的基本计算公式

(一)应纳关税的基本计算公式

$$应交关税=关税完税价格×关税税率$$

关税有从价计税、从量计税、复合计税和滑准计税四种方法,因此,关税的计算应具体分为如下几种。

1. 从价税计算公式

从价税(Ad Valorem Duty)是以进出口货物的价格作为计税标准计缴的关税。具有税负公平、明确,易于实施、计征简便等优点。大多数进出口商品采用从价税。货物的价格不是指商品的成交价格,而是指进出口商品的完税价格。其计算公式如下:

$$应交关税 = 应税进出口货物数量 \times 单位完税价格 \times 适用税率$$

2. 从量税计算公式

从量税(Specific Duty)是以货物的实物计量单位(数量、重量、面积、容量、长度等)作为计税标准,以每一计量单位应纳的关税金额作为税率来计缴的关税。其特点是不因商品价格的涨落而改变应纳税额,手续简便,但税负不合理、难以普遍采用。我国目前仅对啤酒、胶卷等少数商品计征从量关税。其计算公式如下:

$$应交关税 = 应税进口货物数量 \times 关税单位税额$$

3. 复合税计算公式

复合税(Compound Duty)亦称混合税。它是对进口商品既征从量税又征从价税的一种办法。一般以从量税为主,再加征从价税。实务中,货物的从量税额与从价税额难以同时确定,且手续繁杂,难以普遍采用。我国目前仅对录像机、放像机、摄像机和摄录一体机实行复合计税。其计算公式如下:

$$应交关税 = 应税进口货物数量 \times 关税单位税额 + 应税进口货物数量 \times 单位完税价格 \times 适用税率$$

4. 滑准税计算公式

滑准税(Sliding Duty)亦称滑动税、伸缩税,是对进口税则中的同一种商品按其市场价格标准分别制订不同价格档次的税率而征收的一种进口关税。征收这种关税的目的是使某种进口商品,不论其进口价格是高还是低,其税后价格保持在一个预定的价格标准上,以稳定进口该种商品的国内市场价格。它是预先按照商品市场价格的高低,制定出不同价格档次的税率,然后根据进口商品价格的变化而升降进口关税税率(比例税率)的一种计缴方法。一般是随着进口商品价格的变动而呈反方向变动,即价格越高,税率越低。因此,对实行滑准税率的进口商品应纳关税税额的计算与从价税基本相同。

采用滑准税率可使商品的税后价格能够保持稳定,以缓解供需矛盾。我国曾对进口新闻纸执行滑准税率。2005 年关税配额外进口的棉花,执行滑准税率,税率滑动范围为 5%～40%,国内最低售价(目标价格)大致稳定在合理价格上,外棉价格几乎与国内棉价格持平。既保证了国内棉农能顺畅地销售自产棉花,也保证了国内纺织企业的用棉需要。进口棉花滑准税政策的调整,对缓解我国纺织企业的棉花紧张问题将起到积极作用。更重要的是,政策调整对国内不少高端纺织企业来讲是一个利好,有望降低这些企业的用棉成本,并鼓励更多纺织企业走高端路线,多生产高附加值的产品。当进口棉花完税价格高于或等于 15.000 元/千克时,暂定从量税率为 0.570 元/千克;当进口棉花完税价格低于 15.000 元/千克时,暂定从价税率按下式计算:

$$R_i = 9.337/P_i + 2.77\% \times P_i - 1 \qquad (R_i <= 40\%)$$

式中，R_i 为暂定从价税率，按上式计算结果小数点后第 4 位四舍五入保留前 3 位；P_i 为关税完税价格，单位为元/千克。

$$应交关税 = 进口货物完税价格 \times 滑准税率$$

5. 选择税与季节性关税计算公式

选择税就是在从价税与从量税之间选择一种。目前，我国对天然橡胶实行选择税。在 20% 的从价税和 2 600 元/吨从量税两者中，从低选择计征关税。这种方法既可在国际市场胶价走低时保护国内橡胶产业，又可在进口胶价过高时，适当降低税负，稳定国内市场胶价和用胶行业的生产成本。

季节性关税就是对同种货物在不同季节执行不同的关税税率。目前，我国对尿素征收季节性关税。即在每年的 1～9 月农忙时，对尿素征收 30% 的出口关税；在 10～12 月农闲时，对尿素征收 15% 的出口关税，以此调控国内的化肥供应和生产安排。

6. 报复性关税计算方法

$$应交关税 = 关税完税价格 \times 进口关税税率$$

$$应交报复性关税 = 关税完税价格 \times 报复性关税税率$$

$$进口环节应交消费税 = 进口环节消费税完税价格 \times 进口环节消费税税率$$

$$\begin{matrix} 进口环节消费 \\ 税完税价格 \end{matrix} = \left(\begin{matrix} 关税完税 \\ 价\quad格 \end{matrix} + \begin{matrix} 关 \\ 税 \end{matrix} + \begin{matrix} 报复性 \\ 关\ 税 \end{matrix} \right) \div \left(1 - \begin{matrix} 进口环节 \\ 消费税税率 \end{matrix} \right)$$

$$进口环节应交增值税 = 进口环节增值税完税价格 \times 进口环节增值税税率$$

$$\begin{matrix} 进口环节增值 \\ 税完税价格 \end{matrix} = \begin{matrix} 关税完税 \\ 价\quad格 \end{matrix} + \begin{matrix} 关 \\ 税 \end{matrix} + \begin{matrix} 报复性 \\ 关\ 税 \end{matrix} + \begin{matrix} 进口环节 \\ 消费税 \end{matrix}$$

7. 反倾销关税计算方法

$$应交反倾销税 = 完税价格 \times 反倾销税税率$$

$$\begin{matrix} 进口环节 \\ 应交增值税 \end{matrix} = \left(\begin{matrix} 完税 \\ 价格 \end{matrix} + \begin{matrix} 关税 \\ 税额 \end{matrix} + \begin{matrix} 反倾销 \\ 税税额 \end{matrix} \right) \times \begin{matrix} 进口环节 \\ 增值税税率 \end{matrix}$$

（二）关税完税价格

从上述计算公式可以看出，除从量计税外，其余计算方法均涉及"完税价格"。关税完税价格是指海关凭以从价计征关税的价格，即应纳关税价格。1992 年 9 月 1 日起实施的《中华人民共和国海关审定进出口货物完税价格办法》中规定："海关以进出口货物的实际成交价格为基础审定完税价格，实际成交价格是一般贸易项下进口或出口货物的买方为购买该项货物向卖方实际支付或应当支付的价格。"

二、关税完税价格的确认

（一）完税价格

完税价格是海关在计征关税时采用的计税价格，是海关根据有关规定对进出口货物审查确定或估定后而确定的应税价格，它是海关征收关税的依据。海关以进出口货物的实际成交价格为基础审定完税价格，实际成交价格是一般贸易项下进口或出口货物的买方为购买该项货物向卖方实际支付或应当支付的价格。在关税计算中,除从量计税外,其余计税均涉及"完税价格"。

(二)进口货物完税价格的确认

进口货物的完税价格是海关以进口货物实际成交价格为基础审定的到岸价格,包括货价和货物运抵我国境内输入地点起卸前的包装费、运费、保险费以及向国外支付的软件费、向卖方支付的佣金等劳务费。

进口货物的成交价格是卖方向我国境内销售该货物时,买方为进口该货物向卖方实付、应付的,并且按规定调整后的价款总额,包括直接支付的价款和间接支付的价款。

若是单独计价,且已包括在进口货物的成交价格中,经海关审查属实的,下列费用应从完税价格中扣除:

(1)进口人向其境外采购代理人支付的买方佣金。

(2)卖方付给买方的正常回扣。

(3)工业设施、机械设备类货物进口后基建、安装、装配、调试或技术指导的费用。

如果进口货物的成交价格不符合有关规定,或者成交价格不能确定的,海关经了解有关情况,并与纳税义务人进行价格磋商后,依次以下列方法审查确定该货物的完税价格:

(1)相同货物成交价格估价方法。

(2)类似货物成交价格估价方法。

(3)倒扣价格估价方法。

(4)计算价格估价方法。

(5)其他合理方法。

纳税人向海关提供有关资料后,可以提出申请,可以颠倒(3)和(4)的适用次序。

(三)出口货物完税价格的确认

出口货物的完税价格是由海关以出口货物的成交价格为基础审查确定的价格,包括货物运至我国境内输出地点装载前的运输及其相关费用、保险费。出口货物的成交价格是在货物出口销售时,卖方为出口该货物应向买方直接收取和间接收取的价款总额,但不包括出口关税、在货物价款中单独列明的货物运至我国境内输出地点装载后的运输及其相关费用、保险费(即出口货物的运保费最多算至离境口岸)、在货物价款中单独列明由卖方承担的佣金。

出口货物的成交价格不能确定时,海关与纳税人进行价格磋商后,依次按规定的估定完税价格计算方法确认计量出口货物的完税价格。

(四)进出口货物原产地的认定

原产地规则是确定进出口货物原产国的标准和方法,是确定货物适用关税税率的重要依据。国际上对货物原产地的规定是在20世纪70年代初期,发达国家对发展中国家的出口货物给予普遍的关税优惠待遇,主要是发达国家给予发展中国家出口制成品和半制成品的一种普遍的、非歧视的、非互惠的关税优惠制度。

确定进境货物原产国有利于正确运用进口税则的各栏税率,对产自不同国家或地区的进口货物适用不同的关税税率。我国原产地规定基本上采用了"全部产地生产标准""实质

性加工标准"两种国际上通用的原产地标准。

（1）全部产地生产标准。全部产地生产标准是指进口货物"完全在一个国家内生产或制造"，生产或制造国即为该货物的原产国。完全在一国生产或制造的进口货物包括：①在该国领土或领海内开采的矿产品；②在该国领土上收获或采集的植物产品；③在该国领土上出生或由该国饲养的活动物及从其所得产品；④在该国领土上狩猎或捕捞所得的产品；⑤在该国的船只上卸下的海洋捕捞物，以及由该国船只在海上取得的其他产品；⑥在该国加工船加工上述第⑤项所列物品所得的产品；⑦在该国收集的只适用于做再加工制造的废碎料和废旧物品；⑧在该国完全使用上述①至⑦项所列产品加工成的制成品。

（2）实质性加工标准。实质性加工标准是适用于确定有两个或两个以上国家参与生产的产品的原产国的标准，即经过几个国家加工、制造的进口货物，以最后一个对货物进行经济上可以视为实质性加工的国家作为有关货物的原产国。"实质性加工"是指产品加工后，已不适用原进出口税则中的税则归类，税目税率发生了改变，或者加工增值部分所占新产品总值的比例已超过30%及以上的。例如，进口的棉布是一国用他国的棉纱纺织而成的，该棉布不能以棉纱的生产国为原产国，而应以将棉纱织成棉布的国家作为原产国，因为棉纱经加工后，改变了原税则归类，不属于同一税号。

（3）其他。对机器、仪器、器材或车辆所用零件、部件、配件、备件及工具，如与主件同时进口且数量合理的，其原产地按主件的原产地确定，分别进口的则按各自的原产地确定。

三、进口货物从价计征关税的计算

（一）CIF 价格（成本加保险及运费价格）

以我国口岸 CIF 价格、CIF 价格加佣金价格、CIF 价格加战争险、民变险价格成交的或者和我国毗邻的国家以两国共同边境地点交货价格成交的，就分别以该价格作为完税价格。当成交价格不能确定时，以海关的估定价格为完税价格。其计算公式如下：

$$完税价格＝在我国口岸的成交价格$$
$$应交进口关税＝完税价格×进口关税税率$$

【例 5-1】 某进出口公司从日本进口甲醇，进口申报价格为 CIF 天津 USD 500 000。假定计税日外汇牌价（中间价）[①]为 USD 100＝CNY 700；税则号列：甲醇应归入 29051110，税率为 5.5%。计算应交进口关税额。

先计算出甲醇的完税价格：

$$USD\ 500\ 000×7＝3\ 500\ 000（元）$$

再计算出甲醇应交进口关税：

$$3\ 500\ 000×5.5\%＝192\ 500（元）$$

---

① 实务中，海关每月使用的计征汇率为上 1 个月第三个星期三（若遇法定节假日，顺延采用第四个星期三）中国人民银行公布的外汇折算价。

（二）FOB价格（装运港船上交货价格）

以国外口岸FOB价格或者从输出国购买以国外口岸CIF价格成交的,必须分别在上述价格基础上加从发货口岸或者国外交货口岸运到我国口岸以前的运杂费和保险费作为完税价格。若以成本加运费价格成交的,则应另加保险费作为完税价格。

完税价格内应当另加的运费、保险费和其他杂费,原则上应按实际支付的金额计算。若无法得到实际支付金额时,也可以外资系统海运进口运费率或按协商规定的固定运杂费率计算运杂费,保险费则按中国人民保险公司的保险费率计算。其计算公式如下:

$$完税价格=\frac{FOB+运杂费}{1-保险费率}$$

【例5-2】 某进出口公司从美国进口硫酸镁5 000吨,进口申报价格为FOB旧金山USD 325 000,运费每吨USD 40,保险费率为3‰,假定计税日外汇牌价为USD 100＝CNY 700。计算应交进口关税额。

先计算运费:

$$5\ 000×40×7＝1\ 400\ 000（元）$$

再将进口申报价格由美元折合成人民币:

$$325\ 000×7＝2\ 275\ 000（元）$$

然后计算完税价格:

$$完税价格＝(2\ 275\ 000＋1\ 400\ 000)÷(1-3‰)＝3\ 686\ 058（元）$$

经查找,硫酸镁的税则号列为28332100,税率为5.5%,计算该批硫酸镁的应交进口关税额:

$$应交进口关税＝3\ 686\ 058×5.5\%＝202\ 733（元）$$

（三）CFR价格（成本加运费价格,或称含运费价格）

以货价加运费价格成交的,应当另加保险费作为完税价格。其计算公式如下:

$$完税价格＝\frac{CFR}{1-保险费率}$$

【例5-3】 某进出口公司从日本进口甲醛17吨,保险费率为0.3%,进口申报价格为:CFR天津USD 306 000,假定计税日外汇牌价为USD 100＝CNY 700。乙醛税则号列为:29121200,税率为5.5%。计算应交进口关税额。

先将进口申报价格由美元折合成人民币:

$$306\ 000×7＝2\ 142\ 000（元）$$

再计算完税价格:

$$完税价格＝2\ 142\ 000÷(1-0.3\%)＝2\ 148\ 445（元）$$

最后计算该批进口货物应交进口关税:

$$应交进口关税＝2\ 148\ 445×5.5\%＝118\ 164(元)$$

为了计算方便，可先计算出常数。其计算公式如下：

$$常数＝\frac{1}{1－保险费率}$$

再计算完税价格。其计算公式如下：

$$完税价格＝CFR\ 价格×常数$$

对个别货物实际没有支付运费，以及货物没有投保的，在计征时可酌加运费和普通保险费。

由陆路进口的货物，在计算完税价格时，所有应加运费等均应计算至该货物运抵我国境内第一口岸为止。

（四）正常批发价格

若海关不能确定进口货物在采购地的正常批发价格，则应以申报进口时国内输入地点的同类货物的正常批发价格，减去进口关税和进口环节代征税以及进口后正常运输、储存、营业费用及利润作为完税价格。如果国内输入地点同类货物的正常批发价格不能确定或者有其他特殊情况时，货物的完税价格由海关估定。

（1）不征国内税货物的计算公式如下：

$$完税价格＝\frac{国内市场批发价格}{1＋进口关税税率＋20\%}$$

（2）应缴纳国内税的货物应当扣除国内税，计算出完税价格。其计算公式如下：

$$完税价格＝\frac{国内市场批发价格}{1＋进口关税税率＋\frac{1＋进口关税税率}{1－消费税税率}×消费税税率＋20\%}$$

（注：以上两公式分母中的20%为需从批发价格中减除的费用利润）

【例 5-4】　EM 公司经批准从国外进口一批高档化妆品，其 CIF 价格已无法确定，进货地国内同类产品的市场正常批发价格为 925 000 元，国内消费税税率为 15%，设进口关税税率为 25%。计算该高档化妆品应交关税。

$$完税价格＝925\ 000÷[1＋25\%＋(1＋25\%)÷(1－15\%)×15\%＋20\%]$$
$$＝925\ 000÷1.670\ 6＝553\ 693.28(元)$$
$$应交进口关税＝553\ 693.28×25\%＝138\ 423.32(元)$$
$$应交消费税＝(553\ 693.28＋138\ 423.32)÷(1－15\%)×15\%＝122\ 138.22(元)$$
$$应交增值税＝(553\ 693.28＋138\ 423.32＋122\ 138.22)×13\%$$
$$＝814\ 254.82×13\%＝105\ 853.13(元)$$

四、出口货物从价计征关税的计算

（一）FOB 价格

出口货物以我国口岸 FOB 价格成交的，应以该价格扣除出口关税后作为完税价格；如果该价格中包括向国外支付的佣金及垫仓物资和通风设备等，对这部分费用应先予扣除，并按规定扣除出口关税后作为完税价格。其计算公式如下：

$$完税价格 = \frac{FOB 价格}{1 + 出口关税税率}$$

$$应交出口关税 = 完税价格 \times 出口关税税率$$

【例 5-5】 某进出口公司将磷 5 000 吨出口到日本,每吨 FOB 天津 USD 560,其佣金为 FOB 价格的 2‰,理舱费 USD 10 000,磷的出口关税税率为 10%。假定计税日外汇牌价为 USD 100＝CNY 700。计算应交出口关税。

首先将含佣金的 FOB 价格换算为不含佣金的价格：

$$(5\,000 \times 560) \div (1 + 2\%) = 2\,745\,098（美元）$$

再从中减去理舱费：

$$2\,745\,098 - 10\,000 = 2\,735\,098（美元）$$

然后计算该批磷的完税价格：

$$完税价格 = 2\,735\,098 \div (1 + 10\%) = 2\,486\,453（美元）$$

将美元价折合为人民币完税价格：

$$2\,486\,453 \times 7 = 17\,405\,171（元）$$

最后计算该公司应交出口关税：

$$应交出口关税 = 17\,405\,171 \times 10\% = 1\,740\,517（元）$$

（二）CIF 价格

出口货物用国外口岸 CIF 价格成交的,应先扣除离开我国口岸后的运费和保险费后,再计算完税价格及应缴纳的出口关税。完税价格的计算公式如下：

$$完税价格 = (CIF 价格 - 保险费 - 运费) \div (1 + 出口关税税率)$$

【例 5-6】 天津某进出口公司向新加坡出口黑钨砂 5 吨,成交价格为 CIF 新加坡 USD 4 000,其中,运费 USD 400,保险费 USD 40;黑钨砂的出口关税税率为 20%。假定计税日外汇牌价为 USD 100＝CNY 700。计算应交出口关税。

$$完税价格 = (4\,000 - 400 - 40) \times 7 \div (1 + 20\%) = 20\,767（元）$$

$$应交出口关税 = 20\,767 \times 20\% = 4\,153（元）$$

（三）CFR 价格

以境外口岸 CFR 价格成交的,其出口货物完税价格的计算公式如下：

$$完税价格 = (CFR 价格 - 运费) \div (1 + 出口税率)$$

（四）CIF C 价格

当成交价格为 CIF C 境外口岸时,有两种情况：

（1）佣金 C 为给定金额,则出口货物完税价格的计算公式如下：

$$完税价格 = (CIF C 价格 - 保险费 - 运费 - 佣金) \div (1 + 出口税率)$$

（2）佣金 C 为百分比,则出口货物完税价格的计算公式如下：

$$完税价格=［CIF\,C\,价格×（1-C）-保险费-运费］÷（1+出口税率）$$

上述（二）、（三）、（四）价格内所含的运费和保险费,原则上应按实际支付数扣除。如无实际支付数,海关可根据定期规定的运费率和保险费率据以计算,纳税后一般不作调整,由陆路输往国外的货物,应以该货物运离国境的 FOB 价格减去出口关税后作为完税价格。若FOB 价格不能确定时,则由海关估定。

第三节　关税的会计处理

企业在进口商品时,国外进价成本一般以 CIF 价格为基础,以企业收到银行转来的全套进口单证,经与合同、信用证等审核相符,并通过银行向国外出口商承付或承兑远期汇票时间为入账标准。出口商品销售收入的入账金额一般应以 FOB 价格为标准,即不论发票价格（成交价格）采用哪种,都要以 FOB 作为收入确认的基础。商品进出口业务中发生的相关国内费用,计入采购成本或销售费用；进口时发生的国外费用,应计入商品采购成本；出口时发生的国外费用,应冲减商品销售收入。企业可以在"应交税费"账户下,设置"应交关税"二级账户,也可以分别设置"应交进口关税""应交出口关税"两个二级账户。

一、制造企业关税的会计处理

（一）进口关税的核算

制造企业通过外贸企业代理或直接从国外进口原材料、应支付的进口关税,企业也可以不设置"应交税费——应交关税"账户,在实际缴纳关税时,直接贷记"银行存款"账户,但这种会计处理方法不便于获得完整的企业涉税会计信息,不利于进行企业税负分析。如果进口关税通过"应交税费"账户核算,反映应交关税时,借记"材料采购"账户,贷记"应交税费——应交进口关税"账户。

企业根据同外商签订的加工装配和补偿贸易合同而引进的国外设备,应支付的进口关税按规定以企业专用拨款等支付。支付时,借记"在建工程——引进设备工程"账户,贷记"银行存款"账户等。

【例 5-7】　某制造企业进口 A 材料折合人民币 60 万元,该企业对外付汇进口 A 材料,应付进口关税40 000元,材料已验收入库。代征增值税税率13％。作会计分录如下：

（1）购入现汇时：

借：银行存款——美元户　　　　　　　　　　　　　　　　　　　　　600 000

　　贷：银行存款——人民币户　　　　　　　　　　　　　　　　　　　　600 000

（2）对外付汇,支付进口关税、增值税,计算进口 A 材料的采购成本时：

A 材料采购成本＝600 000＋40 000＝640 000（元）

应交增值税＝640 000×13％＝83 200（元）

借：材料采购——A材料　　　　　　　　　　　　　　　　　　640 000
　　应交税费——应交增值税（进项税额）　　　　　　　　　83 200
　　贷：银行存款——美元户　　　　　　　　　　　　　　　　　　600 000
　　　　　　　　　——人民币户　　　　　　　　　　　　　　　　123 200

（3）验收入库时：

借：原材料——A材料　　　　　　　　　　　　　　　　　　640 000
　　贷：材料采购——A材料　　　　　　　　　　　　　　　　　640 000

【例5-8】 某制造企业从中国香港进口原产地为韩国的某型号需要安装的设备2台,这些设备CFR价格天津HKD 120 000,保险费率为0.3%,关税税率为6%,代征增值税税率为13%,假定计税日外汇牌价为HKD 100＝CNY 90。有关计算如下:

$$完税价格＝120 000÷(1-0.3\%)＝120 361(港元)$$
$$完税价格折合人民币＝120 361×0.9＝108 325(元)$$
$$应交进口关税＝108 325×6\%＝6 499(元)$$
$$应交增值税＝(108 325+6 499)×13\%＝14 927(元)$$

有关会计分录如下:
（1）应付价款时:

借：在建工程　　　　　　　　　　　　　　　　　　　　　108 325
　　贷：应付账款——××供应商　　　　　　　　　　　　　　108 325

（2）实际上缴关税、增值税时:

借：在建工程　　　　　　　　　　　　　　　　　　　　　6 499
　　应交税费——应交增值税（进项税额）　　　　　　　　　14 927
　　贷：银行存款　　　　　　　　　　　　　　　　　　　　　21 426

（二）出口关税的核算

制造企业出口产品应缴纳的出口关税,支付时可直接借记"税金及附加"账户,贷记"银行存款""应付账款"等账户。如果出口关税通过"应交税费"账户核算,反映应交关税时,借记"税金及附加"账户,贷记"应交税费——应交出口关税"账户。

【例5-9】 某铁合金厂向日本出口一批硅铁,国内港口FOB价格折合人民币为5 600 000元,硅铁出口关税税率为10%,关税以支票付讫。计算应交出口关税。

$$应交出口关税＝\frac{5 600 000}{1+10\%}×10\%＝509 091(元)$$

作会计分录如下:

借：税金及附加　　　　　　　　　　　　　　　　　　　509 091
　　贷：应交税费——应交出口关税　　　　　　　　　　　　509 091

为了与出口退税申报口径一致并便于核对,企业可以先按FOB价格贷记"主营业务收入"账户,运费、保险费暂记往来账。年终,在企业所得税汇算清缴时,应将支付的运费、保险

费作为计算业务招待费、业务宣传费和广告费的计提基数。

二、外贸企业关税的会计处理

（一）自营进出口业务关税的核算

外贸企业自营进口业务所计缴的关税，在会计核算上是通过设置"应交税费——应交进口关税"和"在途物资"账户加以反映的。应缴纳的进口关税，借记"在途物资"账户，贷记"应交税费——应交进口关税"账户；实际缴纳时，借记"应交税费——应交进口关税"账户，贷记"银行存款"账户。也可不通过"应交税费——应交进口关税"账户，而直接借记"在途物资"账户，贷记"银行存款""应付账款"等账户（出口业务会计处理亦然）。

外贸企业自营出口业务所计缴的关税，在会计核算上是通过设置"应交税费——应交出口关税"和"税金及附加"账户加以反映的。应缴纳的出口关税，借记"税金及附加"账户，贷记"应交税费——应交出口关税"账户；实际缴纳时，借记"应交税费——应交出口关税"账户，贷记"银行存款"账户。

【例 5-10】 某外贸企业从国外自营进口商品一批，CIF 价格折合人民币为 400 000 元，进口关税税率为 40%，代征增值税税率 13%，根据海关开出的专用缴款书，以银行转账支票付讫税款。计算应交关税和在途物资成本如下：

$$应交关税 = 400\ 000 \times 40\% = 160\ 000（元）$$

$$在途物资成本 = 400\ 000 + 160\ 000 = 560\ 000（元）$$

$$应交增值税 = 560\ 000 \times 13\% = 72\ 800（元）$$

作会计分录如下：

（1）计提关税和增值税时：

借：在途物资	560 000
贷：应交税费——应交进口关税	160 000
应付账款	400 000

（2）支付关税和增值税时：

借：应交税费——应交进口关税	160 000
贷：银行存款	160 000
借：应交税费——应交增值税（进项税额）	72 800
贷：银行存款	72 800

（3）商品验收入库时：

借：库存商品	560 000
贷：在途物资	560 000

【例 5-11】 某进出口公司自营出口商品一批，我国口岸 FOB 价格折合人民币为 720 000 元，出口关税税率为 20%，根据海关开出的专用缴款书，以银行转账支票付讫税款。计算应交出口关税。

$$应交出口关税 = \frac{720\ 000}{1 + 20\%} \times 20\% = 120\ 000（元）$$

作会计分录如下：

借：税金及附加   120 000

  贷：应交税费——应交出口关税   120 000

（二）代理进出口业务关税的核算

代理进出口业务，对受托方来说，一般不垫付货款，大多以收取手续费形式为委托方提供代理服务。因此，由于进出口而计缴的关税均由委托单位负担，受托单位即使向海关缴纳了关税，也只是代垫或代付，日后仍要从委托方收回。

代理进出口业务所计缴的关税，在会计核算上也是通过设置"应交税费"账户来反映的，与其对应的是"应付账款""应收账款""银行存款"等账户。

【例5-12】 某进出口公司受某单位委托代理进口商品一批，进口货款1 800 000元已汇入进出口公司存款户。该进口商品在我国口岸CIF价折合人民币144万元，进口关税税率为20%，代理劳务费按货价的2%收取。该批商品已运达指定口岸，公司与委托单位办理有关结算。

计算进口关税：

$$1\,440\,000 \times 20\% = 288\,000（元）$$

计算代理劳务费：

$$1\,440\,000 \times 2\% = 28\,800（元）$$

根据上述计算资料，该进出口公司接受委托单位货款及向委托单位收取关税和劳务费等。作会计分录如下：

（1）收到委托单位划来进口货款时：

借：银行存款   1 800 000

  贷：应付账款——××单位   1 800 000

（2）对外付汇进口商品时：

借：应收账款①——××外商   1 440 000

  贷：银行存款   1 440 000

（3）进口关税结算时：

借：应付账款——××单位   288 000

  贷：应交税费——应交进口关税   288 000

借：应交税费——应交进口关税   288 000

  贷：银行存款   288 000

（4）将进口商品交付委托单位并收取劳务费时：

---

① 或通过"应付账款"账户，下同。

借：应付账款——××单位　　　　　　　　　　　　　　　　　　　　　1 468 800

　　贷：代购代销收入——劳务费　　　　　　　　　　　　　　　　　　　28 800

　　　　应收账款——××外商　　　　　　　　　　　　　　　　　　　1 440 000

（5）将委托单位剩余的进口货款退回时：

借：应付账款——××单位　　　　　　　　　　　　　　　　　　　　　　43 200

　　贷：银行存款　　　　　　　　　　　　　　　　　　　　　　　　　　43 200

【例 5-13】　某进出口公司代理某工厂出口一批商品。我国口岸 FOB 价折合人民币为 360 000 元，出口关税税率为 20%，劳务费为 10 800 元。计算应交出口关税。

$$应交出口关税 = \frac{360\,000}{1+20\%} \times 20\% = 60\,000（元）$$

作会计分录如下：

（1）计算应交出口关税时：

借：应收账款——××单位　　　　　　　　　　　　　　　　　　　　　　60 000

　　贷：应交税费——应交出口关税　　　　　　　　　　　　　　　　　　60 000

（2）缴纳出口关税时：

借：应交税费——应交出口关税　　　　　　　　　　　　　　　　　　　　60 000

　　贷：银行存款　　　　　　　　　　　　　　　　　　　　　　　　　　60 000

（3）应收劳务费时：

借：应收账款——××单位　　　　　　　　　　　　　　　　　　　　　　10 800

　　贷：代购代销收入——劳务费　　　　　　　　　　　　　　　　　　　10 800

（4）收到委托单位付来的税款及劳务费时：

借：银行存款　　　　　　　　　　　　　　　　　　　　　　　　　　　　70 800

　　贷：应收账款——××单位　　　　　　　　　　　　　　　　　　　　70 800

 **复习思考题**

1. 何谓关税？它有何作用？它分为哪些种类？

2. 关税有哪些减免规定？

3. 进口货物的完税价格和出口货物的完税价格是怎样确定的？进出口的关税怎样计算？

4. 工业企业应怎样进行关税的会计处理？

5. 商业企业应怎样进行关税的会计处理？自营进出口业务与代理进出口业务在会计核算上有何区别？

6. 2018 年 6 月 15 日，美国总统唐纳德·特朗普对中国商品加征 25% 的关税。一年后，又变本加厉，威胁将制定 2 000 亿美元征税清单。与此同时，对墨西哥、印度、欧盟等加征关税。这种单边加征关税行为，实为赤裸裸的要挟和讹诈。

对进口商品加征关税，如何从会计的角度分别阐释其对出口商、进口商和商品消费者的影响？

第六章　出口货物免、退税会计

第一节　出口货物免、退税概述

一、出口退税制度

对出口货物实行免退税是国际通行惯例,也是符合世贸组织规则的一项税收制度而非政府补贴。出口货物免退税政策作为各国普遍实施的出口产品零税率政策的表现形式,旨在鼓励出口货物公平竞争,有效避免国际双重征税和价格扭曲。出口货物免退税是对报关出口的货物免征和(或)退还其在国内各生产环节和流通环节按税法规定缴纳的增值税和消费税,即对出口货物实行零税率。税率为零是指货物在出口时,其整体税负为零。因此,出口货物不仅在出口环节不必纳税,而且还应该退还其以前纳税环节已纳的税款。

理想的出口退税政策应该是彻底的出口退税,它不会对自由贸易产生扭曲效应并且符合国民待遇原则,使出口产品可以与进口国的同类产品承担相同的税负,符合税收中性原则。我国自1985年起对出口产品实施出口退税政策,1988年明确了"征多少退多少,不征不退和彻底退税"的原则。可以说,我国出口退税制度一开始在设计上是遵循税收中性原则的。但事实上,税收中性原则的内容从来都是相对的,中性原则运用于出口退税制度设计时往往要受到诸多因素的影响和制约。

二、出口货物免、退税的方法

(一)出口货物免、退增值税

目前,我国对出口货物退税有"先征后退"和"免、抵、退"两种方法。流通企业以收购方式出口的货物,实行"先征后退"办法;生产企业出口货物、劳务服务,既可以采用"免抵退"税方法,又可以选择免(征)税方法。采用"免抵退"税办法,可以使出口货物的进项税额能够先抵顶其应纳税额,从而减少现金流,有利于加速企业资金周转;同时,有利于加强征退税的衔接,更有效地防止骗取出口退税等。但该方法操作复杂,而且有可能比免(征)税方法多缴税。生产企业应根据其产品内外销比例,事先预计、测算,选择其中一种方法。

1."先征后退"方法

"先征后退"作为出口退税的一种主要计算办法,有广义和狭义之分。广义的"先征后退"是指出口货物在生产(供货)环节按规定缴纳增值税、消费税,货物出口后由出口的外(工)贸企业向其主管出口退税的税务机关申请办理出口货物退税。狭义的"先征后退"仅是

指对生产企业自营出口或委托外贸企业代理出口自产货物实行的一种出口退税办法,即有进出口经营权的生产企业自营出口或委托外贸企业代理出口的自产货物,一律先按出口货物离岸价及增值税法定征税税率计算征税,然后,按出口货物离岸价及规定的退税率计算退税。

2. "免抵退"税方法

"免抵退"税是指对生产企业的出口货物在生产销售环节实行免税,其进项税额先抵顶内销货物的销项税额,不足抵扣部分给予退税。"免"税是指对生产企业自营出口或委托外贸企业代理出口的自产货物,免征本企业生产销售环节的增值税;"抵"税是指对生产企业自营出口或委托外贸企业代理出口的自产货物应予免征或退还所耗用原材料、零部件等已纳税款抵顶内销货物的应纳税款;退税是指生产企业出口的自产货物在当月应抵扣的进项税额大于应纳税额时,对未抵扣完的部分予以退税。

(二)出口货物免、退消费税

主要有两种方法:一是免税,适用于生产企业出口自产货物;二是免、退税,适用于外贸企业。

三、出口货物的退税率

按照税收国际惯例,一般应该实行出口商品零税率的稳定的出口退税政策。我国是转型经济国家,近年来,我们的出口退税政策变化比较频繁。今后,应该逐步趋于稳定,以市场调节为主、政府调控为辅,增强企业的经营预期,减少市场波动幅度,避免使税收产生叠加或者扭曲市场信号参数的效应。

(一)消费税的出口退税率

出口货物应退消费税的退税率(或单位税额)与其征税率(额)相同,即出口货物的消费税能够做到彻底退税。

办理出口货物退、免税的企业,应将不同税率的出口应税消费品分开核算和申报,凡是因未分开核算而划分不清适用税率的,一律从低适用税率计算免、退税税额。

(二)增值税的出口退税率

1994年工商税制改革时,按照规范化的增值税制度,对出口货物实行了零税率,货物出口时,按其征税率退税。

目前,我国出口货物增值税退税率有6%,8%,9%,11%,13%等档次。

(三)出口货物退税的三种情况

根据出口货物征退税率之间的关系可以分为三种情况:一是"零税率",纳税人销售货物的适用税率为零,且允许抵扣进项税额——退税,退税率为其适用税率(退税率等于其征税率),即"彻底退税"的货物;二是退税率大于零而又小于征税率,即"未彻底退税"的货物(企业实际上要承担部分增值税负,即征退税额之差);三是退税率为零,即"不予退税"的货物。

四、出口货物免退税的管理

(一)出口货物退免税申报管理

外贸企业购进货物须分批申报退(免)税的以及生产企业购进非自产应税消费品须分批

申报消费税退税的,由主管税务机关通过出口税收管理系统对进货凭证进行核对。

出口企业、其他单位办理出口退(免)税备案手续时,应按规定向主管税务机关填报修改后的《出口退(免)税备案表》。主管税务机关确认申报凭证的内容与对应的管理部门电子信息无误后方可受理出口退(免)税申报。

出口企业、其他单位在出口退(免)税申报期限截止之日前,申报出口退(免)税的出口报关单、代理出口货物证明、委托出口货物证明、增值税进货凭证仍没有电子信息或凭证的内容与电子信息比对不符的,应在出口退(免)税申报期限截止之日前,向主管税务机关报送《出口退(免)税凭证无相关电子信息申报表》。相关退(免)税申报凭证及资料留存企业备查,不必报送。

以下三类企业在申报出口退(免)税,需要提供出口货物的收汇凭证:

(1)出口退(免)税企业分类管理类别为第四类。

(2)主管税务机关发现出口企业申报的不能收汇的原因为虚假的。

(3)主管税务机关发现出口企业提供的出口货物收汇凭证是冒用的。

出口企业因纳税信用级别、海关企业信用管理类别、外汇管理的分类管理等级等发生变化,或者对分类管理类别评定结果有异议的,可以书面向负责评定出口企业管理类别的税务机关提出重新评定管理类别。

(二)生产企业出口货物免退税方法

企业可以选择免、抵、退税或免(征)税方法。两者的相同之处是出口销售环节均免征增值税,不同之处是对出口货物劳务进项税额的处理不同。采用免、抵、退税方法时,在对出口货物进项税额准予抵顶应纳税额的同时,对在当月内抵顶不完的部分予以退税;采用免(征)税方法时,出口货物劳务不考虑其进项税额,即出口环节免税,对出口产品进项税额不予退税,其内销产品正常计税。

企业出口货物发生退关退运,一般有以下四种情况:一是未申报免抵退税的出口货物发生退关退运;二是已申报免抵退税的出口货物发生退关退运;三是退关退运货物发生出口转内销的;四是退关退运货物进口经修理或调整后又重新出口的。企业应根据不同情况作相应会计处理。

第二节　出口货物免、退税的计算

一、外贸企业出口货物免、退增值税的计算

外贸企业出口货物退还增值税应依据购进货物的增值税专用发票所注明的价款和出口货物所对应的退税率计算。实行出口退税电子化管理后,外贸企业应退税款的计算方法有单票对应法和加权平均法。

1.单票对应法

单票对应法就是对同一关联号下的出口数量、金额按商品代码进行加权平均,合理分配各出口货物占用的数量,计算每笔出口货物的应退税额。采用这种办法,在一次申报中,同

一关联号、同一商品代码下,应保持进货与出口数量一致;如果进货数量大于出口数量,企业应到主管退税机关开具进货分批申报表。

单票对应法的进货与出口的对应关系有一票进货对应一票出口、一票进货对应多票出口、多票进货对应一票出口、多票进货对应多票出口等四种。不论何种对应关系,采取单票对应法计算及申报出口退税时,都要保证进货数量与出口数量一致。单票对应法退税计算公式如下:

$$应退增值税 = 出口货物的购进金额 × 退税率$$
$$= 出口货物的进项税额 - 出口货物不予退税的税额$$
$$出口货物不予退税的税额 = 出口货物的购进金额 × (增值税法定税率 - 增值税退税率)$$
$$出口货物的购进金额 = 出口货物数量 × 出口货物的购进单价或加权平均购进单价$$

2. 加权平均法

加权平均法是指出口企业进货凭证按企业代码＋部门代码＋商品代码汇总,加权平均计算每种商品代码下的加权平均单价和平均退税率;出口申报按同样的"关键字"计算本次实际进货占用,即用上述加权平均单价乘以平均退税率乘以实际退税数量计算每种商品代码下的应退税额。审核数据按月保存,进货结余自动保留,可供下期退税时继续使用。采用加权平均法计算出口退税的计算公式如下:

$$应退增值税 = 出口数量 × 加权平均单价 × 退税率$$
$$加权平均单价 = 本次进货可用金额 ÷ 本次进货可用数量$$

$$\begin{array}{c}本次进货\\可用金额\end{array} = \begin{array}{c}上期结余\\金额\end{array} + \begin{array}{c}本次发生\\金额\end{array} + \begin{array}{c}释放出口金额(指调整出口数据后\\返回进货已占用金额)\end{array}$$

$$\begin{array}{c}本次进货\\可用数量\end{array} = \begin{array}{c}上期结余\\数量\end{array} + \begin{array}{c}本次发生\\数量\end{array} + \begin{array}{c}释放出口数量(指调整出口数据后\\返回进货已占用数量)\end{array}$$

$$\begin{array}{c}本次进货\\可用退税额\end{array} = \begin{array}{c}上期结余\\可退税额\end{array} + \begin{array}{c}本次发生\\可退税额\end{array} + \begin{array}{c}释放出口可退税额(指调整出口数据后\\返回进货已占用可退税额)\end{array}$$

在实务中,需要先计算加权平均单价,再计算应退增值税税额,最后计算(计算机自动计算并结转下期)剩余进货数量、剩余进货金额和剩余进货可退税额。

3. 有进出口经营权的外贸企业从小规模纳税人购进特准退税的出口货物用于出口的

有进出口经营权的外贸企业从小规模纳税人购进特准退税的出口货物用于出口的,应按下列公式计算应退税额:

$$应退税额 = \frac{普通发票所列销售额(含增值税)}{1＋征收率} × 退税率$$

4. 外贸企业"进料加工"方式出口货物退(免)税额的计算

外贸企业以进料加工贸易方式进口原料、零部件转售给其他企业加工时,应先填开进料加工贸易申请表,报经主管其出口退税的税务机关同意签章后,再将申报表报送主管其征税的税务机关,并据此在计算征税时予以扣除,或开具增值税专用发票时可按规定税率计算注明销售料件的税额,主管出口企业征税的税务机关对这部分准予扣除的税额或销售料件的增值税专用发票上注明的应缴税额不计征入库,而由主管退税的税务机关在出口企业办理出口退税时在退税额中抵扣。其计算公式如下：

$$出口退税额＝出口货物的应退税额－销售进口料件的应缴税额$$

$$\begin{matrix}销售进口料件\\的\,应\,缴\,税\,额\end{matrix}＝\begin{matrix}销售进口\\料件金额\end{matrix}×税率－\begin{matrix}海关已对进口料件\\的实征增值税税额\end{matrix}$$

对属于外贸企业出口的，其保税进口的原材料、零部件转售给其他企业加工时，应按规定的增值税税率计征销售料件的增值税。

【例 6-1】 某外贸出口企业本期库存商品(轻工产品)明细账如下：期初结存 2 000 千克，金额 6 000 元，本期购进 21 000 千克，金额 63 300 元，本期出口 10 000 千克，本期非销售付出 1 100 千克，金额 3 300 元。该货物的出口退税率为 11％，则该企业出口货物应退税额如下：

$$\begin{matrix}出口货物的\\加权平均进价\end{matrix}＝\left(\begin{matrix}期初结\\存金额\end{matrix}+\begin{matrix}本期收\\入金额\end{matrix}-\begin{matrix}本期非销售\\付\,出\,金\,额\end{matrix}\right)÷\left(\begin{matrix}期初结\\存数量\end{matrix}+\begin{matrix}本期收\\入数量\end{matrix}-\begin{matrix}本期非销售\\付\,出\,数\,量\end{matrix}\right)$$

$$＝\frac{6\,000+63\,300-3\,300}{2\,000+21\,000-1\,100}=3.01(元/千克)$$

应退税额＝10 000×3.01×11％＝3 311(元)

5. 外贸企业出口退税的申报

外贸企业应按规定要求，填制《外贸企业出口货物退税汇总申报表》，在规定时间内，到主管退税的税务机关办理出口退税申报。

二、生产企业出口货物免、抵、退增值税的计算

生产企业出口货物劳务，既可以采用"免抵退"税方法，又可以选择免(征)税方法。采用"免抵退"税办法，可以使出口货物的进项税额能够先抵顶其应纳税额，从而减少现金流，有利于加速企业资金周转；同时，有利于加强征退税的衔接，更有效地防止骗取出口退税等。但该方法操作复杂，而且有可能比免(征)税方法多缴税。

(一) 生产企业免抵退增值税的基本程序

生产企业在货物出口并在会计上做销售后，在增值税法定纳税申报期内向主管税务机关办理增值税纳税和免抵税申报，在办理完增值税纳税申报后，应于每月 15 日前(逢节假日顺延)，再向主管税务机关申报办理"免抵退"税。

(二) 生产企业出口货物 FOB 价格的确定

生产企业出口货物的"免抵退"税额应根据出口货物 FOB 价格、出口货物退税率计算。出口货物 FOB 价格以出口发票计算的 FOB 价格为准(委托代理出口的，出口发票可以是委托方开具的或受托方开具的)，若以其他价格条件成交的，应扣除按会计制度规定允许冲减出口销售收入的运费、保险费、佣金等。若申报数与实际支付数有差额的，在下次申报退税时调整(或年终清算时一并调整)。若出口发票不能如实反映 FOB 价格，企业应按实际 FOB 价格申报"免、抵、退"税，税务机关有权依法核定。

(三) 生产企业免、抵、退税的计算方法

1. 当期应纳税额的计算

$$\begin{matrix}当期应\\纳税额\end{matrix}＝\begin{matrix}当期内销货物\\的销项税额\end{matrix}-\left(\begin{matrix}当期进\\项税额\end{matrix}-\begin{matrix}当期免抵退税不得\\免征和抵扣税额\end{matrix}\right)-\begin{matrix}上期期末\\留抵税额\end{matrix}$$

若计算结果为正数,说明企业从内销货物销项税额中抵扣有余,应该缴纳增值税;若计算结果是负数,则应退税,实际应退金额,再根据"3"判断。

2. 当期免抵退税额的计算

$$免抵退\atop税\ \ 额 = {出口货物\atop FOB价} \times {外\ 汇\ 人\atop 民币牌价} \times {出口货物\atop 退\ 税\ 率} - {免抵退税\atop 额抵减额}$$

其中"免抵退税额抵减额"计算公式如下:

$$免抵退税额抵减额 = 免税购进原材料价格 \times 出口货物退税率$$

免税购进原材料包括从国内购进免税原材料和进料加工免税进口料件,其中进料加工免税进口料件的价格为组成计税价格。

$$进料加工免税进口\atop 料件的组成计税价格 = {货\ \ 物\atop CIF价} + {海关实\atop 征关税} + {海关实征\atop 消\ 费\ 税}$$

3. 当期应退税额和当期免抵税额的计算

(1) 在当期期末留抵税额≤当期免抵退税额时:

$$当期应退税额 = 当期期末留抵税额$$

$$当期免抵税额 = 当期免抵退税额 - 当期应退税额$$

(2) 在当期期末留抵税额>当期免抵退税额时:

$$当期应退税额 = 当期免抵退税额$$

$$当期免抵税额 = 0$$

"当期期末留抵税额"根据当期《增值税纳税申报表》(参见表3-4)的"期末留抵税额"确定。

4. 当期免抵退税不得免征和抵扣税额的计算

$$当期免抵退税不得\atop 免征和抵扣税额 = {当期出口\atop 货物FOB价} \times {外\ 汇\ 人\atop 民币牌价} \times \left({出口货物\atop 征税率} - {出口货物\atop 退\ 税\ 率}\right)$$
$$- {免抵退税不得免征\atop 和抵扣税额抵减额}$$

$$免抵退税不得免征\atop 和抵扣税额抵减额 = {免\ 税\ 购\ 进\atop 原材料价格} \times \left({出口货物\atop 征\ 税\ 率} - {出口货物\atop 退\ 税\ 率}\right)$$

5. 免抵退税的简化计算方法

在会计实务中,也可以采用以下简化计算公式:

$$应退税额 = (出口货物销售收入 - 免税进口材料进价) \times 退税率$$

$$不得免缴额 = \left({出口货物\atop 销售收入} - {免税进口\atop 材料进价}\right) \times (征税率 - 退税率)$$

$$应交\atop 增值税 = {内销货物增值\atop 税销项税额} - \left({增值税\atop 进项税额} - {不得抵\atop 扣\ \ 额}\right) - {期\ \ 初\atop 留抵额} + {不得免\atop 缴\ \ 额}$$

最后,根据应纳税额与应退税额的差额,确认企业应纳或应退增值税额。

【例6-2】 某厂是一家有进出口经营权的生产企业,兼营国际贸易和国内贸易,从事某产品的生产,适用增值税税率13%。10月份发生的有关业务为:当月国内购入的原材料,取得增值税专用发票上注明的价款为85万元,增值税额为11.05万元,本月已通过税务机关的认证;运输发票上注明的运费为 4.5 万元,保险费为 0.6 万元,运输发票已经税务机关比对认证。9 月份有尚未抵扣完的进项税额 5.4 万元。本月内销塑料制品取得不含税收入 32 万元,报关出口货物离岸价 21.3 万美元,折算汇率为 1∶6,假定出口退税率为 11%,已经收汇核销。计算该企业 10 月份的应纳(退)增值税额。

当期进项税额＝11.05＋4.5×9%＝11.455(万元)

当期免抵退税不得免征和抵扣税额＝21.3×6×(13%－11%)＝2.556(万元)

当期应交增值税＝32×13%－(11.455－2.556)－5.4＝－10.139(万元)

当期免抵退税额＝21.3×6×11%＝14.06(万元)

当期期末留抵税额 10.139(万元)＜当期免抵退税额 16.61(万元)

当期应退税额＝当期期末留抵税额＝10.139(万元)

当期免抵税额＝当期免抵退税额－当期应退税额＝14.06－10.139＝3.921(万元)

当月没有留抵下期的进项税额。

该企业 11 月国内购入的原材料,已认证的增值税专用发票上注明的价款为 247 万元,增值税额为 32.11 万元;运输发票上注明的运费为 6.6 万元,保险费为 0.7 万元,装卸费为 0.8 万元,运输发票已经税务机关比对认证。本月内销塑料制品取得不含税收入 61 万元,报关出口货物离岸价为 19.5 万美元,折算汇率为 1∶6,适用出口退税率为 11%,已经收汇核销。计算该企业 11 月份的应纳(退)增值税额。

当期进项税额＝32.11＋6.6×9%＝32.704(万元)

当期免抵退税不得免征和抵扣税额＝19.5×6×(13%－11%)＝2.34(万元)

当期应交增值税＝61×13%－(32.704－2.34)＝－22.434(万元)

当期免抵退税额＝19.5×6×11%＝12.87(万元)

当期期末留抵税额 22.434(万元)＞当期免抵退税额 12.87(万元)

当期应退税额＝当期免抵退税额＝12.87(万元)

当期免抵税额＝0

当月结转下期抵扣的进项税额＝22.434－12.87＝9.564(万元)

该企业 12 月国内购入的原材料,已认证的增值税专用发票上注明的价款为 68 万元,增值税额为 8.84 万元。本月内销塑料制品取得不含税收入 200 万元,报关出口货物离岸价 12.2 万美元,折算汇率为 1∶6,适用出口退税率为 11%,已经收汇核销。计算该企业 12 月份的应纳(退)增值税额。

当期进项税额＝8.84(万元)

当期免抵退税不得免征和抵扣税额＝12.2×6×(13%－11%)＝1.464(万元)

当期应交增值税＝200×13%－(8.84－1.464)－9.564＝9.06(万元)

当月应交增值税＝9.06(万元)

(四)生产企业免、抵、退税计算方法的改进

上述计算程序和方法比较复杂,不易理解,如"当期免抵退税不得免征和抵扣税额、免抵退税不得免征和抵扣税额抵减额、免抵退税额抵减额"等用词重复,晦涩难懂,计算烦琐,容易出错,与内销货物应纳增值税的计算公式差异太大,似乎两者在计算原理上截然不同,令

人困惑。而且,将出口货物发生的"当期免抵退税不得免征和抵扣税额"作为"进项税额转出",与税法规定只有通过防伪税控系统认证的进项税额才能在当期抵扣,而当企业出现购进货物用于免税项目、集体福利或个人消费,以及购进货物发生非正常损失、在产品或产成品发生非正常损失等情况时,已在前期抵扣的进项税额要在发生上述情况的当期进项税额中扣减,并作"进项税额转出"处理;两类情况有很大不同,如果均作"进项税额转出",容易混淆,造成该转出的未转出,影响增值税专用发票的认证和抵扣工作的顺利进行。因此,应该加以改进,适当简化,便于操作。

【例6-3】 某自营出口生产企业系增值税一般纳税人,出口货物原征税率为13%,退税率为10%。某年11月份发生以下业务:

(1) 上期期末留抵税额4万元。

(2) 国内采购原料取得增值税专用发票上注明税额32万元,发票已经税务机关认证。

(3) 当期以进料加工方式进口保税料件100万元。

(4) 内销货物不含税收入160万元,销项税额20.8万元;出口货物离岸价240万元。

出口退税的简化计算如下:

(1) 分别计算外销货物进项税额与内销货物进项税额。

外销货物进项税额=出口货物离岸价(FOB)×增值税税率

=(2 400 000－1 000 000)×13%=182 000(元)

内销货物进项税额=(320 000＋40 000)－182 000=178 000(元)

(2) 计算内销货物应纳税额和出口退税额。

内销货物应纳税额(免抵税额)=内销销项税额－内销进项税额

=208 000－178 000=30 000(元)

出口货物应退税额(免抵退税额)=(2 400 000－1 000 000)×10%=140 000(元)

(3) 计算应退税额。

应退税额=免抵退税额－免抵税额=140 000－30 000=110 000(元)

（五）生产企业出口退税方法的选择

生产企业出口货物可以在"免抵退"税方法与免(征)税方法之间选择。因此,企业可以根据其具体情况,如外销产品价格与内销产品价格的高低、征收率与退税率的差异、外销产品与内销产品的比重、预计未来几年的变化趋势等,事先分析测算,选定对企业比较有利的出口退税方法。

【例6-4】 天利公司是一家经营玻璃纤维及其制品生产、销售的生产型出口企业,为增值税一般纳税人。当月购进材料37 000万元,内销产品销售额46 000万元,外销产品销售额31 250万元,实行"免抵退"出口退税方式,退税率6%。当月增值税申报纳税及退免税计算分析如下:

(1) 采用"免抵退税"方法:

销项税额 $= 46\,000 \times 13\% = 5\,980$（万元）

进项税额 $= 37\,000 \times 13\% - 31\,250 \times (13\% - 6\%)$（进项税额转出）$= 2\,622.5$（万元）

应交增值税 $= 5\,980 - 2\,622.5 = 3\,357.5$（万元）

"免抵退"税额 $= 31\,250 \times 6\%$（退税率）$= 1\,875$（万元）

因为应纳税额 3 357.5 万元大于 0，没有可退进项税额。因此，退税额为 0，1 875 万元为免抵税额。

（2）采用免（征）税方法：

销项税额 $= 46\,000 \times 13\% = 5\,980$（万元）

出口免税部分的进项税额不能抵扣，内销应分摊予以抵扣的进项税额：

准予抵扣应分摊进项税额 $= (37\,000 \times 13\%) \times 46\,000 \div (46\,000 + 31\,250) = 2\,864.21$（万元）

应交增值税 $= 5\,980 - 2\,864.21 = 3\,115.79$（万元）

根据上述计算，可知采用免（征）税方法比采用"免抵退税"方法多交税 241.71 万元（3 357.5 － 3 115.79）。

在企业产品外销价格低于内销价格的情况下，企业采用"免抵退税"方法，因减少外销增加内销，内销销项税额抵消进项税额，以致当年无退税额。在这种情况下，如果按免（征）税方法，将少缴增值税 241.71 万元。在预计企业以后几年内销比例将会逐步增加且外销价格不会高于内销价格时，企业选择免（征）税方法比较有利。

三、出口货物应退消费税的计算

（一）消费税的出口退税

有进出口经营权[①]的外贸企业购进或委托加工收回的应税消费品以及自营或委托其他企业代理出口的货物，可退还其在前一环节已缴纳的消费税。

有进出口经营权的生产企业收购或委托加工收回含有消费税的出口货物，采用自行或委托其他企业代理出口的，或没有进出口经营权的生产企业委托其他企业代理出口含有消费税货物的，可退还其在前一环节已缴纳的消费税，但必须符合增值税出口货物视同自产范围（消费税比照执行）。

若属生产企业自营出口或委托代理出口自产货物及不符合视同自产货物范围的，不予退还消费税，但可享受免税政策。

（二）应退消费税的计算

出口企业出口应税消费品，应在确认收入次月的增值税纳税申报期内，向主管税务机关办理增值税、消费税退税申报。在纳税申报期内，收齐单证且信息齐全，方可正式申报退税。除提供增值税退税所需的资料及凭证外，还需提供《生产企业出口非自产货物消费税退税申请表》、消费税专用缴款书或分割单、海关进口消费税专用缴款书、委托加工收回应税消费品的代扣代收税款凭证原件或复印件。

---

① 没有进出口经营权的非出口企业购进或委托加工收回的应税消费品出口仅享受免税政策。

从价定率计税方法的应退税额 = 出口货物的工厂销售额×消费税税率

从量定额计税方法的应退税额 = 出口数量×单位税额

复合计税方法的应退税额 = 出口数量×单位税额＋出口货物的工厂销售额×消费税税率

委托加工应税消费品应退税款 = 同类消费品销售价格或者组成计税价格×消费税税率

【例6-5】 某外贸企业从某日化厂购进某高档化妆品出口,购进时增值税专用发票和消费税专用缴款书列明的购进单价为 550 元,数量为 2 800 支,消费税额是 231 000 元。本期出口购入的该批高档化妆品 2 000 支。应退消费税计算如下:

$$应退消费税 = 出口销售数量×购进单价×消费税税率$$
$$= 2\ 000×550×15\% = 165\ 000(元)$$

第三节　出口货物免、退税的会计处理

一、外贸企业出口货物免、退增值税的会计处理

外贸企业收购出口的货物,在购进时,应按照增值税专用发票上注明的增值税额,借记"应交税费——应交增值税(进项税额)"账户;按照增值税专用发票上记载的应计入采购成本的金额,借记"在途物资"等账户;按照应付或实际支付的金额,贷记"应付账款""应付票据""银行存款"等账户。货物出口销售后,结转销售成本时,借记"主营业务成本"账户,贷记"库存商品"账户;按照出口货物购进时取得的增值税专用发票上记载的进项税额或应分摊的进项税额,与按照国家规定的退税率计算的应退税额的差额,借记"主营业务成本"账户,贷记"应交税费——应交增值税(进项税额转出)"账户。

外贸企业按照规定的退税率计算出应收的出口退税时,借记"应收出口退税"账户,贷记"应交税费——应交增值税(出口退税)"账户;收到出口退税款时,借记"银行存款"账户,贷记"应收出口退税"账户。

(一)外贸企业自营出口的会计处理

【例6-6】 某外贸公司 8 月从天宁日化厂购进高档化妆品 1 000 箱,经认证的增值税专用发票注明价款 50 万元、进项税额 6.5 万元,货款已经支付。当月该批商品已全部出口,出口价款为折合人民币 75 万元,申请退税的单证齐全。该高档化妆品的消费税税率为 15%,增值税退税率为 11%。相关计算和会计分录如下:

$$应退增值税额 = 500\ 000×11\% = 55\ 000(元)$$
$$转出增值税额 = 65\ 000 - 55\ 000 = 10\ 000(元)$$
$$应退消费税额 = 500\ 000×15\% = 75\ 000(元)$$

(1)购进商品时:

借:商品采购 500 000
　　应交税费——应交增值税(进项税额) 65 000
　　贷:银行存款 565 000

(2)商品入库时:

借：库存商品——库存出口商品　　　　　　　　　　　　　　　　　　　500 000

　　贷：商品采购　　　　　　　　　　　　　　　　　　　　　　　　　　　500 000

（3）商品出口时：

借：应收账款　　　　　　　　　　　　　　　　　　　　　　　　　　　750 000

　　贷：主营业务收入——出口销售收入　　　　　　　　　　　　　　　　750 000

（4）结转商品销售成本：

借：主营业务成本　　　　　　　　　　　　　　　　　　　　　　　　　500 000

　　贷：库存商品　　　　　　　　　　　　　　　　　　　　　　　　　　500 000

（5）进项税额转出：

借：主营业务成本　　　　　　　　　　　　　　　　　　　　　　　　　10 000

　　贷：应交税费——应交增值税（进项税额转出）　　　　　　　　　　　10 000

（6）应收增值税退税款：

借：应收出口退税——应退增值税　　　　　　　　　　　　　　　　　　55 000

　　贷：应交税费——应交增值税（出口退税）　　　　　　　　　　　　　55 000

（7）应收消费税退税款：

借：应收出口退税——应退消费税　　　　　　　　　　　　　　　　　　75 000

　　贷：主营业务成本　　　　　　　　　　　　　　　　　　　　　　　　75 000

（8）收到退税款：

借：银行存款　　　　　　　　　　　　　　　　　　　　　　　　　　　130 000

　　贷：应收出口退税——应退增值税　　　　　　　　　　　　　　　　　55 000

　　　　　　　　　　——应退消费税　　　　　　　　　　　　　　　　　75 000

（二）外贸企业一般贸易出口委托加工货物的会计处理

【例6-7】　A外贸企业从B企业购进一批原材料,以作价销售的形式将甲产品卖给C企业委托加工成乙产品,收回后报关出口。已知乙产品出口退（免）税率为11％,原材料征税率为13％,不考虑国内运费及所得税等其他税费因素,其1～4月份发生的相关业务及其会计处理如下：

第一,1月初,A企业购入原材料,收到增值税专用发票计税金额为100 000元,进项税额13 000元,当月购货款已通过银行转账支付。

借：库存商品——××材料　　　　　　　　　　　　　　　　　　　　100 000

　　应交税费——应交增值税（进项税额）　　　　　　　　　　　　　　13 000

　　贷：银行存款　　　　　　　　　　　　　　　　　　　　　　　　　113 000

第二,国内作价销售原材料并结转成本。

（1）作价11万元销售时：

借：银行存款 124 300
　　贷：主营业务收入——内销收入 110 000
　　　　应交税费——应交增值税（销项税额） 14 300

（2）结转主营业务成本：

借：主营业务成本——内销商品 100 000
　　贷：库存商品——××材料 100 000

（3）月末结转未缴增值税：

借：应交税费——应交增值税（销项税额） 14 300
　　贷：应交税费——应交增值税（进项税额） 13 000
　　　　　　　——应交增值税（未交增值税） 1 300

第三，2月份，申报上月应缴增值税额。同时，A企业收回C企业加工完成的乙产品，取得增值税专用发票的计税价格为150 000元（含加工费），进项税额为19 500元，并在当月全部报关出口，其离岸价折合人民币的价格为180 000元。

（1）2月申报缴纳增值税：

借：应交税费——应交增值税（已交税金） 1 300
　　贷：银行存款 1 300

（2）结转已交税金：

借：应交税费——应交增值税（未交增值税） 1 300
　　贷：应交税费——应交增值税（已交税金） 1 300

（3）确认外销收入：

借：应收账款——应收外汇账款（客户） 180 000
　　贷：主营业务收入——外销收入 180 000

★在下月初时，应将出口销售额填入增值税纳税申报表中的"免税货物销售额"栏进行纳税申报。

（4）购进乙产品并将购货款通过银行转账支付：

借：库存商品——出口商品 150 000
　　应交税费——应交增值税（进项税额） 19 500
　　贷：银行存款 169 500

（5）根据取得的增值税专用发票上列明的计税金额计算退税额，并提取出口退税和结转成本：

应退税额＝150 000×11％＝16 500（元）

结转成本额＝150 000＋150 000×（13％－11％）＝153 000（元）

借：应交税费——应交增值税（出口退税） 16 500
　　主营业务成本——出口商品 153 000
　　贷：应交税费——应交增值税（进项税额转出） 19 500
　　　　库存商品——出口商品 150 000

（6）结转应交增值税（出口退税）：

借：应收出口退税——应退增值税 16 500
　　贷：应交税费——应交增值税（出口退税） 16 500

（7）2月末结转科目余额：

借：应交税费——应交增值税（进项税额转出） 19 500
　　贷：应交税费——应交增值税（进项税额） 19 500

第四，3月份，A企业收齐出口货物报关单和其他单证并向主管税务机关申报出口退（免）税。

第五，4月份，收到出口退税款。

借：银行存款 16 500
　　贷：应收出口退税——应退增值税 16 500

企业如果采用委托加工修理修配货物以外的货物出口，其会计处理应参照［例6-6］的（3）～（5）进行。

（三）从小规模纳税人购进特准退税的出口货物

【例6-8】 某土产进出口公司从小规模纳税人处购入麻纱一批用于出口。金额60 000元，小规模纳税人开来普通发票。土产公司已将该批货物出口完毕，有关出口退税的全套凭证已经备齐。作会计分录如下：

$$应退税额=\frac{普通发票所列销售金额}{1+征收率}\times 退税率=\frac{60\,000}{1+3\%}\times 3\%=1\,747.57（元）$$

（1）申报退税时：

借：应收出口退税——应退增值税 1 747.57
　　贷：应交税费——应交增值税（出口退税） 1 747.57

（2）收到出口退税时：

借：银行存款 1 747.57
　　贷：应收出口退税——应退增值税 1 747.57

二、生产企业出口货物免、抵、退增值税的会计处理

（一）免抵退增值税会计账户设置

生产企业免抵退增值税的会计处理，主要涉及：免税出口销售收入的核算、不得抵扣税额的核算、应交税费的核算、免抵退税货物不得抵扣税额抵减额的核算、出口货物免抵税额和应退税额的核算和免抵退税调整的核算。要进行免抵退税的会计处理，必须合理设置和正确使用有关账户。出口企业应在"应交税费——应交增值税"二级账户下设置有关明细账户，还应设置"应交税费——未交增值税"账户。生产企业实行免抵退税，其"退税"的前提必须是期末有留抵税额，而当期期末的留抵税额，在月末需从"应交税费——应交增值税（转出

多交增值税)"转入"应交税费——未交增值税",退税的实质,就是退"应交税费——未交增值税"的借方余额的部分。对"应交增值税""未交增值税"两个二级账户,除第三章述及外,在免抵退税的会计处理中,主要涉及"出口退税抵减应纳税额""出口退税""进项税额转出""转出多交增值税"明细账户和"未交增值税"二级账户。

1. "出口退税抵减应纳税额"明细账户

如果生产企业在发生出口业务的同期有内销业务,当然会有"内销产品应纳税额",在办理免抵退时,可以从中抵减。但在一般贸易出口、进料加工复出口业务中,即使没有发生内销业务,也有"应纳税额"的问题,依免抵退税办法,也可从中抵减。因此,将原"出口抵减内销产品应纳税额"改为"出口退税抵减应纳税额"更为贴切。企业货物出口后,按规定计算的应免抵税额,借记"出口退税抵减应纳税额"明细账户,贷记"应交税费——应交增值税(出口退税)"账户。

2. "出口退税"明细账户

记录企业凭有关单证向税务机关申报办理出口退税而应收的出口退税款及应免抵税额。出口货物应退回的增值税额,用蓝字记贷方,退税后又发生退货、退关而补缴已退税款时,用红字记贷方。

3. "进项税额转出"明细账户

企业在核算出口货物免税收入的同时,对免税收入按征退税率之差计算的"不得抵扣税额",借记"主营业务成本"账户,贷记本明细项目。当月"不得抵扣税额"发生额合计数应与本月申报的《生产企业出口货物免抵退税申报明细表》中的"不得抵扣税额"合计数一致。企业收到税务机关出具的《生产企业进料加工贸易免税证明》后,按"证明"上注明的"不得抵扣税额抵减额",以红字作上述会计分录。企业支付国外运、保、佣费用时,按出口货物征退税率之差计算的分摊额,也作上述红字会计分录。

4. "转出多交增值税"明细账户

对按批准数进行会计处理的,其月末转出数为当期期末留抵税额;对按申报数进行会计处理的,其月末转出数为按公式计算的"结转下期继续抵扣的进项税额"。月末将多交增值税转出后,其借方余额为尚未抵扣的进项税额;但在税务会计处理时,也可以将其余额全部转出,转出后,无余额。这样便于进行免抵退税会计处理,税务机关倾向后者。不论用哪种方法,企业在纳税申报时,"上期留抵税额"均不应包括多交部分。

5. "应交税费——未交增值税"明细账户

若按全额转出,其使用方法如表 6-1 所示。

表 6-1　　　　　　　　　　　　　　　应交税费——未交增值税

1. 转入本月多交增值税、期末留抵税额	1. 转入本月应交未交增值税
2. 上缴前期应交未交增值税	
余额:(1)期末留抵税额	余额:结转下期的应交增值税
(2)专用税票预缴多交税额	

6. 销售账簿的设置

生产企业产品销售应按内、外销分别设账,对自营出口销售、委托代理出口销售、来料加工出口销售、深加工结转出口销售,应分别设置多栏式明细账,并按不同征税率、不同退税率的出口销售分设账页。

(二)"免抵退"增值税会计处理举例

【例6-9】　某自营出口生产企业8月份发生如下业务:

(1) 本期外购货物500万元验收入库,取得准予抵扣的进项税额65万元,上期留抵进项税额15万元(按全额转出进行会计处理)。

(2) 本期收到其主管税务机关出具的"生产企业进料加工贸易免税证明"一份,"证明"注明的免税核销进口料件组成计税价格100万元,不得抵扣税额抵减额2万元,免抵退应抵扣税额15万元。

(3) 本期收到其主管税务机关出具的"生产企业出口货物免抵退税审批通知单"一份,批准上期出口货物的应免抵税额10万元,应退税额5万元,未抵扣完的税额10万元,应退税额于当月办理了退库。

(4) 本期内销货物销售额500万元,自营进料加工复出口货物折合人民币金额400万元,来料加工复出口货物工缴费收入额100万元。

(5) 当期实际支付国外运费、保险费、佣金等50万元并冲减了出口销售。

(6) 本期取得单证齐全的退税资料出口额300万元,均为进料加工贸易,计划分配率均为70%,并于9月10日前向退税机关申报。该企业内、外销货物适用增值税税率13%(非消费税应税货物),复出口货物的退税率为11%,存货按实际成本法核算。

根据以上业务,作账务处理如下。

1. 按主管税务机关批准数进行会计处理

(1) 购进货物的处理。

```
借:原材料                                                      5 000 000
    应交税费——应交增值税(进项税额)                          650 000
    贷:应付账款(或银行存款)                                  5 650 000
```

(2) 按当期收到的免税证明入账,不得抵扣税额抵减额2万元。

```
借:主营业务成本                                                  20 000
    贷:应交税费——应交增值税(进项税额转出)                     20 000
```

(3) 收到"生产企业出口货物免抵退税审批通知单",批准免税税额10万元,未抵扣完的进项税额10万元,退税5万元。

```
借:应交税费——应交增值税(出口退税抵减应纳税额)              100 000
    应收出口退税——应退增值税                                   50 000
    贷:应交税费——应交增值税(出口退税)                        150 000
```

对未抵扣完的进项税额不作会计处理,据"生产企业出口货物免抵退税审批通知单"批

准的应退税款办理退库。

借：银行存款　　　　　　　　　　　　　　　　　　　　　　　　50 000
　　贷：应收出口退税——应退增值税　　　　　　　　　　　　　　　50 000

（4）当期免税销售的会计处理。

内销货物的销售：

借：银行存款（或应收账款）　　　　　　　　　　　　　　　　5 650 000
　　贷：主营业务收入——内销　　　　　　　　　　　　　　　5 000 000
　　　　应交税费——应交增值税（销项税额）　　　　　　　　　650 000

来料加工复出口销售：

借：银行存款（或应收账款）　　　　　　　　　　　　　　　1 000 000
　　贷：主营业务收入——来料加工贸易出口　　　　　　　　　1 000 000

同时，对来料加工耗用的进口料件按销售比例计算进项税额转出额：

$$转出额＝[65÷(500＋400＋100－50)]×100＝6.84(万元)$$

借：主营业务成本　　　　　　　　　　　　　　　　　　　　　68 400
　　贷：应交税费——应交增值税（进项税额转出）　　　　　　　　68 400

凭出口外销发票，对进料加工复出口销售入账（不考虑成交方式）：

借：银行存款　　　　　　　　　　　　　　　　　　　　　　4 000 000
　　贷：主营业务收入——进料加工贸易出口　　　　　　　　　4 000 000

同时，计算不得抵扣税额：

$$不得抵扣税额＝400×(13\%－11\%)＝8(万元)$$

借：主营业务成本　　　　　　　　　　　　　　　　　　　　　80 000
　　贷：应交税费——应交增值税（进项税额转出）　　　　　　　　80 000

（5）运费、保险费、佣金等费用入账（冲减销售收入，平时不参与免抵退税计算，年终时一次调整免抵退税额[①]）。

借：主营业务收入（出口产品免税销售收入）　　　　　　　　500 000[②]
　　贷：银行存款　　　　　　　　　　　　　　　　　　　　　500 000

（6）应纳税额计算与应交税费的会计处理。

$$本月应纳税额＝[65＋(－2)＋15＋6.84＋8－(65＋10)]－15$$
$$＝17.84－15＝2.84(万元)$$

本月"应交税费——应交增值税"为贷方余额，月末会计分录如下：

借：应交税费——应交增值税（转出未交增值税）　　　　　　178 400
　　贷：应交税费——未交增值税　　　　　　　　　　　　　　178 400

---

① 企业出口业务次数少时，也可同时冲减不得抵扣税额，这样，年终不再调整。
② 实际入账时，应用红字或用负数记入贷方，以反映冲减"收入"。

月末,"应交税费——未交增值税"为贷方余额2.84万元(17.84-15)。此结果与下面第二种方法相比,退税已抵冲了2.16万元的应纳税额。

如果"应交税费——应交增值税"为借方余额,则月末会计分录如下:

借:应交税费——未交增值税

　　贷:应交税费——应交增值税(转出多交增值税)

(7)单证收齐并向主管税务机关退税申报(不作会计处理,只登记退税申报台账)。

以上会计分录涉及的"应交税费——应交增值税"账户,以丁字账表示,如表6-2所示。

表6-2		应交税费——应交增值税		金额单位:万元
(1)购进货物	65	(2)收到免税证明入账		-2
(3)审批应免抵	10	(3)审批免抵退税额		15
		(4)①内销销项		65
		②来料加工进项转出		6.84
(6)转出未交	17.84	③免抵退不得抵扣税额		8
合　计	92.84	合　计		92.84

2. 按企业退税申报数进行会计处理

(1)购进货物。其会计处理与第1项的(1)相同。

(2)收到免税证明。其会计处理与第1项的(2)相同。

(3)收到"生产企业出口货物免抵退税审批通知单",只在办理退库时作会计分录如下:

借:银行存款　　　　　　　　　　　　　　　　　　　　50 000

　　贷:应收出口退税——应退增值税　　　　　　　　　50 000

(4)免税销售收入。其会计处理与第1项的(4)相同。

(5)运费、保险费、佣金费用。其会计处理与第1项的(5)相同。

(6)应纳税额的计算与会计处理。

$$应纳税额=[65+(-2)+6.84+8-65]-15=12.84-15=-2.16(万元)$$

月末,对"应交税费——应交增值税"的贷方余额作会计分录如下:

借:应交税费——应交增值税(转出未交增值税)　　　　150 000

　　贷:应交税费——未交增值税　　　　　　　　　　　150 000

月末,"应交税费——未交增值税"账户余额为0(15-15)。

(7)退税单证收齐后,按退税申报数进行免抵退税的会计处理。

$$应免抵退税额=300×11\%-300×70\%×11\%=9.9(万元)$$

$$应退税额=2.16(万元)$$

$$应免抵税额=9.9-2.16=7.74(万元)$$

根据以上结果,作会计分录如下:

借：应收出口退税——应退增值税 21 600
应交税费——应交增值税(出口退税抵减应纳税额) 77 400
贷：应交税费——应交增值税(进项税额转出) 99 000

以上会计分录涉及的"应交税费——应交增值税"账户,以丁字账表示,如表6-3所示。

表6-3 应交税费——应交增值税 金额单位：万元

(1) 购进货物	65	(2) 收到免税证明入账	-2
		(4) ①内销销项税额	65
		②来料加工进项转出	6.84
		③免抵退不得抵扣税额	8
(6) 转出未交	15		
(7) 计算的应免抵税额	7.74	(7) 计算免抵退税额	9.9
合　计	87.74	合　计	87.74

【例6-10】 某出口型生产企业采用进料加工方式为国外 A 公司加工某产品一批,1月进口保税料件价值1 000万元,加工完成后返销A公司,售价折合人民币1 500万元,为加工该批产品耗用辅料、备品备件、动力费等支付价款312.5元,支付进项税额为40.625万元,该化工产品征税率为13%,退税率为11%。假设本月内销货物销售额为零,本期未发生其他进项税额,存货采用实际成本法核算。该企业的会计处理如下：

(1) 免税进口料件。

借：原材料 10 000 000
贷：银行存款 10 000 000

(2) 外购原辅材料、备件及支付动力费等。

借：原材料等 3 125 000
应交税费——应交增值税(进项税额) 406 250
贷：银行存款 3 531 250

(3) 产品外销时。

借：应收账款 15 000 000
贷：主营业务收入 15 000 000

(4) 月末,计算当月出口货物不予抵扣和退税的税额。

不予抵扣退税的税额 = 15 000 000 × (13% - 11%) - 10 000 000 × (13% - 11%)
= 100 000(元)

会计处理如下：

借：主营业务成本 100 000
贷：应交税费——应交增值税(进项税额转出) 100 000

(5) 计算应退税额和应免抵税额。

免抵退税额抵减额＝免税购进原材料价格×出口货物退税率＝10 000 000×11％＝1 100 000(元)

免抵退税额＝出口货物离岸价格×外汇人民币牌价×出口货物退税率－免抵退税额抵减额

$$= 15\ 000\ 000 \times 11\% - 1\ 100\ 000$$

$$= 350\ 000 (元)$$

若上年结转本年留抵进项税额4万元,则:

$$\text{1月份的} \atop \text{留抵税额} = \text{进项} \atop \text{税额} + \text{上期留} \atop \text{抵税额} - \text{内销销} \atop \text{项税额} - \text{进项税} \atop \text{额转出} = 406\ 250 + 40\ 000 - 0 - 100\ 000 = 346\ 250 (元)$$

当期期末留抵税额346 250(元)＜当期免抵退税额350 000(元)时:

当期应退税额＝当期期末留抵税额＝346 250(元)

当期免抵税额＝当期免抵退税额－当期应退税额＝350 000－346 250＝43 750(元)

借:应收出口退税——应退增值税　　　　　　　　　　　　　346 250

　　应交税费——应交增值税(出口退税抵减应纳税额)　　　　43 750

　　　贷:应交税费——应交增值税(出口退税)　　　　　　　　　350 000

假设[例6-10]中上年留抵税额为70万元,则:

$$\text{1月份的} \atop \text{留抵税额} = \text{进项} \atop \text{税额} + \text{上期留} \atop \text{抵税额} - \text{内销销} \atop \text{项税额} - \text{进项税} \atop \text{额转出} = 406\ 250 + 700\ 000 - 0 - 100\ 000 = 1\ 006\ 250 (元)$$

当期期末留抵税额1 006 250(元)＞当期免抵退税额350 000(元)时:

当期应退税额＝当期免抵退税额＝350 000(元)

当期免抵税额＝0

借:应收出口退税——应退增值税　　　　　　　　　　　　　350 000

　　　贷:应交税费——应交增值税(出口退税)　　　　　　　　　350 000

结转下期留抵税额＝1 006 250－350 000＝656 250(元)

借:应交税费——未交增值税　　　　　　　　　　　　　　　656 250

　　　贷:应交税费——应交增值税(转出多交增值税)　　　　　　656 250

三、出口货物应退消费税的会计处理

生产企业委托外贸企业代理出口,发出产品时,应照常计税。待商品出口后,生产企业凭代理方转来的有关出口凭证,填写"申报表"申请退税。

【例6-11】　某外贸公司从国内某摩托车厂购入摩托车500辆,价款2 500 000元,税额325 000元,厂方已计算缴纳消费税额250 000元。上述款项已付。外贸公司将该批摩托车销往国外,并按规定申报办理消费税退税,退税款已收到。与此同时,该公司收到上批出口摩托车退货,当时已退消费税50 000元,企业按规定计算补缴已退税款。作会计分录如下:

(1) 公司在国内采购时:

借:库存商品　　　　　　　　　　　　　　　　　　　　　2 500 000

　　应交税费——应交增值税(进项税额)　　　　　　　　　　325 000

　　　贷:银行存款　　　　　　　　　　　　　　　　　　　　2 825 000

（2）计算应退税款时：

| 借：应收出口退税——应退消费税 | 250 000 | |
| 贷：主营业务成本 | | 250 000 |

（3）收到退税款时：

| 借：银行存款 | 250 000 | |
| 贷：应收出口退税——应退消费税 | | 250 000 |

（4）计算补缴已退税款时：

借：主营业务成本	50 000	
贷：应收出口退税——应退消费税		50 000
借：应收出口退税——应退消费税	50 000	
贷：银行存款		50 000

【例 6-12】 某日化厂系一般纳税人，主要出口高档化妆品。5 月份外购一批原材料，计税价格为 80 万元，进项税额为 10.4 万元，当月委托连馨厂进行加工。8 月份，委托加工收回并出口，加工费计税金额为 4 万元，出口高档化妆品符合视同自产退税要求。当月报关出口额总价折算人民币为 128 万元，申请退税单证齐备、信息齐全，尚未收到国外货款（属出口收汇非重点监管企业，在退税申报期内收汇即可）。高档化妆品的消费税税率为 15%，增值税征税率为 13%，假定增值税退税率为 11%，当期无内销业务发生，无上期结转留抵进项税额，相关会计处理如下：

（1）购进委托加工原材料（通过银行支付）。

借：原材料	800 000	
应交税费——应交增值税（进项税额）	104 000	
贷：银行存款		904 000

（2）发出委托加工原材料。

| 借：委托加工物资——连馨厂 | 800 000 | |
| 贷：原材料 | | 800 000 |

（3）支付委托加工费。

借：委托加工物资——连馨厂	40 000	
应交税费——应交增值税（进项税额）	5 200	
贷：银行存款		45 200

（4）支付代扣代缴消费税。

| 借：委托加工物资——出口商品[（800 000＋40 000）÷（1－15%）×15%] | 148 235 | |
| 贷：银行存款 | | 148 235 |

加工收回成品入库时：

| 借：库存商品——出口商品（800 000＋40 000＋148 235） | 988 235 | |
| 贷：委托加工物资——出口商品 | | 988 235 |

（5）确认出口货物收入。

借：应收账款——国外××客户　　　　　　　　　　　　　　1 280 000

　　贷：主营业务收入——出口收入　　　　　　　　　　　　　　　　1 280 000

结转出口化妆品销售成本时：

借：主营业务成本——出口化妆品　　　　　　　　　　　　　988 235

　　贷：委托加工物资或库存商品——出口商品　　　　　　　　　　988 235

（6）计算当期应纳税额。

$$当期不得免征和抵扣税额 = 1\,280\,000 \times (13\% - 11\%) = 25\,600(元)$$

借：主营业务成本——出口化妆品　　　　　　　　　　　　　25 600

　　贷：应交税费——应交增值税（进项税额转出）　　　　　　　　　25 600

$$当期应纳税额 = 0 - (104\,000 + 5\,200 - 25\,600) - 0 = -83\,600(元)$$

（7）计算当期免抵退税额。

$$当期免抵退税额 = 1\,280\,000 \times 11\% = 140\,800(元)$$

因当期期末留抵税额 83 600 元 < 当期免抵退税额 140 800 元，则：

$$当期应退税额 = 当期期末留抵税额 = 83\,600(元)$$

$$当期免抵税额 = 当期免抵退税额 - 当期应退税额 = 140\,800 - 83\,600 = 57\,200(元)$$

在 8 月份的增值税纳税申报期内，从出口退税申报系统中录入相关数据，生成电子数据并凭相关报表及凭证进行免抵退税正式申报。

（8）根据出口货物消费税专用缴款书，计算消费税应退税额。

借：应收出口退税——应退消费税　　　　　　　　　　　　　148 235

　　贷：主营业务成本——出口化妆品　　　　　　　　　　　　　　148 235

（9）8 月底，企业正式申报的免抵退税通过主管税务机关审批。

借：应收出口退税——应退增值税　　　　　　　　　　　　　83 600

　　应交税费——应交增值税（出口退税抵减应纳税额）　　　57 200

　　贷：应交税费——应交增值税（出口退税）　　　　　　　　　　140 800

（10）出口企业收到退税款。

借：银行存款　　　　　　　　　　　　　　　　　　　　　　231 835

　　贷：应收出口退税——应退增值税　　　　　　　　　　　　　　83 600

　　　　　　　　　　——应退消费税　　　　　　　　　　　　　148 235

四、出口货物补缴免抵退税的会计处理

对生产企业已经申报办理免抵退税的出口货物，如果跨年度发生退运（退关、退货），或者跨年度依照规定应当适用免征增值税政策（免税不退税），或者跨年度依照规定应当适用征收增值税政策（不免税不退税），企业应当依照规定补缴免抵退税额。因不同情况的适用政策有异，其相应的会计处理也不相同。

（一）生产企业出口货物跨年度发生退运，补缴免抵退税额的会计处理

生产企业出口货物跨年度发生退运，如果出口货物已经申报办理免抵退税，则应按规定补缴免抵退税额。对补缴的免抵退税额不得计入营业成本，应以红字贷记"应交税费——应交增值税（出口退税）"账户，蓝字贷记"银行存款"等账户（相当于列作进项税额予以抵扣）；同时，将免抵退税不得免征和抵扣税额从成本中转回，红字借记"以前年度损益调整"账户，红字贷记"应交税费——应交增值税（进项税额转出）"账户。

【例6-13】 某公司（增值税一般纳税人）系出口退（免）税申报后提供出口收汇核销单的生产企业。上年11月份以一般贸易方式出口一批产品，出口离岸价250万元，征税率13%，退税率11%。该笔出口货物当月取得出口报关单退税联和电子信息，公司当年12月份办理免抵退税申报，单证信息齐全，计算免抵退税额27.5万元，其中出口退税15万元、免抵税额12.5万元。今年4月份，公司发生退关退货，主管税务机关通知公司按规定补缴免抵退税款。有关会计处理如下：

（1）上年11月份出口销售时：

借：应收账款　　　　　　　　　　　　　　　　　　　　　　　2 500 000
　　贷：主营业务收入——出口收入　　　　　　　　　　　　　　　2 500 000

（2）上年11月份计算转出不予免征和抵扣税额时：

借：主营业务成本　　　　　　　　　　　　　　　　　　　　　　50 000
　　贷：应交税费——应交增值税（进项税额转出）　　　　　　　　　50 000

（3）上年12月份计算办理出口退税和免抵税额时：

借：应收出口退税——应退增值税　　　　　　　　　　　　　　150 000
　　应交税费——应交增值税（出口退税抵减应纳税额）　　　　　　125 000
　　贷：应交税费——应交增值税（出口退税）　　　　　　　　　　275 000

（4）今年4月份退运冲减出口销售时：

借：应收账款　　　　　　　　　　　　　　　　　　　　　　　2 500 000
　　贷：以前年度损益调整　　　　　　　　　　　　　　　　　　2 500 000

同时冲减出口销售成本（会计处理从略）。

（5）今年4月份转回不予免征和抵扣税额时：

借：以前年度损益调整　　　　　　　　　　　　　　　　　　　　50 000
　　贷：应交税费——应交增值税（进项税额转出）　　　　　　　　　50 000

（6）补缴免抵退税额时：

　　　　　　　　应补缴免抵退税额＝2 500 000×11%＝275 000（元）

贷：应交税费——应交增值税（出口退税）　　　　　　　　　　275 000
贷：银行存款　　　　　　　　　　　　　　　　　　　　　　　275 000

对退运的出口销售额,生产企业应在增值税申报表上以负数填写第7栏"免抵退办法出口销售额";对补缴的免抵退税额,企业应当以负数填列第15栏"免抵退应退税额";对转回的免抵退税不得免征和抵扣税额,企业应当以负数填列在增值税纳税申报表附列资料(二)第18栏"免抵退税办法不得抵扣的进项税额"。

(二)生产企业出口货物因适用免征增值税政策而补缴免抵退税额的会计处理

生产企业已申报办理出口退(免)税的货物,如果按规定跨年度适用免征增值税政策时,应全额补缴免抵退税额。企业应将补缴的免抵退税额用红字贷记"应交税费——应交增值税(出口退税)"账户,蓝字贷记"银行存款"等账户;因出口免税货物可以直接确认其进项税额,可以作进项税额转出处理,借记"以前年度损益调整"账户,贷记"应交税费——应交增值税(进项税额转出)"账户;为简化会计处理,其补缴的免抵退税额也可直接计入当期损益,不必用红字贷记"应交税费——应交增值税(出口退税)"账户。

【例6-14】 仍以[例6-13]资料。如果今年8月份公司仍然未收汇核销,不能提供出口收汇核销单,按规定公司适用免征增值税政策。今年9月份,公司办理出口货物免税申报手续时,同时应按规定补缴已经"免抵退"的税额。有关会计处理如下:

(1)补缴免抵退税额时:

贷:应交税费——应交增值税(出口退税)　　　　　　　　　　275 000

贷:银行存款　　　　　　　　　　　　　　　　　　　　　　275 000

(2)因适用免征增值税政策,将补缴的免抵退税额计入损益时:

借:以前年度损益调整　　　　　　　　　　　　　　　　　　275 000

　　贷:应交税费——应交增值税(进项税额转出)　　　　　　　275 000

因该笔出口货物适用于免征增值税政策,其免抵退税不得免征和抵扣税额不得再从成本中转回。对适用免征增值税政策的出口货物销售额,生产企业应在增值税申报表上以负数填写第7栏"免抵退办法出口销售额",同时在第8栏"免税销售额"和第9栏"其中:免税销售额"填写;对补缴的免抵退税额,企业应以负数填列第15栏"免抵退应退税额";对计入成本的补缴免抵退税额,因没有直接对应的栏目,企业可以在增值税纳税申报表附列资料(二)第14栏"免税项目用"填列。

(三)生产企业出口货物因适用征收增值税政策而补缴免抵退税额的会计处理

生产企业已申报办理退(免)税的出口货物,如果按规定跨年度适用征收增值税政策而补缴免抵退税额时,企业应将补缴的免抵退税额,用红字贷记"应交税费——应交增值税(出口退税)"账户,蓝字贷记"银行存款"等账户;将以前申报的免抵退税不得免征和抵扣税额冲回,红字借记"以前年度损益调整"等账户,红字贷记"应交税费——应交增值税(进项税额转出)"账户;计提销项税额,借记"以前年度损益调整"等账户,贷记"应交税费——应交增值税(销项税额)"账户。

【例6-15】 仍以[例6-13]资料。如果今年8月份公司仍然未收汇核销,不能提供出口收汇核销单,公司今年9月份未办理出口货物免税申报手续,因此,今年10月份公司这笔

出口货物依照规定应当适用征收增值税政策;同时,按规定应补缴已经"免抵退"的税额。今年10月份有关会计处理如下:

(1) 补缴免抵退税额:

贷:应交税费——应交增值税(出口退税)　　　　　　　　　275 000

贷:银行存款　　　　　　　　　　　　　　　　　　　　275 000

(2) 将免抵退税不得免征和抵扣税额从成本中转回:

借:以前年度损益调整　　　　　　　　　　　　　　　　50 000

贷:应交税费——应交增值税(进项税额转出)　　　　　50 000

(3) 适用征收增值税政策,计提销项税额:

$$销项税额 = 2\,500\,000 ÷ (1 + 13\%) × 13\% = 287\,611(元)$$

借:以前年度损益调整　　　　　　　　　　　　　　　287 611

贷:应交税费——应交增值税(销项税额)　　　　　　287 611

$$应纳增值税 = 287\,611 - 275\,000 - 50\,000 = -37\,389(元)$$

该笔出口货物应纳增值税额为零,企业留抵税额37 389元。

对适用征收增值税政策的出口销售额,生产企业应在增值税申报表上以负数填写第7栏"免抵退办法出口销售额",同时在第1栏"按适用税率征税销售额"和第2栏"其中:应税销售额"填写;对计提的销项税额,企业应在增值税申报表第11栏"销项税额"栏目填写,同时在增值税纳税申报表附列资料(一)"开具其他发票"的"销项(应纳)税额"项目下填写;对补缴的免抵退税额,企业应当以负数填列纳税申报表第15栏"免、抵、退应退税额"。对转回的免抵退税不得免征和抵扣税额,企业应当以负数填列在纳税申报表附列资料(二)第18栏"免抵退税办法不得抵扣进项税额"。

 **复习思考题**

1. 出口货物退(免)税的基本原则是什么? 会计在应对"反倾销""反补贴"中有何作为?

2. 简述出口退(免)税的税种和退税的范围。

3. 如何进行出口货物退(免)税的管理?

4. 办理出口货物退(免)税时,必须提供哪些凭证?

5. 外贸企业出口货物的退(免)税如何进行会计处理?

6. 按"免抵退"办法办理出口退税的生产企业,有哪些会计处理方法?

第七章　资源税会计

第一节　资源税税制要素

资源税是以特定自然资源为纳税对象的一种流转税。我国的资源税是在1984年第二步"利改税"时开征的一个税种。从2016年7月1日起,全面推进资源税改革。从2017年12月1日起,在河北省先行实施水资源税征收试点的基础上,将征收范围扩大至京津晋、川陕宁等九省(市)。

征收资源税有利于合理开采和充分利用自然资源,促进企业节能减排,加快生态文明建设,形成健康、适度的消费观念和消费行为,构建人与自然的和谐环境等。

一、资源税的纳税人、扣缴义务人

资源税的纳税人是在我国境内开采矿产资源和特定自然资源的单位和个人。单位是指企业、行政单位、事业单位、军事单位、社会团体及其他单位,个人是指个体工商户和其他个人。

资源税的扣缴义务人是收购未税矿产品的单位(独立矿山、联合企业以及其他单位)。"未税矿产品"是指资源税纳税人在销售其产品时不能向扣缴义务人提供"资源税管理证明"[①]的矿产品。

增值税小规模纳税人可以在50%的税额幅度内减征资源税,资源税扣缴义务人则无法享受减半优惠。因此,在与销售方订立供销合同时,其收购价格应充分考虑该因素,以有效管控税负。

资源税代扣代缴适用范围是除原油、天然气、煤炭以外的,税源小、零散、不定期开采,且难以在采矿地申报缴纳资源税的矿产品。对已纳入开采地正常税务管理或者在销售矿产品时开具增值税发票的纳税人,不采用代扣代缴的征管方式。

二、资源税的纳税范围

我国现行资源税的征税对象主要是各种矿产资源。要积极创造条件,逐步对水、森林、草场、滩涂等自然资源开征资源税。从我国资源税的征收对象来看,应属于产出型资源税。

(1)原油,指开采的天然原油,不包括人造石油。

---

① 如果销售方(纳税人)能够向购货方(扣缴义务人)提供当地主管税务机关开具的"资源税管理证明",购货方据此不代扣资源税。

（2）天然气，指专门开采或者与原油同时开采的天然气。

（3）煤炭，包括原煤和以未税原煤加工的洗选煤（简称洗选煤）。

（4）其他非金属矿原矿，指上列产品和井矿盐以外的非金属矿原矿，包括玉石、宝石、磷矿石、膨润土、石墨、石英砂、萤石、重晶石、石棉等。

（5）金属矿产品原矿，包括黑色金属矿原矿和有色金属矿原矿。黑色金属矿原矿包括铁矿石、锰矿石、铬矿石。有色金属矿原矿包括铜矿石、铅锌矿石、铝土矿石、钨矿石、锡矿石、黄金矿石等。

（6）盐，包括固体盐和液体盐。固体盐是指海盐原盐、湖盐原盐和井矿盐。海盐原盐包括北方海盐和南方海盐。液体盐俗称卤水，是指氯化钠含量达到一定浓度的溶液，用于生产碱或其他产品的原料。

三、资源税的税目与税率

我国现行资源税的税目、税率如表 7-1 所示。各省级人民政府可在税率幅度内提出或确定本地区资源税适用税率。一个矿种原则上设定一档税率，少数资源条件差异较大的矿种可按不同资源条件、不同地区设定两档税率。

表 7-1   资源税税目、税率（幅度）表

税 目		征税对象	税 率
原 油			6%～10%
天然气			6%～10%
煤 炭			2%～10%
金属矿	轻稀土	精矿	11.5%（内蒙古）、9.5%（四川）、7.5%（山东）
	中重稀土	精矿	27%
	钨	精矿	6.5%
	钼	精矿	11%
	铁矿	精矿	1%～6%
	金矿	金锭	1%～4%
	铜矿	精矿	2%～8%
	铝土矿	原矿	3%～9%
	铅锌矿	精矿	2%～6%
	镍矿	精矿	2%～6%
	锡矿	精矿	2%～6%
	未列举名称的其他金属矿产品	原矿或精矿	税率不超过20%
非金属矿	石墨	精矿	3%～10%
	硅藻土	精矿	1%～6%

（续表）

税　目		征税对象	税　率
非金属矿	高岭土	原矿	1％～6％
	萤石	精矿	1％～6％
	石灰石	原矿	1％～6％
	硫铁矿	精矿	1％～6％
	磷矿	原矿	3％～8％
	氯化钾	精矿	3％～8％
	硫酸钾	精矿	6％～12％
	井矿盐	氯化钠初级产品	1％～6％
	湖盐	氯化钠初级产品	1％～6％
	提取地下卤水晒制的盐	氯化钠初级产品	3％～15％
	煤层(成)气	原矿	1％～2％
	黏土、砂石	原矿	每吨或立方米 0.1～5 元
	未列举名称的其他非金属矿产品	原矿或精矿	从量税率每吨或立方米不超过 30 元；从价税率不超过 20％
海　盐		氯化钠初级产品	1％～5％

四、资源税的纳税期限和纳税地点

(一)税纳期限

资源税的纳税期限为 1 日、3 日、5 日、10 日、15 日或者 1 个月，由主管税务机关根据实际情况具体核定。不能按固定期限纳税的，可以按次计算纳税。

纳税人以月为纳税期时，自期满之日起 10 日内申报纳税，以日为纳税期的，自期满之日起 5 日内预缴税款，于次月 1 日起 10 日内申报纳税，并结算上月税款。扣缴义务人的解缴税款期限，比照上述规定执行。

(二)纳税环节和纳税地点

资源税在应税产品销售或自用环节计算缴纳。

纳税人以自采原矿加工精矿产品的，在原矿移送使用时不缴纳资源税，在精矿销售或者自用时缴纳资源税。

纳税人以自采原矿直接加工为非应税产品或者以自采原矿加工的精矿连续生产非应税产品的，在原矿或者精矿移送环节计算缴纳资源税。

以应税产品投资、分配、抵债、赠与、以物易物等，在应税产品所有权转移时计算缴纳资源税。

纳税人开采或者生产资源税应税产品，应当依法向开采地或者生产地主管税务机关申报缴纳资源税。

五、资源税的减免

（1）对依法在建筑物下、铁路下、水体下通过充填开采方式采出的矿产资源，资源税减征 50％。充填开采是指随着回采工作面的推进，向采空区或离层带等空间充填废石、尾矿、废渣、建筑废料以及专用充填合格材料等采出矿产品的开采方法。

（2）对实际开采年限在 15 年以上的衰竭期矿山开采的矿产资源，资源税减征 30％。衰竭期矿山是指剩余可采储量下降到原设计可采储量的 20％（含）以下或剩余服务年限不超过 5 年的矿山，以开采企业下属的单个矿山为单位确定。

（3）对鼓励利用的低品位矿、废石、尾矿、废渣、废水、废气等提取的矿产品，由省级人民政府根据实际情况确定是否减税或免税，并制定具体办法。

（4）纳税人开采销售共伴生矿，共伴生矿与主矿产品销售额分开核算的，对共伴生矿暂不计征资源税；未分开核算的，共伴生矿按主矿产品的税目和适用税率计征资源税。

（5）铁矿石按规定税额的 40％征收。

（6）自 2018 年 4 月 1 日至 2021 年 3 月 31 日，对页岩气资源税（按 6％的规定税率）减征 30％。

第二节　资源税的计算与申报

一、资源税的计税依据及其确认

（1）资源税的计税依据为应税产品的计税销售额或销售量。计税销售额是指纳税人销售应税产品向购买方收取的全部价款和价外费用，不包括增值税销项税额；计税销售数量是指从量计征的应税产品销售数量。

（2）原矿和精矿的销售额、销售量应当分别核算，未分别核算的，从高确定计税销售额、销售数量。

（3）纳税人开采或者生产不同税目应税产品的，应当分别核算不同税目应税产品的销售额、销售数量；未分别核算或者不能准确提供不同税目应税产品的销售额、销售数量的，从高适用税率。

（4）计税销售额、销售量包括应税产品实际销售和视同销售。视同销售包括：

第一，纳税人以自采原矿直接加工为非应税产品的，视同原矿销售。

第二，纳税人以自采原矿洗选（加工）后的精矿连续生产非应税产品的，视同精矿销售。

第三，以应税产品投资、分配、抵债、赠与、以物易物等，视同应税产品销售。

（5）对同时符合以下条件的运杂费用，纳税人在计算应税产品计税销售额时，可予以扣减：

第一，包含在应税产品销售收入中。

第二，属于销售应税产品环节发生的运杂费用，具体是指运送应税产品从坑口或洗选（加工）地到车站、码头或者购买方指定地点的运杂费用。

第三，取得相关运杂费用发票或其他合法有效凭据。

第四，将运杂费用与计税销售额分别进行核算。

用于扣减运杂费用及外购已税产品购进金额的凭据,应按规定妥善保存。纳税人扣减的运杂费用明显偏高导致应税产品价格偏低且无正当理由的,主管税务机关可以合理调整计税价格。

(6)纳税人与其关联企业之间的业务往来,应当按照独立企业之间的业务往来收取或者支付价款、费用。不按照独立企业之间的业务往来收取或者支付价款、费用,而减少其计税销售额的,税务机关可按有关规定进行合理调整。

(7)对同一种应税产品,征税对象为精矿的,纳税人销售原矿时,应将原矿销售额换算为精矿销售额缴纳资源税;征税对象为原矿的,纳税人销售自采原矿加工的精矿,应将精矿销售额折算为原矿销售额缴纳资源税。

(8)纳税人以自采未税产品和外购已税产品混合销售或者混合加工为应税产品销售的,在计算应税产品计税销售额时,准予扣减已单独核算的已税产品购进金额;未单独核算的,一并计算缴纳资源税。已税产品购进金额当期不足扣减的可结转下期扣减。

(9)外购原矿或精矿形态的已税产品与本产品征税对象不同的,在计算应税产品计税销售额时,应对混合销售额或外购已税产品的购进金额进行换算或折算。

(10)纳税人核算并扣减当期外购已税产品购进金额,应依据外购已税产品的增值税发票、海关进口增值税专用缴款书或者其他合法有效凭据。

二、应纳资源税的计算

(一)从价计征资源税的计算

1. 从价计征资源税的计算公式和要求

从价计征资源税时,其基本计算公式如下:

$$应交资源税=应税产品销售额×适用税率$$

纳税人同时以自采未税原矿和外购已税原矿加工精矿的,应当分别核算;未分别核算的,视同销售精矿,按规定计算缴纳资源税。

纳税人有视同销售应税产品行为而无销售价格的,或者申报的应税产品销售价格明显偏低且无正当理由的,税务机关按下列顺序确定其应税产品计税价格:

(1)按纳税人最近时期同类产品的平均销售价格。

(2)按其他纳税人最近时期同类产品的平均销售价格。

(3)按组成计税价格:

$$组成计税价格=成本×(1+成本利润率)÷(1-税率)$$

公式中的"成本"是应税产品实际生产成本,"成本利润率",由省级地税局按同类应税煤炭的平均成本利润率确定。

(4)按后续加工非应税产品销售价格,减去后续加工环节的成本利润后确定。

(5)按其他合理方法。

2. 原矿销售额换算为精矿销售额

以精矿为征税对象的税目,如果销售原矿,在计算应纳资源税时,应将原矿销售额换算为精矿销售额。如果本地区有可参照的精矿销售价格(一般外销占 1/3 以上),纳税人销售

 税 务 会 计

或视同销售其自采原矿,可采用市场法将原矿销售额换算为精矿销售额计算缴纳资源税。

$$精矿销售额＝原矿销售额×换算比$$
$$换算比＝精矿单位售价÷(原矿单位售价×选矿比)$$
$$选矿比＝加工精矿耗用的原矿数量÷精矿数量$$

或
$$＝精矿品位÷(加工精矿耗用的原矿品位×选矿回收率)$$

选矿回收率为精矿中某有用组分的质量占入选原矿中该有用组分质量的百分比。本地区如缺乏原矿与精矿等售价比较数据,可实行跨省协作加以解决。

如果本地区精矿销售情况很少,缺乏可参照的市场售价,纳税人销售或视同销售其自采原矿的,可采用成本法公式计算换算比:

$$换算比＝精矿平均销售额÷(精矿平均销售额－加工环节的平均成本－加工环节的平均利润)$$

"加工环节"是指原矿加工为精矿的环节,加工环节的平均成本包括相关的合法合理的销售费用、管理费用和财务费用。

3. 精矿销售额折算为原矿销售额

以原矿为征税对象的税目,如果销售精矿,在计算应纳资源税时,应将精矿销售额折算为原矿销售额。如果本地区有可参照的原矿销售价格(一般外销占1/3以上),纳税人销售或视同销售其自采原矿加工的精矿,可采用市场法将精矿销售额折算为原矿销售额计算缴纳资源税。

$$原矿销售额＝精矿销售额×折算率$$
$$折算率＝(原矿单位售价×选矿比)÷精矿单位售价$$
$$选矿比＝加工精矿耗用的原矿数量÷精矿数量$$

或
$$＝精矿品位÷(加工精矿耗用的原矿品位×选矿回收率)$$

如果本地区原矿销售情况很少,缺乏可参照的市场售价,纳税人销售或视同销售其自采原矿加工的精矿,可采用成本法公式计算折算率:

$$折算率＝(精矿平均销售额－加工环节的平均成本－加工环节的平均利润)÷精矿平均销售额×100\%$$

"加工环节"是指原矿加工为精矿的环节,加工环节的平均成本包括相关的合法合理的销售费用、管理费用和财务费用。

洗选煤折算率计算公式:

公式1:
$$洗选煤折算率＝(洗选煤平均销售额－洗选环节平均成本－洗选环节平均利润)÷洗选煤平均销售额×100\%$$

洗选煤平均销售额、洗选环节平均成本、洗选环节平均利润可按照上年当地行业平均水平测算确定。

公式2:
$$洗选煤折算率＝原煤平均销售额÷(洗选煤平均销售额×综合回收率)×100\%$$

原煤平均销售额、洗选煤平均销售额可按照上年当地行业平均水平测算确定。

$$综合回收率＝洗选煤数量÷入洗前原煤数量×100\%$$

(二)从量计征资源税的计算

对经营分散、多为现金交易且难以控管的黏土、砂石,按照便利征管原则,仍实行从量定

额计征。从量计征资源税的,其应交资源税的计算公式如下:

$$应交资源税＝应税产品销售数量×适用定额税率(单位税额)$$

销售数量包括纳税人开采或者生产应税产品的实际销售数量和视同销售的自用数量。纳税人不能准确提供应税产品销售数量的,以应税产品的产量或者主管税务机关确定的折算比换算成的数量为计征资源税的销售数量。

【例7-1】　某油田11月份对外销售原油,确认销售额300 000元,假定适用税率为8%,应交资源税计算如下:

$$应交资源税＝300\ 000×8\%＝24\ 000(元)$$

【例7-2】　上述油田在生产原油的同时也生产天然气,当月对外销售天然气销售额为200 000元,假定适用税率为7%,应交资源税计算如下:

$$应交资源税＝200\ 000×7\%＝14\ 000(元)$$

【例7-3】　天原煤矿12月份销售洗选煤100 000吨,每吨售价900元。假定核定折算率为80%,适用税率为5%。应交资源税计算如下:

$$应交资源税＝100\ 000×900×80\%×5\%＝3\ 600\ 000(元)$$

【例7-4】　天原有色金属公司9月份销售自采铜原矿1 500吨,120元/吨;当月销售铜精矿2 200吨,380元/吨。

假定铜矿原矿与精矿的换算比为3:1,省级政府规定资源税的税率为5%。因铜矿的征税对象为精矿,纳税人应将原矿销售额换算为精矿销售额。当月应交资源税计算如下:

$$原矿销售额应交资源税＝1\ 500×120÷3×5\%＝3\ 000(元)$$
$$精矿销售额应交资源税＝2\ 200×380×5\%＝41\ 800(元)$$
$$合计应交资源税＝3\ 000＋41\ 800＝44\ 800(元)$$

【例7-5】　某独立矿山6月份销售自采原矿1 500吨,50元/吨;又将部分自采的铁矿石原矿入选为精矿石,当月销售铁精矿石2 880吨,200元/吨。

假定铁矿石原矿与精矿的换算比为3.5:1,省级政府规定资源税的税率为4%。因铁矿的征税对象为精矿,纳税人应将原矿销售额换算为精矿销售额。当月应交资源税计算如下:

$$原矿销售额应交资源税＝1\ 500×50÷3.5×4\%＝857(元)$$
$$精矿销售额应交资源税＝2\ 880×200×4\%＝23\ 040(元)$$

铁矿石按规定税额的40%计算缴纳,实际应交资源税计算如下:

$$应交资源税＝(857＋23\ 040)×40\%＝9\ 558.8(元)$$

三、资源税的纳税申报

资源税的纳税人不论本期是否发生应税行为,均应按期进行纳税申报,在规定时间内向主管税务机关报送"资源税纳税申报表"主表(表7-2)、表7-3附表(一)、表7-4附表(二)和附表(三)略。

表 7-2　　　　　　　　　**资源税纳税申报表**

税款所属时间:自　　年　月　日至　　年　月　日

纳税人识别号(统一社会信用代码):□□□□□□□□□□□□□□□□□□□□□

纳税人名称:　　　　　　　　　　　　　　　　　　金额单位:人民币元(列至角分)

本期是否适用增值税小规模纳税人减征政策(减免性质代码:06049901)							是□ 否□		减征比例(%)		
税　目	子目	折算率或换算比	计量单位	计税销售量	计税销售额	适用税率	本期应纳税额	本期减免税额	本期增值税小规模纳税人减征额	本期已缴税额	本期应补(退)税额
1	2	3	4	5	6	7	8①=6×7 8②=5×7	9	10	11	12=8−9−10−11
合　计	—		—		—						

谨声明:本纳税申报表是根据国家税收法律法规及相关规定填报的,是真实的、可靠的、完整的。

　　　　　　　　　　　　　　　　　　　　　纳税人(签章):　　年　月　日

经办人: 经办人身份证号: 代理机构签章: 代理机构统一社会信用代码:	受理人: 受理税务机关(章): 受理日期:　年　月　日

主管税务机关:　　　　　　接收人:　　　　　　接收日期:　年　月　日

本表一式两份,一份纳税人留存,一份税务机关留存。

表 7-3　　　　　　**资源税纳税申报表附表(一)(原矿类税目适用)**

纳税人识别号　|□|□|□|□|□|□|□|□|□|□|□|□|□|□|□|□|□|□|□|

纳税人名称:　　　　　　　　　　　　(公章)

税款所属时间:自　　年　月　日至　　年　月　日　　　　　金额单位:元至角分

序号	税目	子目	原矿销售额	精矿销售额	折算率	精矿折算为原矿的销售额	允许扣减的运杂费	允许扣减的外购矿购进金额	计税销售额	计量单位	原矿销售量	精矿销售量	平均选矿比	精矿换算为原矿的销售量	计税销售量
	1	2	3	4	5	6=4×5	7	8	9=3+6−7−8	10	11	12	13	14=12×13	15=11+14
1															
2															
3															
4															
5															
合　计															

表 7-4　　　　　　　资源税纳税申报表附表(二)(精矿类税目适用)

纳税人识别号 □□□□□□□□□□□□□□□□□□□

纳税人名称：　　　　　　　　　　　　　　(公章)

税款所属时间:自　年　月　日至　年　月　日　　　　　　　　金额单位:元至角分

序号	税目	子目	原矿销售额	精矿销售额	换算比	原矿换算为精矿的销售额	允许扣减的运杂费	允许扣减的外购矿购进金额	计税销售额	计量单位	原矿销售量	精矿销售量	平均选矿比	原矿换算为精矿的销售量	计税销售量
	1	2	3	4	5	6=4×5	7	8	9=3+6−7−8	10	11	12	13	14=12×13	15=11+14
1															
2															
3															
4															
5															
合计															

第三节　资源税的会计处理

一、会计账户的设置

资源税纳税义务人开采或者生产并销售应税产品,应依据税法的规定,计算和缴纳资源税。为了反映和监督资源税税额的计算和缴纳过程,纳税人应设置"应交税费——应交资源税"账户,贷方记本期应缴纳的资源税税额,借方记企业实际缴纳或抵扣的资源税税额,贷方余额表示企业应交而未交的资源税税额。

企业按规定计算出对外销售应税产品应纳资源税税额时,借记"税金及附加"账户,贷记"应交税费——应交资源税"账户;企业计算出自产自用应税产品应缴纳的资源税时,借记"生产成本"或"制造费用"账户,贷记"应交税费——应交资源税"账户;独立矿山、联合企业收购未税矿产品,按实际支付的收购款,借记"材料采购"等账户,贷记"银行存款"等账户,按代扣代缴的资源税,借记"材料采购"等账户,贷记"应交税费——应交资源税"账户。纳税义务人按规定上交资源税时,借记"应交税费——应交资源税"账户,贷记"银行存款"账户。

纳税人与税务机关结算上月税款,补缴时,借记"应交税费——应交资源税"账户,贷记"银行存款"账户;退回税款时,借记"银行存款"账户,贷记"应交税费——应交资源税"账户。

企业未按规定期限缴纳资源税,向税务部门缴纳滞纳金时,借记"营业外支出"账户,贷记"银行存款"账户。

二、资源税的会计处理

【例 7-6】 某油田 6 月份缴纳资源税 75 万元,7 月份对外销售原油销售额 1 500 万元,假定适用税率为 6%。税务机关核定该企业纳税期限为 10 天,按上月税款的 1/3 预缴,月终

结算。作会计分录如下：

$$企业每旬预交资源税额＝750\,000÷3＝250\,000（元）$$

（1）预缴时：

借：应交税费——应交资源税　　　　　　　　　　　　　　　　　250 000
　　贷：银行存款　　　　　　　　　　　　　　　　　　　　　　　　250 000

（2）当月对外销售原油应交资源税。

$$应交资源税＝15\,000\,000×6\%＝900\,000（元）$$

借：税金及附加　　　　　　　　　　　　　　　　　　　　　　　900 000
　　贷：应交税费——应交资源税　　　　　　　　　　　　　　　　900 000

（3）下月清缴税款时：

$$应补交税款＝900\,000－750\,000＝150\,000（元）$$

借：应交税费——应交资源税　　　　　　　　　　　　　　　　　150 000
　　贷：银行存款　　　　　　　　　　　　　　　　　　　　　　　150 000

【例7-7】 以［例7-4］天原有色金属公司9月份资源税计算资料为例，当月应交资源税的会计分录如下：

借：税金及附加　　　　　　　　　　　　　　　　　　　　　　　44 800
　　贷：应交税费——应交资源税　　　　　　　　　　　　　　　　44 800

【例7-8】 以［例7-5］独立矿山6月份资源税计算资料为例，当月应交资源税的会计分录如下：

借：税金及附加　　　　　　　　　　　　　　　　　　　　　　　9 558.8
　　贷：应交税费——应交资源税　　　　　　　　　　　　　　　　9 558.8

 **复习思考题**

1. 何谓资源税？简述征收资源税的意义。

2. 简述资源税的纳税范围和计税依据。

3. 简述从价计征资源税的意义。

4. 原矿销售额如何换算为精矿销售额？精矿销售额如何折算为原矿销售额？

5. 在计算应交资源税时，对纳税人自用产品应如何处理？

6. 如何计算应交资源税？如何进行会计处理？

第八章　企业所得税会计

第一节　企业所得税税制要素

改革开放以来,我国的企业所得税制进行了多次改革。1991年4月9日,第七届全国人民代表大会审议通过了《中华人民共和国外商投资企业和外国企业所得税法》,决定自1991年7月1日起正式施行。该税法是在合并原《中华人民共和国中外合资经营企业所得税法》和《中华人民共和国外国企业所得税法》的基础上制定的。1993年12月13日,国务院发布的《中华人民共和国企业所得税暂行条例》,统一了内资企业所得税(此前分别执行的是国营企业所得税、集体企业所得税和私营企业所得税),并从1994年1月1日起执行。

2007年3月16日,第十届全国人民代表大会第五次会议通过了《中华人民共和国企业所得税法》,并从2008年1月1日起施行。《企业所得税法》按照"简税制、宽税基、低税率、严征管"的税制改革原则,借鉴国际经验,建立各类企业统一适用的科学、规范的企业所得税制度,为各类企业创造公平的市场竞争环境。

一、企业所得税的纳税人

企业所得税是对我国境内的企业和其他取得收入的组织的生产经营所得和其他所得征收的一种直接税。

企业所得税的纳税人是在中华人民共和国境内,企业和其他取得收入的组织(以下统称"企业"),但依照中国法律、行政法规规定成立的个人独资企业以及合伙人是自然人的企业[1]除外。"企业"分为居民企业和非居民企业。

居民企业是指依法在中国境内成立,或者依照外国(地区)法律成立,但实际管理机构在中国境内的企业。依法在中国境内成立的企业,包括依照中国法律、行政法规在中国境内成立的企业、事业单位、社会团体以及其他取得收入的组织。

非居民企业是指依照外国(地区)法律成立且实际管理机构不在中国境内,但在中国境内设立机构、场所的,或者在中国境内未设立机构、场所,但有来源于中国境内所得的企业。依照外国(地区)法律成立的企业,包括依照外国(地区)法律成立的企业和其他取得收入的

---

[1]　合伙人是法人和其他组织的,缴纳企业所得税,合伙人在计算其应缴企业所得税时,不得用合伙企业的亏损抵减其盈利。

组织。

实际管理机构是指对企业的生产经营、人员、财产等实施实质性全面管理和控制的机构。机构、场所是指在中国境内从事生产经营活动的机构、场所,包括:①管理机构、营业机构、办事机构;②农场、工厂、开采自然资源的场所;③提供劳务的场所;④从事建筑、安装、装配、修理、勘探等工程作业的场所;⑤其他从事生产经营活动的机构、场所。

非居民企业委托营业代理人在中国境内从事生产经营活动的,包括委托单位或者个人经常代其签订合同,或者储存、交付货物等,该营业代理人视为非居民企业在中国境内设立的机构、场所。

二、企业所得税的扣缴义务人

(一)支付人为扣缴义务人

非居民企业在中国境内未设立机构、场所的,或者虽设立机构、场所但取得的所得与其所设机构、场所没有实际联系的,其来源于中国境内的所得应缴纳的所得税,实行源泉扣缴,以支付人为扣缴义务人。税款由扣缴义务人在每次支付或者到期应支付时,从支付或者到期应支付的款项中扣缴。

支付人是指依照有关法律规定或合同约定直接负有支付相关所得款项义务的组织和个人。支付是指现金支付、汇拨支付、转账支付,以及用非货币资产或者权益兑价支付等货币和非货币支付。到期应支付的款项是指企业按权责发生制原则已计入与支付人生产经营活动相关的成本、费用的应付款项。

(二)指定扣缴义务人

对非居民企业在中国境内取得工程作业和劳务所得应缴纳的所得税,税务机关可以指定工程价款或者劳务费的支付人为扣缴义务人。

在中国境内从事工程作业和提供劳务的非居民企业发生下列情形之一的,县级以上税务机关可以指定工程价款或者劳务费的支付人为扣缴义务人:①预计工程作业或提供劳务期限不足一个纳税年度的,且有证据表明不履行纳税义务的;②没有办理税务登记或者临时税务登记的,且未委托中国境内的代理人办理纳税义务的;③未按照规定期限办理企业所得税纳税申报或者预缴申报的;④其他规定情形。

县级以上税务机关在指定扣缴义务人时,应同时告知扣缴义务人所扣税款的计算依据、计算方法和扣缴期限。

(三)扣缴时间

扣缴义务人每次代扣的税款,应当自代扣之日起7日内缴入国库,并向所在地的税务机关报送扣缴企业所得税报告表。

(四)纳税人也可自行申报缴税

若纳税人提出自行履行纳税义务的,且扣缴义务人因特殊原因无法履行扣缴义务的,经县级以上税务机关核准,可按税法规定期限自行申报缴纳税款;扣缴义务人未依法扣缴或者无法履行扣缴义务的,由纳税人在所得发生地缴纳。在中国境内存在多个所得发生地的,由纳税人选择一地申报缴纳税款。

纳税人未依法缴纳的,税务机关可以从该纳税人在中国境内其他收入项目(指该纳税人在中国境内从事其他投资经营活动和贸易等活动所应取得的收入)的支付人应付的款项中,追缴该纳税人的应纳税款。

税务机关在追缴该纳税人应纳税款时,应将追缴税款理由、追缴数额、扣缴期限、扣缴方式等告知纳税人。

三、企业所得税的征税对象

(一)居民企业的征税对象

居民企业应当就其来源于中国境内、境外的所得①缴纳企业所得税。"所得"包括销售货物所得、提供劳务所得、转让财产所得、股息红利等权益性投资所得、利息所得、租金所得、特许权使用费所得、接受捐赠所得和其他所得。

(二)非居民企业的征税对象

非居民企业在中国境内设立机构、场所的,应当就其所设机构、场所取得的来源于中国境内的所得,以及发生在中国境外但与其所设机构、场所有实际联系②的所得,缴纳企业所得税。

非居民企业在中国境内未设立机构、场所的,或者虽设立机构、场所但取得的所得与其所设机构、场所没有实际联系的,应当就其来源于中国境内的所得缴纳企业所得税。

来源于中国境内、境外的所得,按照以下原则确定:①销售货物所得,按照交易活动发生地确定;②提供劳务所得,按照劳务发生地确定;③转让财产所得,不动产转让所得按照不动产所在地确定,动产转让所得按照转让动产的企业或者机构、场所所在地确定,权益性投资资产转让所得按照被投资企业所在地确定;④股息、红利等权益性投资所得,按照分配所得的企业所在地确定;⑤利息所得、租金所得、特许权使用费所得,按照负担、支付所得的企业或者机构、场所所在地确定,或者按照负担、支付所得的个人的住所地确定;⑥其他所得,由国务院财政、税务主管部门确定。

四、企业所得税的税率

企业所得税税率采用比例税率,现行税率如8-1所示。

表8-1　　　　　　　　　　企业所得税税率表

税率种类	税率	适用范围
基本税率	25%	居民企业
		在中国境内设立机构、场所的非居民企业
低税率	20%(减按10%)	在中国境内未设立机构、场所的非居民企业
优惠税率	减按20%	小型微利企业
	减按15%	高新技术企业、技术先进型服务企业

① 境外的所得:不论与境内设立的机构、场所是否有实际联系。
② 实际联系是指非居民企业在中国境内设立的机构、场所拥有据以取得所得的股权、债权以及拥有、管理、控制据以取得所得的财产等。

（一）小型微利企业的优惠税率

自 2019 年 1 月 1 日至 2021 年 12 月 31 日，符合条件的小型微利企业，无论采取查账征收方式还是核定征收方式缴纳企业所得税，其年应纳税所得额不超过 100 万元（含，下同）、100 万元到 300 万元的部分，分别减按 25%、50% 计入应纳税所得额，按 20% 的税率计算缴纳企业所得税。

小型微利企业是指从事国家非限制和禁止行业，并符合下列条件的企业：

年度应纳税所得额不超过 300 万元、从业人数不超过 300 人、资产总额不超过 5 000 万元。

"从业人数"包括与企业建立劳动关系的职工人数和企业接受的劳务派遣用工人数，从业人数和资产总额指标，应按企业全年的季度平均值确定，计算公式如下：

季度平均值 ＝（季初值＋季末值）÷ 2
全年季度平均值 ＝ 全年各季度平均值之和 ÷ 4

年度中间开业或者终止经营活动的，以其实际经营期作为一个纳税年度确定上述相关指标。

（二）高新技术企业、技术先进型服务企业的优惠税率

扶持和鼓励高新技术企业①发展，对符合科技部、财政部和国家税务总局颁布的《高新技术企业认定管理办法》中规定的认定条件和认定程序的高新技术企业。

经认定的技术先进型服务企业，减按 15% 的税率征收企业所得税。技术先进型服务企业必须同时符合以下条件：①在中国境内（不包括港、澳、台地区）注册的法人企业；②从事《技术先进型服务业务认定范围（试行）》中的一种或多种技术先进型服务业务，采用先进技术或具备较强的研发能力；③具有大专以上学历的员工占企业职工总数的 50% 以上；④从事《技术先进型服务业务认定范围（试行）》中的技术先进型服务业务取得的收入占企业当年总收入的 50% 以上；⑤从事离岸服务外包业务取得的收入不低于企业当年总收入的 35%。

（三）其他特定企业的优惠税率

自 2011 年 1 月 1 日至 2020 年 12 月 31 日，对设在西部地区的鼓励类产业企业减按 15% 的税率征收企业所得税；国家规划布局内的重点软件企业和集成电路设计企业，如当年未享受免税优惠的，可减按 10% 的税率缴纳企业所得税。

五、企业所得税中的收入

（一）总额收入

收入总额是企业从各种来源取得的收入总和。收入包括企业以货币形式（现金、银行存款、应收账款、应收票据、准备持有至到期的债券投资以及债务的豁免等）和非货币形式（固定资产、生物资产、无形资产、股权投资、存货、不准备持有至到期的债券投资、劳务以及有关权益等）从各种来源取得的收入。如果是以非货币形式取得的收入，应当按公允价值确定收

---

① 在《国家重点支持的高新技术领域》内，持续进行研究开发与技术成果转化，形成企业核心自主知识产权，并以此为基础开展经营活动，在中国境内（不包括港、澳、台地区）注册的居民企业。

入额,公允价值是指按照资产的市场价格确定的价值。收入项目主要有:

(1)销售货物收入。销售货物收入是指企业销售商品、产品、原材料、包装物、低值易耗品以及其他存货取得的收入。

(2)提供劳务服务收入。提供劳务服务收入是指企业从事建筑安装、修理修配、交通运输、仓储租赁、金融保险、邮电通信、咨询经纪、文化体育、科学研究、技术服务、教育培训、餐饮住宿、中介代理、卫生保健、社区服务、旅游、娱乐、加工以及其他劳务服务活动取得的收入。承包收入为应税收入,支付的分包款可以在税前扣除,但不能直接从收入中抵扣。

(3)转让财产收入。转让财产收入是指企业转让固定资产、投资性房地产、生物资产、无形资产、股权、债权等所取得的收入。

转让限售股取得收入。企业应按减持限售股取得的全部收入,计入企业当年应税收入计算纳税。企业转让代个人持有的限售股所取得的收入,应作为企业应税收入计算纳税。转让收入扣除限售股原值和合理税费后的余额为该限售股转让所得。企业未能提供完整、真实的限售股原值凭证,不能准确计算该限售股原值的,主管税务机关按该限售股转让转入的15%核定其原值和税费。

(4)股息、红利等权益性投资收益。股息、红利等权益性投资收益是指企业因权益性投资从被投资方取得的收入。除国务院财政、税务主管部门另有规定外,企业应当以被投资方作出利润分配决定的日期确认收入的实现。

(5)利息收入。利息收入是指企业将资金提供他人使用但不构成权益性投资,或因他人占用本企业资金所取得的收入,包括存款利息、贷款利息、债券利息、欠款利息等收入。

企业应按照合同约定的债务人应付利息日期确认收入。对持有至到期投资、贷款等,按企业会计准则规定采用实际利率法确认的利息收入为应税收入(贷记"投资收益"账户)。

(6)租金收入。租金收入是指企业提供固定资产、包装物或者其他有形资产的使用权取得的收入。租金收入应当按照合同约定的承租人应付租金的日期确认收入的实现。

(7)特许权使用费收入。特许权使用费收入是指企业提供专利权、非专利技术、商标权、著作权以及其他特许权的使用权而取得的收入。特许权使用费收入,应当按照合同约定的特许权使用人应付特许权使用费的日期确认收入的实现。

(8)接受捐赠收入。接受捐赠收入是指企业接受的来自其他企业、组织和个人无偿给予的货币性资产、非货币性资产。接受捐赠收入,应当在实际收到捐赠资产的日期确认收入的实现。

(9)其他收入。其他收入是指企业取得的上述各项收入以外的一切收入,包括企业资产溢余收入、逾期未退包装物没收的押金、确实无法偿付的应付款项、企业已作坏账损失处理后又收回的应收账款、债务重组收入、补贴收入、即征即退税款、教育费附加返还款、违约金收入、汇兑收益等。

(二)不征税收入

1. 不征税收入的界定

根据可税性原理,如果一项收入、收益具有公益性或者非营利性,就不具可税性,就不应该对其征税。因此,不征税收入是指不具可税性的收入。从政府角度而言,如果对财政支出

的拨款征税后再转为财政收入,就如同左手送出去的钱右手又拿回一部分,是对财政资金的循环征税,不符合效率原则。行政事业性收费、政府性基金两者均属财政性资金,都是国家财政收入,征税者不应再对自己征税。

按税法规定,收入总额中的下列收入为不征税收入:财政拨款,依法收取并纳入财政管理的行政事业性收费、政府性基金,国务院规定的其他不征税收入。

(1)财政拨款是指各级政府对纳入预算管理的事业单位、社会团体等组织拨付的财政资金(财政补助、专项财政补贴等),但国务院以及国务院财政、税务主管部门另有规定的除外。

(2)行政事业性收费是指企业根据法律、法规等有关规定,按照国务院规定程序批准,在实施社会公共管理,以及在向公民、法人或者其他组织提供特定公共服务过程中,向特定对象收取并纳入财政管理的费用。

(3)政府性基金是指企业根据法律、行政法规等有关规定,代政府收取的具有专项用途的财政资金。

(4)其他不征税收入是指企业取得的,由国务院财政、税务主管部门规定专项用途并经国务院批准的财政性资金。

2. 企业取得的各类财政性资金

应计入企业当年的收入总额(属于国家投资和资金使用后要求归还本金的除外);增值税小规模纳税人减免的增值税属于财政性资金,但不符合不征税收入,应计入企业当年的收入总额;企业取得的由国务院财政、税务主管部门规定专项用途并经国务院批准的财政性资金,准予作为不征税收入,在计算应纳税所得额时,从收入总额中扣除。企业将符合规定条件的财政性资金作不征税收入处理后,在5年(60个月)内未发生支出且未缴回财政或其他拨付资金的政府部门的部分,应重新计入取得该资金第6年的应税收入总额;重新计入应税收入总额的财政性资金发生的支出,允许在计算应纳税所得额时扣除。企业从政府取得的搬迁补偿收入或处置相关资产而取得的收入,从规划搬迁的次年起的5年内,作为不征税收入,期满后,计入应税收入。

企业从政府取得的、与企业日常经营活动密切相关且构成企业商品或服务对价组成部分的经济资源,应按收入准则进行会计处理;而对与企业日常活动无关的政府补助(如受灾补贴等),按政府补助准则进行会计处理,记入"营业外收入"。

政府补助是来源于政府的经济资源,具有无偿性,不需要向政府交付商品或服务等对价。与资产相关的政府补助(企业取得的、用于购建或以其他方式形成长期资产的政府补助),应当冲减相关资产的账面价值或确认为"递延收益";与收益相关的政府补助(除与资产相关的政府补助之外的政府补助),应当分别情况进行会计处理。

3. 企业取得财政性资金的会计处理

符合收入确认条件的,财务会计通过"其他收益"进行会计处理;符合政府补助确认条件的,财务会计通过"营业外收入"进行会计处理。

税务会计则应根据税法规定,对不征税收入或免税收入及其用于支出所形成的费用或资产进行同步纳税调整减少或增加。不征税收入管理的核心是收入暂不征税,支出不能扣除。

六、企业所得税的减免

（一）法定减免

1. 免缴企业所得税

企业[①]从事下列项目的所得，免缴企业所得税：①蔬菜、谷物、薯类、油料、豆类、棉花、麻类、糖料、水果、坚果的种植；②农作物新品种的选育；③中药材的种植；④林木的培育和种植；⑤牲畜、家禽的饲养；⑥林产品的采集；⑦灌溉、农产品初加工、兽医、农技推广、农机作业和维修等农、林、牧、渔服务业项目；⑧远洋捕捞。

2. 减缴企业所得税

企业从事下列项目的所得，减半缴纳企业所得税：①花卉、茶以及其他饮料作物和香料作物的种植；②海水养殖、内陆养殖；③企业种植观赏性植物。

企业从事国家限制和禁止发展的项目，不得享受税法规定的企业所得税优惠。

3. 技术转让所得的减免

技术转让是居民企业转让其所拥有技术的所有权或5年（含）以上全球独占许可使用权的行为。技术转让包括专利技术、计算机软件著作权、集成电路布图设计权、植物新品种、生物医药新品种，以及与转让相关的且一并收取的技术咨询、技术服务、技术培训收入，财政部和国家税务总局规定的其他相关收入。

在一个纳税年度内，居民企业技术转让所得不超过500万元的部分，免缴企业所得税；超过500万元的部分，减半缴纳企业所得税。

居民企业取得禁止出口和限制出口技术转让所得，不享受技术转让减免企业所得税优惠政策。居民企业从直接或间接持有股权之和达到100%的关联方取得的技术转让所得，不享受技术转让减免企业所得税优惠政策。关联方之间发生技术转让所取得的技术转让所得，不享受本优惠政策。

4. 预提所得税的减免

（1）非居民企业取得的税法规定的所得，减按10%的税率缴纳企业所得税。下列所得可以免缴企业所得税：外国政府向我国政府提供贷款取得的利息所得；国际金融组织向我国政府和居民企业提供优惠贷款取得的利息所得；经国务院批准的其他所得。

（2）对境外投资者从中国境内居民企业分配的利润直接投资于非禁止外商投资的项目和领域，凡满足规定条件的，实行递延纳税，暂不征收预提所得税。

（3）境外投资者以分配利润补缴其在境内居民企业已经认缴的注册资本（新增或转增实收资本、资本公积）；境外投资者按金融主管部门规定，通过人民币再投资专用存款账户划转再投资资金，并在相关款项从利润分配企业账户转入境外投资者人民币再投资专用存款账户的当日，再由境外投资者人民币再投资专用存款账户，转入被投资企业或股权转让方账户的，可享递延纳税优惠。

5. 民族自治地方所得税的减免

民族自治地方的自治机关对本民族自治地方的企业应缴纳的企业所得税中属于地方分

---

① 包括"公司＋农户"经营模式的企业。

享的部分,可以决定减征或者免征。

自治州、自治县决定减征或者免征的,须报省、自治区、直辖市人民政府批准。民族自治地方是指按照《中华人民共和国民族区域自治法》的规定,实行民族区域自治的自治区、自治州、自治县。民族自治地方内国家限制和禁止发展行业的企业,不得享受减免企业所得税的优惠。

(二)定期减免

1. 享受企业所得税定期减税或免税的新办企业

(1)享受企业所得税定期减税或免税的新办企业标准:按照国家法律、法规以及有关规定在工商行政主管部门办理设立登记,新注册成立的企业。新办企业的权益性出资人(股东或其他权益投资方)实际出资中固定资产、无形资产等非货币性资产的累计出资额占新办企业注册资金的比例一般不得超过25%。现有企业新设立的不具有法人资格的分支机构,不论其货币投资占多大比例,均不得作为新办企业。

(2)办理设立登记的企业,在设立时以及享受新办企业所得税定期减税或免税优惠政策期间,从权益性投资者及其关联方购置、租借或无偿占用的非货币性资产占注册资本的比例累计超过25%的,不得享受新办企业的所得税优惠政策。

(3)符合条件的新办企业利用转让定价等方法从关联企业转移来利润的,转移过来的利润不得享受新办企业所得税优惠政策;符合条件的新办企业,其业务和关键人员是从现有企业转移而来的,其全部所得不得享受新办企业所得税优惠政策。

2. 企业从事国家重点扶持的公共基础设施项目投资经营的所得

从项目取得第一笔生产经营收入所属年度起,第1年至第3年免缴企业所得税,第4年至第6年减半缴纳企业所得税。国家重点扶持的公共基础设施项目是指《公共基础设施项目企业所得税优惠目录》规定的港口码头、机场、铁路、公路、电力、水利等项目。企业承包经营、承包建设和内部自建自用以上项目,不得享受该项企业所得税优惠。

3. 从事符合条件的环境保护、节能节水项目的所得

从项目取得第一笔生产经营收入所属年度起,第1年至第3年免缴企业所得税,第4年至第6年减半缴纳企业所得税。

4. 企业从事上述投资经营项目的所得

按规定享受定期减免税优惠的,在减免税期限内转让的,受让方自受让之日起,可以在剩余期限内享受规定的减免税优惠;减免税期限届满后转让的,受让方不得就该项目重复享受减免税优惠。

5. 实行查账征收方式的集成电路线设计企业和软件企业

依法成立且符合条件的集成电路设计企业和软件企业,在2018年12月31日前自获利年度起计算优惠期,第1年至第2年免征企业所得税,第3年至第5年按照25%的法定税率减半征收企业所得税,即享受"两免三减半"所得税优惠,至期满为止。

2018年1月1日后投资新设的集成电路线宽小于65纳米或投资额超过150亿元,且经营期在15年以上的集成电路生产企业或项目,自获利年度起,第1年至第5年免征企业所得税,第6年至第10年按照25%的法定税率减半征收企业所得税,即享受"五免五减半"所

得税优惠,至期满为止。

（三）加速折旧

加速折旧包括缩短折旧年限和采用加速折旧方法两种类型,采取加速折旧方法的,可以采用双倍余额递减法或年数总和法。采取缩短折旧年限方法的固定资产,最低折旧年限不得低于税法规定折旧年限的60%;若为购置已使用过的固定资产,其最低折旧年限不得低于税法规定最低折旧年限减去已使用年限后剩余年限的60%。

2019年之前,固定资产加速折旧的适用范围是"六大行业和四个领域重点行业"。从2019年起,加速折旧的适用范围是信息传输、软件和信息服务业,以及全部制造业。企业在2018年1月1日至2020年12月31日期间新购进的设备、器具(不限新设备器具),单位价值不超过500万元的,允许一次性在税前扣除。

企业在享受加速折旧税收优惠时,并不要求财务会计也必须采取与税务会计相同的折旧方法。换言之,财务会计处理是否采取加速折旧方法,并不影响企业享受加速折旧税收优惠。这就可能导致财务会计折旧额小于同期税务会计折旧额,由此产生应纳税暂时性差异,可通过"递延所得税负债"账户调整该差异。企业在享受研发费加计扣除时,将已按财务会计处理的折旧额加计扣除,并作相应会计处理,否则不能加计扣除。

（四）加计扣除

1. 研发费用的加计扣除

第一,加计扣除比例及费用项目。

企业在开展研发活动①中实际发生的研发费用,未形成无形资产计入当期损益的,在按规定据实扣除的基础上,在2018年1月1日至2020年12月31日期间,再按照实际发生额的75%在税前加计扣除;形成无形资产的,在上述期间按照无形资产成本的175%在税前摊销。研发费用项目包括:

（1）人工费用。直接从事研发活动人员的工资薪金、基本养老保险费、基本医疗保险费、失业保险费、工伤保险费、生育保险费、住房公积金和外聘研发人员的劳务费。

（2）直接投入费用。研发活动直接消耗的材料、燃料和动力费用;用于中间试验和产品试制的模具、工艺装备开发及制造费,不构成固定资产的样品、样机及一般测试手段购置费,试制产品的检验费;用于研发活动的仪器、设备的运行维护、调整、检验、维修等费用,以及通过经营租赁方式租入的用于研发活动的仪器、设备租赁费。

（3）折旧费用。用于研发活动的仪器、设备的折旧费。

（4）无形资产摊销额。用于研发活动的软件、专利权、非专利技术(包括许可证、专有技术、设计和计算方法等)的摊销费用。

（5）新产品设计费、新工艺规程制定费、新药研制的临床试验费、勘探开发技术的现场试验费。

（6）其他相关费用。这里是指与研发活动直接相关的其他费用,如技术图书资料费、资

---

① 研发活动是指企业为获得科学与技术新知识,创造性运用科学技术新知识,或实质性改进技术、产品(服务)、工艺而持续进行的具有明确目标的系统性活动。

料翻译费、专家咨询费、高新科技研发保险费,研发成果的检索、分析、评议、论证、鉴定、评审、评估、验收费用,知识产权的申请费、注册费、代理费、差旅费、会议费等。此项费用总额不得超过可加计扣除研发费用总额的 10%。[①]

(7)财政部和国家税务总局规定的其他费用。

第二,加计扣除的适用范围。

下列活动不得在税前加计扣除:①企业产品(服务)的常规性升级;②对某项科研成果的直接应用,如直接采用公开的新工艺、材料、装置、产品、服务或知识等;③企业在商品化后为顾客提供的技术支持活动;④对现存产品、服务、技术、材料或工艺流程进行的重复或简单改变;⑤市场调查研究、效率调查或管理研究;⑥作为工业(服务)流程环节或常规的质量控制、测试分析、维修维护;⑦社会科学、艺术或人文学方面的研究。

下列行业不得在税前加计扣除:①烟草制造业;②住宿和餐饮业;③批发和零售业;④房地产业;⑤租赁和商务服务业;⑥娱乐业;⑦财政部和国家税务总局规定的其他行业。

第三,特别事项处理。

委托外部机构或个人进行研发活动所发生的费用,按照费用实际发生额(符合独立交易原则)的 80%计入委托方研发费用并计算加计扣除,受托方不得再进行加计扣除。

委托境外进行研发活动所发生的费用,按费用实际发生额(符合独立交易原则)的 80%计入委托方的委托境外研发费用。委托境外研发费用不得超过境内符合条件研发费用 2/3 的部分,可以按规定在企业所得税前加计扣除。委托境外个人进行研发活动发生的费用,不得加计扣除。

委托方与受托方存在关联关系的,受托方应向委托方提供研发项目费用支出明细情况。委托境外进行研发活动,由委托方到科技部门进行登记;委托境内进行研发活动,由受托方到科技部门进行登记。

第四,核算管理要求。

研发费用加计扣除适用于会计核算健全、实行查账征收并能够准确归集研发费用的居民企业,对可加计扣除的研发费用实行归并核算。企业应按照国家财务会计制度要求,对研发支出进行会计处理。

企业研发项目立项时应设置研发支出辅助账(按自主、委托、合作、集中几种研发方式分设),由企业留存备查;年末汇总分析填报研发支出辅助账汇总表,并在报送《年度财务会计报告》的同时,随附注一并报送主管税务机关。研发支出辅助账、研发支出辅助账汇总表格式参照税总公告所附样式编制。企业年度纳税申报时,根据研发支出辅助账汇总表填报研发项目可加计扣除研发费用情况归集表,在年度纳税申报时随申报表一并报送。企业应不迟于年度汇算清缴纳税申报时,向税务机关报送《企业所得税优惠事项备案表》和研发项目文件完成备案,并将有关资料留存备查。

【例 8-1】 税务人员在对某仪表生产企业进行纳税评估时,实物盘查后发现实际结存的仪表比账上少 4 台。会计人员解释说,该企业是仪表生产企业,上年购进的 12 台仪表其实是其他企业生产的仪表,购入目的是为了进行拆解研究,以便改进本企业的产品。4 台仪

---

① 其他相关费用限额=上述(1)~(5)项费用之和×10%÷(1-10%)。

表在上年研究开发时进行拆解,已经失去了使用价值,拆解研究后大部分零件作为废品处理了。当初,企业认为购入的精密仪表价值较高(单台价值在 10 万元左右),将其作为固定资产入账,并按折旧年限 3 年的期限计提了相应折旧额。税务人员核查后证实了会计人员的解释。

税务人员经过分析后认为,企业购入的精密仪表虽然价值较高,但不属于固定资产,而属于研发活动直接消耗的材料,应该按照存货进行核算管理。根据税法规定,应该以购入仪表价值的全额为依据享受加计扣除。

税务人员建议企业应当及时进行账务调整,把库存未用的精密仪表由固定资产账调到存货账,未耗用的 8 台仪表不能再计提折旧,8 台仪表上年已经计提并加计扣除的折旧要及时转回调减补税,在本年度拆解的仪表可以作为研发材料,备案后在本年企业所得税年度申报时一次性加计扣除。

2. 安置残疾人员就业的工资加计扣除

企业安置残疾人员及国家鼓励安置的其他人员就业并符合具体规定条件的,除所支付的工资可据实扣除外,不论企业盈亏,均可按支付给残疾职工工资的 100% 加计扣除。企业对支付给残疾职工的工资,在进行企业所得税预缴申报时,可据实计算扣除;在年度终了进行企业所得税年度申报和汇算清缴时,再按规定计算加计扣除。

企业实际支付给职工工资的加计扣除部分,如果大于本年度应纳税所得额的,可准予扣除其不超过应纳税所得额的部分,超过部分在本年度和以后年度均不得扣除。

（五）减计收入

减计收入是指企业以《资源综合利用企业所得税优惠目录》规定的资源作为主要原材料,生产国家非限制和禁止并符合国家和行业相关标准的产品取得的收入,减按 90% 计入收入总额。

主要原材料占生产产品材料的比例不得低于《资源综合利用企业所得税优惠目录》规定的标准。

（六）抵扣税额

创业投资企业从事国家需要重点扶持和鼓励的创业投资,可以按投资额的一定比例抵扣应纳税所得额。

创业投资企业采取股权投资方式投资于未上市的中小高新技术企业 2 年(含)以上,可以按照其对中小高新技术企业投资额的 70% 在股权持有满 2 年的当年抵扣该创业投资企业的应纳税所得额;当年不足抵扣的,可以在以后纳税年度结转抵扣。

中小高新技术企业是指企业职工人数不超过 500 人、年销售收入不超过 2 亿元、资产总额不超过 2 亿元的高新技术企业。企业以非货币性资产对外投资确认的转让所得,可在不超过 5 年期限内,分期均匀计入相应年度的应税所得额,计算缴纳企业所得税。

（七）税收抵免

企业购置用于环境保护、节能节水、安全生产等专用设备的投资额,可以按一定比例实行税额抵免。税额抵免是指企业购置并实际使用《环境保护专用设备企业所得税优惠目录》《节能节水专用设备企业所得税优惠目录》和《安全生产专用设备企业所得税优惠目录》规定

的环境保护、节能节水、安全生产等专用设备的,该专用设备的投资额的 10％可以从企业当年的应纳税额中抵免;当年不足抵免的,可以在以后 5 个纳税年度结转抵免。企业进行税额抵免时,如果增值税进项税额允许抵扣,其设备投资额不再包括增值税进项税额;如果增值税进项税额不允许抵扣,其设备投资额可以是价税合计金额;如果取得的是普通发票,其设备投资额是发票上注明的金额。

享受所得税税额抵免优惠的企业,应当以实际购置并自身实际投入使用税法规定的专用设备;企业购置上述专用设备在 5 年内转让、出租的,应当停止享受企业所得税优惠,并补缴已经抵免的企业所得税税款。

(八)企业所得税减免管理

企业按规定可以享受的各项减免政策(优惠事项)和资产损失税前扣除,实行"自行判别、申报享受、相关资料留存备查"的办理方式,即"以表代备"。企业应根据相关税收法规和经营情况,自行判断是否符合规定条件。符合条件的可按规定时间自行计算减免税额,并通过填报企业所得税纳税申报主、附表享受税收优惠。从而大大简化了企业涉税事项的办理流程,但也将更多的隐性风险转移给企业,涉税风险从事前延伸到事后。如何应对后续稽查风险,对企业税务管理提出了更高要求。

企业同时享受多项优惠事项或享受的优惠事项按照规定分项目进行核算的,应按优惠事项或项目分别归集留存备查资料。在完成年度汇算清缴后,应同步将留存备查资料归集齐全并整理完成,以备税务机关核查。留存备查资料是指与企业享受优惠事项有关的合同、协议、凭证、证书、文件、账册、说明等资料,从享受优惠事项当年汇算清缴期结束次日起,保留期限 10 年。企业应按规定归集和留存相关资料备查,并对其真实性、合法性和完整性负责。

七、纳税地点和纳税年度

(一)纳税地点

除税收法律、行政法规另有规定外,居民企业以企业登记注册地(企业按照国家有关规定进行登记注册的住所地)为纳税地点;但登记注册地在境外的,以实际管理机构所在地为纳税地点。

非居民企业取得税法规定的所得,以机构、场所所在地为纳税地点。

非居民企业在中国境内未设立机构、场所,或者虽设立机构、场所但取得的所得与其所设机构、场所没有实际联系的,其所得应缴纳的所得税,以扣缴义务人所在地为纳税地点。

(二)纳税年度

企业所得税按纳税年度计算,纳税年度自公历 1 月 1 日起至 12 月 31 日止。

企业在一个纳税年度中间开业,或者终止经营活动使该纳税年度的实际经营期不足 12 个月的,应当以其实际经营期为一个纳税年度。

企业依法清算时,应当以清算期间作为一个纳税年度。

第二节 企业所得税的确认计量

一、应税收入的确认计量

应税收入就是按税法规定应纳企业所得税的收入。它是在财务会计按会计准则确认计量的基础上,按税法规定再予确认计量的收入。

(一)应税收入确认的原则和条件

对应税收入的确认,一般也遵循财务会计对收入确认的原则①,如权责发生制原则和实质重于形式原则。税法规定,企业销售商品同时满足下列条件的,应确认收入的实现:

(1)商品销售合同已经签订,企业已将商品所有权相关的主要风险和报酬转移给购货方。

(2)企业对已售出的商品既没有保留通常与所有权相联系的继续管理权,也没有实施有效控制。

(3)收入的金额能够可靠地计量。

(4)已发生或将发生的销售方的成本能够可靠地核算。

根据税法的实质重于形式确认原则,房地产开发企业销售自建房产,如果已经签订正式销售合同并收取预收款,即使尚未办理产权过户手续,也应作为财产转让收入,计入当期应税收入额,预缴企业所得税。

(二)商品销售收入的确认计量

1. 一般商品销售收入的确认计量

(1)销售商品采用托收承付方式的,在办妥托收手续时确认收入。

(2)销售商品采取预收款方式的,在发出商品时确认收入。

(3)销售商品需要安装和检验的,在购买方接受商品以及安装和检验完毕时确认收入。如果安装程序比较简单,可在发出商品时确认收入。

(4)销售商品采用支付手续费方式委托代销的,在收到代销清单时确认收入。

2. 特殊商品销售收入的确认计量

(1)以分期收款方式销售货物的,应当按照合同约定的收款日期确认收入的实现。

(2)企业受托加工制造大型机械设备、船舶、飞机等,以及从事建筑、安装、装配工程业务或者提供劳务等,持续时间超过 12 个月的,应当按照纳税年度内完工进度或者完成的工作量确认收入的实现。完工进度或者完成的工作量不能合理判断情况的,按照税法确定的原则处理。

(3)采取产品分成方式取得收入的,以企业分得产品的日期确认收入的实现,其收入额按照产品的公允价值确定。

---

① 国务院财政、税务主管部门另有规定的除外。

（三）视同销售（处置资产）收入的确认计量

视同销售是指按税收法规规定应确认为应税收入（收益），但在财务会计中不符合收入确认条件的事项。企业发生下列情形的处置资产（将资产转移至境外的除外），由于资产所有权属在形式和实质上均不发生改变，可作为内部处置资产，不视同销售确认收入，相关资产的计税基础延续计算：①将资产用于生产、制造、加工另一产品；②改变资产形状、结构或性能；③改变资产用途（如自建商品房转为自用或经营）；④将资产在总机构及其分支机构之间转移；⑤上述两种或两种以上情形的混合；⑥其他不改变资产所有权属的用途。

企业将自产、委托加工、外购的资产移送他人的下列情形，因资产所有权属已发生改变而不属于内部处置资产，应按规定视同销售确认应税收入：①用于市场推广；②用于交际应酬；③用于职工奖励和福利；④用于对外投资、分配；⑤用于对外捐赠；⑥其他改变资产所有权属的用途。其中，属于企业自产、委托加工的资产，应按企业同类资产同期对外销售价格确定销售收入；属于外购资产，可按购入时的价格确定销售收入。按现行规定，企业将自产、委托加工货物用于非应税项目，属于增值税的视同销售行为，但不属于企业所得税的视同销售行为。

（四）租赁收入的确认计量

企业[1]提供固定资产、包装物或者其他有形资产的使用权取得的租金收入，应按交易合同或协议规定的承租人应付租金的日期确认收入的实现。如果交易合同或协议中规定租赁期限跨年度，且租金提前一次性收取的，出租人可对已确认的收入，在租赁期内，分期均匀计入相关年度收入。如某企业当年9月份收到当年9月份至下年8月份的一笔租金120万元，其在当年所得税汇算清缴时应确认40万元。

在融资性售后回租业务中，承租人出售资产的行为，不确认为销售收入，对融资性租赁的资产，仍按承租人出售前原账面价值作为计税基础计提折旧。租赁期间，承租人支付的属于融资利息的部分，作为企业财务费用在税前扣除。

（五）股权转让所得的确认计量

企业转让股权收入，应于转让协议生效，且完成股权变更手续时，确认收入的实现。转让股权收入扣除为取得该股权所发生的成本后，为股权转让所得。企业在计算股权转让所得时，不得扣除被投资企业未分配利润等股东留存收益中按该项股权而可能分配的金额。在财务会计中，企业处置长期股权投资时，其账面价值与实际取得价款的差额，应确认为处置损益。采用权益法核算的长期股权投资，因被投资单位除净损益以外所有者权益的其他变动而计入所有者权益的，处置该项投资时应当将原计入所有者权益的部分按相应比例转入当期损益。

（六）财产转让等所得的确认计量

企业取得财产（包括各类资产、股权、债权等）转让收入、债务重组收入（债务重组合同或协议生效时，确认收入的实现）、接受捐赠收入、无法偿付的应付款收入等，不论是以货币形

---

① 也包括出租方在我国境内设有机构、场所且采取据实申报缴纳企业所得的非居民企业。

式、还是非货币形式体现,除另有规定外,均应一次性计入确认收入的年度计算缴纳企业所得税。企业以非货币性资产对外投资确认的转让所得,可在不超过 5 年期限内分期均匀计入相应年度的应税所得额,计算缴纳企业所得税。

(七)股息、红利等权益性投资收益收入的确认计量

企业权益性投资取得股息、红利等收入,应以被投资企业股东会或股东大会作出利润分配或转股决定的日期,确定收入的实现。被投资企业将股权(票)溢价所形成的资本公积转为股本的,不作为投资方企业的股息、红利收入,投资方企业也不得增加该项长期投资的计税基础。

(八)金融企业贷款利息收入的确认计量

金融企业按规定发放的贷款,属于未逾期贷款(含展期,下同),应根据先收利息、后收本金的原则,按贷款合同确认的利率和结算利息的期限计算利息,并于债务人应付利息的日期确认收入实现;属于逾期贷款,其逾期后发生的应收利息,应于实际收到日期,或者虽未实际收到,但会计上确认为利息收入的日期,确认收入的实现。金融企业已确认为利息收入的应收利息,逾期 90 天仍未收回,且会计上已冲减了当期利息收入的,准予抵扣当期应纳税所得额。金融企业已冲减了利息收入的应收未收利息,以后年度收回时,应计入当期应纳税所得额计算纳税。

(九)接收划入资产的确认计量

1. 接收政府划入资产

(1)接收政府投资资产。县级以上人民政府及其有关部门将国有资产作为股权投资划入企业,属于政策性划转(投资)行为,不属于收入范畴,企业应将其作为国家资本金(资本公积)进行企业所得税处理。若为非货币性资产,应以政府确定的接收价为计税基础。

(2)接收政府指定用途资产。县级以上人民政府及其有关部门将国有资产无偿划入企业,凡划出单位或监管部门指定专门用途,且企业按规定进行管理,具备财政性资金性质,作为不征税收入进行所得税处理。若为非货币性资产,应以实际接收价计算不征税收入额。

(3)接收政府无偿划入资产。如果属于上述情形以外的政府划入资产,企业应按政府确定的实际接收价计入当期应税收入,计算缴纳企业所得税。如果政府没有确定接收价,应按无偿划入资产的公允价值确认应税收入。

2. 接收股东划入资产

企业接收股东划入资产(包括股东赠予资产、在股权分置改革中接收非流通股股东赠予资产、股东放弃本企业的股权),合同(协议)约定作为资本金(含资本公积)且已进行会计处理的,属于接受股东股权的投资行为,不作为应税收入进行所得税处理,企业应按公允价值确定该项资产的计税基础。若企业接收股东划入资产系捐赠行为,应按公允价值确定该项资产的计税基础,同时作为应税收入计入收入总额,计算缴纳企业所得税。

(十)递延收入的确认计量

企业在搬迁期间发生的搬迁收入和搬迁支出,可以暂不计入当期应纳税所得额,而在完成搬迁的年度,对搬迁收入和支出进行汇总清算。企业应在搬迁完成年度,将搬迁所得计入

当年的应纳税所得额计算纳税。搬迁完成年度的确认：从搬迁开始，5 年内（包括搬迁当年）任何 1 年完成搬迁的；从搬迁开始，搬迁时间满 5 年（包括搬迁当年）的年度。

（十一）其他情况收入的确认计量

企业发生非货币性资产交换，将货物、劳务用于赞助、集资、广告、样品、职工福利和利润分配等用途的，应当视同销售货物、转让财产或者提供劳务，但国务院财政、税务主管部门另有规定的除外。

二、免税收入

免税收入是指虽具可税性、但按税法规定免予征税的收入。企业取得的免税收入所对应的各项成本费用，除另有规定外，可在计算应税所得时扣除。企业的下列收入为免税收入。

第一，国债利息收入。

以国债发行时约定应付利息的日期，确认利息收入的实现。企业从发行者直接投资购买的国债持有至到期，其从发行者取得的国债利息收入；企业在到期前转让国债或者从非发行者投资购买的国债，按以下方法计算的国债利息收入，全额免缴企业所得税：国债利息收入＝国债金额×（适用年利率÷365）×持有天数。"国债金额"按国债发行面值或发行价格确定，"适用年利率"按国债票面年利率或折合年收益率确定，若企业不同时间多次购买同一品种国债的，"持有天数"可按平均持有天数计算确定。

【例 8-2】 某公司 6 月 15 日从证券交易购买 3 年期国债 10 万元（面值），支付价款10.2万元，票面年利率为 2.48％，到期一次付息。第 3 年 3 月 31 日，公司将该批国债转让，取得价款 12 万元，支付相关税费 2 500 元。其免税利息收入和应纳税所得额计算如下：

（1）免税利息收入。

持有天数＝15＋31＋31＋30＋31＋30＋31＋365×2＋31＋28＋31＝1 019（天）

免税利息收入＝100 000×（2.48％÷365）×1 019＝6 923.62（元）

（2）转让国债的应纳税所得额。

应纳税所得额＝120 000－102 000－6 923.62－2 500＝8 576.38（元）

第二，居民企业直接投资于其他居民企业所取得的股息、红利等权益性投资收益以及在中国境内设立机构、场所的非居民企业从居民企业取得与该机构、场所有实际联系的股息、红利等权益性投资收益，但不包括连续持有居民企业公开发行并上市流通的股票不足 12 个月取得的投资收益。

第三，符合条件的非营利组织的认定管理办法，由国务院财政、税务主管部门会同国务院有关部门制定的收入（不包括非营利组织从事营利性活动所取得的收入，但国务院财政、税务主管部门另有规定的除外）。

对于不符合不征税收入条件的财政性补贴，应属于征税收入（应税收入或免税收入），当且仅当由国务院、财政部或国家税务总局三个部门中的一个或多个部门明确下发文件确认为免税收入的，才属于免税收入，在计入会计收入的年度可进行纳税调整处理，如生产软件、集成电路的企业，其增值税实际税负超过 3％的即征即退增值税补贴就属于免税收入。否

则,即属于应税收入,应当在取得财政补贴款项的当年度计入应纳税所得额。

第四,证券投资基金有关收入。

(1)对证券投资基金从证券市场中取得的收入,包括买卖股票、债券的差价收入,股权的股息、红利收入,债券的利息收入及其他收入,暂不征收企业所得税。

(2)对投资者从证券投资基金分配中取得的收入,暂不征收企业所得税。

(3)对证券投资基金管理人运用基金买卖股票、债券的差价收入,暂不征收企业所得税。

第五,符合条件的非营利组织收入。

三、企业所得税的税前扣除

(一)税前扣除凭证及其扣除原则

企业所得税税前扣除凭证是指企业在计算企业所得税应纳税所得额时,证明与取得收入有关的、合理的支出实际发生,并可据以税前扣除的各类凭证。

企业发生的各项支出,应取得税前扣除凭证,作为计算企业所得税应纳税所得额时扣除相关支出的依据,企业应在当年度企业所得税汇算清缴期结束前取得税前扣除凭证。

根据凭证的来源,税前扣除凭证分为内部凭证和外部凭证。内部凭证是指企业自制用于成本、费用、损失和其他支出核算的会计原始凭证,其填制和使用应当符合国家会计法律、法规等相关规定;外部凭证是指企业发生经营活动和其他事项时,从其他单位、个人取得的用于证明其支出发生的凭证,包括但不限于发票(包括纸质发票和电子发票)、财政票据、完税凭证、收款凭证、分割单等。

企业从境外购进货物或劳务发生的支出,以对方开具的发票或者具有发票性质的收款凭证、相关税费缴纳凭证作为税前扣除凭证。

企业取得私自印制、伪造、变造、作废、开票方非法取得、虚开、填写不规范等不符合规定的发票,以及取得不符合国家法律、法规等相关规定的其他外部凭证,不得作为税前扣除凭证。

企业应当取得而未取得发票等外部凭证或取得不合规发票等外部凭证的,若支出真实且已实际发生,应在当年度汇算清缴期结束前,要求对方补开、换开发票、其他外部凭证。补开、换开后的发票、其他外部凭证符合规定的,可作为当年税前扣除凭证。

若是在汇算清缴期结束后,税务机关发现上述情况的,企业应自被告知之日起60日内补开、换开符合规定的发票、其他外部凭证,凭要求提供资料证实支出真实性后,其支出允许税前扣除。

税前扣除凭证应遵循真实性、合法性和关联性原则。真实性是指税前扣除凭证反映的经济业务真实,且支出已经实际发生;合法性是指税前扣除凭证的形式、来源符合国家法律、法规等相关规定;关联性是指税前扣除凭证与其反映的支出相关联且有证明力。

企业应将与税前扣除凭证相关的资料,包括合同协议、支出依据、付款凭证等留存备查,以证实税前扣除凭证的真实性。

(二)税前扣除的确认原则

税前扣除权是纳税人的一项权利。企业在具体进行税前扣除时,对扣除项目的确认时

间和条件,主要应遵循以下确认原则。

1. 权责发生制原则

该原则的基本含义与财务会计相同,所得税税法规定该原则,旨在尽可能减少两者的差异,降低成本和风险,但"另有规定的除外",即一般以权责发生制为基础,但也共存其他原则,如真实发生、确定性等原则。

2. 配比原则

纳税人发生的费用应在费用应配比或应分配的当期申报扣除,纳税年度应申报的可扣除费用不得提前或滞后申报扣除。

3. 确定性原则

纳税人可扣除的费用不论何时支付,其金额必须是确定的。如果可扣除的费用支出额或相应的债务额无法准确确定,一般情况下,不允许按估计的支出额在税前扣除。

根据以上原则,在具体确认时,应按照:一是按其与应税收入的发生是否为因果关系,如为因果关系,可按比例扣除;二是在受益期内,按税法允许或根据税法规定选择的会计方法进行折旧、摊销;三是对财务会计中已经确认、计量和记录的某些费用项目,虽然与税务会计确认的口径相同,但对超过税法规定扣除标准的项目,税务会计要按税法规定的扣除限额作为扣除费用。

(三) 税前扣除范围

企业实际发生的与取得应税收入有关的、合理的支出,包括成本、费用、税金、损失和其他支出,准予在计算应纳税所得额时扣除;除税收法律、行政法规另有规定外,不得重复扣除。

(1) 销售成本。企业申报纳税期间已经确认的销售商品、提供劳务服务、转让和处置固定资产、无形资产等的销售成本、销货成本、业务支出以及其他耗费。它与财务会计中的主营业务成本、其他业务成本有密切联系,但不是直接对应的。

(2) 期间费用。企业为生产、经营商品和提供劳务等所发生的销售费用、管理费用和财务费用(已经计入成本的有关费用除外)。

(3) 税金及附加。企业实际发生的除所得税和增值税以外的各项税金及附加,即通过"税金及附加"所反映的税费。

(4) 资产损失。资产是指企业拥有或者控制的、用于经营管理活动相关的资产,包括现金、银行存款、应收及预付款项(包括应收票据、各类垫款、企业之间往来款项)等货币性资产,存货、固定资产、无形资产、在建工程、生产性生物资产等非货币性资产,以及债权性投资和股权(权益)性投资。准予在企业所得税税前扣除的资产损失是指企业在实际处置、转让上述资产过程中发生的合理损失(以下简称实际资产损失[①]),以及企业虽未实际处置、转让上述资产,但符合规定条件计算确认的损失(以下简称法定资产损失)。

企业实际资产损失,应当在其实际发生且财务会计上已作损失处理的年度申报扣除;法定资产损失,应当在企业向主管税务机关提供证据资料,证明该项资产已符合法定资产损失

---

① 损失额一般为资产账面价值减去其残值、保险赔款和责任人赔偿后的余额。

确认条件,且会计上已作损失处理的年度申报扣除。企业发生的资产损失,应按规定程序和要求向主管税务机关以清单申报或专项申报①后方能在税前扣除。未经专项申报的损失,不得在税前扣除。

(5)其他支出。其他支出是指除成本、费用、税金、损失外,企业经营活动中发生的有关的、合理的支出。

(四)准予扣除项目及其确认

企业根据会计准则规定已经确认的支出,凡未超过税法和有关税收法规规定的税前扣除范围和标准的,可按其实际确认的支出在税前扣除。超过税前扣除范围和标准的,应进行所得税的纳税调整。

1. 工薪支出

企业发生合理的工资、薪金支出,准予在税前扣除。职工工资薪金是指企业每一纳税年度支付给在本企业任职或与其有雇佣关系的员工的所有现金或非现金形式的劳动报酬,包括基本工资、奖金、津贴、补贴、年终加薪、加班工资,以及与员工任职或者受雇有关的其他支出。企业雇佣季节工、临时工、实习生、返聘离退休人员以及接受外部劳务派遣用工,也属于企业任职或者受雇员工范畴。企业为其支付的相关费用,可以区分工资薪金支出和职工福利费支出后,准予在税前扣除,并以准予税前扣除的工资薪金支出总额为基数,作为计算其他各项相关费用的扣除依据。

"合理工资薪金"是指企业按照股东大会、董事会、薪酬委员会或相关管理机构制定的工资薪金制度规定实际发放给员工的工资薪金。税务机关在对工资薪金进行合理性确认时,按以下原则判断:①企业制定了较为规范的员工工资薪金制度;②企业所制定的工资薪金制度符合行业及地区水平;③企业在一定时期所发放的工资薪金是相对固定的,工资薪金的调整是有序进行的;④企业对实际发放的工资薪金,已依法履行了预扣预缴个人所得税义务;⑤有关工资薪金的安排,不以减少或逃避税款为目的。

符合合理工薪原则,列入企业员工工薪制度、固定与工资薪金一起发放的福利性补贴,可作为企业发生的工薪支出,按规定在税前扣除。企业在年度所得税汇算清缴结束前向员工实际支付的已预提工资薪金,准予在汇缴年度按规定扣除。按协议(合同)约定直接支付给劳务派遣公司的费用,作为劳务费支出;直接支付给员工个人的费用,作为工薪支出和职工福利费支出,准予计入工薪总额基数,作为计算其他各项相关费用扣除的依据。

2. 职工福利费、工会经费、职工教育经费

企业实际发生的满足职工共同需要的集体生活、文化、体育等方面的职工福利费支出,不超过工资薪金总额14%的部分,准予扣除。企业发生的职工福利费,应该单独设置账册,进行准确核算。没有单独设置账册准确核算的,税务机关应责令企业在规定的期限内进行改正。逾期仍未改正的,税务机关可对企业发生的职工福利费进行合理的核定。

企业拨缴的工会经费,不超过工资薪金总额2%的部分,凭工会组织开具的《工会经费收

---

① 正常因素形成的损失采用清单申报方式,非正常因素及单笔大额损失采用专项申报方式。

入专用收据》,准予扣除。

企业发生的职工教育经费支出,不超过工资薪金总额 8% 的部分,准予扣除;超过部分,可以在以后纳税年度结转扣除。

软件企业、集成电路设计企业、动漫企业、核电企业、航空企业的职工培训费用,可按其实际发生额在税前全额扣除。

3. 社会保险费

(1)企业按照国务院主管部门或省级人民政府规定的范围和标准为职工缴纳的基本医疗保险费、基本养老保险费、失业保险费、工伤保险费等基本社会保险费和住房公积金,准予税前扣除。

(2)企业为本企业任职和受雇的员工支付的补充养老保险费、补充医疗保险费,分别在不超过职工工资总额 5% 标准内的部分,准予税前扣除;超过部分,不得扣除。

(3)企业按规定为特殊工种职工支付的人身安全保险费和符合规定的商业保险费,准予扣除;但为投资人、一般职工支付的商业保险费,不得扣除。

(4)企业参加的财产保险、责任保险,按规定缴纳的保险费,准予扣除。

4. 公益性捐赠支出

公益性捐赠是指企业通过公益性社会组织或者县级以上人民政府及其部门,用于符合法律规定的慈善活动、公益事业的捐赠。

公益性社会组织是指同时符合下列条件的慈善组织和其他社会组织:依法登记,具有法人资格;以发展公益事业为宗旨,且不以营利为目的;全部资产及其增值为该法人所有;收益和营运结余主要用于符合该法人设立目的的事业;终止后的剩余财产不归属任何个人或者营利组织;不经营与其设立目的无关的业务;有健全的财务会计制度;捐赠者不以任何形式参与该法人财产的分配;国务院财政、税务主管部门会同国务院民政部门等登记管理部门规定的其他条件。

企业当年发生以及以前年度结转的公益性捐赠支出,不超过年度利润总额 12% 的部分,准予扣除。

【例 8-3】 AL 公司某年度会计利润总额为 600 万元,向市慈善基金会捐赠其子公司 10% 的股权,该股权公允价值 240 万元,成本 200 万元,企业已将成本金额计入“营业外支出”。

假定不存在其他纳税调整事项,该公司实际捐赠支出为 200 万元,捐赠的扣除限额为 $600 \times 12\% = 72$(万元),调增应纳税所得额 $= 200 - 72 = 128$(万元),视同销售收入 200 万元,视同销售成本 200 万元。该公司年度应交企业所得税 $= (600 + 128) \times 25\% = 182$(万元)。

如果该公司不是向公益性社会团体捐赠,而是通过区政府向某小学捐赠,则该公司视同销售收入为 240 万元,视同销售成本为 200 万元,应纳税所得额 $= 240 - 200 = 40$(万元)。公司年度应交企业所得税 $= (600 + 128 + 40) \times 25\% = 192$(万元)。

5. 利息费用

企业在经营活动中发生的、与收入相关的下列利息支出,准予在税前扣除:

(1)非金融企业向金融企业借款的利息支出、金融企业的各项存款利息支出和同业拆借利息支出、企业经批准发行债券的利息支出①。

（2）非金融企业向非金融企业、向股东或其他与企业有关联关系的自然人、向内部职工或其他人员②借款的利息支出，在不超过债权性投资与权益性投资2∶1比例的基础上，不超过按照金融企业同期同类贷款利率③计算的数额的部分。假设某企业权益性投资额5 000万元，向自然人（或关联方）借款15 000万元，在计算利息扣除时，只允许按10 000万元乘以金融企业同期同类贷款利率计算的利息在税前扣除。金融企业与关联方借款，不超过债资比5∶1部分的利息支出准予扣除。

（3）对于采用实际利率法确认的与金融负债相关的利息费用，未超过同期银行贷款利率的部分，可在计算当期应纳税所得额时扣除，超过的部分不得扣除。

（4）投资人投资未到位而发生的利息支出。投资人在规定期限内未缴足其应投资本额的，其应投资本额与实投资本额的差额应计付的利息，不属于企业合理的支出，应由投资人负担，企业不得在税前扣除。假如某企业注册资本3 000万元，投资人先投入1 800万元，尚欠1 200万元。该年度企业向银行借款1 500万元，支付借款利息90万元。不得扣除的借款利息＝90×1 200÷1 500＝72（万元），允许扣除的利息支出＝90－72＝18（万元）。

6. 汇兑损失

企业在货币交易中，以及纳税年度终了时将人民币以外的货币性资产、负债按照期末即期人民币汇率中间价折算为人民币时产生的汇兑损失，除已经计入有关资产成本以及与向所有者进行利润分配相关的部分外，准予扣除。

7. 借款费用

企业在经营活动中发生的合理的不需要资本化的借款费用，准予在税前扣除。

企业为购置、建造和生产固定资产、无形资产和经过12个月以上的建造才能达到预定可销售状态的存货而发生的借款，在有关资产购置、建造期间发生的合理的借款费用，符合会计准则规定的资本化条件的，应作为资本性支出计入相关资产的成本；日后按税法规定计算的折旧等成本费用，可在税前扣除。有关资产竣工结算并交付使用后或达到预定可销售状态后发生的合理的借款费用，可在发生当期扣除。

企业通过发行债券、取得贷款、吸收保户储金等方式融资而发生的合理的费用支出（包括手续费及佣金支出），符合资本化条件的，应计入相关资产成本；不符合资本化条件的，作为财务费用，准予在企业所得税前据实扣除。

8. 业务招待费

企业实际发生的与生产经营活动有关的业务招待费，按照实际发生额的60％扣除，但最高不得超过当年销售收入额（含视同销售收入额）的5‰。对从事股权投资业务的企业（包括集团公司总部、创业投资企业等），其从被投资企业所分配的股息、红利及股权转让收入，也可以按规定比例计算业务招待费的扣除限额。

---

① 符合资本化条件的，应计入相关资产成本。

② 企业与个人之间的借贷是真实、合法、有效的，并且不具有非法集资目的或其他违反法律、法规的行为；企业与个人之间签订了借款合同。

③ 企业按合同要求首次支付利息并进行税前扣除时，应提供金融企业的同期同类贷款利率情况说明，以证明其利息支出的合理性。

9. 广告费和业务宣传费

企业发生的符合条件的广告费和业务宣传费支出,除国务院财政、税务主管部门另有规定外,不超过当年销售收入额(含视同销售收入额和创投企业的投资收益,但不包括营业外收入和非创投企业的投资收益)15％的部分,准予扣除;超过部分,准予在以后纳税年度结转扣除。化妆品制造、销售、医药制造和饮料制造(不含酒类制造)企业发生的广告费和业务宣传费支出,不超过当年销售收入30％的部分,准予扣除;超过部分,准予在以后纳税年度结转扣除。烟草企业的烟草广告费和业务宣传费支出,一律不得在计算应纳税所得额时扣除。

企业申报的广告费支出,必须符合以下条件:广告是通过工商部门批准的专门机构制作的;已实际支付,并已取得相应发票;通过一定的媒体传播。

【例 8-4】 某公司上年设立时发生筹办费用 15 万元,其中业务招待费 3 万元、广告费和业务宣传费 4.5 万元。今年 1 月开始经营,全年实现营业收入 1 500 万元,实际支出业务招待费 10.5 万元,广告费和业务宣传费 240 万元。今年,公司应如何进行企业所得税纳税调整?

根据有关规定,企业筹办期间发生的筹办费用支出,不得计算为当期的亏损,即不作纳税调整。对于开(筹)办费用,企业可以在开始经营之日的当年一次性扣除,也可以作为长期待摊费用处理,但一经选定,不得改变。

今年 1 月,该公司开始经营,筹办费在 1 月份一次性扣除。当年,企业实际发生业务招待费 10.5 万元,共列支业务招待费 13.5 万元(3＋10.5)。准予税前扣除的业务招待费计算如下:

(1) 准予扣除的筹办期业务招待费＝3×60％＝1.8(万元)。

(2) 当年准予扣除的业务招待费。

$$扣除限额＝1\ 500×0.5％＝7.5(万元)$$
$$扣除金额＝10.5×60％＝6.3(万元)$$

扣除金额小于扣除限额,当年准予税前扣除的业务招待费金额是 6.3 万元,加上准予扣除的筹办期的业务招待费 1.8 万元,共计 8.1 万元。应纳税调增金额是 5.4 万元(13.5－8.1)。

当年实际发生广告费和业务宣传费 240 万元,共列支广告费和业务宣传费 244.5 万元(4.5＋240)。准予税前扣除的广告费和业务宣传费计算如下:

(1) 准予扣除的筹办期广告费和业务宣传费 4.5 万元。

(2) 当年准予扣除的广告费和业务宣传费限额 225 万元(1 500×15％),超过限额的 15 万元可以结转以后年度扣除。

加上准予扣除的筹办期广告费和业务宣传费 4.5 万元,共计 229.5 万元。应纳税调增金额是 15 万元(240－225 或 244.5－229.5)。

10. 固定资产折旧费用

企业按照规定计算的固定资产折旧,准予扣除。下列固定资产不得计算折旧扣除:①房屋、建筑物以外未投入使用的固定资产;②以经营租赁方式租入的固定资产;③以融资租赁方式租出的固定资产;④已足额提取折旧仍继续使用的固定资产;⑤与经营活动无关的固定资产;⑥单独估价作为固定资产入账的土地;⑦其他不得计算折旧扣除的固定资产。

11. 无形资产摊销费用

企业按照规定计算的无形资产摊销费用,准予扣除。下列无形资产不得计算摊销费用扣除:①自行开发的支出已在计算应纳税所得额时扣除的无形资产;②自创商誉;③与经营活动无关的无形资产;④其他不得计算摊销费用扣除的无形资产。

12. 长期待摊费用

企业发生的下列支出作为长期待摊费用,按照规定摊销的,准予扣除:①已足额提取折旧的固定资产的改建支出;②租入固定资产的改建支出;③固定资产的大修理支出;④其他应当作为长期待摊费用的支出,如企业在筹建期间发生的开办费①等。

13. 存货成本

企业使用或者销售存货,按照规定计算的存货成本,准予在计算应纳税所得额时扣除。

14. 转让资产

企业转让资产的净值(有关资产的计税基础减除已经按照规定扣除的折旧、折耗、摊销、准备金等后的余额),准予在计算应纳税所得额时扣除。企业转让国债取得的收益(损失)应作为企业应纳税所得额计算纳税。企业转让或到期兑付国债取得的价款,减除其购买国债成本,并扣除其持有期间按规定计算的国债利息收入以及交易过程中相关税费后的余额,为转让国债收益(损失)。企业用支付现金方式取得的国债,以买入价和支付的相关税费为成本;用非现金方式取得的国债,以该资产的公允价值和支付的相关税费为成本。在不同时间购买同一品种国债的,其转让时的成本计算方法,可在先进先出法、加权平均法、个别计价法中选用一种。计价方法一经选用,不得随意改变。

15. 资产损失

货币资产损失的确认。企业货币资产损失包括现金损失、银行存款损失和应收及预付款项损失等。企业逾期3年以上的应收款项在会计上已作为损失处理的,可以作为坏账损失;企业逾期1年以上,单笔数额不超过5万元或者不超过企业年度收入总额1‰的应收款项,会计上已经作为损失处理的,可以作为坏账损失,但均应说明情况,并出具专项报告。

非货币资产损失的确认。企业非货币资产损失包括存货损失、固定资产损失、无形资产损失、在建工程损失、生产性生物资产损失等。

投资损失的确认。企业投资损失包括债权性投资损失和股权(权益)性投资损失。企业债权投资损失应依据投资的原始凭证、合同或协议、会计核算资料等相关证据材料确认。企业股权投资损失应依据相关证据材料确认。被投资企业依法宣告破产、关闭、解散或撤销、吊销营业执照、停止生产经营活动、失踪等,应出具资产清偿证明或者遗产清偿证明。企业委托金融机构向其他单位贷款,或委托其他经营机构进行理财,到期不能收回贷款或理财款项,按照有关规定进行处理。企业按独立交易原则向关联企业转让资产而发生的损失,或向关联企业提供借款、担保而形成的债权损失,准予扣除,但企业应作专项说明,同时出具中介机构出具的专项报告及其相关的证明材料。

下列股权和债权不得作为损失在税前扣除:①债务人或者担保人有经济偿还能力,未按

---

① 开(筹)办费,既可以作为长期待摊费用处理,也可以在开始经营之日在当年一次性扣除,但一经确定,不得改变。企业筹办期发生的业务招待费按其实际发生额的60%、广告费和业务宣传费按其实际发生额,计入筹办费。

期偿还的企业债权;②违反法律、法规的规定,以各种形式、借口逃废或悬空的企业债权;③行政干预逃废或悬空的企业债权;④企业未向债务人和担保人追偿的债权;⑤企业发生非经营活动的债权;⑥其他不应当核销的企业债权和股权。

其他资产损失的确认。企业将不同类别的资产捆绑(打包),以拍卖、询价、竞争性谈判、招标等市场方式出售,其出售价格低于计税成本的差额,可以作为资产损失并准予在税前申报扣除,但应出具资产处置方案、各类资产作价依据、出售过程的情况说明、出售合同或协议、成交及入账证明、资产计税基础等确定依据。

企业正常经营业务因内部控制制度不健全而出现操作不当、不规范或因业务创新但政策不明确、不配套等原因形成的资产损失,应由企业承担的金额,可以作为资产损失并准予在税前申报扣除,但应出具损失原因证明材料或业务监管部门定性证明、损失专项说明。

企业因刑事案件原因形成的损失,应由企业承担的金额,或经公安机关立案侦查2年以上仍未追回的金额,可以作为资产损失并准予在税前申报扣除,但应出具公安机关、人民检察院的立案侦查情况或人民法院的判决书等损失原因证明材料。

16. 专项资金

企业按照国家法律、行政法规有关规定提取的用于环境保护、生态恢复等的专项资金,准予扣除;提取资金后改变用途的,不得扣除,已经扣除的,应计入当期应纳税所得额。

17. 租赁费

企业根据生产经营的需要租入固定资产所支付的租赁费,按下列办法扣除:①以经营租赁方式租入固定资产发生的租赁费支出,按照租赁期限均匀扣除;②以融资租赁方式租入固定资产发生的租赁费支出,按照规定构成融资租入固定资产价值的部分应当提取折旧费用,分期扣除。

18. 劳动保护费

企业实际发生的合理的劳动保护支出,准予扣除。劳动保护支出是指确因工作需要为雇员配备或提供工作服、手套、安全保护用品、防暑降温用品等所发生的支出。

19. 手续费及佣金支出

佣金是在合法的商业活动中,支付给中间商、经纪人、代理商、掮客等中间人的合法劳务报酬。

(1) 保险企业发生与其经营活动有关的手续费及佣金支出,不超过当年全部保费收入扣除退保金等后余额的18%(含本数)的部分,在计算应纳税所得额时准予扣除;超过部分,允许结转以后年度扣除。

(2) 企业应与具有合法经营资格的中介服务企业或个人签订代办协议或合同,并按国家有关规定支付手续费及佣金。除委托个人代理外,企业以现金等非转账方式支付的手续费及佣金不得在税前扣除。企业为发行权益性证券支付给有关证券承销机构的手续费及佣金不得在税前扣除。

(3) 企业不得将回扣、业务提成、返利、进场费等计入手续费及佣金支出中。

(4) 企业已计入固定资产、无形资产等相关资产的手续费及佣金支出,应当通过折旧、摊销等方式分期扣除,不得在发生当期直接扣除。

(5) 企业支付的手续费及佣金不得直接冲减服务协议或合同金额,并如实入账。

（6）企业应当如实向当地主管税务机关提供当年手续费及佣金计算分配表和其他相关资料，并依法取得合法真实凭证。

20. 劳务服务

企业接受关联方提供的管理或其他形式的服务，按照独立交易原则支付的有关费用，准予扣除。电信企业在发展客户、拓展业务等过程中（如委托销售电话入网卡、电话充值卡等），需向委托经纪人、代办商支付手续费及佣金的，其实际发生额在不超过企业当年收入总额5%的部分，准予在企业所得税前据实扣除。

21. 总机构分摊的费用

非居民企业在中国境内设立机构、场所的，对其在中国境外总机构发生的与该机构、场所生产经营有关的费用，能够提供总机构出具的费用汇集范围、定额、分配依据和方法等证明文件，并合理分摊的，准予扣除。

（五）以前年度发生的资产损失和应扣未扣支出的处理

1. 追补确认期限

企业以前年度发生的资产损失未能在当年税前扣除的，可按规定向税务机关说明并进行专项申报扣除。其中，属于实际资产损失，准予追补至该项损失发生年度扣除，其追补确认期限一般不得超过5年，但因计划经济体制转轨过程中遗留的资产损失、企业重组上市过程中因权属不清出现争议而未能及时扣除的资产损失、因承担国家政策性任务而形成的资产损失以及政策定性不明确而形成资产损失等特殊原因形成的资产损失，其追补确认期限经国家税务总局批准后可适当延长。

对企业发现以前年度实际发生的、按照税收规定应在企业所得税前扣除而未扣除或者少扣除的支出，企业作出专项申报及说明后，准予追补至该项目发生年度计算扣除，追补确认期限不得超过5年。

2. 多缴税款的抵退

企业因以前年度实际资产损失未在税前扣除而多缴的企业所得税税款，可在追补确认年度企业所得税应纳税款中予以抵扣，不足抵扣的，可在以后年度递延抵扣，但不能退税。

企业实际资产损失发生年度扣除追补确认的损失后出现亏损的，应先调整资产损失发生年度的亏损额，再按弥补亏损的原则计算以后年度多缴的企业所得税税款，并按规定进行税务处理。亏损企业追补确认以前年度未在企业所得税前扣除的支出，或盈利企业经过追补确认后出现亏损的，应首先调整该项支出所属年度的亏损额，然后再按弥补亏损的原则计算以后年度多缴的企业所得税税款，并按前款规定处理。

3. 纳税申报

企业在进行企业所得税年度汇算清缴申报时，可将资产损失、应扣未扣支出申报材料和纳税资料作为企业所得税年度纳税申报表的附件一并向税务机关报送。企业资产损失、应扣未扣支出按其申报内容和要求的不同，分为清单申报和专项申报两种申报方式。其中，属于清单申报的，企业可按会计核算科目进行归类、汇总，然后再将汇总清单报送税务机关，有关会计核算资料和纳税资料留存备查；属于专项申报的，企业应逐项（或逐笔）报送申请报告，同时附送会计核算资料及其他相关的纳税资料。

4. 有关会计处理

《会计法》规定,企业不得随意改变费用、成本的确认标准或者计量方法,虚列、多列、不列或者少列费用、成本,不得提前或推迟确认企业的成本、费用、收入等。在对此类事项进行会计处理时,除涉及税法外,还涉及《会计政策、会计估计变更和差错更正》《资产负债表日后事项》《所得税》等项企业会计准则。存在财税差异的,财务会计应按资产负债表债务法,确认暂时性差异,以很可能获得用来抵扣可抵扣亏损和税款抵减的未来应纳税所得额为限,确认相应的递延所得税资产。

【例8-5】 某制造企业系一般纳税人,假设其近4年各年的会计利润与其每年的应纳税所得额相同,各年应纳税所得额依次如下:第1年104万元,第2年-300万元,第3年560万元,第4年880万元。企业在第4年内审时,发现以下问题:

(1)第1年,企业将一批自制产品(成本为120万元,同类不含增值税公允价格为200万元)全部通过政府机关对外捐赠,用于地震灾害后重建,该企业当时会计处理如下:

借:营业外支出		1 460 000
贷:库存商品		1 200 000
应交税费——应交增值税(销项税额)		260 000

经审查,其会计处理正确,但第1年汇算清缴时,对外捐赠只调整了视同销售的应纳税所得额:确认视同销售收入200万元、视同销售成本120万元,调增视同销售所得80万元,但忽视了对外捐赠支出的税前扣除。

(2)第3年,该企业"管理费用"账户下新技术开发费200万元,当年汇算清缴时,未加计扣除50%(企业所得税税率25%,不考虑税费附加)。

纳税调整如下:

(1)据有关规定,企业发生为地震灾后重建的捐赠支出,可以据实全额扣除。

第1年对外捐赠支出146万元,可以全额在税前扣除,但企业当年未扣除,到第4年年末,未超过5年的追补确认期,可以向主管税务机关进行专项申报和说明后进行扣除,第1年实际亏损42万元(146-104)。

(2)第3年,应扣未扣研发费的加计扣除金额为100万元,符合税法规定,允许追补扣除。

(3)计算多交税款:

$$第1年多交税款=104×25\%=26(万元)$$

第3年加计扣除研发费、弥补以前年度亏损后,实际应纳税所得额110万元(560-300-50-100)。

$$第3年多交税款=(48+100)×25\%=37(万元)$$
$$第4年应交所得税=880×25\%=220(万元)$$

该企业第1年与第3年度应扣未扣支出未在税前扣除而多缴的企业所得税款63万元(26+37),可以在第4年度企业应缴企业所得税220万元中予以抵扣。第4年度实际应缴所得税款157万元(220-63)。

(4)根据职业判断,以前年度未扣支出对企业所得税的影响,不属于重要的前期差错,无需作递延所得税的追溯调整。即第1年捐赠支出造成的实际亏损,不需要调整"以前年度损益

调整"和"递延所得税资产",第1年和第3年多缴税款全部作为第4年会计差错进行会计处理。

第4年应交企业所得税会计处理:

借:所得税费用　　　　　　　　　　　　　　　　　　　　　　　　　　　　1 570 000
　　贷:应交税费——应交企业所得税　　　　　　　　　　　　　　　　　　　　　　1 570 000

（六）不得扣除项目

（1）不得扣除的基本项目。

具体包括:①向投资者支付的股息、红利等权益性投资收益款项;②企业所得税税款;③税收滞纳金;④罚金、罚款和被罚没财物的损失①;⑤不属于公益性捐赠规定条件以外的捐赠支出;⑥赞助支出（即企业发生的各种非广告性质的支出）;⑦未经核定的准备金支出（企业未经国务院财政、税务主管部门核定而提取的各项资产减值准备、风险准备等准备金）;⑧因特别纳税调整而被加收的利息支出;⑨不征税收入支出形成的费用不允许在税前扣除,但企业取得的各项免税收入所对应的各项成本费用,除另有规定者外,可以在计算企业应纳税所得额时扣除;⑩与取得收入无关的其他支出。

【例8-6】　某企业某年收到市财政局拨付的技术创新基金1 000万元（符合不征税收入的确认条件）,收到时,已经记入"营业外收入"账户。该企业当年的收入总额80 000万元（含不征税收入1 000万元）,根据税法进行所得税纳税调整后,全年应税所得额10 000万元。不征税收入用于的各项支出无法与应税收入所发生的支出划分清楚。企业在进行所得税汇算清缴时,如何计算不征税收入所形成的支出额,并正确填制所得税纳税申报表及其附表三。

假设"企业当年的支出总额"为 X ,收入总额 $-X=$ 应纳税所得额, $X=$ 收入总额－应纳税所得额。由于"收入总额"中含"不征税收入"1 000万元,因此,

$$企业当年的支出总额=收入总额-不征税收入-应纳税所得额$$
$$=80\ 000-(10\ 000+1\ 000)=69\ 000（万元）$$
$$不征税收入所形成的支出=1\ 000\div80\ 000\times69\ 000=862.5（万元）$$

企业应将不征税收入及其所形成的支出,分别填入企业所得税年度纳税申报表附表A105000的第8行、第9行和第24行、第25行。

如果该企业年度纳税调整后所得额是负数（亏损）,若不考虑不征税收入的影响,扣除项目会大于应税总收入。这时,不征税收入所形成的支出最多与其收入相等,不应出现支出大于收入的情况,即当年不征税收入所形成的支出应为1 000万元。

（2）其他不得扣除项目。

企业之间支付的管理费、企业内营业机构之间支付的租金和特许权使用费,以及非银行企业内营业机构之间支付的利息,不得扣除。企业对外投资期间,投资资产的成本在计算应纳税所得额时不得扣除。

企业接受境外关联方提供劳务时,应对该劳务进行受益性分析,即该劳务是否能够为企业带来直接或间接经济利益。接受关联方提供的不能为其带来经济利益的劳务（非受益性劳务）

---

① 指行政机关依法没收的违法行为人取得的违法所得财物,不包括纳税人按照经济合同规定支付的违约金（含银行罚息）、罚款和诉讼费。

而支付的费用,不得在税前扣除。接受受益性劳务而支付费用时,应依据独立交易原则判断是否可以在税前扣除。凡向未履行功能、承担风险,无实质性经营活动的境外关联方支付费用,关联方提供的不能给企业带来经济利益的劳务支付服务费,向仅拥有无形资产法律所有权而未对其价值创造作出贡献的关联方支付特许权使用费,因融资上市活动所产生的附带利益向境外关联方支付特许权使用费,因不符合受益性原则或独立交易原则而不得在税前扣除。

(3)税务机关要求提供证明资料的,应提供能够证明其真实性的合法凭证,否则,不得在税前扣除。

(七)企业亏损的确认与弥补

企业自开始生产经营的年度,为开始计算企业损益年度。企业开(筹)办期间发生的筹办费用支出,不得计算为当期的亏损,即不作纳税调整。对于开(筹)办费用,企业可以在开始经营之日的当年一次性扣除,也可以作为"长期待摊费用"分期摊销,一经选定,不得改变。

1.亏损的确认计量

亏损是企业年度收入总额减去不征税收入、免税收入和各项税前扣除额后的余额为负数的金额。

2.亏损的计算方法

企业取得的免税收入、减计收入以及减征、免征所得额项目,不得弥补当期及以前年度应税项目亏损;当期形成亏损的减征、免征所得额项目,也不得用当期和以后纳税年度应税项目所得抵补。

【例8-7】 某企业某年实现利润50万元。其中,收入1 000万元,成本费用950万元,包括技术转让所得100万元(收入500万元,成本费用400万元)。假设没有其他纳税调整项目,该企业当年应纳税所得额为-50万元[(1 000-500)-(950-400)]。

3.亏损弥补的期限

企业纳税年度发生的应税亏损,准予在以后年度以应税所得弥补,弥补年限不得超过5年;弥补年限连续计算,不得因弥补期间发生亏损而顺延。从2018年1月1日起,当年具备高新技术企业或科技型中小企业资格的企业,其具备资格年度之前5个年度发生的尚未弥补完的亏损,准予结转以后年度弥补,最长结转年限为10年。企业在开始生产经营前发生的筹办费用支出,不得作为当期亏损;从生产经营年度起,开始计算损益年度。

4.亏损弥补的特殊问题

(1)企业合并。被合并企业的亏损不得在合并企业结转弥补,但企业股东在该企业合并发生时取得的股权支付金额不低于其交易支付总额的85%,以及同一控制下且不需要支付对价的企业合并,可以按下式计算:

$$可由合并企业弥补的被合并企业亏损的限额=被合并企业净资产公允价值\times截至合并业务发生当年年末国家发行的最长期限的国债利率$$

(2)企业分立。相关企业的亏损不得相互结转弥补,但被分立企业所有股东按原持股比例取得分立企业的股权,分立企业和被分立企业均不改变原来的实质经营活动,且被分立企业股东在该企业分立发生时取得的股权支付金额不低于其交易支付总额的85%,可以选择被分立企业未超过法定弥补期限的亏损额可按分立资产占全部资产的比例进行分配,由

分立企业继续弥补。

（3）免税项目。如果一个企业既有应税项目，又有免税项目，其应税项目发生亏损时，按照规定可以结转以后年度弥补的亏损，应该是冲抵免税项目所得后的余额。如果应税项目有所得，但不足弥补以前年度亏损的，免税项目的所得也应用于弥补以前年度亏损。

5. 应注意的问题

①在计算亏损额时，必须严格按照顺序计算，不得随意调整计算顺序。②不征税收入和免税收入是指毛收入，其金额必然大于零。③在计算亏损时，不减去免税所得大于零，以及税前扣除受盈利限制的加计扣除额，此类扣除额最多是将应纳税所得额扣除到零为止。④企业在汇总计算缴纳企业所得税时，计算的亏损额不包括境外所得或亏损，即境外所得不得用于弥补境内亏损，境外亏损也不能由境内所得弥补。

四、资产的所得税处理

（一）资产的计税基础

税法中界定的资产是以资本投资而形成的财产。对资本性支出以及无形资产受让、开办、开发费用，不允许作为成本、费用一次性在税前扣除，应按折旧费用、摊销费用方式分次扣除。作为所得税处理的资产，包括固定资产、生物资产、无形资产、长期待摊费用、投资资产、存货等。

不论在适用范围，还是在内涵界定上，企业所得税法中用的"计税基础"与会计准则中的"计税基础"均有明显差异。在税务会计中，资产的计税基础是指企业取得某项资产时实际发生的支出。除盘盈固定资产外，企业的各项资产均应以历史成本为计税基础。企业持有各项资产期间资产增值或减值，除国务院财政、税务主管部门规定可以确认损益外，不得调整资产的计税基础。企业不能提供资产取得或持有时的支出以及税前扣除有效凭证的，税务机关有权采用合理方法估定其净值。资产的净值是指企业按税法规定确定的资产的计税基础扣除按税法规定计提的资产折旧、摊销、折耗、呆账准备后的余额。

（二）固定资产的所得税处理

固定资产是指企业为生产产品、提供劳务、出租或经营管理而持有的、使用时间超过12个月（不含12个月）的非货币性资产，包括房屋、建筑物、机器、机械、运输工具以及其他与生产经营有关的设备、器具、工具等。

1. 固定资产计税基础

（1）外购的固定资产，以购买价款和支付的相关税费以及直接归属于使该资产达到预定用途发生的其他支出为计税基础。

（2）自行建造的固定资产，以竣工结算前发生的支出为计税基础。

（3）企业固定资产投入使用后，若因工程款项尚未结清而未取得全额发票的，可暂按合同规定的金额计入固定资产计税基础计提折旧，待发票取得后进行调整（该项调整应在固定资产投入使用后12个月内进行）。

（4）融资租入的固定资产，以租赁合同约定的付款总额和承租人在签订租赁合同过程中发生的相关费用为计税基础，租赁合同未约定付款总额的，以该资产的公允价值和承租人在签订租赁合同过程中发生的相关费用为计税基础。

（5）盘盈的固定资产,以同类固定资产的重置完全价值为计税基础。

（6）通过捐赠、投资、非货币性资产交换、债务重组等方式取得的固定资产,以该资产的公允价值和支付的相关税费为计税基础。

（7）改建的固定资产,除已足额提取折旧的固定资产的改建支出、租入固定资产的改建支出外,以改建过程中发生的改建支出增加计税基础。

2. 固定资产折旧

固定资产按照直线法计算的折旧,准予税前扣除。

企业应当从固定资产使用月份的次月起计算折旧;停止使用的固定资产,应当自停止使用月份的次月起停止计算折旧。企业应当根据固定资产的性质和使用情况,合理确定固定资产的预计净残值。固定资产的预计净残值一经确定,不得变更。

3. 固定资产折旧年限

除国务院财政、税务主管部门另有规定外,固定资产计算折旧的最短年限如下:

（1）房屋、建筑物为 20 年。

（2）飞机、火车、轮船、机器、机械和其他生产设备为 10 年。

（3）与企业生产经营活动有关的器具、工具、家具等为 5 年。

（4）飞机、火车、轮船以外的运输工具为 4 年。

（5）电子设备为 3 年。

4. 不得计提折旧的固定资产

（1）房屋、建筑物以外未投入使用的固定资产。

（2）以经营租赁方式租入的固定资产。

（3）以融资租赁方式租出的固定资产。

（4）已足额提取折旧仍继续使用的固定资产。

（5）与经营活动无关的固定资产。

（6）单独估价作为固定资产入账的土地。

（7）其他不得计算折旧扣除的固定资产。

5. 固定资产大修理支出

固定资产的大修理支出,是指同时符合以下条件的支出:

（1）修理支出达到取得固定资产时的计税基础 50% 以上。

（2）发生修理后固定资产的使用寿命延长 2 年以上。

固定资产的大修理支出,按照固定资产尚可使用年限分期摊销。

6. 长期待摊费用

长期待摊费用的支出,应自支出发生的次月起,分期摊销,摊销年限不得少于 3 年。

（三）递耗资产的所得税处理

从事开采石油、天然气等资源的企业所发生的矿区权益和勘探费用,可以在已经开始商业性生产后,在不少于 2 年的期限内分期计提折耗。

从事开采石油资源的企业,在开发阶段的费用支出和在采油气井上建造和安装的不可移作他用的建筑物、设备等固定资产,以油气井、矿区或油气田为单位,按以下方法和年限计提的折耗,准予扣除:①以油气井、矿区或油气田为单位,按照直线法综合计提折耗,折耗年限不少于 6 年;②以油气井、矿区或油气田为单位,按可采储量和产量法综合计提折耗。

采取上述方法计提折耗的,可以不留残值,从油气井或油气田开始商业性生产月份的次月起计提折耗。

（四）生产性生物资产的所得税处理

生产性生物资产是指企业为生产农产品、提供劳务或者出租等而持有的生物资产,包括经济林、薪炭林、产畜和役畜等。

1. 生产性生物资产计税基础

生产性生物资产,按照实际发生的支出作为计税基础。具体确认方法:①外购的生产性生物资产,以购买价款和支付的相关税费为计税基础;②通过捐赠、投资、非货币性资产交换、债务重组等方式取得的生产性生物资产,以该资产的公允价值和支付的相关税费为计税基础。

2. 生产性生物资产折旧

生产性生物资产按照直线法计算的折旧,准予扣除。

企业应当自生产性生物资产投入使用月份的次月起计算折旧;停止使用的生产性生物资产,应当自停止使用月份的次月起停止计算折旧。企业应当根据生产性生物资产的性质和使用情况,合理确定生产性生物资产的预计净残值。生产性生物资产的预计净残值一经确定,不得变更。

3. 生产性生物资产折旧年限

生产性生物资产计算折旧的最低年限如下:①林木类生产性生物资产为 10 年;②畜类生产性生物资产为 3 年。

（五）无形资产的所得税处理

无形资产是指企业为生产产品、提供劳务、出租或者经营管理而持有的、没有实物形态的非货币性长期资产,包括专利权、商标权、著作权、土地使用权、非专利技术、商誉等。

1. 无形资产计税基础

无形资产按取得时的实际支出作为计税基础。具体确认方法:①外购的无形资产,以购买价款和支付的相关税费以及直接归属于使该资产达到预定用途发生的其他支出为计税基础;②自行开发的无形资产,以开发过程中该资产符合资本化条件后至达到预定用途前发生的支出为计税基础;③通过捐赠、投资、非货币性资产交换、债务重组等方式取得的无形资产,以该资产的公允价值和支付的相关税费为计税基础。

2. 无形资产价值摊销

无形资产按照直线法计算的摊销费用,准予扣除。

无形资产的摊销年限不得低于 10 年。作为投资或者受让的无形资产,有关法律规定或合同约定了使用年限的,可以按照规定或者约定的使用年限分期摊销。

外购商誉的支出,在企业整体转让或清算时,准予税前扣除。

（六）存货的所得税处理

存货是指企业持有以备出售的产品或商品、处在生产过程中的在产品、在生产过程或提供劳务过程中耗用的材料和物料等。

1. 存货的计税基础

企业应按取得存货时的实际支出作为计税基础。具体确认方法：①通过支付现金方式取得的存货，以购买价款和支付的相关税费为成本；②通过支付现金以外的方式取得的存货，以该存货的公允价值和支付的相关税费为成本；③生产性生物资产收获的农产品，以产出或者采收过程中发生的材料费、人工费和分摊的间接费用等必要支出为成本。

2. 存货的计价方法

企业各项存货的使用或者销售，其实际成本的计算方法，可以在先进先出法、加权平均法、个别计价法中选用一种。计价方法一经选用，不得随意改变。

（七）投资资产的所得税处理

投资资产是指企业对外进行权益性投资和债权性投资形成的资产。企业在转让或者处置投资资产时，投资资产的成本，准予从转让该资产的收入中扣除①。

投资资产按发生的实际支出作为计税基础，具体确认方法如下：

（1）通过支付现金方式取得的投资资产，以购买价款为成本。

（2）通过支付现金以外的方式取得的投资资产，以该资产的公允价值和支付的相关税费为成本。

（八）非货币性资产投资的所得税处理

实行查账征收的居民企业以非货币性资产对外投资确认的非货币性资产转让所得，可自确认非货币性资产转让收入年度起不超过连续 5 个纳税年度的期间内，分期均匀计入相应年度的应纳税所得额，按规定计算缴纳企业所得税。非货币性资产投资同时符合多项政策的，企业可选择其中一项最优政策执行。一经选择，不得改变。

关联企业之间发生的非货币性资产投资行为，投资协议生效后 12 个月内尚未完成股权变更登记手续的，于投资协议生效时，确认非货币性资产转让收入。

企业以非货币性资产对外投资而取得被投资企业的股权，应以非货币性资产的原计税成本为计税基础，加上每年确认的非货币性资产转让所得，逐年进行调整。被投资企业取得非货币性资产的计税基础，应按非货币性资产的公允价值确定。

企业在对外投资 5 年内转让上述股权或投资收回的，应停止执行递延纳税政策，并就递延期内尚未确认的非货币性资产转让所得，在转让股权或投资收回当年的企业所得税年度汇算清缴时，一次性计算缴纳企业所得税；企业在计算股权转让所得时，可按上述规定将股权的计税基础一次调整到位。对外投资 5 年内注销的，应停止执行递延纳税政策，并就递延期内尚未确认的非货币性资产转让所得，在注销当年的企业所得税年度汇算清缴时，一次性计算缴纳企业所得税。

（九）企业重组的所得税处理

企业重组业务是指企业法律形式改变、债务重组、股权收购、资产收购、合并、分立等各类重组。股权收购以转让协议生效且完成股权变更手续日为重组日，资产收购以转让协议生效且完成资产实际交割日为重组日，企业合并以合并企业取得被合并企业资产所有权并

---

① 企业对外投资成本在对外转让或处置前不得扣除。

完成工商登记变更日期为重组日,企业分立以分立企业取得被分立企业资产所有权并完成工商登记变更日期为重组日。

企业重组的税务处理,应区分不同条件分别适用一般性税务处理规定和特殊性税务处理规定。

1. 一般性税务处理规定

(1)企业由法人转变为个人独资企业、合伙企业等非法人组织,或将登记注册地转移至中华人民共和国境外(包括港、澳、台地区),应视同企业进行清算、分配,股东重新投资成立新企业。企业的全部资产以及股东投资的计税基础均应以公允价值为基础确定。

企业发生其他法律形式简单改变的,可直接变更税务登记,除另有规定外,有关企业所得税纳税事项(包括亏损结转、税收优惠等权益和义务)由变更后企业承继,但因住所发生变化而不符合税收优惠条件的除外。

(2)企业债务重组,相关交易应按以下规定处理:①以非货币资产清偿债务,应当分解为转让相关非货币性资产、按非货币性资产公允价值清偿债务两项业务,确认相关资产的所得或损失;②发生债权转股权的,应当分解为债务清偿和股权投资两项业务,确认有关债务清偿所得或损失;③债务人应当按照支付的债务清偿额低于债务计税基础的差额,确认债务重组所得;债权人应当按照收到的债务清偿额低于债权计税基础的差额,确认债务重组损失;④债务人的相关所得税纳税事项原则上保持不变。

(3)企业股权收购、资产收购重组交易,相关交易应按以下规定处理:①被收购方应确认股权、资产转让所得或损失;②收购方取得股权或资产的计税基础应以公允价值为基础确定;③被收购企业的相关所得税事项原则上保持不变。

(4)企业合并,当事各方应按下列规定处理:①合并企业应按公允价值确定接受被合并企业各项资产和负债的计税基础;②被合并企业及其股东都应按清算进行所得税处理;③被合并企业的亏损不得在合并企业结转弥补。

(5)企业分立,当事各方应按下列规定处理:①被分立企业对分立出去资产应按公允价值确认资产转让所得或损失;②分立企业应按公允价值确认接受资产的计税基础;③被分立企业继续存在时,其股东取得的对价应视同被分立企业分配进行处理;④被分立企业不再继续存在时,被分立企业及其股东都应按清算进行所得税处理;⑤企业分立相关企业的亏损不得相互结转弥补。

企业债务重组确认的应纳税所得额占该企业当年应纳税所得额50%以上,可以在5个纳税年度的期间内,均匀计入各年度的应纳税所得额。

2. 特殊性税务处理规定

企业重组同时符合下列条件的,适用特殊性税务处理规定:①具有合理的商业目的①,且不以减少、免除或者推迟缴纳税款为主要目的;②被收购、合并或分立部分的资产或股权比

---

① 企业应自证"合理商业目的":a.重组活动的交易方式,即重组活动采取的具体形式、交易背景、交易时间、在交易之前和之后的运作方式和有关的商业常规;b.该项交易的形式及实质,即形式上交易所产生的法律权利和责任,也是该项交易的法律后果;另外,交易实际上或商业上产生的最终结果;c.重组活动给交易各方税务状况带来的可能变化;d.重组各方从交易中获得的财务状况变化;e.重组活动是否给交易各方带来了在市场原则下不会产生的异常经济利益或潜在义务;f.非居民企业参与重组活动的情况。

例符合规定的比例;③企业重组后的连续 12 个月内不改变重组资产原来的实质性经营活动;④重组交易对价中涉及股权支付金额符合规定比例;⑤企业重组中取得股权支付的原主要股东,在重组后连续 12 个月内,不得转让所取得的股权。企业重组符合上述规定条件的,交易各方对其交易中的股权支付部分,可按以下规定进行特殊性税务处理:

(1)企业发生债权转股权业务,对债务清偿和股权投资两项业务暂不确认有关债务清偿所得或损失,股权投资的计税基础以原债权的计税基础确定。企业的其他相关所得税事项保持不变。

(2)股权收购,收购企业购买的股权不低于被收购企业全部股权的 50%,且收购企业在该股权收购发生时的股权支付金额不低于其交易支付总额的 85%,可以选择按以下规定处理:①收购企业的股东取得收购企业股权的计税基础,以被收购股权的原有计税基础确定;②收购企业取得被收购企业股权的计税基础,以被收购股权的原有计税基础确定;③收购企业、被收购企业的原有各项资产和负债的计税基础和其他相关所得税事项保持不变。

(3)资产收购。资产收购是指一家企业购买另一家企业实质经营性资产的交易。"实质经营性资产"是指企业用于从事生产经营活动、与产生经营收入直接相关的资产,包括经营所用各类资产、企业拥有的商业信息和技术、经营活动产生的应收款项、投资资产等。受让企业收购的资产不低于转让企业全部资产的 50%,且受让企业在该资产收购发生时的股权支付金额不低于其交易支付总额的 85%,可以选择按以下规定处理:①转让企业取得受让企业股权的计税基础,以被转让资产的原有计税基础确定;②受让企业取得转让企业资产的计税基础,以被转让资产的原有计税基础确定。

(4)股权、资产划转。对 100%直接控制的居民企业之间,以及受同一或相同多家居民企业 100%直接控制的居民企业之间按账面净值划转股权或资产,凡具有合理商业目的、不以减少、免除或者推迟缴纳税款为主要目的,股权或资产划转后连续 12 个月内不改变被划转股权或资产原来实质性经营活动,且划出方企业和划入方企业均未在会计上确认损益的,可以选择按以下规定进行特殊性税务处理:①划出方企业和划入方企业均不确认所得。②划入方企业取得被划转股权或资产的计税基础,以被划转股权或资产的原账面净值确定。③划入方企业取得的被划转资产,应按其原账面净值计算折旧扣除。

五、应纳所得税的计算

(一)应纳税所得额的确定原则

1. 权责发生制原则

在一般情况下,企业所得税的纳税主体与会计核算主体是一致的,应纳税所得额的计算以财务会计核算的结果为基础,因而应纳税所得额的计算也采用权责发生制。因为企业经济活动导致其实际获取或拥有对某一利益的控制权时,就表明企业已经产生应税收入,而与成本、费用对应的付款责任实际发生时,相关成本、费用也允许从应税收入中减去,得出的应纳税所得额就是企业所得税的计税依据。

权责发生制原则与税前扣除的真实性原则并不矛盾。真实性是税前扣除的基本前提,除税法规定的研发费用支出和特定人员工资支出可以实行加计扣除外,一项费用只有确已真实发生,方可进行税前扣除。其真实发生,并非实际支付的概念,某些尚未支付但确属企

业当期应该负担的费用,只要企业能够提供适当的凭据,就可以认定其已经真实发生,当期可以扣除;反之,即使是当期已经实际支付的费用,如果不属于企业当期应该承担的费用,也不应看作是企业当期已真实发生的费用,当期不得扣除。因此,对税前扣除真实性原则的阐释与权责发生制原则是不矛盾的。

2. 税法优先原则

税法优先原则是指企业在计算应纳税所得额时,企业财务、会计处理方法同税收法律、行政法规的规定不一致的,应当依照税收法律、行政法规的规定进行纳税调整,并根据调整后的应纳税所得额计算缴税。

(1) 税务会计与财务会计的适度分离。由于税法(借助税务会计,下同)与财务会计目标不同,导致两者在某些规定上应适度分离。财务会计目标是为了真实、准确、完整地反映企业财务状况、经营成果和现金流量,为会计报表使用者提供决策有用的信息。税法的主要目的是为了及时足额地为国家筹集财政资金,对社会和经济发展进行适当调节,保护纳税人的合法权益,其根本点在于防止企业少计应税所得、少缴所得税。

绝大多数国家认为,作为财务会计基础的典型惯例并不能完全适用于征税的实际需要。如财务会计确认收入要充分估计将来承担的义务或潜在义务,以确保能够准确反映一个经济实体真正的长期获利能力。根据风险自担的原则,国家已经赋予经营实体有限责任的法律保护,除此之外的经营风险,国家将不予承担。否则,将导致风险程度不同的纳税人的税收负担不公平。由于目标和原则的差异,致使按税法规定应该确认为收入的,在财务会计中可以不确认为收入,而按税法规定不应该确认为费用的,财务会计却可能确认为费用;或者相反。这种适度分离有其客观性和必然性的。

(2) 税务会计与财务会计差异的协调。税法具有独立的法律效力,而会计规范则往往不具有法律效力。在处理税法与财务会计的冲突时,一般是采取协调的方式,除了无法协调的情况应遵循税法优先原则外,应尽可能减少税法与会计准则的差异,降低税收管理成本和税法遵从成本。

对于企业财务会计已有明确处理规定,而税收法律、行政法规没有规定的,总体处理原则是按照已有的财务会计规定处理。这样,既有利于缩小和协调税法与财务会计的差异,也有利于降低纳税人财务核算成本、纳税遵从成本和税务机关的管理成本。

(二) 居民企业及在我国境内设立机构、场所的非居民企业应纳税所得额的计算

企业应当建立健全会计制度,并按照税法规定正确计算应纳税所得额。

企业应纳税所得额的计算有直接计算法和间接计算法两种。直接计算法是按税法规定直接计算应纳税所得额的方法,即按税法规定的应税收入减去税法规定允许税前扣除项目金额计算应纳税所得额;间接计算法即在财务会计计算的账面利润(利润总额)的基础上,加减纳税调整项目金额,间接计算应纳税所得额的方法。直接计算法的计算公式如下:

$$\frac{应纳税}{所得额}=\frac{收入}{总额}-\frac{不征税}{收入}-\frac{减免税}{收入}-\frac{扣除费}{用金额}-\frac{抵扣和减免所得、}{弥补以前年度亏损额}$$

对征纳双方来说,企业所得税的直接计算法成本较高,因此,在实务中,一般都是采用间接计算法,即在财务会计"利润总额"的基础上,按税法规定调整计算应纳税所得额。间接计

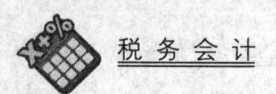

算法的计算公式如下：

$$\begin{aligned}\text{纳税调整}\atop\text{后所得} = {\text{利润}\atop\text{总额}} - {\text{境外}\atop\text{所得}} \pm {\text{纳税调}\atop\text{整额}} - {\text{免税、减计收入}\atop\text{及加计扣除}} + {\text{境外应税所得}\atop\text{抵减境内亏损额}}\end{aligned}$$

$$\begin{aligned}\text{应纳税}\atop\text{所得额} = {\text{纳税调整}\atop\text{后所得}} - {\text{所得}\atop\text{减免}} - {\text{抵扣应纳}\atop\text{税所得额}} - {\text{弥补以前}\atop\text{年度亏损}}\end{aligned}$$

企业按照国务院财政、税务主管部门有关规定，实际收到具有专门用途的先征后返所得税税款，按照会计准则规定应计入取得当期的利润总额，暂不计入取得当期的应纳税所得额。

企业以公允价值计量的金融资产、金融负债以及投资性房地产等，持有期间公允价值的变动不计入应纳税所得额，在实际处置或结算时，处置取得的价款扣除其历史成本后的差额应计入处置或结算期间的应纳税所得额。

企业确实不能提供真实、完整、准确的收入、支出凭证，不能正确申报应纳税所得额的，税务机关可以采取成本加合理利润、费用换算以及其他合理方法核定其应纳税所得额①。

（三）居民企业及在我国境内设立机构、场所的非居民企业应纳所得税的计算

企业的应纳税所得额乘以适用税率为应纳所得税额，再减去按税法规定的减免税额和抵免税额后的余额为应纳税额。其计算公式如下：

$$\text{应纳税额} = \text{应纳税所得额} \times \text{适用税率} - \text{减免税额} - \text{抵免税额}$$
$$= \text{应纳所得税额} - \text{减免税额} - \text{抵免税额}$$

公式中的减免税额和抵免税额，是指根据企业所得税法和国务院的税收优惠规定减征、免征和抵免的应纳税额。

【例 8-8】 某国家重点扶持的高新技术企业，某年度实现税前收入总额 2 300 万元，其中产品销售收入 2 000 万元、购买国库券利息收入 100 万元；发生各项成本费用共计 1 000 万元，其中包括：合理的工资薪金总额 200 万元，业务招待费 100 万元，职工福利费 50 万元，职工教育经费 20 万元，工会经费 10 万元，税收滞纳金 11 万元，提取的各项准备金支出 120 万元；企业当年购置环境保护专用设备 450 万元，购置完毕即投入使用；另外，有税前未弥补亏损 44 万元。分步骤计算该企业当年应交企业所得税额如下：

（1）计算应税收入总额。

$$2\,300 - 100 = 2\,200（万元）$$

（2）计算税前准予扣除项目的金额。

$$1\,000 - (100 - 2\,000 \times 5‰) - (50 - 200 \times 14\%)$$
$$- (20 - 200 \times 2.5\%) - (10 - 200 \times 2\%) - 11 - 120 = 736（万元）$$

（3）计算应纳税所得额。

$$2\,200 - 736 - 44 = 1\,420（万元）$$

（4）税法规定国家重点扶持的高新技术企业，减按 15% 的税率征收企业所得税。

---

① 详见本章第三节"二、企业所得税的核定征收"。

（5）计算投资抵免前应纳税额。因企业当年购置并实际使用了税法鼓励的环境保护专用设备，因而可以实行投资抵免。

$$投资抵免前企业的应纳税额＝1\ 420×15\%＝213（万元）$$

（6）计算允许抵免的税额。税法规定企业购置并实际使用的环境保护专用设备，其设备投资额的 10％可从企业当年的应纳所得税额中抵免。

$$抵免税额＝450×10\%＝45（万元）$$

（7）计算年度应交企业所得税。

$$应交企业所得税＝213－45＝168（万元）$$

【例 8-9】　某外国企业在中国境内设立一个分公司，该分公司可在中国境内独立开展经营活动，当年该分公司在中国境内取得营业收入 200 万元，发生成本费用 150 万元（其中有 20 万元不得税前扣除），假设该分公司不享受税收优惠，则该分公司该年应在中国缴纳多少企业所得税？

非居民企业在中国境内设立机构、场所的，应当就其所设机构、场所取得的来源于中国境内的所得，以及发生在中国境外但与其所设机构、场所有实际联系的所得，按 25％的税率计算缴纳企业所得税。

$$该分公司的应纳税所得额＝200－（150－20）＝70（万元）$$

由于该分公司不享受税收优惠，该分公司应交企业所得税＝70×25％＝17.5（万元）。

（四）在我国境内未设立机构、场所的非居民企业应纳税所得额和应纳税额的计算

非居民企业取得的应税所得，按照下列方法计算其应纳税所得额：①股息、红利等权益性投资收益和利息、租金、特许权使用费所得，以收入全额为应纳税所得额；②转让财产所得，以收入全额减去财产净值后的余额为应纳税所得额；③其他所得，参照前两项规定的方法计算应纳税所得额。

收入全额是指非居民企业向支付人收取的全部价款和价外费用。提供专利权、专有技术所收取的特许权使用费，包括特许权使用费收入，以及与其相关的图纸资料费、技术服务费和人员培训费等费用。

非居民企业应交企业所得税的计算公式如下：

$$应交企业所得税＝应纳税所得额×适用税率－抵免税额$$

（五）境外所得税抵免

1. 抵免法及其优点

抵免法是一国政府在优先承认其他国家的地域税收管辖权的前提下，在对本国纳税人来源于国外的所得征税时，以本国纳税人在国外缴纳的税款冲抵本国税收的方法。

抵免法能够较为彻底地消除国际重复征税，使投资者向国外投资与国内投资的税收负担大致相同，有利于促进国际投资和各国对外经济关系的发展；既避免了同一笔所得的双重征税，又在一定程度上防止了国际逃税、避税，保证对一笔所得必征一次税；体现了公

平税负的原则,有利于维护各国的税收管辖权和税收利益。因此,它是目前世界各国普遍采用的方法。

2. 抵免法的分类

(1)按计算方式划分——全额抵免与限额抵免。抵免法按计算方式不同,可分为全额抵免和限额抵免。全额抵免是指居住国政府对跨国纳税人在国外直接缴纳的所得税税款予以全部抵免。限额抵免也称普通抵免,是指居住国政府对跨国纳税人在国外直接缴纳的所得税税款给予抵免,但可抵免的数额不得超过国外所得额按本国税率计算的应纳税额。我国在参考国际惯例的基础上,出于维护本国税收利益的考虑,采用了限额抵免法。

(2)按适用对象不同划分——直接抵免与间接抵免。抵免法按其适用对象不同,可以分为直接抵免和间接抵免。直接抵免是直接对本国纳税人在国外已经缴纳的所得税的抵免,它一般适用于同一法人实体的总公司与海外分公司、总机构与海外分支机构之间的抵免。间接抵免是指母公司所在的居住国政府,允许母公司将其子公司已缴居住国的所得税中应由母公司分得股息承担的那部分税额,来冲抵母公司的应纳税额。我国税法在保留直接抵免法的同时,又引入了间接抵免方式。

3. 境外所得税直接抵免的计算

第一,境外应纳税所得额的确认。

(1)居民企业在境外投资设立不具有独立纳税地位的分支机构,其来源于境外的所得,以境外收入总额扣除与取得境外收入有关的各项合理支出后的余额为应纳税所得额。各项收入、支出按我国企业所得税法及实施条例的有关规定确定。

(2)居民企业在境外设立不具有独立纳税地位的分支机构取得的各项境外所得,无论是否汇回中国境内,均应计入该企业所属纳税年度的境外应纳税所得额。

(3)居民企业应就其来源于境外的股息、红利等权益性投资收益,以及利息、租金、特许权使用费、转让财产等收入,扣除按照企业所得税法及实施条例等规定计算的与取得该项收入有关的各项合理支出后的余额为应纳税所得额。来源于境外的股息、红利等权益性投资收益,应按被投资方作出利润分配决定的日期确认收入实现;来源于境外的利息、租金、特许权使用费、转让财产等收入,应按有关合同约定应付交易对价款的日期确认收入实现。

(4)非居民企业在境内设立机构、场所的,应就其发生在境外但与境内所设机构、场所有实际联系的各项应税所得,比照(2)的规定计算相应的应纳税所得额。

(5)在计算境外应纳税所得额时,企业为取得境内、境外所得而在境内、境外发生的共同支出,与取得境外应税所得有关的、合理的部分,应在境内、境外应税所得之间,按照合理比例进行分摊后扣除。

第二,可抵免境外所得税税额的计算。

可抵免境外所得税税额是指企业来源于中国境外的所得依照中国境外税收法律以及相关规定应当缴纳并已实际缴纳的企业所得税性质的税款。但不包括:①按照境外所得税法律及相关规定属于错缴或错征的境外所得税税款;②按照税收协定规定不应征收的境外所得税税款;③因少缴或迟缴境外所得税而追加的利息、滞纳金或罚款;④境外所得税纳税人或者其利害关系人从境外征税主体得到实际返还或补偿的境外所得税税款;⑤按照我国企业所得税法及其实施条例规定,已经免征我国企业所得税的境外所得负担的境外所得税税款;⑥按照国

务院财政、税务主管部门有关规定已经从企业境外应纳税所得额中扣除的境外所得税税款。

企业可以选择按国（地区）别分别计算［即"分国（地区）不分项"］或不按国（地区）别汇总计算［即"不分国（地区）不分项"］其来源于境外的应纳税所得额，并按规定税率分别计算其可抵免境外所得税税额和抵免限额。一经选择，5年内不得改变。

$$\genfrac{}{}{0pt}{}{\text{境外所得税}}{\text{抵免限额}} = \genfrac{}{}{0pt}{}{\text{境内、境外所得按所得税法}}{\text{规定计算的应纳税总额}} \times \genfrac{}{}{0pt}{}{\text{来源于境外的}}{\text{应纳税所得额}} \div \genfrac{}{}{0pt}{}{\text{境内、境外}}{\text{应纳税所得总额}}$$

计算公式中"境内、境外所得依照企业所得税法规定计算的应纳税总额"的税率，除国务院财政、税务主管部门另有规定外，应为企业所得税的基本税率（25%）。

在计算实际应抵免的境外已缴纳和间接负担的所得税税额时，企业在境外当年缴纳和间接负担的符合规定的所得税税额低于所计算的境外抵免限额的，应以该项税额作为境外所得税抵免额从企业应纳税总额中据实抵免；超过抵免限额的，当年应以抵免限额作为境外所得税抵免额进行抵免，超过抵免限额的余额允许从次年起在连续五个纳税年度内，在每年度抵免限额抵免当年应抵税额后的余额内进行抵补。

企业按有关规定计算的当期境内外应纳税所得总额小于零时，应以零计算当期境内外应纳税所得总额，其当期境外所得税的抵免限额也为零。

【例 8-10】 某国某银行在中国境内设立一家分行，该分行某年以在中国筹集的资金借给 M 国某一企业，取得利息收入 100 万元，假设 M 国针对利息收入的预提所得税税率为20%，则中国对该分行来自 M 国的利息收入有无征税权？若当年该分行除来自 M 国利息收入外，实现应纳税所得额 1 000 万元，适用税率为 25%，则该分行当年应在中国缴纳多少企业所得税？

非居民企业在中国境内设立机构、场所的，应当就其取得的来自中国境外但与该机构、场所有实际联系的所得缴纳企业所得税。该笔利息收入虽然是由于境外借款人在中国境外使用该分行提供借款而支付的，但因据以取得该笔利息收入的债权属于该中国境内的分行所拥有，因此，该笔利息收入应被认定为该分行取得的来自中国境外但与其有实际联系的所得，故中国政府对该笔利息收入有征税权。

该分行来自 M 国的应纳税所得额＝100÷（1−20%）＝125（万元）

该笔利息收入在 M 国缴纳的预提所得税＝125×20%＝25（万元）

抵免限额＝125×25%＝31.25（万元）＞25（万元）

因此，允许抵免的税额为 25 万元。

该分行当年应在中国缴纳的企业所得税＝（1 000＋125）×25%−25

＝256.25（万元）

第三，境外所得已纳税额抵免的简易计算。

企业从境外取得营业利润所得以及符合境外税额间接抵免条件的股息所得，虽有所得来源国（地区）政府机关核发的具有纳税性质的凭证或证明，但若因客观原因无法真实、准确地确认应当缴纳并已经实际缴纳的境外所得税税额的，除就该所得直接缴纳及间接负担的税额在所得来源国（地区）的实际有效税率低于我国企业所得税法规定 25%税率的 50%以上的外，可

按境外应纳税所得额的 12.5% 作为抵免限额,企业按该国(地区)税务机关或政府机关核发具有纳税性质凭证或证明的金额,其不超过抵免限额的部分,准予抵免;超过的部分不得抵免。

4. 境外所得税间接抵免的计算

居民企业从其直接或者间接控股的外国企业分得的来源于中国境外的股息、红利等权益性投资收益,外国企业在境外实际缴纳的所得税税额中属于该项所得负担的部分,可以作为该居民企业的可抵免境外所得税税额,在法定的抵免限额内抵免。

居民企业在按照企业所得税法规定用境外所得间接负担的税额进行税收抵免时,其取得的境外投资收益实际间接负担的税额,是指根据直接或者间接持股方式合计持股 20%(含 20%,下同)以上的规定层级的外国企业股份,由此应分得的股息、红利等权益性投资收益中,从最低一层外国企业起逐层计算的属于由上一层企业负担的税额,其计算公式如下:

$$
\begin{aligned}
&\text{本层企业所纳税额} \\
&\text{属于由一家上一层} = \left(\begin{array}{l} \text{本层企业就利润和投资} \\ \text{收益所实际缴纳的税额} \end{array} + \begin{array}{l} \text{符合本通知规定的由本} \\ \text{层企业间接负担的税额} \end{array} \right) \\
&\text{企业负担的税额} \\
&\quad \times \begin{array}{l} \text{本层企业向一家上一层} \\ \text{企业分配的股息(红利)} \end{array} \div \begin{array}{l} \text{本层企业所得} \\ \text{税后利润额} \end{array}
\end{aligned}
$$

【例 8-11】 中国居民企业 A 拥有设立在甲国的 B 企业 60% 的有表决权股份,某年度 A 企业本部确认计量的应纳税所得额为 1 000 万元,收到 B 企业分回股息 90 万元,A 企业适用所得税税率 25%,B 企业实现应纳税所得额 500 万元,适用 20% 的比例所得税税率,甲国规定的股息预提所得税税率为 10%,假定 B 企业按适用税率在甲国已经实际缴纳了企业所得税,且 A 企业当年也无减免税和投资抵免,则 A 企业当年应在中国缴纳多少企业所得税?

B 企业应支付给 A 企业的股息 = 90÷(1-10%) = 100(万元)

B 企业针对 A 企业股息代缴预提税 = 100×10% = 10(万元)

B 企业当年实现的税后利润 = 500×(1-20%) = 400(万元)

B 企业支付给 A 企业的股息所承担的所得税额 = 500×20%×100÷400 = 25(万元)

B 企业支付给 A 企业的股息还原后的应税所得 = 100+25 = 125(万元)

A 企业收到 B 企业分回股息已在甲国纳税 = 25+10 = 35(万元)

抵免限额 = 125×25% = 31.25(万元)<35(万元)

因此,允许抵免税额为 31.25 万元。

A 企业当年应在中国缴纳企业所得税 = (1 000+125)×25%-31.25 = 250(万元)

企业从境外取得营业利润所得以及符合境外税额间接抵免条件的股息所得,凡就该所得缴纳及间接负担的税额在所得来源国(地区)的法定税率且其实际有效税率明显高于我国的,可直接以该文件规定计算的境外应纳税所得额和我国企业所得税法规定的税率计算的抵免限额作为可抵免的已在境外实际缴纳的企业所得税税额。

5. 企业抵免境外所得税额后实际应纳所得税额的计算

实际应交所得税 = 应纳税额+境外所得应纳税所得额-境外所得抵免所得税额

6. 境内外纳税年度不一致的问题

企业在境外投资设立不具有独立纳税地位的分支机构,其计算生产、经营所得的纳税年度与我国规定的纳税年度不一致的,与我国纳税年度当年度相对应的境外纳税年度,应为在我国有关纳税年度中任何一日结束的境外纳税年度。

企业取得上述以外的境外所得实际缴纳或间接负担的境外所得税,应在该项境外所得实现日所在的我国对应纳税年度的应纳税额中计算抵免。

第三节 企业所得税的缴纳与申报

一、企业所得税的查账征收

企业所得税的征收有查账征收(核实征收)与核定征收两种方式。对会计核算和管理符合税法要求的企业,采用查账征收方式。在查账征收方式下,凡是具有法人资格的企业都必须单独申报缴纳企业所得税(国务院另有规定者除外),企业之间不得合并缴纳企业所得税。企业在进行所得税纳税申报时,应根据企业所得税法与企业会计准则,确认和计量两者之间的差异,将利润表中的收入、成本和费用项目调整为纳税申报表中的收入和扣除项目,进而计算应纳税所得额、应纳所得税额与应纳税额等。

(一)企业所得税的预缴

企业所得税分月或者分季预缴,由主管税务机关具体确定每个企业的预缴期间。企业应当自月份或者季度终了之日起 15 日内,向主管税务机关报送企业所得税预缴纳税申报表。

企业预缴企业所得税时,应当按照月度或者季度的实际利润额预缴。"实际利润额"是按会计准则规定核算的利润总额减去以前年度待弥补亏损以及不征税收入、免税收入和减免的应税所得额后的余额[①]。按照月度或者季度的实际利润额预缴有困难的,可以按照上一纳税年度应纳税所得额的月度或者季度平均额预缴,或者按照经税务机关认可的其他方法预缴。预缴方法一经确定,该纳税年度内不得随意变更。小型微利企业预缴所得税按 20% 的优惠税率计算。

【例8-12】 某公司按季预缴企业所得税。某年第 2 季度会计利润总额为 180 万元(包括国债利息收入 18 万元),上年度未弥补亏损 20 万元,企业所得税税率为 25%。生产经营借款:年初向银行借款 100 万元,年利率为 5%;同期,向甲公司借款 40 万元,年利率为 9%。计提固定资产减值损失 6 万元,不考虑其他纳税调整事项,计算该公司第 2 季度预缴企业所得税的基数。

$$季度实际利润额 = 180 - 18 - 20 = 142(万元)$$
$$应预缴企业所得税 = 142 \times 25\% = 35.5(万元)$$

对于其他永久性差异——长期借款利息超支的 1.6 万元[$40 \times (9\% - 5\%)$]和暂时性差异(资产减值损失 6 万元),季度预缴时不作纳税调整。

[①] 凡不属于因税法与准则差异而导致的少计利润、多计免税收入、不征税收入等而少缴的税款,按规定加收滞纳金。

（二）企业所得税的汇算清缴

企业所得税汇算清缴是指纳税人在纳税年度终了后 5 个月内①，依照税收法规的规定，自行计算全年应纳税所得额和应纳所得税额，根据月度或季度预缴所得税的数额，确定该年度应补或者应退税额，并填写年度企业所得税纳税申报表，向主管税务机关办理年度企业所得税纳税申报、提供税务机关要求提供的有关资料、结清全年企业所得税税款的行为。实行查账征收的企业（A 类）适用汇算清缴办法，核定定额征收企业所得税的纳税人（B 类），不进行汇算清缴。企业进行汇算清缴应重点考虑：

（1）收入。核查企业收入是否全部入账，特别是往来款项是否还存在该确认为收入而没有入账。

（2）成本。核查企业成本结转与收入是否匹配，是否真实反映企业成本水平。

（3）费用。核查企业费用支出是否符合税法规定，计提费用项目和税前列支项目是否超过税法规定标准。

（4）税收。核查企业各项税款是否提取并缴纳。

（5）补亏。企业当年实现的利润对以前年度发生亏损的合法弥补（5 年内）。

（6）调整。不论是正常纳税的企业，还是依法享受企业所得税减免的企业（事先应在税务机关备案），在汇算清缴时，均应在财务会计账面利润的基础上，依法进行企业所得税纳税调整。企业对以上项目按税法规定进行调增和调减后，依法计算本企业年度应纳税所得额，进而计算本年度实际应纳所得税额和应补（退）所得税额，或者是应减免税额。

在汇算清缴中进行的纳税调整，是一般纳税调整，调表不调账，不对财务会计记录调整，只在纳税申报表中进行调整，影响的只是企业应纳所得税额，不影响企业的账面利润。

（三）固定资产折旧的纳税调整

（1）如果财务会计折旧年限短于税法最低折旧年限。按财务会计折旧年限计提的年折旧额高于按税法规定的最低折旧年限计提的折旧额，应调增年应纳税所得额；当财务会计折旧年限期满且提足折旧后，其未足额在税前扣除的部分，准予在剩余的税务会计折旧年限按规定扣除，即准予将前期纳税调增的金额在后期进行纳税调减。

（2）如果财务会计折旧年限长于税法最低折旧年限。视同财务会计与税法无差异，按财务会计年限计算的折旧额在税前扣除，年度汇算清缴时无需进行纳税调减。但在适用税法规定的加速折旧政策时，其折旧额可以据实扣除，财务会计可作暂时性差异处理。

（3）企业按会计准则规定提取的固定资产减值准备，不得在税前扣除（需进行纳税调增），其折旧仍按税法确定的固定资产计税基础②计算扣除。

（4）企业按税法规定实行加速折旧的，其按加速折旧办法计算的折旧额可以全额在税前扣除，而不要求财务会计是否也按加速折旧处理。石油天然气开采企业在计提油气资产折耗（折旧）时，由于财务会计与税法规定计算方法不同导致的折耗（折旧）差异，应按税法规

---

① 企业在年度中间终止经营活动的，应当自实际经营终止之日起 60 日内，向税务机关办理当期企业所得税汇算清缴。企业应当在办理注销登记前，就其清算所得向税务机关申报并依法缴纳企业所得税。

② 企业持有固定资产期间，如果发生增值或减值，除国务院财政、税务主管部门规定可以确认损益外，不得调整该资产的计税基础。

定进行纳税调整。

（四）货币计量单位

企业依法缴纳的所得税，以人民币作为计量单位。

如果企业所得是以人民币以外的货币计算的，预缴企业所得税时，应当按照月度或者季度最后1日的人民币汇率中间价，折合成人民币计算应纳税所得额。年度终了汇算清缴时，对已经按照月度或者季度预缴税款的，不再重新折合计算，只就该纳税年度内未缴纳企业所得税的部分，按照纳税年度最后1日的人民币汇率中间价，折合成人民币计算应纳所得税。

经税务机关检查确认，企业少计或者多计应税所得的，应当按照检查确认补税或者退税时的上1个月最后1日的人民币汇率中间价，将少计或者多计的应税所得折合成人民币计算应纳税所得额，再计算应补缴或者应退的所得税款。

（五）居民企业跨地区经营的汇总纳税

1. 企业范围

居民企业在中国境内跨地区（指跨省、自治区、直辖市和计划单列市，下同）设立不具有法人资格分支机构的，该居民企业为跨地区经营汇总纳税企业（以下简称汇总纳税企业）。其缴纳的企业所得税（包括滞纳金、罚款）为中央收入并全额上缴中央国库的国有邮政企业、中国工商银行股份有限公司、中国农业银行股份有限公司、中国银行股份有限公司、国家开发银行股份有限公司、中国农业发展银行、中国进出口银行、中国投资有限责任公司、中国建设银行股份有限公司、中国建银投资有限责任公司、中国信达资产管理股份有限公司、中国石油天然气股份有限公司、中国石油化工股份有限公司、海洋石油天然气企业、中国长江电力股份有限公司以及铁路运输企业，其企业所得税征收管理不适用汇总纳税方法。

2. 基本要求

汇总纳税企业实行"统一计算、分级管理、就地预缴、汇总清算、财政调库"的企业所得税征收管理办法。

统一计算是指总机构统一计算包括汇总纳税企业所属各个不具有法人资格分支机构在内的全部应纳税所得额、应纳税额。

分级管理是指总机构、分支机构所在地的主管税务机关都有对当地机构进行企业所得税管理的责任，总机构和分支机构应分别接受机构所在地主管税务机关的管理。

就地预缴是指总机构、分支机构应按本办法的规定，分月或分季分别向所在地主管税务机关申报预缴企业所得税。

汇总清算是指在年度终了后，总机构统一计算汇总纳税企业的年度应纳税所得额、应纳所得税额，抵减总机构、分支机构当年已就地分期预缴的企业所得税款后，多退少补。

财政调库是指财政部定期将缴入中央国库的汇总纳税企业所得税待分配收入，按照核定的系数调整至地方国库。

3. 税款预缴和汇算清缴

汇总纳税企业汇总计算的企业所得税，包括预缴税款和汇算清缴应缴应退税款，50％在各分支机构间分摊，各分支机构根据分摊税款就地办理缴库或退库；50％由总机构分摊缴纳，其中25％就地办理缴库或退库，25％就地全额缴入中央国库或退库。

汇总纳税企业应根据当期实际利润额,按规定的预缴分摊方法计算总机构和分支机构的企业所得税预缴额,分别由总机构和分支机构就地预缴;在规定期限内按实际利润额预缴有困难的,也可以按上一年度应纳税所得额的 1/12 或 1/4,按预缴分摊比例计算总机构和分支机构的企业所得税预缴额,分别由总机构和分支机构就地预缴。预缴方法一经确定,当年度不得变更。

总机构应将本期企业应纳所得税额的 50% 部分,在每月或季度终了后 15 日内就地申报预缴。总机构应将本期企业应纳所得税额的另外 50% 部分,按照各分支机构应分摊的比例,在各分支机构之间进行分摊,并及时通知到各分支机构;各分支机构应在每月或季度终了之日起 15 日内,就其分摊的所得税额就地申报预缴。

汇总纳税企业预缴申报时,总机构除报送企业所得税预缴申报表和企业当期财务报表外,还应报送汇总纳税企业分支机构所得税分配表和各分支机构上一年度的年度财务报表(或年度财务状况和营业收支情况);分支机构除报送企业所得税预缴申报表(只填列部分项目)外,还应报送经总机构所在地主管税务机关受理的汇总纳税企业分支机构所得税分配表。在一个纳税年度内,各分支机构上一年度的年度财务报表(或年度财务状况和营业收支情况)原则上只需要报送一次。

汇总纳税企业应当自年度终了之日起 5 个月内,由总机构汇总计算企业年度应纳所得税额,扣除总机构和各分支机构已预缴的税款,计算出应缴应退税款,按照规定的税款分摊方法计算总机构和分支机构的企业所得税应缴应退税款,分别由总机构和分支机构就地办理税款缴库或退库。

汇总纳税企业在纳税年度内预缴企业所得税税款少于全年应缴企业所得税税款的,应在汇算清缴期内由总、分机构分别结清应缴的企业所得税税款;预缴税款超过应缴税款的,主管税务机关应及时按有关规定分别办理退税,或者经总、分机构同意后分别抵缴其下一年度应缴企业所得税税款。

汇总纳税企业汇算清缴时,总机构除报送企业所得税年度纳税申报表和年度财务报表外,还应报送汇总纳税企业分支机构所得税分配表、各分支机构的年度财务报表和各分支机构参与企业年度纳税调整情况的说明;分支机构除报送企业所得税年度纳税申报表(只填列部分项目)外,还应报送经总机构所在地主管税务机关受理的汇总纳税企业分支机构所得税分配表、分支机构的年度财务报表(或年度财务状况和营业收支情况)和分支机构参与企业年度纳税调整情况的说明。

4. 总分机构分摊税款的计算

总机构分摊税款=汇总纳税企业当期应纳所得税额×50%

所有分支机构分摊税款总额=汇总纳税企业当期应纳所得税额×50%

某分支机构分摊税款=所有分支机构分摊税款总额×该分支机构分摊比例

总机构应按上年度分支机构的营业收入、职工薪酬和资产总额三个因素计算各分支机构分摊所得税款的比例,三因素的权重依次为 0.35、0.35、0.30;三级及以下分支机构,其营业收入、职工薪酬和资产总额统一计入二级分支机构。

$$某分支机构分摊比例 = \frac{该分支机构营业收入}{各分支机构营业收入之和} \times 0.35 + \frac{该分支机构职工薪酬}{各分支机构职工薪酬之和}$$

$$\times 0.35 + \frac{该分支机构资产总额}{各分支机构资产总额之和} \times 0.30$$

分支机构分摊比例一经确定,一般当年不作调整。

总机构设立具有主体生产经营职能的部门,且该部门的营业收入、职工薪酬和资产总额与管理职能部门分开核算的,可将该部门视同一个二级分支机构,按规定计算分摊并就地缴纳企业所得税;该部门与管理职能部门的营业收入、职工薪酬和资产总额不能分开核算的,该部门不得视同一个二级分支机构。

总机构和分支机构处于不同税率地区的,先由总机构统一计算全部应纳税所得额,然后按规定比例和计算的分摊比例,计算划分不同税率地区机构的应纳税所得额,再分别按各自的适用税率计算应纳税额后加总计算出汇总纳税企业的应纳所得税总额,最后按规定比例和计算的分摊比例,向总机构和分支机构分摊就地缴纳的企业所得税款。

汇总纳税企业未按规定准确计算分摊税款,造成总机构与分支机构之间同时存在一方(或几方)多缴另一方(或几方)少缴税款的,其总机构或分支机构分摊缴纳的企业所得税低于按规定计算分摊的数额,应在下一税款缴纳期内,由总机构将按本规定计算分摊的税款差额分摊到总机构或分支机构补缴;其总机构或分支机构就地缴纳的企业所得税高于按规定计算分摊的数额的,应在下一税款缴纳期内,由总机构将按本办法规定计算分摊的税款差额从总机构或分支机构的分摊税款中扣减。

【例 8-13】 总机构设在天津市的天鹏公司,在北京、石家庄和银川分别设有三个分公司,该公司采用总分公司汇总纳税方法。第二季度,银川分公司占三个分公司资产总额、经营收入、职工薪酬的比例分别为:50%、20%、40%。银川分公司适用西部大开发 15% 的所得税优惠税率,总机构和另外两个分支机构税率均为 25%。假设第二季度该公司应纳税所得额为 2.4 亿元,计算银川分公司应分摊比例及应预缴企业所得税。

(1) 银川分公司应分摊比例及应纳税所得额的计算。

$$应分摊比例 = \left(\frac{该分支机构}{经营收入} \div \frac{各分支机构}{经营收入之和}\right) \times 0.35 + \left(\frac{该分支机构}{职工薪酬} \div \frac{各分支机构}{职工薪酬之和}\right)$$

$$\times 0.35 + \left(\frac{该分支机构}{资产总额} \div \frac{各分支机构}{资产总额之和}\right) \times 0.30$$

$$= 50\% \times 0.30 + 20\% \times 0.35 + 40\% \times 0.35 = 0.36$$

$$应纳税所得额 = 24\,000 \times 50\% \times 0.36 = 4\,320(万元)$$

(2) 不同税率地区应预缴企业所得税的计算。

$$银川分公司应预缴企业所得税 = 4\,320 \times 15\% = 648(万元)$$

$$其他公司应预缴企业所得税 = (24\,000 - 4\,320) \times 25\% = 4\,920(万元)$$

$$天鹏公司应预缴企业所得税合计 = 648 + 4\,920 = 5\,568(万元)$$

(3) 实际分摊应预缴企业所得税的计算。

$$各分公司应预缴企业所得税的分摊额 = 5\,568 \times 50\% = 2\,784(万元)$$

其中,银川分公司分摊应预缴的企业所得税＝2 784×0.36＝1 002.24(万元)

由于银川分公司适用15％的优惠税率,因此不能用该公司全部应纳税所得额直接乘25％适用税率(24 000×50％×25％),这样就会使该公司多预缴企业所得税。另外,银川分公司的预缴税额也不是用该分公司所分摊的应纳税所得额直接乘以优惠税率15％后的金额(4 320×15％),而是该分公司分摊比例占各分公司应预缴所得税总额的份额(2 784×0.36);否则,就会使该分公司少预缴所得税。不论多缴还是少缴,都不是对税法的正确遵从。

(六)在我国境内设立机构、场所的非居民企业汇总纳税

非居民企业在中国境内设立两个或者两个以上机构、场所的,经税务机关审核批准,可以选择由其主要机构、场所汇总缴纳企业所得税。汇总计算并缴纳企业所得税时,应统一核算应纳税所得额,具体办法由国务院财政、税务主管部门另行制定。"主要机构、场所"是指具备下列条件的机构、场所:

(1) 对其他各机构、场所的生产经营业务负有监督管理责任。

(2) 设有完整的账簿、凭证,能够准确反映各机构、场所的收入、成本、费用和盈亏情况。

"经税务机关审核批准"是指经各机构、场所所在地税务机关的共同上级税务机关审核批准。

非居民企业经批准汇总缴纳企业所得税后,需要增设、合并、迁移、关闭机构、场所或者停止机构、场所业务的,应当事先由负责汇总申报缴纳企业所得税的主要机构、场所向其所在地税务机关报告;需要变更汇总缴纳企业所得税的主要机构、场所的,依照上述规定办理。

(七)多缴税款的退还

如果企业因计算错误等失误而出现应在当期扣除而未扣除的税费,从而多缴了税款,以后年度发现后准予追补确认退还[①],但根据权责发生制原则,不得改变税费扣除的所属年度,应追补至该项目发生年度计算扣除。

二、企业所得税的核定征收

(一)企业所得税核定征收的范围

核定征收的具体范围如下:①依照税法规定可以不设账或应设而未设账的;②只能准确核算收入总额或收入总额能够查实,但其成本费用支出不能准确核算;③只能准确核算成本费用支出或成本费用支出能够查实,但其收入总额不能准确核算;④收入总额、成本费用支出均不能正确核算,难以查实;⑤虽然能够按规定设置账簿并进行核算,但未按规定保存有关凭证、账簿及纳税资料;⑥未按规定期限办理纳税申报,经税务机关责令限期申报,逾期仍不申报的。

(二)企业所得税征收方式的确定

企业在每年第一季度填列《企业所得税征收方式鉴定表》(简称"鉴定表")一式三份,报主管税务机关审核。所填"鉴定表"的五个项目依次是:①账簿设置情况;②收入总额核算情况;③成本费用核算情况;④凭证、账簿保存情况;⑤纳税义务履行情况。五项均合格的,实

---

① 追补确认期限与未缴或少缴税款相同,均不得超过5年。税务机关及时查实后,应立即退还多缴税款和相应利息。

行纳税人自行申报、税务机关查账征收方式。有一项不合格的,实行核定征收方式,具体分为:若①、④、⑤项中有一项不合格或②、③项均不合格,实行定额征收办法;若②、③项中有一项合格、一项不合格的,实行核定应税所得率办法征收。

主管税务机关对"鉴定表"审核后,报县(市、区)级税务机关确定企业的所得税征收方式。

征收方式确定后,在一个纳税年度内一般不得变更。

对实行核定征收方式的纳税人,主管税务机关应该根据企业和当地的具体情况,按公平、公正、公开原则分类逐户核定其应纳税额或应税所得率。

(三)企业所得税的定额征收

定额征收是指主管税务机关按照一定的标准、程序和方法,直接核定纳税人的年度应纳所得税额,由纳税人按规定进行申报缴纳。实行定额征收办法的企业,参照以前年度经营情况,可先采用发票加定额的方法测算本年度应税收入总额,然后再核定其应纳所得税额。

(四)按核定应税所得率计算征收

按核定征收方式缴纳企业所得税的企业,在其收入总额或成本费用支出额能够正确核算的情况下,可按国家规定的应税所得率计算应纳税所得额,再计算出应纳税额,据以申报纳税。也就是说,按应税所得率方法核定征收企业所得税的企业,其应交所得税的计算步骤如下:

(1)应税收入额＝收入总额－不征税收入－免税收入

(2)应纳税所得额＝应税收入额×应税所得率

或　　　　　　　＝成本(费用)支出额÷(1－应税所得率)×应税所得率

(3)应纳所得税额＝应纳税所得额×适用税率

应税所得率不是税率,它是对核定征收企业所得税的企业计算其应纳税所得额(不是应纳所得税额)时预先规定的比例,是企业应纳税所得额占其经营收入的比例。该比例根据各个行业的实际销售利润率或者经营利润率等情况分别测算得出。现行应税所得率,如表8-2所示。

表8-2　　　　　　　　　　　　企业所得税应税所得率

行　业	应税所得率	行　业	应税所得率
农、林、牧、渔业	3%～10%	建筑业	8%～20%
制造业	5%～15%	饮食业	8%～25%
批发和零售贸易业	4%～15%	娱乐业	15%～30%
交通运输业	7%～15%	其他行业	10%～30%

纳税人具体执行的应税所得率由主管税务机关根据纳税人的行业特点、纳税情况、财务管理、会计核算、利润水平等因素,结合本地实际情况,按公平、公正、公开原则分类逐户核定;企业经营多业的,无论其经营项目是否单独核算,均由主管税务机关根据其主营项目,核定其适用某一行业的应税所得率;应税所得率一经核定,除发生特殊情况(企业实行改组改制的,生产经营范围、主营业务发生重大变化的,遭受风、火、水、震等人力不可抗拒灾害的)

外，一个纳税年度内一般不得调整。

【例8-14】 某核定征收企业年度实现收入160万元，成本费用140万元，主管税务机关核定的应税所得率为10%。

如果是以收入为核定基数，应交所得税＝160×10%×25%＝4(万元)

如果以成本费用为核定基数，应交所得税＝140÷(1−10%)×10%×25%
＝3.89(万元)

如果采用定额征收方式，假定核定其全年应交企业所得税4.4万元，则每季度应交1.1万元。

三、小型微利企业所得税预缴和汇算清缴

符合条件的小型微利企业，预缴和年度汇算清缴企业所得税时，通过填写纳税申报表的相关内容，即可享受减半征税政策。

统一实行按季度预缴企业所得税。第一季度预缴企业所得税时，如未完成上一纳税年度汇算清缴，无法判断上一纳税年度是否符合小型微利企业条件的，可暂按上一纳税年度第四季度的预缴申报情况判别。

本年度企业预缴企业所得税时，按照以下规定享受减半征税政策：

(1) 查账征收企业。对上一纳税年度符合条件的小型微利企业，分按以下两种情况处理：

第一，按实际利润额预缴的，预缴时本年度累计实际利润额不超过100万元的，可享受减半征税政策。

第二，按上一纳税年度应纳税所得额平均额预缴的，预缴时可以享受减半征税政策。

(2) 核定应税所得率征收企业。上一纳税年度符合条件的小型微利企业，预缴时本年度累计应纳税所得额不超过100万元的，可享受减半征税政策。

(3) 核定应纳税额征收企业。根据减半征税政策规定需要调减定额的，由主管税务机关按程序调整，依规定征收。

(4) 上一纳税年度不符合小型微利企业条件的企业，预计本年度符合条件的，预缴时本年度累计实际利润额或累计应纳税所得额不超过100万元的，可享受减半征税政策。

(5) 本年度新成立的企业，预计本年度符合小型微利企业条件的，预缴时本年度累计实际利润额或者累计应纳税所得额不超过100万元的，可享受减半征税政策。

(6) 企业预缴时享受了减半征税政策，年度汇算清缴时不符合小型微利企业条件的，应当按规定补缴税款。

四、企业所得税纳税申报表的填制

企业所得税纳税申报表的填制是所得税会计的核心内容。企业所得税纳税申报表的填制采用间接计算法，即以财务会计信息为基础，但这些信息往往要按税法规定进行纳税调整或重新组织，以符合所得税会计报表的要求——及时、正确地提供税务会计信息。

企业进行所得税纳税申报时，必须正确填制并及时报送企业所得税纳税申报表，还应附送同期财务会计报告等资料。

（一）企业所得税预缴纳税申报表及其填制

企业所得税预缴纳税申报表分A类申报表和B类申报表（2018年版）两种。企业所得税月（季）度预缴纳税申报表（A类），适用于实行查账（核实）征收企业所得税的居民企业纳税人在月（季）度预缴纳税申报时填报；跨地区经营汇总纳税企业的分支机构，在进行月（季）度预缴申报和年度汇算清缴时填报。企业所得税月（季）度预缴和年度纳税申报表（B类）适用于核定征收企业所得税的居民企业在月（季）度预缴申报和年度汇算清缴申报时填报。扣缴义务人还应填报"扣缴报告表"，汇总纳税企业应填报"汇总纳税分支机构分配表"。A类预缴纳税申报表、B类预缴和年度纳税申报表格式分别如表8-3、表8-4所示。

表8-3　　　A200000 中华人民共和国企业所得税月（季）度预缴纳税申报表（A类）

税款所属期间：　年　月　日至　年　月　日

纳税人识别号（统一社会信用代码）：□□□□□□□□□□□□□□□□□□

纳税人名称：　　　　　　　　　　　　　　　　　金额单位：人民币元（列至角分）

预缴方式	□ 按照实际利润额预缴	□ 按照上一纳税年度应纳税所得额平均额预缴	□ 按照税务机关确定的其他方法预缴
企业类型	□ 一般企业	□ 跨地区经营汇总纳税企业总机构	□ 跨地区经营汇总纳税企业分支机构

行次	项　目			本年累计金额
		预 缴 税 款 计 算		
1	营业收入			
2	营业成本			
3	利润总额			
4	加:特定业务计算的应纳税所得额			
5	减:不征税收入			
6	减:免税收入、减计收入、所得减免等优惠金额（填写A201010）			
7	减:固定资产加速折旧(扣除)调减额（填写A201020）			
8	减:弥补以前年度亏损			
9	实际利润额(3+4−5−6−7−8)/ 按上一纳税年度应纳税所得额平均额确定的应纳税所得额			
10	税率(25%)			
11	应纳所得税额(9×10)			
12	减:减免所得税额（填写A201030）			
13	减:实际已缴纳所得税额			
14	减:特定业务预缴(征)所得税额			
15	本期应补(退)所得税额(11−12−13−14)\税务机关确定的本期应纳所得税额			
16	总机构填报	总机构本期分摊应补(退)所得税额(17+18+19)		
17		其中:总机构分摊应补(退)所得税额(15×总机构分摊比例____%)		
18		财政集中分配应补(退)所得税额(15×财政集中分配比例____%)		
19		总机构具有主体生产经营职能的部门分摊所得税额(15×全部分支机构分摊比例____%×总机构具有主体生产经营职能部门分摊比例____%)		
20	分支机构填报	分支机构本期分摊比例		
21		分支机构本期分摊应补(退)所得税额		

附 报 信 息			
高新技术企业	□ 是 □ 否	科技型中小企业	□ 是 □ 否
技术入股递延纳税事项	□ 是 □ 否		

按 季 度 填 报 信 息			
季初从业人数		季末从业人数	
季初资产总额(万元)		季末资产总额(万元)	
国家限制或禁止行业	□ 是 □ 否	小型微利企业	□ 是 □ 否

谨声明:本纳税申报表是根据国家税收法律法规及相关规定填报的,是真实的、可靠的、完整的。

法定代表人(签章): 年 月 日

经办人: 经办人身份证号: 代理机构签章: 代理机构统一社会信用代码:	受理人: 受理税务机关(章): 受理日期: 年 月 日

表8-4 B100000 中华人民共和国企业所得税月(季)度预缴和年度纳税申报表(B类,2018年版)

税款所属期间: 年 月 日至 年 月 日

纳税人识别号(统一社会信用代码): □□□□□□□□□□□□□□□□□□

纳税人名称: 金额单位:人民币元(列至角分)

核定征收方式	□ 核定应税所得率(能核算收入总额的) □ 核定应税所得率(能核算成本费用总额的) □ 核定应纳所得税额

行次	项 目	本年累计金额
1	收入总额	
2	减:不征税收入	
3	减:免税收入(4+5+10+11)	
4	国债利息收入免征企业所得税	
5	符合条件的居民企业之间的股息、红利等权益性投资收益免征企业所得税	
6	其中:通过沪港通投资且连续持有H股满12个月取得的股息红利所得免征企业所得税	
7	通过深港通投资且连续持有H股满12个月取得的股息红利所得免征企业所得税	
8	居民企业持有创新企业CDR取得的股息红利所得免征企业所得税	
9	符合条件的居民企业之间属于股息、红利性质的永续债利息收入免征企业所得税	
10	投资者从证券投资基金分配中取得的收入免征企业所得税	
11	取得的地方政府债券利息收入免征企业所得税	
12	应税收入额(1—2—3)\成本费用总额	
13	税务机关核定的应税所得率(%)	

（续表）

行次	项　　目	本年累计金额
14	应纳税所得额（第 12×13 行）\［第 12 行÷（1－第 13 行）×第 13 行］	
15	税率（25%）	
16	应纳所得税额（14×15）	
17	减：符合条件的小型微利企业减免企业所得税	
18	减：实际已缴纳所得税额	
19	本期应补（退）所得税额（16－17－18）\税务机关核定本期应纳所得税额	
20	民族自治地方的自治机关对本民族自治地方的企业应缴纳的企业所得税中属于地方分享的部分减征或免征（　□ 免征　□ 减征：减征幅度____ %　）	
21	本期实际应补（退）所得税额	

按 季 度 填 报 信 息			
季初从业人数		季末从业人数	
季初资产总额（万元）		季末资产总额（万元）	
国家限制或禁止行业	□ 是　□ 否	小型微利企业	□ 是　□ 否

按 年 度 填 报 信 息		
小型微利企业	□ 是　□ 否	

谨声明：本纳税申报表是根据国家税收法律法规及相关规定填报的，是真实的、可靠的、完整的。

　　　　　　　　　　　　　　　　　　　　　　纳税人（签章）：　　年　　月　　日

经办人： 经办人身份证号： 代理机构签章： 代理机构统一社会信用代码：	受理人： 受理税务机关（章）： 受理日期：　　年　　月　　日

（二）企业所得税年度纳税申报表（A 类）及其填制

　　年终进行企业所得税汇算清缴时，应填报企业所得税年度纳税申报表（A 类）。它适用于查账征收企业，由 37 张表单组成，其中必填表 2 张，选填表 35 张。从表单结构（见图 8-1）看，全套申报表分为基础信息表、主表（见表8-5）、一级明细表、二级明细表和三级明细表，表单数据逐级汇总。从填报内容看，全套申报表由反映纳税人整体情况（2 张）、会计核算（6 张）、纳税调整（13 张）、弥补亏损（1 张）、税收优惠（9 张）、境外税收（4 张）、汇总纳税（2 张）等明细情况的表单（见表 8-6）组成。

表 8-5　　　　　　中华人民共和国企业所得税年度纳税申报表（A 类）

　　　　　　　　所属期间：××年 1 月 1 日至××年 12 月 31 日

纳税人名称：

纳税人识别号：　　　　　　　　　　　　　　　　　金额单位：元（列至角分）

行次	类别	项　　目	金　额
1	利润总额计算	一、营业收入（填写 A101010\101020\103000）	370 638 681.28
2		减：营业成本（填写 A102010\102020\103000）	326 245 177.35
3		减：税金及附加	1 907 319.00
4		减：销售费用（填写 A104000）	0.00

（续表）

行次	类别	项 目	金 额
5		减：管理费用（填写 A104000）	3 115 962.31
6		减：财务费用（填写 A104000）	−1 322 791.69
7		减：资产减值损失	0.00
8	利润总额计算	加：公允价值变动收益	0.00
9		加：投资收益	0.00
10		二、营业利润（1−2−3−4−5−6−7+8+9）	40 693 014.31
11		加：营业外收入（填写 A101010\101020\103000）	100 000.00
12		减：营业外支出（填写 A102010\102020\103000）	0.00
13		三、利润总额（10+11−12）	40 793 014.31
14		减：境外所得（填写 A108010）	0.00
15		加：纳税调整增加额（填写 A105000）	10 884.24
16		减：纳税调整减少额（填写 A105000）	13 646 889.68
17	应纳税所得额计算	减：免税、减计收入及加计扣除（填写 A107010）	0.00
18		加：境外应税所得抵减境内亏损（填写 A108000）	0.00
19		四、纳税调整后所得（13−14+15−16−17+18）	27 157 008.87
20		减：所得减免（填写 A107020）	0.00
21		减：弥补以前年度亏损（填写 A106000）	0.00
22		减：抵扣应纳税所得额（填写 A107030）	0.00
23		五、应纳税所得额（19−20−21−22）	27 157 008.87
24		税率（25%）	25%
25		六、应纳所得税额（23×24）	6 789 252.22
26		减：减免所得税额（填写 A107040）	3 394 626.11
27		减：抵免所得税额（填写 A107050）	0.00
28		七、应纳税额（25−26−27）	3 394 626.11
29		加：境外所得应纳所得税额（填写 A108000）	0.00
30		减：境外所得抵免所得税额（填写 A108000）	0.00
31	应纳税额计算	八、实际应纳所得税额（28+29−30）	3 394 626.11
32		减：本年累计实际已缴纳的所得税额	5 099 126.79
33		九、本年应补（退）所得税额（31−32）	−1 704 500.68
34		其中：总机构分摊本年应补（退）所得税额（填写 A109000）	0.00
35		财政集中分配本年应补（退）所得税额（填写 A109000）	0.00
36		总机构主体生产经营部门分摊本年应补（退）所得税额（填写 A109000）	0.00

谨声明：此纳税申报表是根据《中华人民共和国企业所得税法》《中华人民共和国企业所得税法实施条例》、有关税收政策以及国家统一会计制度的规定填报的，是真实的、可靠的、完整的。

法定代表人（签章）： 年 月 日

纳税人公章： 会计主管： 填表日期： 年 月 日	代理申报中介机构公章 经办人及执业证件号码： 代理申报日期： 年 月 日	主管税务机关受理专用章： 受理人： 受理日期： 年 月 日

表 8-6　　　　　　　　　　企业所得税年度纳税申报表(A类)填报表单

表单编号	表单名称	选择填报情况	
		填报	不填报
A000000	企业基础信息表	√	×
A100000	中华人民共和国企业所得税年度纳税申报表(A类)	√	×
A101010	一般企业收入明细表	☐	☐
A101020	金融企业收入明细表	☐	☐
A102010	一般企业成本支出明细表	☐	☐
A102020	金融企业支出明细表	☐	☐
A103000	事业单位、民间非营利组织收入、支出明细表	☐	☐
A104000	期间费用明细表	☐	☐
A105000	纳税调整项目明细表	☐	☐
A105010	视同销售和房地产开发企业特定业务纳税调整明细表	☐	☐
A105020	未按权责发生制确认收入纳税调整明细表	☐	☐
A105030	投资收益纳税调整明细表	☐	☐
A105040	专项用途财政性资金纳税调整明细表	☐	☐
A105050	职工薪酬支出及纳税调整明细表	☐	☐
A105060	广告费和业务宣传费跨年度纳税调整明细表	☐	☐
A105070	捐赠支出及纳税调整明细表	☐	☐
A105080	资产折旧、摊销及纳税调整明细表	☐	☐
A105090	资产损失税前扣除及纳税调整明细表	☐	☐
A105100	企业重组及递延纳税事项纳税调整明细表	☐	☐
A105110	政策性搬迁纳税调整明细表	☐	☐
A105120	特殊行业准备金及纳税调整明细表	☐	☐
A106000	企业所得税弥补亏损明细表	☐	☐
A107010	免税、减计收入及加计扣除优惠明细表	☐	☐
A107011	符合条件的居民企业之间的股息、红利等权益性投资收益优惠明细表	☐	☐
A107012	研发费用加计扣除优惠明细表	☐	☐
A107020	所得减免优惠明细表	☐	☐
A107030	抵扣应纳税所得额明细表	☐	☐
A107040	减免所得税优惠明细表	☐	☐
A107041	高新技术企业优惠情况及明细表	☐	☐
A107042	软件、集成电路企业优惠情况及明细表	☐	☐
A107050	税额抵免优惠明细表	☐	☐

表单编号	表单名称	选择填报情况	
		填报	不填报
A108000	境外所得税收抵免明细表	☐	☐
A108010	境外所得纳税调整后所得明细表	☐	☐
A108020	境外分支机构弥补亏损明细表	☐	☐
A108030	跨年度结转抵免境外所得税明细表	☐	☐
A109000	跨地区经营汇总纳税企业年度分摊企业所得税明细表	☐	☐
A109010	企业所得税汇总纳税分支机构所得税分配表	☐	☐

※企业应当根据实际情况选择需要填报的表单。

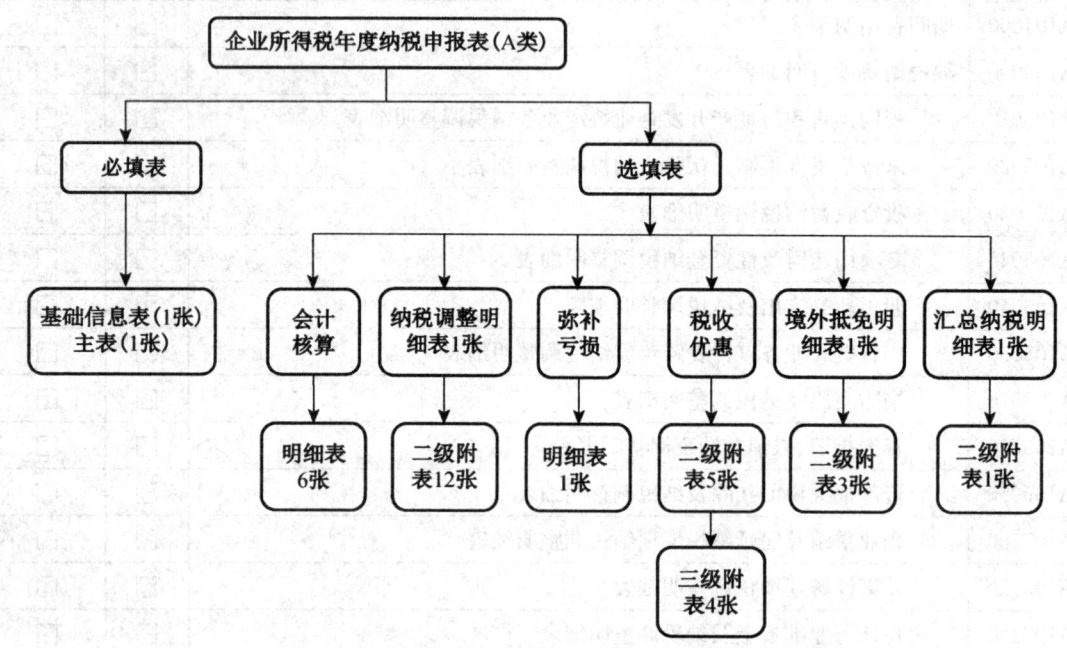

图 8-1 企业所得税年度纳税申报表表单（A 类）结构图

从使用频率看,绝大部分纳税人实际填报表单的数量在 8～10 张左右,除两张必填表外,《一般企业收入明细表》《一般企业成本支出明细表》《期间费用明细表》《纳税调整项目明细表》《职工薪酬支出及纳税调整明细表》《减免所得税优惠明细表》等为常用表单。其余,则应根据纳税人所在行业类型、业务发生情况正确选择填报适合本企业的表单。

企业所得税的年度纳税申报以主表为核心,主表的结构是以企业所得税的间接法原理为基础设计的。填制时,以利润表为起点,将财务会计利润按税法规定调整为应纳税所得额,进而计算应纳所得税额,具体包括利润总额计算、应纳税所得额计算、应纳税额计算三部分。主表数据大部分从附表中生成,个别数据从财务报表中取得。纳税申报表的每张附表既独立体现现行企业所得税政策,又与主表密切关联。

企业在计算应纳税所得额及应纳税额时,对企业财务、会计处理方法与税法规定不一致

的,应当按照税法规定计算。税法规定不明确的,在未明确规定之前,可以暂按企业财务、会计规定计算。

通过申报表的填报,可以揭示企业税收管理、财务管理中存在的问题,正确处理所得税会计与财务会计的关系。正确填报申报表,不仅为了履行纳税义务,还可以将经营活动中容易忽视的涉税细节问题,以表格的形式展现出来,可以有效规划企业涉税事项,防范企业税务风险。

以主表第19～21行为例,其填写方法是:假设M公司某年度应税项目利润1 200万元,免税所得亏损450万元,会计利润为750万元,假设没有纳税调整项目,纳税申报表主表第19行"纳税调整后所得"为750万元。当第20行的"所得减免"小于0时填写0,即至0为止;当第20行大于0时,第21行填写至0为止。假设M公司某年度免税项目所得1 200万元,应税项目亏损450万元,企业会计利润总额为750万元,假设没有纳税调整项目,第19行为750万元,假设第20行填报1 200万元,则可供弥补的亏损为-450万元。

以[例8-1]中的公司为例,其第5年度所得税汇算清缴填报资料如下:

(1) A105040《专项用途财政性资金纳税调整明细表》第4列"计入本年损益的金额"栏填每年"营业外收入——政府补助"账户贷方发生额,第5～10列"支出情况"栏填每年"其他应付款——专项用途财政性资金"账户贷方发生额。

(2) A101010《一般企业收入明细表》第20行次,"政府补贴得利"栏填"营业外收入——政府补贴"账户的贷方发生额。

(3) A105000《纳税调整项目明细表》第8、第24行次,"不征税收入"和"不征税收入用于支出所形成的费用"栏填0。

(4) A105020《未按权责发生制确认收入纳税调整明细表》第9行次,"政府补贴递延收入"栏填0。

(三)创业投资企业纳税申报表的填报释例

股权投资税收优惠政策。只有对非上市中小高新技术企业的股权投资才能享受按照投资额的70%抵扣应纳税所得额的税收优惠,对上市企业和未被认定为高新技术企业的非上市企业的股权投资不能享受此项优惠。因此,企业应在"长期股权投资""可供出售金融资产"等相关会计记录中严格区分享受税收优惠的股权投资额与不享受税收优惠的股权投资额。如果投资时被投资企业属于非上市中小高新技术企业,之后企业规模超过中小企业标准,但仍符合高新技术企业标准的,不影响创业投资企业享受有关税收优惠。如A企业占有限合伙制创业投资企业B的出资份额为45%,B对未上市中小高新技术企业的投资额为1 000万元,则A企业可供按70%抵扣应纳税所得额的投资额为1 000×45%=450(万元)。

投资期限满2年方能享受税收优惠。被投资企业经认定符合高新技术企业标准的,应自其被认定为高新技术企业的年度起,计算创业投资企业的投资期限。非上市中小高新技术企业接受投资后,在2年内如果因为不符合高新技术企业标准而被取消认定,则该项股权投资不能享受税收优惠。

抵扣应纳税所得额明细表的填制。在对利润总额进行纳税调整后,应先扣除享受所得减免优惠项目的金额,再弥补符合条件的以前年度亏损,如果弥补亏损后仍有余额,方

可用"本年新增的可抵扣股权投资额""以前年度结转的尚未抵扣的股权投资余额"抵扣，以应纳税所得额抵扣至 0 为限。当年应纳税所得额不足抵扣的，可以在以后纳税年度结转抵扣。

【例 8-15】 某企业年度纳税调整后所得为 450 万元，弥补以前年度亏损为 100 万元，弥补亏损后金额＝450－100＝350（万元），应先填写"企业所得税弥补亏损明细表"。本年新增符合条件的股权投资额 400 万元，以前年度结转的尚未抵扣的股权投资余额 110 万元，本年可抵扣的股权投资额＝450×70％＋110＝425（万元），由于弥补亏损后应纳税所得额小于可抵扣股权投资额，实际抵扣的应纳税所得额＝弥补亏损后可用于抵扣的应纳税所得额＝350（万元），可抵扣股权投资额大于弥补亏损后应纳税所得额的余额＝425－350＝75（万元），结转以后纳税年度抵扣，应填报"抵扣应纳税所得额明细表"（见表 8-7）。"抵扣应纳税所得额明细表"第 7 行"本年实际抵扣应纳税所得额"的数据填入主表第 21 行，应纳税所得额计算见主表（见表 8-8）。

表 8-7　　　　　　**A107030 抵扣应纳税额明细表（节录）**　　　　　　单位：万元

行次	项　　　　目	金　额
1	本年新增的符合条件的股权投资额	450
2	税收规定的抵扣率	70％
3	本年新增的可抵扣的股权投资额（1×2）	315
4	以前年度结转的尚未抵扣的股权投资余额	110
5	本年可抵扣的股权投资额（3＋4）	425
6	本年可用于抵扣的应纳税所得额	350
7	本年实际抵扣应纳税所得额（5≤6，本行＝5 行；5＞6，本行＝6 行）	350
8	结转以后年度抵扣的股权投资余额（5＞6，本行＝5－7 行；5≤6，本行＝0）	75

表 8-8　　　　　　**A100000 企业所得税年度纳税申报表（A 类）（节录）**　　　　　　单位：万元

行次	项　　　　目	金　额
19	四、纳税调整后所得（13－14＋15－16－17＋18）	450
20	减：所得减免（填写 A107020）	0
21	减：弥补以前年度亏损（填写 A106000）	100
22	减：抵扣应纳税所得额（填写 A107030）	350
23	五、应纳税所得额（19－20－21－22）	0

如果其他条件不变，纳税调整后所得为 550 万元，弥补亏损后金额为 450 万元，由于弥补亏损后应纳税所得额大于可抵扣股权投资额，实际抵扣应纳税所得额＝可用于抵扣的股权投资额＝425（万元），应纳税所得额＝450－425＝25（万元），结转以后年度抵扣的股权投资无余额，应填报"抵扣应纳税所得额明细表"（见表 8-9），应纳税所得额计算见主表（见表 8-10）。

表 8-9 **A107030 抵扣应纳税额明细表(节录)** 单位:万元

行次	项 目	金 额
1	本年新增的符合条件的股权投资额	450
2	税收规定的抵扣率	70%
3	本年新增的可抵扣的股权投资额(1×2)	315
4	以前年度结转的尚未抵扣的股权投资余额	110
5	本年可抵扣的股权投资额(3+4)	425
6	本年可用于抵扣的应纳税所得额	450
7	本年实际抵扣应纳税所得额(5≤6,本行=5行;5>6,本行=6行)	425
8	结转以后年度抵扣的股权投资余额(5>6,本行=5-7行;5≤6,本行=0)	0

表 8-10 **A100000 企业所得税年度纳税申报表(A类)(节录)** 单位:万元

行次	项 目	金 额
19	四、纳税调整后所得(13-14+15-16-17+18)	550
20	减:所得减免(填写 A107020)	0
21	减:弥补以前年度亏损(填写 A106000)	100
22	减:抵扣应纳税所得额(填写 A107030)	425
23	五、应纳税所得额(19-20-21-22)	25

(四)非居民企业和自行申报纳税人的纳税申报

预缴企业所得税税款时,填报《中华人民共和国非居民企业所得税预缴申报表(2019年版)》及其附表;年度企业所得税汇算清缴时,填报《中华人民共和国非居民企业所得税年度纳税申报表(2019年版)》及其附表。

源泉扣缴和指定扣缴的扣缴义务人,以及扣缴义务人未依法扣缴或无法履行扣缴义务情况下自行申报的纳税人,按次或按期扣缴或申报企业所得税税款时,填报《中华人民共和国扣缴企业所得税报告表(2019年版)》。

第四节 企业所得税的会计处理

一、企业所得税会计账户设置

在企业所得税会计处理(记录)中,需要设置的最主要账户是"应交企业所得税",它既可以作为总账账户,又可以作为"应交税费"总账账户下的一个二级账户,反映企业所得税的应交、实际上交和退补等情况。本科目的贷方反映应交和应补交的所得税,借方反映实际上交和补交的企业所得税;贷方余额反映应交未交的所得税,借方余额反映多交的所得税。企业

各期应交所得税的金额是根据当期应纳税所得额与法定所得税率计算的企业应交所得税税款,应借记"所得税费用——当期所得税费用"账户,贷记本(明细)账户。实际缴纳时,借记本(明细)账户,贷记"银行存款"账户。

执行《小企业会计准则》的企业,所得税会计处理保持与税法的一致性,其会计记录体现两者合一;执行《企业会计准则》的企业,所得税会计处理呈现与税法的差异,其会计记录体现两者分离。在一套账簿体系下,以借记"所得税费用"账户总账金额是否保持与贷记"应交税费——应交企业所得税"账户金额的一致性为识别标准。如果在贷记"应交企业所得税"账户依税法确认计量后,借方账户金额不再重新确认计量,即服从贷方,说明两者合一。如果在贷记"应交企业所得税"账户依税法确认计量后,借方账户金额按会计准则规定重新确认计量,说明两者分离,其差额可以通过"递延税款"或"递延所得税资产""递延所得税负债"账户予以反映。

本节阐述的是税务会计范畴的会计记录,即以企业所得税税法为导向的涉税事项的会计处理,其目标是为了及时正确地填制"企业所得税会计报表——所得税纳税申报表"(主表及其附表),为报表使用者提供决策有用的涉税会计信息。

本章最后两节简述的则是主要以所得税会计准则为规范标准的会计处理方法,本属于财务会计范畴,之所以在本章一并阐述,是为了便于理解并掌握两者的密切联系和主要区别。

二、缴纳企业所得税的会计处理

企业分月或季预缴企业所得税时,应当按照月度或季度的实际利润额预缴,按实际利润额预缴有困难的,可以根据上一纳税年度应纳税所得额的月度或者季度平均额预缴,或者按照经税务机关认可的其他方法预缴。预缴方法一经确定,该纳税年度内不得随意变更。

"实际利润额"为按会计准则核算的利润总额减去以前年度待弥补亏损以及不征税收入、免税收入后的余额。对不征税收入,在所得税预缴或汇算清缴时,按照"调表不调账"的原则,应作纳税调减处理。免税收入,有的形成永久性差异(如国债利息收入),有的属于暂时性差异(投资收益),企业应视具体情况进行分析。

【例8-16】 M公司某年第1季度会计利润总额为100万元(含国债利息收入5万元),以前年度未弥补亏损20万元,企业所得税税率为25%。

企业"长期借款"账户记载:年初向工商银行借款50万元,年利率为6%;向B公司借款100万元,年利率为8%,上述款项全部用于生产经营。另外,计提固定资产减值损失4万元。假设无其他纳税调整事项。

(1)第1季度预缴所得税的计算和会计处理。

企业预缴的基数为会计利润100万元,扣除上年度亏损20万元以及不征税收入和免税收入5万元后,实际利润额为75万元。对于其他永久性差异,如长期借款利息超支的2万元[100×(8%-6%)]和暂时性差异(资产减值损失4万元),季度预缴时不作纳税调整。作会计分录如下:

反映应交所得税:

借：所得税费用　　　　　　　　　　　　　　　　　　　　187 500
　　贷：应交税费——应交所得税　　　　　　　　　　　　　　187 500

下月初,实际缴纳企业所得税：

借：应交税费——应交所得税　　　　　　　　　　　　　　187 500
　　贷：银行存款　　　　　　　　　　　　　　　　　　　　　187 500

(2) 后三个季度预缴所得税的计算和会计处理。

假设第 2 季度企业累计实现利润 135 万元,第 3 季度累计实现利润−20 万元,第 4 季度累计实现利润 120 万元,则每季度末会计处理如下：

第 2 季度末,作会计分录如下：

借：所得税费用　　　　　　　　　　　　　　　　　　　　150 000
　　贷：应交税费——应交所得税[(1 350 000−750 000)×25％]　150 000

下月初缴纳企业所得税：

借：应交税费——应交所得税　　　　　　　　　　　　　　150 000
　　贷：银行存款　　　　　　　　　　　　　　　　　　　　　150 000

第 3 季度累计利润为亏损,不缴税也不作会计处理。

第 4 季度累计实现利润 120 万元,税法规定应先预缴税款,再汇算清缴。由于第 4 季度累计利润小于以前季度(第二季度)累计实现利润总额,暂不缴税也不作会计处理。

年末,税前利润弥补亏损后,冲销递延所得税资产,作会计分录如下：

借：所得税费用　　　　　　　　　　　　　　　　　　　　50 000
　　贷：递延所得税资产　　　　　　　　　　　　　　　　　　50 000

(3) 年终所得税汇算清缴。

经税务机关审核,假如该企业汇算清缴后全年应纳税所得额为 129 万元,应交企业所得税额为 32.25 万元,而企业已经预缴所得税额合计 33.75 万元。按照相关规定,主管税务机关应及时办理退税,或者抵缴下 1 年度应缴纳的税款。

税务机关为了减少税款退库的麻烦,在实务中,一般是将企业多预缴的上年度企业所得税抵缴下 1 年度应缴纳的税款。在这种情况下,企业作会计分录如下：

借：其他应收款——所得税退税款　　　　　　　　　　　　15 000
　　贷：以前年度损益调整——所得税费用　　　　　　　　　　15 000

(4) 假如下 1 年第 1 季度应预缴企业所得税为 18 万元,作会计处理如下：

借：所得税费用　　　　　　　　　　　　　　　　　　　　180 000
　　贷：应交税费——应交所得税　　　　　　　　　　　　　　180 000

预缴第 1 季度企业所得税时：

借：应交税费——应交所得税　　　　　　　　　　　　　　180 000
　　贷：银行存款　　　　　　　　　　　　　　　　　　　　　165 000
　　　　其他应收款——所得税退税款　　　　　　　　　　　　15 000

★根据企业会计准则规定,对于暂时性差异产生的对递延所得税的影响,应该在产生时立即确认,而非在季末或年末确认,上述资产减值损失形成的暂时性差异,应该在当月计提时,作会计分录如下:

借:递延所得税资产 10 000

 贷:所得税费用——递延所得税费用 10 000

三、企业所得税抵免的会计处理

【例8-17】 某企业12月份总机构损益类科目余额如下(单位:万元):

主营业务收入	1 760
税金及附加	65
主营业务成本	780
销售费用	55
管理费用	49.2
财务费用	24
其他业务收入	130
其他业务成本	85
营业外收入	36
营业外支出	57

年末,将总机构损益类账户余额结转到"本年利润"账户,结转后,丁字账的借贷余额如表8-11所示(单位:万元)。

表8-11 本 年 利 润

(借)		(贷)
65		1 760
780		130
55		36
49.2		
24		
85		
57		
发生额合计 1 115.2		1 926
	贷方余额	810.8

该企业在美国的分支机构当年获利244 897.97美元,已在美国缴纳所得税60 000美元。当年12月31日我国外汇牌价USD 1=CNY 7。另外,企业在当年度中,超过业务招待费标准的招待费支出36 000元,赞助费支出45 000元。企业所得税税率25%。

企业全部利润＝8 108 000＋244 897.97×7＝9 822 285.8(元)

应纳税所得额＝9 822 285.8＋(36 000＋45 000)＝9 903 285.8(元)

境内外所得按税法计算的应纳税额＝9 903 285.8×25％＝2 475 821.45(元)

境外所得税款扣除限额＝2 475 821.45×[(244 897.97×7)÷9 903 285.8]

＝428 571.45(元)

实际在境外缴纳的所税税额＝60 000×7＝420 000(元)

在境外实际缴纳的税款低于扣除限额,因此,可以从应纳税额中扣除其在境外实际缴纳的所得税税款,企业实际应缴税计算如下:

企业实际应交所得税额 ＝ 2 475 821.45－420 000＝2 055 821.45(元)

假设企业上年实际缴纳所得税为220万元,税务机关同意当年每季按上年实缴额的1/4预缴。作会计分录如下:

(1)每季预缴所得税时:

借:应交税费——应交企业所得税   550 000

  贷:银行存款——人民币户   550 000

(2)计算当年应交所得税时:

借:所得税费用——当期所得税费用   2 055 821.45

  贷:应交税费——应交企业所得税   2 055 821.45

(3)下年初收到退税款时:

借:银行存款   144 178.55

  贷:应交税费——应交企业所得税   144 178.55

四、企业亏损弥补的所得税会计处理

根据企业所得税税法规定,企业纳税年度发生的亏损可以结转以后年度在税前扣除,但结转抵扣期限最长不得超过5年;按照企业会计准则的规定,企业预计在未来期间能够产生足够的应纳税所得额来抵扣亏损时,应确认相应的递延所得税资产,即将亏损视为可抵扣暂时性差异。对因亏损弥补而产生的暂时性差异要在以后亏损抵扣期内持续反映,进行相关计算并作相应的会计处理。

【例8-18】某公司执行企业会计准则,企业所得税税率为25％,能够持续经营。如果发生亏损,预计未来期间能够产生足够的应纳税所得额来利用该可抵扣的亏损。假定在相关业务中不存在永久性差异,此前没有产生过暂时性差异。

第1年应税亏损80万元,没有产生其他暂时性差异。

第2年预计实现利润总额40万元,本年没有产生除上年度结转亏损之外的其他暂时性差异。

第3年预计实现的利润总额6万元,计提30万元的坏账准备。

第4年预计实现的利润总额为70万元,转回第3年已计提的坏账准备10万元。

根据上述资料,按会计与税法的要求,分别对各年进行所得税会计处理。

第1年:按照所得税会计准则的规定,年末对因发生亏损所确认的递延所得税资产按照预期弥补该亏损期间适用的企业所得税税率进行计量。预计未来期间公司能够产生足够的应纳税所得额可以抵扣亏损,年末确认因该亏损所产生的递延所得税资产20万元(80×25％)。作会计分录如下:

借:递延所得税资产——第1年亏损 200 000
　　贷:所得税费用——递延所得税费用 200 000

第2年:本年度的应纳税所得额为本年度的会计利润总额40万元,全部用于弥补上年度结转的亏损。弥补亏损后的应纳税所得额为负数,本年不需要缴纳企业所得税,但应转销上年度因该亏损所确认的递延所得税资产,转销金额10万元(40×25％)。

所得税费用按会计准则的要求计算,在没有发生永久性差异,并且不采用应付税款法核算所得税费用的情况下,企业当期的所得税费用等于当期的税前会计利润总额与适用的企业所得税税率之乘积,与当期是否需要弥补以前年度结转的税前亏损无关,因此,本年度的所得税费用10万元(40×25％)。作会计分录如下:

借:所得税费用——递延所得税费用 100 000
　　贷:递延所得税资产——第1年亏损 100 000

第3年:按税法规定,企业计提的资产减值损失不得在税前扣除。当年度应纳税所得额＝会计利润总额＋计提的资产减值损失＝6＋30＝36(万元),36万元的应纳税所得额需要用于弥补第1年度结转的税前亏损,弥补亏损后的应纳税所得额为负数,不需缴纳企业所得税,但应将第1年因发生该亏损所确认的递延所得税资产予以转销,转销金额＝36×25％＝9(万元),应确认的所得税费用为9万元。相关会计分录如下:

借:所得税费用——递延所得税费用 90 000
　　贷:递延所得税资产——第1年亏损 90 000

同时,需要反映因计提坏账准备应确认的递延所得税资产和相应的递延所得税费用,该会计分录如下:

借:递延所得税资产——第3年坏账准备 75 000
　　贷:所得税费用——递延所得税费用 75 000

第4年:本年度弥补第1年度结转亏损后的应纳税所得额＝第1年亏损＋第2年产生的应纳税所得额＋第3年的应纳税所得额＋第4年应纳税所得额＝-80＋40＋6＋30＋(70-10)＝56(万元),应缴纳企业所得税＝56×25％＝14(万元)。

转回第1年因发生亏损所确认递延所得税资产的金额＝20-10-9＝1(万元),或者是等于至第3年年末止尚未弥补的亏损额×25％,即(-80＋40＋36)×25％＝-4×25％＝-1(万元),转回第3年因计提坏账准备所确认的递延所得税资产＝10×25％＝2.5(万元)。

应确认的所得税费用＝70×25％＝17.5(万元),其中递延所得税费用为1＋2.5＝3.5(万元),当期所得税费用＝(70-10-4)×25％＝14(万元)。已将转回的坏账准备10万元对本期损益的影响剔除,因为按照税法的规定,转回的资产减值准备虽然增加了本期的会计利润,但该部分不属于应税所得额,在计算转回当期的应税所得额时应作纳税调减,其对损益的影响应通过递延所得税明细来反映。作会计分录如下：

借：所得税费用——递延所得税费用　　　　　　　　　　　　　35 000

　　　　　　——当期所得税费用　　　　　　　　　　　　　　140 000

　贷：递延所得税资产——第1年亏损　　　　　　　　　　　　　10 000

　　　　　　　　　　——第3年坏账准备　　　　　　　　　　　25 000

　　应交税费——应交企业所得税　　　　　　　　　　　　　　140 000

　　如果企业执行《小企业会计准则》，所得税采用应付税款法时，不确认暂时性差异，也就不必作上述会计处理。

　　企业以税前、税后利润弥补企业亏损时，不必作专门的会计分录。若以税前利润弥补亏损，其弥补额可以抵减当期的应纳税所得额；若以税后利润弥补亏损，其弥补额不能抵减当期应纳税所得额。期末结转亏损时：

借：利润分配——未分配利润
　　贷：本年利润

若以后年度用税前利润弥补亏损时：

借：本年利润
　　贷：利润分配——未分配利润

若以后年度用税后利润(盈余公积)弥补亏损时：

借：盈余公积
　　贷：利润分配——盈余公积补亏

五、减免企业所得税的会计处理

　　对于企业享受的各种税收优惠，除减免及返还的所得税及国务院、财政部、国家税务总局规定有指定用途的减免及返还的税款外，一律都应并入企业当年度(或处理年度)的应税所得额，照章计缴企业所得税。

　　(一) 直接减免

　　企业仍然需要计算应交所得税，待税务机关审批之后再确认减免税。企业在计算应纳所得税时，借记"所得税费用——当期所得税费用"账户，贷记"应交税费——应交所得税"账户；税务机关确认减免时，借记"应交税费——应交所得税"账户，贷记"所得税费用——当期所得税费用"账户。

　　(二) 即征即退与先征后退

　　企业在计算应纳所得税时，借记"所得税费用——当期所得税费用"账户，贷记"应交税费——应交所得税"账户；缴纳时，借记"应交税费——应交所得税"账户，贷记"银行存款"账户；确认减免税并收到退税款对，借记"银行存款"账户，贷记"所得税费用——当期所得税费用"账户。

　　(三) 有指定用途的退税

　　所得税退税款作为国家投资，形成国家资本。收到退税时，借记"银行存款"账户，贷记

"实收资本——国家资本金"账户。对有指定用途的政策性减免,可将减免的所得税额,贷记"资本公积"账户。企业实际收到具有专门用途的先征后返所得税税款时,按会计准则规定计入取得当期的利润总额,暂不计入取得当期的应纳税所得额。

六、预提所得税和预扣预缴的会计处理

外国企业在中国境内未设立机构、场所,而有取得来源于中国境内的利润(股息)、利息、租金、特许权使用费和其他所得,按规定其所得税应由支付人在每次支付的款额中扣除,并在 5 天内缴入国库。扣缴时作会计分录如下:

借:其他应付款(应付利息等)

　　贷:银行存款

非居民企业股权转让。在计算股权转让所得时,以非居民企业向被转让股权的中国居民企业投资时或向原投资方购买该股权时的币种计算股权转让价和股权转让成本价。扣缴义务人对外支付或到期应支付的款项为人民币以外货币的,在申报扣缴企业所得税时,应按扣缴当日国家公布的人民币汇率中间价,折合成人民币计算应纳税所得额。

【例 8-19】 天欣通用污水处理有限公司系境外 KL 公司和市政排水有限公司共同出资成立的合资企业。境外 KL 公司占 51% 的股权,以欧元注册资本,股权成本价为 2 580 000 欧元。今年 1 月 10 日,境外 KL 公司将其注册资本 51% 的股权转让给市政排水有限公司,51% 股权转让价为 6 440 000 欧元,并完成相关变更手续。假设股权转让日的汇率中间价:1 欧元=7.5 元人民币。

股权转让所得=6 440 000−2 580 000=3 860 000(欧元)

股权转让收益(折合人民币)=3 860 000×7.5=28 950 000(元)

应交企业所得税=28 950 000×10%=2 895 000 (元)

作会计分录如下:

(1) 应交企业所得税。

借:其他应付款——境外 KL 公司　　　　　　　　　　　　　　　　　　2 895 000

　　贷:应交税费——应交预提所得税　　　　　　　　　　　　　　　　　　　2 895 000

(2) 缴纳企业所得税。

借:应交税费——应交预提所得税　　　　　　　　　　　　　　　　　　2 895 000

　　贷:银行存款　　　　　　　　　　　　　　　　　　　　　　　　　　　2 895 000

七、检查调增应纳税所得额的会计处理

(1) 检查调整增加应税所得额弥补亏损。税务机关对企业以前年度纳税情况进行检查时调增的应纳税所得额,凡企业以前年度发生亏损、且该亏损属于企业所得税法规定允许弥补的,应允许调增的应纳税所得额弥补该亏损。弥补该亏损后仍有余额的,按税法规定计算缴纳企业所得税,但不得弥补检查所属年度以后年度的亏损。

(2) 按照税法的公平原则,查补收入可以作为计提业务招待费、广告费和业务宣传费的基数。

(3) 对检查调增的应纳税所得额视其具体情节,依照《税收征管法》的规定进行处理或处罚。弥补亏损的处罚规定,实际上经历了一个从查补额全额纳税,到作为处罚依据再到后

来分情况进行处罚的变化过程,规定更趋合理。

（4）调增所得额可以抵扣以前年度暂时性差异。企业亏损属于可抵扣暂时性差异,在符合条件的情况下,应确认与其相关的递延所得税资产。因调增所得额可以弥补以前年度亏损,财务会计可以借记"以前年度损益调整"账户,贷记"递延所得税资产"账户。

（5）调增所得额后应逐年调整递延所得税资产余额。调增企业所得额后,会对以后年度企业所得税造成影响,因而必须对以后相关年度的可弥补亏损额予以调整,并重新计算以后相关年度的企业所得税额,但最长时限不超过 5 年。调增所得额会影响以后各期可抵扣暂时性差异,应进行相应的所得税会计处理,调整递延所得税资产的账面价值。

【例 8-20】 M 公司此前第 3 年度亏损 300 万元（在其前年度无亏损）。前年盈利 200 万元,已全部弥补上年度亏损。去年盈利 25 万元,已全部弥补此前第 3 年度的亏损。企业所得税税率为 25%。预计企业未来期间能够产生足够的应税所得弥补该可抵扣亏损。为计算方便,不考虑流转税费因素。

主管税务机关今年 7 月份对其前两个年度纳税情况进行检查,发现问题如下：

（1）前年计提存货跌价准备 25 万元,全部列入资产减值损失在税前扣除；按权益法计算的投资某公司的投资损失 35 万元全部在税前扣除。税务机关认为,存货跌价准备及权益法核算的投资损失,不符合税法上规定的据实扣除原则,不允许在税前扣除,应调增该年度应纳税所得额 60 万元。

（2）去年 10 月公司将一批自产货物用于职工福利,该批自产货物成本为 400 万元,同类不含增值税价格 500 万元。其会计分录如下：

借：应付职工薪酬　　　　　　　　　　　　　　　　　　　　　　　　4 000 000
　　贷：库存商品　　　　　　　　　　　　　　　　　　　　　　　　　　4 000 000

企业未在纳税申报表上进行纳税调增。税务机关认为,企业将自产产品用于职工福利,资产所有权属已发生改变而不属于内部处置资产,应按规定视同销售确定收入。企业以其自产产品作为非货币性福利发放给职工的,应根据受益对象,按产品的公允价值,计入相关资产成本或当期费用,同时确认应付职工薪酬。因此,应调增该年度应纳税所得额 100 万元（500－400）。调整分析如下：

（1）公司此前第 3 年度发生亏损时,该公司判断在未来弥补期间能够获得足够的应纳税所得额弥补该可抵扣暂时性差异,因此,确认了相关的递延所得税资产。其会计分录如下：

借：递延所得税资产（3 000 000×25%）　　　　　　　　　　　　　　750 000
　　贷：所得税费用　　　　　　　　　　　　　　　　　　　　　　　　　750 000

（2）此前第 3 年可抵扣暂时性差异为 600 万元,前年度企业盈利 400 万元,可抵扣暂时性差异剩余 100 万元（300－200）,前年企业已经进行了如下所得税会计处理：

借：所得税费用（2 000 000×25%）　　　　　　　　　　　　　　　　500 000
　　贷：递延所得税资产　　　　　　　　　　　　　　　　　　　　　　　500 000

用前年 200 万元盈利弥补此前第 3 年的亏损时,不作任何会计处理,只进行可抵扣暂时性的所得税会计处理。

对 M 公司前年度存货跌价准备及权益法核算的投资损失 120 万元,按规定,查增所得可以弥补以前年度亏损,即可以弥补此前第 3 年亏损。至此,此前第 3 年尚未弥补的亏损为 40 万元(300－200－60),可抵扣暂时性差异剩余 40 万元,调整查增所得额的会计处理如下:

> 借:以前年度损益调整(600 000×25%)　　　　　　　　　　　　150 000
> 　　贷:递延所得税资产　　　　　　　　　　　　　　　　　　　　　150 000

(3)去年企业盈利 25 万元,企业进行了会计处理如下:

> 借:所得税费用(250 000×25%)　　　　　　　　　　　　　　　62 500
> 　　贷:递延所得税资产　　　　　　　　　　　　　　　　　　　　　62 500

调增的所得额 100 万元可以弥补尚未弥补完的亏损 15 万元(40－25)。至此,此前第 3 年可抵扣暂时性差异为 0,递延所得税资产全部冲完。

> 借:以前年度损益调整(150 000×25%)　　　　　　　　　　　　37 500
> 　　贷:递延所得税资产　　　　　　　　　　　　　　　　　　　　　37 500

去年调增的所得税为 100 万元,弥补此前第 3 年亏损后尚余 85 万元(100－15)。弥补该亏损后仍有余额的,按照企业所得税法规定计算缴纳企业所得税。

> 借:以前年度损益调整　　　　　　　　　　　　　　　　　　　212 500
> 　　贷:应交税费——企业所得税(850 000×25%)　　　　　　　　212 500

(4)假如今年该公司亏损 75 万元,去年查增的所得额弥补以前年度亏损后尚余 85 万元,不得弥补今年的亏损,即查增的所得额不允许向后弥补。

(5)假如去年该公司纳税申报表附表 1 第 1 行营业收入为 500 万元,当年发生广告费 100 万元,该公司适用的广告宣传费扣除比例为 15%,当年广告费已调增应纳税所得额 25 万元(100－500×15%)。今年 7 月,税务机关稽查时发现该公司将自产货物用于职工福利,账簿记录及纳税申报表均未将其作收入处理,即该公司少计销售收入 500 万元,少计成本 400 万元,该项视同销售应调增应纳税所得额 100 万元。查补的收入可以作为计提三项费用的基数,该公司去年计提三项费用基数应该按照 1 000 万元计算,即 100 万元的广告费应允许税前扣除。因此,该公司去年应调增应纳税所得额 75 万元(100－25)。

八、企业所得税纳税调整的会计处理

【例 8-21】　天科公司系软件开发企业,上年因开发某车载电子软件,政府专项补助 220 万元,以补偿其研究项目支出。6 月份实际收到款项,但研究项目正式启动是在当年 1 月份。当年政府专项拨款全部用于研发支出,但未形成无形资产。相关会计处理如下:

上年收到拨款时:

> 借:银行存款　　　　　　　　　　　　　　　　　　　　　　　2 200 000
> 　　贷:递延收益——××车载电子软件　　　　　　　　　　　　2 200 000

当年用于研发支出时:

> 借:管理费用——××车载电子软件研发支出　　　　　　　　　2 200 000
> 　　贷:银行存款　　　　　　　　　　　　　　　　　　　　　　2 200 000

同时：

借：递延收益——××车载电子软件　　　　　　　　　　　　　　　　2 200 000

　　贷：营业外收入　　　　　　　　　　　　　　　　　　　　　　　　2 200 000

如果企业取得的上述专项财政性资金不符合不征税收入条件，上年应纳税所得额调增 220 万元，当年应纳税所得额调减 220 万元。

如果企业取得的上述专项财政性资金符合不征税收入条件，当年在收入类调整项目中应纳税所得额调减 220 万元，在扣除类调整项目中应纳税所得额调增 220 万元（用于研发的支出不得加计扣除）。若已将其填入研发费用加计扣除优惠明细表，在进行纳税申报时应予减除。

如果上述符合不征税收入条件的项目在当年结项时，累计共发生支出 160 万元。当年公司应在收入类调整项目中纳税调减 160 万元，在扣除类调整项目中纳税调增 160 万元；若 5 年后仍未缴回拨款部门，应在收入类调整项目中纳税调增 60 万元。

【例 8-22】 天鹏公司为境内外同时上市的增值税一般纳税人。当年 12 月 10 日出售 100 件商品给晋阳公司，销售价格为 150 万元，销售成本为 105 万元。天鹏公司开出增值税专用发票，发票上注明增值税 19.5 万元。

按双方约定，晋阳公司应在 12 月 31 日前支付该批商品货款，在下年 6 月 31 日前有权退还所有商品。根据以往销售数据统计，预计该批商品退货率约为 10%。12 月 31 日，晋阳公司支付商品货款。

（1）确认销售收入。按准则规定，对于附有退回条款的销售，企业应在客户取得相关商品控制权时，按因向客户转入商品而预期有权收取的对价金额确认收入，以预期因销售退回而退还的金额确认负债，即"主营业务收入"中预期有权收取的对价金额不包含预期退回的 15 万元，将预期退还的 15 万元计入"合同负债"。

借：应收账款——晋阳公司　　　　　　　　　　　　　　　　　　　1 695 000

　　贷：应交税费——应交增值税（销项税额）　　　　　　　　　　　　　195 000

　　　　主营业务收入　　　　　　　　　　　　　　　　　　　　　　1 350 000

　　　　合同负债　　　　　　　　　　　　　　　　　　　　　　　　　150 000

（2）结转销售成本。按准则规定，企业应将预期退回商品的账面价值减去收回商品预计成本后的余额作为资产，并按转让商品的账面价值扣除资产成本的净额结转成本，即"合同负债"相对应的"合同资产"应为 10.5 万元，结转主营业务成本 94.5 万元。

借：主营业务成本　　　　　　　　　　　　　　　　　　　　　　　　945 000

　　合同资产　　　　　　　　　　　　　　　　　　　　　　　　　　105 000

　　贷：库存商品　　　　　　　　　　　　　　　　　　　　　　　　1 050 000

（3）财务会计按预期有权收取的对价金额确认收入 135 万元，销售成本 94.5 万元。而按税收法规规定，商品销售时应按全部销售额确认收入与相关成本。因此，税务会计当年按销售额 150 万元确认收入额。天鹏公司进行企业所得税汇算清缴时，应调增当年收入 15 万元，调增销售成本 10.5 万元，实际调增应纳税所得额为 4.5 万元。

根据所得税会计准则,不符合资产、负债确认条件而未在资产负债表中反映的资产或负债,依税法规定能够确定其计税基础的,其账面价值与计税基础之间的差异构成暂时性差异。企业计算的所得税费用为 10.125 万元[(135−94.5)×25%],税务会计计算应交所得税为 11.25 万元[(150−105)×25%],两者之间的差异为可抵扣暂时性差异,确认递延所得税资产 1.125 万元。

借:所得税费用　　　　　　　　　　　　　　　　　　　　　112 500
　　贷:应交税费——应交企业所得税　　　　　　　　　　　　　　112 500

同时:

借:递延所得税资产　　　　　　　　　　　　　　　　　　　　11 250
　　贷:所得税费用——递延所得税费用　　　　　　　　　　　　　11 250

九、企业所得税的汇算清缴

企业所得税的汇算清缴一般属于财务会计中的资产负债表日后事项。对资产负债表日后事项中的调整事项,凡涉及上年度损益调整的事项,均应通过"以前年度损益调整"账户调整纳税年度的利润,并计算由此影响的企业所得税额,进行所得税的退补,并作相关会计处理;之后,才能进行有关利润分配。

"以前年度损益调整"账户的运用:对调整增加的以前年度利润或调整减少的以前年度亏损,借记有关账户,贷记本账户;调整减少的以前年度利润或调整增加的以前年度亏损,借记本账户,贷记有关账户。由于调整增加以前年度利润或调整减少以前年度亏损而相应增加的所得税,借记本账户,贷记"应交税费——应交企业所得税"账户;由于调整减少以前年度利润或调整增加以前年度亏损而相应减少的所得税,作相反方向的会计分录。经调整后,应将该账户的余额转入"利润分配——未分配利润"账户,如为贷方余额,借记本账户,贷记"利润分配——未分配利润"账户;如为借方余额,作相反会计分录。结转后,本账户无余额。

【例 8-23】　某企业某年年末"利润分配——未分配利润"账户借方余额 100 万元,企业申报亏损也是 100 万元。税务机关进行纳税检查时发现,企业当年不得在税前列支的金额为 110 万元,扣除账面亏损后,企业还营利 10 万元。应作会计处理如下:

$$应补缴所得税 = 100\ 000 × 25\% = 25\ 000(元)$$

税前不得支出 110 万元属永久性差异,企业仍在税前扣除,造成虚报亏损,按逃税定性,110 万元视同应税所得,假定罚款按逃税额的 100% 计算,则应罚款为 275 000 元(1 100 000 ×25%×100%)。

(1)补缴所得税时:

借:所得税费用　　　　　　　　　　　　　　　　　　　　　25 000
　　贷:应交税费——应交企业所得税　　　　　　　　　　　　　　25 000

借:应交税费——应交企业所得税　　　　　　　　　　　　　　25 000
　　贷:银行存款　　　　　　　　　　　　　　　　　　　　　　25 000

(2)缴纳罚款时:

借：营业外支出——税收罚款 275 000

　　贷：银行存款 275 000

假定不是上述情况，而是查出企业将 10 万元收入未入账，存入了小金库。这就应该调减亏损 10 万元，调整后，仍然亏损 90 万元。这种情况，只罚不补。假定罚款按逃税额的 100% 计算，应作会计处理如下：

将未入账现金入账时：

借：银行存款 100 000

　　贷：以前年度损益调整 100 000

缴罚款时：

借：营业外支出——税收罚款 25 000

　　贷：银行存款 25 000

【例 8-24】　税收征管人员到某公司进行常规检查，发现公司在被检查年度的前 1 年，将其自产的成本为 100 万元、正常对外销售价格为 120 万元的产品用于进行广告宣传，仅作了借记"销售费用"账户 100 万元，贷记"库存商品"账户 100 万元的会计分录。已知该公司当年可税前列支的广告费为 60 万元。

因公司未将自产产品用于广告宣传，按视同销售的规定计缴企业所得税，税务部门要求公司调增应税所得额 20 万元；由于当年可税前列支的广告费为 60 万元，公司实际扣除了 100 万元，税务部门还要求公司调增应税所得额 40 万元。两项合计调增应税所得额 60 万元。公司在当年按照 25% 的税率补缴了 15 万元的企业所得税，但仅作会计分录如下：

（1）借：所得税费用 150 000

　　　　贷：应交税费——应交企业所得税 150 000

（2）借：本年利润 150 000

　　　　贷：所得税费用 150 000

当时，公司并未意识到自己处理有误，此次税务部门再次检查，发现公司未将上一年度纳税调整的金额予以转回。这样，公司因没有转回上一年度的可抵扣暂时性差异，多计算了被检查年度的应税所得额 60 万元，从而多缴了企业所得税 15 万元。对此，企业如果通过"递延所得税资产"账户进行核算，就可以避免此类情况发生。

仍以上一年度调增的应税所得额为例，第 1 年度汇算清缴时，公司应作会计分录如下：

（1）借：所得税费用——当期所得税费用 150 000

　　　　贷：应交税费——应交所得税 150 000

（2）借：递延所得税资产——可抵扣暂时性差异 150 000

　　　　贷：所得税费用——递延所得税费用 150 000

第 2 年度汇算清缴时，应对转回的可抵扣暂时性差异 60 万元进行相关会计处理。假定公司当年被认定为高新技术企业，其适用税率为 15%，应作会计分录如下：

（1）借：应交税费——应交所得税 90 000

　　　　贷：所得税费用——当期所得税费用 90 000

（2）借：所得税费用——递延所得税费用　　　　　　　　　　90 000

　　　　本年利润　　　　　　　　　　　　　　　　　　　　60 000

　　　贷：递延所得税资产——可抵扣暂时性差异　　　　　　　　150 000

十、企业清算的所得税会计处理

企业清算是指企业按章程规定解散以及因破产或其他原因宣布终止经营后，对企业的财产、债权、债务进行全面清查，并收取债权、清偿债务和分配剩余财产的经济活动。需要进行所得税清算的企业有按《中华人民共和国公司法》《中华人民共和国企业破产法》等规定需要进行清算的企业，还有企业重组、合并分立中需要按清算处理的企业。不论哪一种清算，均应按有关法规正确进行所得税处理。企业清算的所得税处理是企业在不能持续经营，发生结束自身业务、处置资产、偿还债务以及向所有者分配剩余财产等经济行为时，对清算所得、清算所得税、股息分配等事项的处理。企业清算的所得税处理包括：

（1）全部资产均应按可变现价值或交易价格，确认转让所得或损失。

（2）确认债权清理、债务清偿的所得或损失。

（3）对预提或待摊性质的费用进行处理。

（4）依法弥补亏损。

（5）计算并缴纳清算所得税。

（6）确定可向股东分配的剩余财产、应付股利等。

企业的全部可变现价值或交易价格，减去资产的计税基础、清算费用、相关税费，加上债务清偿损益等后的余额为清算所得。用公式表示如下：

清算所得＝资产变现收入＋清算资产盘盈－资产计税基础的账面净值－清算费用－债权损失

　　　　　　　　＋无法偿还的债务收益－税前可弥补亏损

或　　　　　　　＝（资产变现收入＋清算资产盘盈）－清算费用－债权损失－［未付职工工资＋欠税

　　　　　　　　＋（尚未偿付的其他各类债务－无法偿还的债务）］－累计未分配利润－资本公积

　　　　　　　　－注册资本－税前可弥补亏损

企业全部资产的可变现价值或交易价格减去清算费用，职工工资、社会保险费用和法定补偿金，结清清算所得税、以前年度欠税等税款，清偿企业债务后，按规定计算可向所得者分配的资产为剩余财产。剩余财产计算如下：

剩余财产＝全部资产的可变现价值或交易价格

　　　　　　　－清算费用－未付职工工资、社会保险费用和法定补偿金等

　　　　　　　－未结清税费－其他公司债务

其中：

未结清税费＝清算前未交税费＋清算过程中产生的除企业所得税外的相关税费

　　　　　　　＋清算所得应纳所得税税额

投资转让所得（损失）＝剩余财产－股息所得－投资成本

"股息所得"为剩余财产中相当于被清算企业累计未分配利润和累计盈余公积中按该股东所占股份比例计算的部分。

【例8-25】 已知居民企业甲公司的股东为A公司。某年6月,居民企业乙公司吸收合并甲公司,合并时甲公司的资产账面价值为4 500万元,计税基础为4 800万元,可变现净值为7 500万元,负债账面价值为3 000万元,计税基础为2 850万元,最终清偿额为2 700万元。乙公司支付4 800万元给A公司作为对价。假设甲公司资产、负债的账面价值与计税基础一致,不考虑其他因素。

1. 所得税确认计量

(1)合并时,甲公司资产、负债的公允价值分别为7 500万元、2 700万元,乙公司据此确认合并资产、负债的计税基础。

(2)甲公司按清算进行所得税处理。甲公司资产处置损益2 700万元(7 500−4 800),负债清偿损益150万元(2 850−2 700),假设清算费用、相关税费等合计300万元,不考虑其他因素。

甲公司清算所得为2 550万元(2 700+150−300),应纳所得税额637.5万元(2 550×25%)。

(3)甲公司清算后剩余财产的分配。不考虑其他因素,剩余财产为3 862.5万元(7 500−300−637.5−2 700),分配归A公司所有。

(4)投资方从被清算企业分得的剩余资产,其中相当于从被清算企业累计未分配利润和累计盈余公积中应当分得的部分,应当确认为股息所得;剩余资产减除上述股息所得后的余额,超过或者低于投资成本的部分,应当确认为投资资产转让所得或者损失。因此,A公司应确认股息所得和投资资产转让所得。

假设A公司对甲公司的投资成本为1 200万元,清算时甲公司实收资本为1 200万元、资本公积为75万元、盈余公积为45万元、未分配利润为180万元。则A公司分得的剩余资产3 862.5万元中,未分配利润180万元和盈余公积45万元都应确认为股息所得,剩余资产减除股息所得后的余额为3 637.5万元(3 862.5−180−45),该余额超过投资成本的部分2 437.5万元(3 637.5−1 200)应当确认为股权转让所得。

2. 所得税的会计处理

(1)甲公司的会计处理。

资产负债清算时:

借:银行存款	75 000 000	
贷:资产类科目		45 000 000
清算损益		30 000 000
借:负债类科目	30 000 000	
贷:清算损益		3 000 000
银行存款		27 000 000

发生清算税费时:

借:清算费用等	3 000 000	
贷:银行存款		3 000 000

结转损益时:

借：清算损益   33 000 000

  贷：清算所得   30 000 000

    清算费用等   3 000 000

财务会计核算的清算所得为 3 000 万元,比税务会计计算的清算所得 2 550 万元多 450 万元,是因资产的计税基础与账面价值差异(300 万元)和负债的账面价值与计税基础差异(150 万元)造成的。

计算清算所得税时：

借：所得税费用   6 375 000

  贷：应交税费——应交所得税   6 375 000

借：应交税费——应交所得税   6 375 000

  贷：银行存款   6 375 000

结转所得税时：

借：清算所得   6 375 000

  贷：所得税费用   6 375 000

(2) 乙公司合并甲公司会计处理。

借：资产类科目   75 000 000

  贷：负债类科目   27 000 000

    银行存款   48 000 000

(3) A 公司会计处理。

收回投资,确认股息所得和股权转让所得时：

借：银行存款   38 625 000

  贷：投资收益/应收股利等科目   26 625 000

    长期股权投资——甲公司   12 000 000

【例 8-26】 税务部门对某企业实行定率核定征收企业所得税,核定应税所得率为 5%。企业在 10 月份办理注销税务登记,终止经营活动。在注销过程中,清算确认其应税收入为 320 万元。不考虑弥补亏损等因素,当年从业人数和资产总额具体数据如表 8-12 所示,进行企业清算所得的会计处理。

表 8-12   **企业年从业人数和资产总额数据表**   单位:人、万元

项目	一季度初	一季度末	二季度初	二季度末	三季度初	三季度末	10 月初	10 月末
从业人数	78	82	75	67	73	77	85	73
资产总额	850	1 100	900	750	680	700	880	1 060

根据企业年从业人数和资产总额数据,计算全年季度平均值,判断是否属于小型微利企业。

(1) 年从业人数平均值。

一季度平均值＝(78＋82)÷2＝80(人)

二季度平均值＝(75＋67)÷2＝71(人)

三季度平均值＝(73＋77)÷2＝75(人)

四季度平均值＝(85＋73)÷2＝79(人)

全年季度平均值＝(80＋71＋75＋79)÷4＝76.25(人)<80(人)

(2) 年资产总额平均值。

一季度平均值＝(850＋1 100)÷2＝975(万元)

二季度平均值＝(900＋750)÷2＝825(万元)

三季度平均值＝(680＋700)÷2＝690(万元)

四季度平均值＝(880＋1 060)÷2＝970(万元)

全年季度平均值＝(975＋825＋690＋970)÷4＝865(万元)<1 000(万元)

(3) 应纳税所得额＝320×5％＝16(万元)<30(万元)

(4) 清算所得应交企业所得税＝16×20％×50％＝1.6(万元)

作会计分录如下：

借：所得税费用　　　　　　　　　　　　　　　　　　　　　　　16 000

　　贷：应交税费——应交企业所得税　　　　　　　　　　　　　　　　16 000

借：应交税费——应交企业所得税　　　　　　　　　　　　　　　16 000

　　贷：银行存款　　　　　　　　　　　　　　　　　　　　　　　　16 000

第五节　财务会计中的所得税会计基础

一、所得税会计处理规范概述

各国所得税会计准则大致都经历了与所得税法保持一致到逐步分离的过程。在财务会计中，所得税会计准则是对企业涉税事项出于财务报告目标而进行的会计规范，称为所得税会计处理(Accounting for Income Taxes)；而体现所得税税法要求的所得税会计(Income Taxes Accounting)则属于税务会计范畴。

1967 年，美国会计原则委员会(APB，美国财务会计准则委员会 FASB 的前身)发布了第 11 号意见书，取消了在所得税会计处理中的"当期计列法"(即应付税款法)，并规定采用"全面所得税分摊法"。1986 年，APB 发布了《所得税会计征求意见稿》。"征求意见稿"中建议采用资产债务法对当年和以前年度由企业经营活动所产生的所得税的影响进行核算。1987 年 12 月，FASB 发布了第 96 号公告《所得税会计》，该公告应用于 1988 年 12 月 15 日以后的财务年度的会计报表，但是 96 号公告发布后由于对所得税会计的处理原则及方法仍然存在不同的意见，FASB 曾两次推迟执行时间。1992 年 2 月，公布了《FAS109：所得税的会计处理》。

国际会计准则委员会(IASC)于 1979 年 7 月发布了第 12 号公告《所得税会计》,对应付税款法、递延法和债务法均作了解释和说明。1985 年,IASC 成立了课题组,专门研究修改 12 号公告;1989 年 1 月,IASC 发布了《所得税会计征求意见稿》(E33),建议采用利润表债务法进行所得税会计处理;1994 年 10 月,IASC 再次发布了《所得税会计征求意见稿》(E49),该征求意见稿基本上采纳了 SFAS 109 号公告所提出的处理办法,取消了应付税款法,并进行了格式重排。

1996 年 10 月,IASC 发布的《国际会计准则第 12 号——所得税》(IAS12 所得税)取代 1979 年发布的《所得税会计》,准则明确规定禁止采用递延法,并且规定采用资产负债表债务法而不是损益表债务法进行所得税会计处理方法。2000 年 10 月,IASC 又对 IAS12 进行了一次修订,主要规范了计税基础、当期所得税负债和资产的确认、递延所得税负债和资产的确认、计量、列报与披露等内容,并于 2001 年 1 月 1 日生效。之后,又不断对其进行修订。

1994 年的税制改革,明确了我国税制走税收国际惯例的方向,2001 年 4 月 28 日,第九届全国人大常务委员会第二十一次会议修订的《中华人民共和国税收征收管理法》第 20 条规定,从事生产、经营的纳税人的财务会计制度或者财务会计处理办法与国务院或者国务院财政、税务主管部门有关税收的规定抵触的,应当依照国务院或者国务院财政、税务部门有关税收的规定计算应纳税款、代扣代缴税款。

1999 年修订的《中华人民共和国会计法》也明确了财务会计要根据国家统一的会计制度确认、计量和记录会计要素、提供财务会计报告,不再依附税法和财务制度。2001 年,企业会计制度的改革,使会计与税法对有关收入、收益、费用、损失等的确认差异越来越大。

2006 年 2 月 15 日,财政部颁布的《企业会计准则第 18 号——所得税》,体现了我国所得税会计准则的国际趋同。

2011 年 10 月 18 日,财政部颁布的《小企业会计准则》,规定小企业所得税的会计处理方法是财务会计与税务会计的协调统一,体现了税法导向原则,可以降低小企业的纳税成本和税务风险。

二、企业所得税会计的理论基础

(一)所得税会计目标

以企业所得税法规定为处理依据的所得税会计是税务会计的重要组成部分,其基本目标当然要体现税务会计目标,具体目标是及时正确地填报企业所得税纳税申报表(主表及其附表),提供符合税法要求、体现企业税收利益诉求的纳税(所得税)会计信息。

按所得税会计准则所进行的所得税会计处理当然属于财务会计范畴,其基本目标要体现财务会计目标,具体目标应是提供有助于投资人等决策的涉及企业(公司)所得税的会计信息,如所得税费用、递延所得税资产、递延所得税负债等。但现行各国"所得税"会计准则对其目标的阐述,比较模糊,甚至有点"越界",如美国的 FASB109 号《所得税的会计处理》中提出的所得税会计目标(1)是"确认当年的应交所得税或应退所得税金额"。显然不属于会计准则的"职权范围",因为不论在哪个国家,确认应交所得税的是税法,而不是会计准则。

(二)所得税会计中的所得税性质

在进行所得税会计研究时,还应明确所得税的性质,即所得税的归属,也就是所得税项

目在财务会计报表中的列示：是作为一项收益分配，还是作为一项费用。若是收益分配，则不能递延，应采用当期计列法进行所得税会计处理；若是费用，才能递延，可采用跨期所得税分摊法进行所得税会计处理。

1. 收益分配论

收益分配论的理论依据是"企业主体理论"。该理论从企业是经营实体的角度出发，认为企业应独立于企业所有者而存在，会计恒等式应表述为"资产＝负债＋所有者权益"，企业的收益是所有者权益的体现，代表企业的经营业绩，企业可以将其用于各种经营活动之需。收益分配论认为，企业所得税是企业收益的分配，与企业收益的其他各种分配项目一样，是对国家支持的一种回报，应归入收益分配项目。所得税与债务利息、股息一样是对所有者权益的分配，企业应以资产或产权的增加、减少为依据，判定现金流入与流出是属于收入还是属于费用。因此，所得税的支付使企业的资产减少，产权减少，属于收益分配的性质。

基于收益分配论的所得税会计处理，不需要单独设置会计账户，直接在"利润分配"账户中进行核算。我国现行事业单位因其筹资的特殊性，其应交所得税会计处理就是作为收益分配处理。

2. 费用论

费用论认为，企业所得税是企业为取得收益而发生的一种支出，与企业生产经营的各种支出一样，应归入费用项目。费用论的理论依据是"业主理论"。该理论认为企业的所有者是企业的主体，会计恒等式应表述为"资产－负债＝所有者权益"，资产是所有者的资产，负债是所有者的负债，权益是所有者的净资产。在企业经营过程中，收入意味着所有者权益的增加，费用意味着所有者权益的减少，收入减费用而形成的企业收益，实际上体现了所有者财富的增加。企业应以所有者权益的增加或减少为依据，判定现金流入与流出是属于收入还是属于费用。

IASC 在《编报财务报表的框架》（2001 年 4 月被 IASB 采纳）中认为，企业的费用是指会计期间经济利益的减少，其形式表现为资产流出、资产递耗或是发生负债而引起业主产权减少，但不包括与产权所有者分配有关的类似事项，其具体表现形式是现金、现金等价物、存货和固定资产的流出或折耗。所得税是为获得收益而付出的代价，是企业现金的流出，引起经济利益的减少，与其他费用的发生、资产的折耗性质相同，因此，应作为费用确认。

（三）所得税分摊（摊配）的具体方法

所有暂时性差异都会对所得税有影响，而这些影响应与产生这些暂时性差异的经济事项的会计报告相匹配。尽管目前世界上主要国家都采用跨期所得税分摊法，但在如何分摊、分摊到何种程度上，又分为部分分摊和全部分摊两种。

1. 部分分摊

部分分摊是对非重复发生的暂时性差异作跨期所得税分摊，而对那些重复发生的暂时性差异不需要采用跨期所得税分摊。在重复发生暂时性差异的情况下，由于那些重复发生的暂时性差异，在原有暂时性差异转回时又发生新的暂时差异予以抵销，而使原确认的暂时性对所得税的影响金额永远不需要支付或不可抵减，会计确认今后不能转回的暂时性差异对所得税的影响金额毫无意义。如固定资产折旧，会计报表上采用直线法，税法

上按定率递减法在应税所得前予以扣除,在资产有效使用期限的前一段期间,会产生应纳税暂时性差异,而在后一段期间转回时会产生应税所得。但在转回应纳税暂时性差异时因又购置了新的固定资产,又产生新的应纳税暂时性差异,抵销了原应转回的暂时性差异。因此,主张部分分摊法者认为,此种差异所产生的递延负债是一种或有负债,通常不会产生现金流出,因而不应确认由此产生的所得税影响,即不需要做跨期所得税分摊。采用部分分摊法时,只对那些预期在未来能够转回的暂时性差异对所得税的影响,予以确认和计量并递延。

2. 全部分摊

全部分摊是在进行所得税会计处理时,无论是对重复发生的、还是对非重复发生的暂时性差异,都确认对未来所得税的影响。认为根据暂时性差异的定义可知,既然是暂时性的就不可能是永久性的,每项暂时性差异都可以转回,而不应受未来事项的影响。会计应以本期或过去交易、事项为基础进行计量和确认,而不应将预测的未来可能产生的交易或事项与过去交易或事项进行抵销。未来可能产生的暂时性差异对所得税的影响与已确认的暂时性差异对所得税影响的抵销,并不意味着这种暂时性差异的纳税影响不能确切计量,尽管两个经济事项的纳税影响可以互相抵销;但并不影响各自独立的确认和计量。部分分摊法是基于经济持续繁荣,并且不发生任何意外的假设下,当这一假设不成立时,往往导致递延税款科目的部分或全部结算,即可能造成未来所得税的支付或减少,而账簿记录是反映现存事项的经济结果,会计不应建立在有疑问的假设基础上。因此,无论是重复发生的、还是非重复发生的暂时性差异对所得税的影响,均应作跨期所得税分摊。

澳大利亚要求一律采用全面分摊法;加拿大、美国和国际会计准则要求大多数情况下采用全部分摊法,但也允许对少数可个别辨认的暂时性差异运用部分分摊法;德国、中国香港则对预计今后不可转回的暂时性差异采用部分分摊法。所得税的计列与分摊方法如图8-2所示。

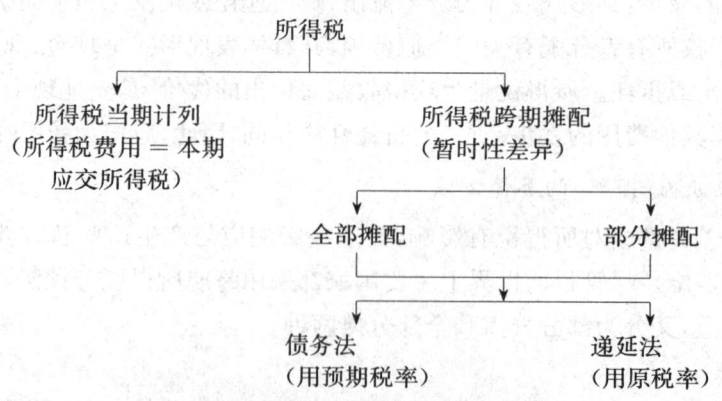

图 8-2　所得税的跨期摊配示意图

三、基于收入费用观的所得税会计差异

收入费用观以利润表为重心,认为收益是一定时期内取得的收入与为取得这些收入而发生的成本费用的差额。这种计量收益的方法以交易为中心,强调收益的确定要符合权责

发生制原则、配比原则、历史成本原则和谨慎性原则;财务会计处理的重心是对收入、费用会计要素的确认与计量,而资产和负债要素的确认与计量要依附于收入和费用要素,资产负债表是利润表的补充和附属。

所得税会计差异是会计收益(所得)与应税所得之间的差异额,亦称"计税差异(Tax Differences)"。会计收益(所得)与应税所得是两个不同的会计概念。由于会计准则与税法的目标不同,导致财务会计中的会计收益(所得)与税务会计中的应税所得的确认和计量原则与标准不同,因而两者之间必然存在一定程度的差异。

在递延法和利润表债务法下,按"差异"在未来是否能够转回,可将其分为永久性差异和时间性差异两类。

(一)永久性差异

永久性差异是指某一会计期间,由于会计准则和税法在计算收益、费用或损失时的口径不同、标准不同,所产生的税前会计利润与应税所得之间的差异。这种差异不影响其他会计报告期,也不会在其他期间得到弥补。永久性差异是对某些收入、收益、费用的确认和计量,因会计准则与所得税法规定不一致,经济政策、社会政策或者由于政府修改部分所得税法条款,提高特定经济部门的税务负担而引起的。永久性差异有四种基本类型。

1. 不征税会计收入、可免税的会计收入

财务会计按会计准则规定确认为收入、收益,但按税法规定则不作为应纳税所得额的项目。如企业购买国债的利息收入,财务会计在收到时计入"投资收益",年终并入利润总额,而税法规定,国债利息收入为免税收入;财务会计将长期股权投资持有期间的持有收益确认为投资收益,并入利润总额,由于股权投资所得是被投资企业的税后利润,已在被投资企业缴过所得税,税法规定,仅对投资企业与被投资企业所得税税率差的部分进行补税。

2. 税法作为应税收益的非会计收益

在财务会计中不确认为收入,但按税法规定要作为应税收入计税。比如企业与关联企业以不合理定价为手段减少应纳税所得额,税法规定税务机关有权合理调整增加企业应纳税所得额;又如价外收费、视同销售业务,会计上可能不确认为收入,但税法将其作为应税收入。再如企业销售商品(产品)时,因误开发票作废,但由于冲转发票存根未予保留,在税法上仍按销售收入确认。

3. 税法不允许扣除的会计费用或损失

某些支出,财务会计已列为费用或损失,但税法不予认定,因而使应税所得高于会计利润。计算应税所得时,应将这些项目金额加到利润总额中一并计税。其产生的原因主要有两种情况:

第一,口径(范围)不同。即财务会计上作为费用或损失的项目,在税法上不作为扣除项目处理。如:①贿赂等违法支出;②违法经营的罚款和被没收财物的损失;③各项税收的滞纳金、罚金和罚款;④各种非公益性捐赠和赞助支出。这些项目及其金额,在财务会计中可列为营业外支出等,但税法规定不得扣减应税所得,要照章计税。

第二,标准不同。即财务会计上作为费用或损失的项目,如利息支出、业务招待费、公益性捐赠、税务机关不予认定的工薪支出及相应的职工福利费支出、工会经费、职工教育经费支出

等,按税法规定属于税前扣除项目,但规定了税前扣除标准,超过部分不允许在税前扣除①。

4. 税法作为可扣除费用的非会计费用

财务会计未确认为费用或损失,但在计算应税所得额时,允许扣减。如为鼓励企业进行新产品、新技术、新工艺的技术开发,除技术开发费可以全额在税前扣除外,还可以加扣,加扣额就是财务会计未确认的费用,但允许(符合条件时)在税前扣除。在发达国家,对自然资源开发企业,其"成本折耗",除可以据实在税前扣除外,政府为鼓励这类企业开发研制,允许企业加扣一定百分比的"成本折耗"。对加扣费用的会计处理,我国企业会计制度未涉及。国外一般有两种方法:一是增计费用法。即借记"管理费用"账户,贷记"盈余公积(××基金)"账户;二是税前提取扣除法。即借记"当年纳税调整"或"利润分配(增设专门二级账户)"账户,贷记"盈余公积"账户。

在《企业会计准则18号——所得税》中,虽未提及永久性差异,但并不表示在所得税会计处理中就没有永久性差异了,只不过是为了符合会计准则中"计税基础"概念的引入以及利用计税基础计算差异的要求。因为永久性差异无论发生在任何会计期间,税法都是不允许抵扣的,即不存在跨期分摊问题。也就是说,永久性差异只影响发生当期的损益,不会影响未来期间的损益,是一种绝对性差异。对于资产而言,永久性差异是指一项资产在未来取得经济利益时,按税法规定是不需纳税的,未来不纳税意味着计税基础就等于其账面价值,无差额产生。对于负债而言,永久性差异是指一项负债在未来期间计算应税所得时按照税法规定可予抵扣的金额为0,此时,其计税基础还是等于其账面价值。永久性差异的计税基础=账面价值-未来可以抵扣金额(0)=账面价值。

(二) 时间性差异

当收益或费用被包含在某一期间的会计利润中,但被包含在另一期间的应税所得中时,其所产生的差异通常称为时间性差异。所有的时间性差异都是暂时性差异,但并非所有的暂时性差异都是时间性差异。暂时性差异还包括因对资产或负债进行直接调整而产生账面价值与计税基础不一致的非时间性差异。比如,按购买法对企业合并进行会计处理,要求按被并购企业可辨认净资产的公允价值计价,而税法规定按账面价值计算,从而产生暂时性差异,但此暂时性差异并非时间性差异。

1. 时间性差异

(1) 时间性差异——会计收益大于应税收益。某些收入包括在会计收益中的期间早于其包括在应税收益中的期间,产生时间性差异。如企业进行长期股权投资,并能够对被投资单位实施重大影响,应采用权益法进行会计核算。对被投资单位当年实现的净利润,投资企业按企业所持表决权资本比例确认当期投资收益,是权益法核算的要点之一。但根据我国税法,不论企业采用何种方法进行投资核算,只有在被投资企业实际作利润分配账务处理时,投资企业才确认投资所得的实现。

某些费用包括在会计收益中的期间迟于其包括在应税收益中的期间,产生时间性差异。我国税法规定,纳税人可扣除的固定资产折旧,采用直线折旧法,但对促进科技进步,环境保

---

① 也不允许结转到以后年度扣除。

护和国家鼓励投资的关键设备等,纳税人申报纳税时,可自主选择采用加速折旧法,并报主管税务机关备案。如果企业报税时采用加速折旧法,进行会计核算时采用直线法,在固定资产使用的前期,计算会计收益时扣减的折旧费用,会小于计算应纳税所得额时扣减的折旧费用。

(2)时间性差异——会计收益小于应税收益。某些收入包括在会计收益的期间迟于包括在应税收益中的期间,产生时间性差异。如提前收取的租金、利息、使用费在收到时就计税,但财务会计将其确认为负债,在以后提供商品或劳务时才确认为收入。

某些费用包括在会计收益中的期间早于其包括在应税收益中的期间,产生时间性差异。如产品质量担保费用,财务会计在销售商品时将其确认为费用,但只有在实际发生时产品质量担保费用才可在计算应纳税所得额时作为费用扣除。

时间性差异不仅影响本期和前期的税前会计收益和应税收益两者之一,而且还影响相关未来时期所报告的税前会计收益和应税收益;随着时间的推移和影响事项的完结,这种差异会在以后期间转回,使税前会计收益和应税收益达到总量相等。

2. 非时间性差异

除上述时间性差异外,还有因税法规定致使资产、负债的计税基础与其账面价值不同而产生的差异,它们是非因时间因素而产生的差异:

(1)子公司、联营企业或合营企业没有向母公司或投资者分配全部利润。

(2)资产的重估价,只产生暂时性差异而不产生时间性差异。

(3)企业合并采取购买法时,被合并企业可辨认资产或负债在会计上按公允价值入账,而税法规定报税时按账面价值计算,致使合并后的计税基础与账面价值之间产生差异。

(4)资产或负债初始确认的账面金额不同于其初始计税基础。

(5)各项资产减值准备。

(6)研究开发费用。

(7)债务重组。

(8)非货币性资产交换等。

四、基于资产负债观的所得税会计差异

资产负债观直接从资产和负债的角度确认与计量企业的收益,认为收益是企业期末净资产与期初净资产的差额,强调综合收益,收益由排除资本变动的净资产的期初期末余额之差产生。按照资产负债观理念,真正的利润本质上是净资产的增加,真正的亏损本质上是净资产的减少。要求在计量属性上尽可能采用公允价值,强调财务会计处理的重心应该是对资产和负债要素的确认与计量,而收入和费用要素则从属于资产和负债要素;在财务报告中,强调资产负债表在整体报告体系中的核心地位,利润表只是资产负债表的附表,是对资产负债观所确定的综合收益的明细说明。

在所得税会计中,基于会计准则与税法的不同关系,形成了财务会计与税务会计不同的模式,具体表现在对待差异的不同处理方法上,因而形成了不同的所得税会计处理方法(详见本章第六节)。为了提高财务会计信息质量,从各国所得税会计处理发展趋势看,越来越多的国家开始采用体现资产负债观的资产负债表债务法。

在资产负债表债务法下,仅确认暂时性差异的所得税影响,因为永久性差异不会产生资

产和负债的账面价值与其计税基础的"差异",即不会形成暂时性差异,对企业在未来期间的计税没有影响,不会产生递延所得税,因此,其"差异"应在发生当期进行所得税纳税调整。

（一）计税基础

在采用资产负债表债务法时,要求企业的资产和负债应根据会计准则与税法的不同要求分别进行计价,因而形成会计计价基础与税法计价基础两种计价基础。会计计价基础即资产（负债）的账面价值;税法计价基础即计税基础,是企业在资产负债表日,根据税法规定,为计算应交所得税所确认的资产（负债）的价值。

1. 资产的计税基础

资产的计税基础是指企业在收回资产账面价值的过程中,计算应纳税所得额时按照税法规定可以自应税经济利益中抵扣的金额,即某项资产在未来使用或最终处置时,允许作为成本或费用于税前列支的金额。

在会计处理上,资产在初始确认时,其计税基础一般为取得成本,即企业为取得某项资产支付的成本在未来期间准予税前扣除的金额。在资产持续持有的过程中,其计税基础是指资产的取得成本减去以前期间按照税法规定已在税前扣除的金额后的余额,该余额代表的是按照税法规定,所涉及的资产在未来期间计税时仍然可以在税前扣除的金额。如固定资产、无形资产等长期资产在某一资产负债表日的计税基础,是指其成本扣除按照税法规定已在以前期间税前扣除的累计折旧额、摊销额。用公式表示如下:

资产的计税基础 = 未来可在税前扣除的金额

资产负债表日某项资产的计税基础 = 资产的账面价值 - 以前期间已在税前扣除的金额

一般情况下,资产在取得时,其入账价值与计税基础是相同的;在后续计量过程中,因企业会计准则与税法规定不同,可能产生资产的账面价值与其计税基础的差异。

在税务处理上,企业的各项资产应以历史成本为计税基础。企业持有各项资产期间资产增值或者减值,除国务院财政、税务主管部门规定可以确认损益外,不得调整该资产的计税基础（详见本章第二节）。现以简例说明:

（1）一台设备成本为 10 000 元,已提折旧 4 500 元（已在当年和以前年度抵扣）,剩余成本将在未来期间（折旧或处置）予以抵扣,则该项设备的税基为 5 500 元。若其重估价为 6 000元,则有 500 元的暂时性差异产生。

（2）企业一笔应收账款 2 000 元,其相应收入已包括在应税利润（可抵扣亏损）中,即该应收账款的相应收入已经通过销售（营业）收入计入应税收入并缴纳流转税、计入应税所得并缴纳所得税;因此,在该应收账款收回时,不必再缴税了,其计税基础就是其账面价值（金额）。

（3）企业一笔应收利息 1 500 元,相应利息收入按现金制缴税,就计税而言,该笔金额流入企业时无抵扣金额,则该应收利息的计税基础为零。

【例 8-27】 AB 公司某项设备原价为 3 000 万元,财务会计的折旧年限为 3 年,税务会计的折旧年限为 5 年,两者均采用直线法计提折旧。第 2 年年末,公司对该项固定资产计提了 60 万元的固定资产减值准备。假设财务会计与税务会计预计净残值率均为零。

财务会计的账面价值＝3 000－1 000－1 000－60＝940(万元)

税务会计确认的计税基础＝3 000－600－600＝1 800(万元)

该例说明,固定资产账面价值与计税基础的差异原因包括:一是折旧年限不同,财务会计折旧年限为 3 年,税务会计的折旧年限为 5 年,每年因折旧年限不同产生的暂时性差异 400 万元,第 2 年会计期末因折旧年限不同产生的暂时性差异合计 800 万元。二是计提固定资产减值准备造成的差异,2 年后会计期末由于财务会计计提了减值准备 60 万元,税法规定固定资产减值准备在计提时不允许在税前扣除,实际发生损失时才允许在税前扣除,由此产生差异 60 万元。两者合计为 860 万元。

2. 负债的计税基础

负债的计税基础是指负债的账面价值减去该负债在未来期间计算应纳税所得额时,按照税法规定可予抵扣的金额。对于预收款项产生的负债,其计税基础为账面价值减去未来期间不征税的金额。可见,负债的计税基础是在未来期间计税时不可扣除的金额。即:负债的计税基础＝账面价值－未来可税前列支的金额。一般负债的确认和清偿不影响所得税的计算,差异主要是因从费用中提取的负债。现以简例说明:

(1) 流动负债中包括账面金额为 10 000 元的应交罚款,税法规定该项罚款不可于税前扣除,则该项罚款的税基为 10 000 元(10 000－0)。该项差异仅影响罚款支出的当期,对企业未来期间计税不产生影响,因而不产生暂时性差异。

(2) 企业一笔短期应计费用,其账面金额 20 000 元,计税时,相应的费用将在未来以现金予以抵扣,则该项流动负债应计费用的计税基础为零;计税时,如果相关的费用已抵扣,则该应计费用的计税基础就是 20 000 元。

(3) 一项应付货款的账面价值为 10 万元。该货款的归还不会产生纳税后果,该货款的计税基础为 10 万元。

【例 8-28】　AB 公司某年 10 月份因销售产品承诺提供 3 年的保修服务,在当年度利润表中确认 400 万元的销售费用,同时确认等额的预计负债。当年实际发生保修支出 80 万元,预计负债的期末余额为 320 万元。假定税法规定,与产品售后服务相关的费用在实际发生时准予在税前扣除。

该项预计负债在当年资产负债表日的账面价值为 320 万元。

该项预计负债的计税基础＝账面价值－未来期间计算应纳税所得额时按税法规定准予扣除的金额

＝3 200 000－3 200 000＝0

(二) 暂时性差异——对未来应纳税金额的影响

暂时性差异(Temporary Differences)是指资产、负债的账面金额(在资产负债表中应列示的金额)与其计税基础不同而产生的差额。在以后年度,当财务报表上列示的资产收回或列示的负债偿还时,暂时性差异会使应税所得额增加或减少,即导致未来期间应交所得税增加或减少。基于资产负债观,在产生暂时性差异的当期,一般应当确认相应的递延所得税负债或递延所得税资产。未作为资产和负债确认的项目,如果按照税法规定可以确定其计税基础的,该计税基础与其账面价值之间的差额也属于暂时性差异。

时间性差异侧重于从收入或费用角度分析会计利润和应税利润之间的差异,揭示的是

某个会计期间内产生的差异。暂时性差异侧重于从资产和负债的角度分析某个时点上存在的账面价值与其计税基础之间的差异,这种差异可能导致相关期间会计利润和应税利润之间发生差异,也可能并不会产生相关期间会计利润和应税利润的差异。

按照暂时性差异对未来期间应税所得额的影响方向(性质),可将暂时性差异分为应纳税暂时性差异和可抵扣暂时性差异。

1. 应纳税暂时性差异

应纳税暂时性差异是指在未来收回资产或清偿负债时,会增加转回期间的应纳税所得额,即在未来期间不考虑该事项影响应纳税所得额的基础上,由于该项暂时性差异的转回,会进一步增加转回期间的应纳税所得额和应交所得税。

当资产的账面价值大于其计税基础或者负债的账面价值小于其计税基础时,产生应纳税暂时性差异。即对于资产而言,当会计口径的价值高于税收口径的价值时,在纳税时,可以在本期抵扣不缴税,等到以后再缴税;对于负债而言,当会计口径的价值小于税收口径的价值时,在纳税时,可以在本期抵扣不缴税,等到以后再缴税。

企业在应纳税暂时性差异产生的当期,应当确认相关的递延所得税负债。除非递延所得税负债是由以下情况所产生的:①计税时,其摊销金额是不能抵扣的商誉。②具有以下特征的交易中的资产或负债的初始确认:不是企业合并;交易时既不影响合计利润也不影响应税利润(可抵扣亏损)。但是,对于公司、分支机构和联营企业的投资以及在合营企业中的权益相关的应税暂时性差异,应根据准则有关规定确认递延所得税负债。

资产的确认意味着该资产的账面金额在未来期间将以流入企业的经济利益的形式收回。当该资产的账面金额超过其计税基础时,应税经济利益的金额也将超过计税时允许抵扣的金额。该差额就是应税暂时性差异,它构成一项递延所得税负债。当企业收回该资产账面金额时,应税暂时性差异将转回,企业将获得应税利润,这使得经济利益很可能以税款支付的方式流出企业。因此,企业应确认所有递延所得税负债。

应纳税暂时性差异示例:

(1)某项固定资产成本为300万元,账面价值为200万元。计税累计折旧为180万元,该项固定资产的计税基础为120万元。为收回账面金额,企业必须赚得应税收益200万元,但只能抵扣计税折旧120万元。如果税率为25%,当企业收回该资产账面金额时,应支付所得税20万元(80×25%)。因此,账面金额200万元与其计税基础120万元之间的差额80万元为应纳税暂时性差异。

(2)某企业拥有一项交易性金融资产,成本为500万元,期末公允价值为750万元。按照企业会计准则,交易性金融资产期末按公允价值计价,但依照税法,交易性金融资产持有期间,其公允价值的变动不计入应纳税所得额,即其计税基础不变。该项交易性金融资产账面价值大于计税基础的金额250万元为应纳税暂时性差异。

2. 可抵扣暂时性差异

可抵扣暂时性差异是指在未来期间收回资产或清偿负债时,会减少转回期间的应纳税所得额,进而减少未来期间的应交所得税。企业在可抵扣暂时性差异产生的当期,在符合条件的情况下,应当确认相关的递延所得税资产。"可抵扣"一般意味着款已经缴了,但按照税法规定不该在本期缴的,只有等到以后抵扣处理。

当资产的账面价值小于其计税基础,在经济含义上,表示资产在未来期间产生的经济利益少,而按税法规定允许税前扣除的金额多,则企业在未来期间可以减少应纳税所得额并相应减少应交所得税。

负债产生的暂时性差异实质上是税法规定该项负债可以在未来期间税前扣除的金额。当一项负债的账面价值大于其计税基础时,意味着在未来期间按税法规定构成负债的全部或部分金额可以从未来应税经济利益中扣除,即减少未来期间的应纳税所得额并相应减少应交所得税。

对于税法允许抵减以后年度利润的应抵扣亏损,虽然并非因资产、负债的账面价值与其计税基础不同而产生,但本质上与可抵扣暂时性差异具有同样的作用,即均能减少未来期间的应纳税所得额并相应减少应交所得税。因此,在会计处理上,可以视同可抵扣暂时性差异,在符合条件的情况下,应当确认相关的递延所得税资产。

可抵扣暂时性差异示例:

企业将产品保修费用 100 000 元确认为负债,计入当期损益。产品保修费用于实际支付时才能抵扣应纳税所得额。该项预计负债的计税基础是 0。在以账面金额清偿该负债时,企业的未来应纳税所得额减少 100 000 元,如果税率为 25%,相应减少未来所得税支出 25 000 元。账面金额与计税基础之间的差额 100 000 元是一项可抵扣暂时性差异。

应纳税暂时性差异与可抵扣暂时性差异的识别如表 8-13 所示。

表 8-13　　　　　　　　应纳税暂时性差异与可抵扣暂时性差异的识别表

账面价值与计税基础	资　产	负　债
账面价值＞计税基础	应纳税暂时性差异(递延所得税负债)	可抵扣暂时性差异(递延所得税资产)
账面价值＜计税基础	可抵扣暂时性差异(递延所得税资产)	应纳税暂时性差异(递延所得税负债)

(三)暂时性差异——差异的产生

按照暂时性差异的产生情况,可以将暂时性差异分为以下三种类型。

1. 资产、负债的账面价值和计税基础不同而产生的差异

比较常见的有资产减值准备、具有融资性质的分期收款销售、固定资产折旧、无形资产的摊销、使用寿命不确定、公允价值计量的投资性房地产、公允价值计量且其变动计入当期损益的金融资产、权益法投资收益确认和补交所得税、售后服务等预计负债、某些预收账款、债务重组和应付薪酬延期支付等。

2. 企业合并中取得有关资产、负债产生的暂时性差异

企业合并准则指出,非同一控制下的吸收合并,购买方在购买日应当按照合并中取得的被购买方各项可辨认资产、负债的公允价值确定其入账价值。《国家税务总局关于企业合并分立业务有关所得税问题的通知》规定,如果合并企业支付给被合并企业或其股东的收购价款中,除合并企业股权以外的现金、有价证券和其他资产,不高于所支付的股权票面价值(或支付的股本的账面价值)20%时,被合并企业不确认全部资产的转让所得或损失,不计算缴纳所得税。合并企业接受被合并企业全部资产的计税成本,须以被合并企业原账面净值为基础确定。由此可见,如果符合上述条件,合并方资产、负债的账面价值与其计税基础之间

会产生暂时性差异。

3. 不属于资产、负债的特殊项目产生的暂时性差异

(1) 某些交易或事项发生以后,因为不符合资产、负债的确认条件,账面价值为 0,但按照税法规定能够确定其计税基础的,其账面价值 0 与计税基础之间的差异也构成暂时性差异。例如会计准则规定修理费作为当期费用,税法规定特定条件下修理费作为长期待摊费用;企业发生的广告费和业务宣传费,限额内的部分,可以在税前扣除,超过部分准予在以后年度结转扣除。这类支出,在发生时,按照会计准则、制度规定,计入当期损益,不会形成资产,但因税法规定可以确定其计税基础,两者之间的差异即为暂时性差异。

(2) 按照税法规定可以结转以后年度的未弥补亏损及税款递减,虽不是因资产、负债的账面价值与计税基础不同产生的,但与可抵扣暂时性差异具有同样的作用,均能减少未来期间的应纳税所得额,进而减少未来期间的应交所得税,在会计处理上,与可抵扣暂时性差异的处理相同,如按照税法规定允许用以后 5 年税前所得弥补的亏损。企业购置用于环境保护、节能节水、安全生产等专用设备的投资额,可以按一定比例实行税额抵免;广告费和业务宣传费支出作为当期损益,税法规定年度广告费和业务宣传费支出不得超过销售收入的 15%(另有规定除外),超过部分,准许在以后纳税年度结转扣除。

【例 8-29】 某股份有限公司的所得税采用资产负债表债务法核算,所得税税率为 25%。该公司某年资产负债表的有关项目如表 8-14 所示。

表 8-14　　　　　　　　　资产负债表的有关项目　　　　　　　　　单位:万元

项　　　目	年初数	年末数
存　　货	1 400	500
长期股权投资	0	400
固定资产	2 400	2 900
预计负债	0	480
递延所得税资产	75	—
递延所得税负债	50	—

(1) "存货跌价准备"科目年初贷方余额 300 万元,年末贷方余额 120 万元。

(2) 长期股权投资系当年 3 月 1 日对甲公司的投资,初始投资成本 500 万元,采用权益法核算。由于甲公司本年发生亏损,该公司年末按应负担的亏损份额确认投资损失 100 万元,同时调整长期股权投资的账面价值。年末,未对长期股权投资计提减值准备。

(3) 固定资产中包含一台 B 设备,系上年 12 月 25 日购入,原价 1 000 万元,预计净残值为 0。计税按年数总和法计提折旧,折旧年限为 4 年;财务会计采用直线法计提折旧,折旧年限为 5 年。

(4) 预计负债为当年年末计提的产品保修费用 480 万元。假设除上述事项外,没有发生其他纳税调整事项。该公司当年利润表中"利润总额"项目金额为 2 000 万元。

计算该公司年末暂时性差异及因此而形成的应纳税暂时性差异、可抵扣暂时性差异。

存货产生的暂时性差异＝账面价值－计税基础＝500－（500＋120）＝－120（万元）

长期股权投资产生的暂时性差异＝账面价值－计税基础＝400－500＝－100（万元）

固定资产产生的暂时性差异＝账面价值－计税基础＝800－600＝200（万元）

预计负债产生的暂时性差异＝（－1）×（账面价值－计税基础）

$$＝（－1）×（480－0）＝－480（万元）$$

存货、长期股权投资和预计负债三个项目产生的暂时性差异,计算结果均为负数,属于可抵扣暂时性差异;固定资产产生的暂时性差异,计算结果为正数,属于应纳税暂时性差异。

应纳税暂时性差异＝（正的）资产类差异＋（正的）负债类差异＝200（万元）

可抵扣暂时性差异＝（负的）资产类差异＋（负的）负债类差异

$$＝（－120）＋（－100）＋（－480）＝－700（万元）$$

第六节　财务会计中的所得税的会计处理方法

一、所得税会计账户的设置

企业在选择纳税影响会计法时,应设置"所得税费用""递延税款"和"应交税费——应交所得税"等账户。如果企业采用应付税款法,则只需设置"所得税费用"和"应交税费——应交所得税"账户。

（一）"所得税费用"账户

采用应付税款法的企业,期末按应税所得额计算的本期应交所得税,记入其借方。采用纳税影响会计法的企业,"所得税费用"核算企业根据所得税准则确认的应从当期利润总额中扣除的所得税费用。

只有在资产负债表债务法下,本账户才应按"当期所得税费用""递延所得税费用"账户进行明细核算。资产负债表日,企业按照税法计算确定的当期应交所得税金额,借记本账户（当期所得税费用）,贷记"应交税费——应交所得税"账户。

在确认相关资产、负债时,根据所得税准则应予确认的递延所得税资产,借记"递延所得税资产"账户,贷记本账户（递延所得税费用）、"资本公积——其他资本公积"等账户;应予确认的递延所得税负债,借记本账户（递延所得税费用）、"资本公积——其他资本公积"等账户,贷记"递延所得税负债"账户。

资产负债表日,根据所得税准则应予确认的递延所得税资产大于"递延所得税资产"账户余额的差额,借记"递延所得税资产"账户,贷记本账户（递延所得税费用）、"资本公积——其他资本公积"等账户;应予确认的递延所得税资产小于"递延所得税资产"账户余额的差额,应作相反的会计分录。

企业应予确认的递延所得税负债的变动,应当比照上述原则调整"递延所得税负债"账户及有关账户。

期末,应将本账户的余额转入"本年利润"账户,结转后本账户应无余额。

（二）递延所得税资产（采用资产负债表债务法）

本账户核算企业确认的可抵扣暂时性差异产生的影响纳税的资产金额和税法规定可用以后年度税前利润弥补的亏损及税款抵减产生的所得税资产金额,以及以后各期应转销的金额。企业应按其可抵扣暂时性差异项目进行明细核算。

其借方反映资产负债表日企业确认的递延所得税资产金额。如果其应反映余额大于其账面余额的,应按其差额确认,借记本账户,贷记"所得税费用——递延所得税费用"等账户;若其应反映余额小于其账面余额的差额,应作相反的会计分录。

企业合并中取得资产、负债的入账价值与其计税基础不同形成可抵扣暂时性差异的,应于购买日确认递延所得税资产,借记本账户,贷记"商誉"等账户。与直接计入所有者权益的交易或事项相关的递延所得税资产,借记本账户,贷记"资本公积——其他资本公积"账户。

资产负债表日,预计未来期间很可能无法获得足够的应纳税所得额用于抵扣可抵扣暂时性差异的,按原已确认的递延所得税资产中应减记的金额,借记"所得税费用——递延所得税费用""资本公积——其他资本公积"等账户,贷记本账户。

本账户期末余额在借方,反映企业已确认的递延所得税资产的余额。

（三）递延所得税负债（采用资产负债表债务法）

本账户核算企业确认的应纳税暂时性差异产生的影响纳税的负债金额以及以后各期应转销的金额。企业按其应纳税暂时性差异项目进行明细核算。

其贷方反映资产负债表日企业确认的递延所得税负债金额。如果其应反映余额大于其账面余额的,应按其差额确认,借记"所得税费用——递延所得税费用"账户,贷记本账户;若递延所得税负债应反映余额小于其账面余额,应作相反的会计分录。

与直接计入所有者权益的交易或事项相关的递延所得税负债,借记"资本公积——其他资本公积"账户,贷记本账户。企业合并中取得资产、负债的入账价值与其计税基础不同形成应纳税暂时性差异的,应于购买日确认递延所得税负债,同时调整商誉,借记"商誉"等账户,贷记本账户。

本账户期末余额在贷方,反映企业已确认的递延所得税负债的余额。

（四）"递延税款"账户（采用利润表债务法、递延法）

本账户核算企业由于时间性差异造成的税前会计利润与应税所得之间的差额所产生的影响纳税的金额,以及以后各期转销的金额。其贷方发生额,反映企业本期税前会计利润大于应税所得产生的时间性差异影响纳税的金额,及本期转销已确认的时间性差异对纳税影响的借方金额;其借方发生额,反映企业本期税前会计利润小于应税所得产生的时间性差异影响纳税的金额,以及本期转销已确认的时间性差异对纳税影响的贷方金额。采用利润表债务法时,"递延税款"账户的贷方或借方发生额,还反映因税率变动调整的递延税款金额。"递延税款"账户的期末贷方（或借方）余额,反映尚未转回的时间性差异影响所得税的金额。

企业接受捐赠的非现金资产,应在弥补亏损后,按其余额计算缴纳所得税,一般不再递延纳税。企业还应当设置"递延税款备查簿",详细记录发生时间性差异的原因、金额、预计转回期限、已转回金额等。

（五）应交所得税

本章第四节已经述及。财务会计与税务会计都需要设置该账户,但在财务会计的资产负债表中,包括"应交企业所得税"在内的"应交税费",仅是反映其期末余额而且是全部税种的余额,可以说没有多少信息含量。而在税务会计申报表中,不仅要反映其余额,更要反映其借贷发生额,而且一定是要分税种反映(各自进行纳税申报),其会计信息内容更为丰富、更具相关性。

二、应付税款法的会计处理

应付税款法是企业将本期税前会计利润与应税所得额之间的差额所造成的影响纳税的金额直接计入当期损益,而不递延到以后各期的一种所得税会计处理方法。应付税款法是税法导向的会计处理方法,执行《小企业会计准则》的企业采用该方法。

在应付税款法下,本期发生的时间性差异不单独处理,与本期发生的永久性差异同样处理。即:应税所得额＝利润总额±永久性差异金额±时间性差异金额。将全部差异调整税前会计利润为应税所得,再按应税所得计算应交所得税,并作为本期所得税费用,即本期所得税费用等于本期应交所得税。时间性差异产生的影响所得税的金额,在财务会计报表中不反映为一项负债或一项资产,仅在财务会计报表附注中说明其影响。

【例8-30】 某企业某年税前账面利润20万元,在"财务费用"账户贷方列入国库券利息收入1万元,在借方列入高于金融机构同类同期贷款利率计算的非金融机构流动资金借款利息费0.5万元;在"管理费用"账户借方列入超过税前扣除标准的职工福利费、工会经费、职工教育费2.35万元;在"营业外支出"账户借方列入非公益性、捐赠及赞助费2.5万元,列入各种罚款及滞纳金支出0.5万元,列入超过当年会计利润12%的公益性、捐赠支出0.6万元。该企业所得税税率25%。应作会计分录如下:

计算应交税费时:

永久性差异＝不允许扣除的费用－免税的收入＝(0.5+2.35+2.5+0.5+0.6)－1＝5.45(万元)

应纳税所得额＝税前账面利润＋永久性差异＝20+5.45＝25.45(万元)

应纳所得额＝应纳税所得额×所得税税率＝25.45×25%＝6.3625(万元)

借:所得税费用	63 625	
贷:应交税费——应交所得税		63 625

期末结转所得税费用时:

借:本年利润	63 625	
贷:所得税费用		63 625

【例8-31】 某企业全年发生超标业务招待费为3.5万元。固定资产折旧采用直线法,本年折旧额为50 000元;计税采用双倍余额递减法,本年折旧额为65 000元。年度利润表上反映的税前会计利润为100万元,所得税税率为25%。该企业本期应交所得税和所得税费用计算如下:

税前会计利润　1 000 000 元

加：永久性差异　35 000 元

减：时间性差异　15 000 元

应税所得额　　1 020 000 元

所得税税率　　　25％

本期应交所得税　255 000 元

本期所得税费用　255 000 元

作会计分录如下：

借：所得税费用　　　　　　　　　　　　　　　　　255 000

　　贷：应交税费——应交所得税　　　　　　　　　　　　　255 000

实际上交所得税时：

借：应交税费——应交所得税　　　　　　　　　　　255 000

　　贷：银行存款　　　　　　　　　　　　　　　　　　　　255 000

三、纳税影响会计法的会计处理

纳税影响会计法是将本期税前会计利润与应税所得额之间产生的暂时性差异造成的影响纳税的金额,递延和分配到以后各期的一种所得税会计处理方法。采用纳税影响会计法,所得税被视为企业在获得收益时发生的一种费用,并应随同有关的收入和费用计入同一纳税期内,以达到收入和费用的配比。时间(暂时)性差异影响的所得税额,包括在利润表中的所得税费用项目以及资产负债表中的递延税款余额内。

采用纳税影响会计法时,在时间(暂时)性差异所产生的递延税款借方金额的情况下,为了慎重起见,如在以后转回时间(暂时)性差异的影响期内(一般为 3 年),有足够的应纳税所得额予以转回的,才能确认时间(暂时)性差异的所得税影响金额,并作为递延税款的借方反映,否则,应于发生当期视同永久性差异处理。我国的所得税会计在采用纳税影响会计法时,采用的是部分摊配方式,即对递延税款贷项不作限制,对递延税款借项作了限制,体现会计处理的谨慎性原则。

纳税影响会计法包括递延法与债务法两种方法,而债务法又分为利润表债务法(损益表债务法)和资产负债表债务法。目前,包括 FASB 颁布的《SFAS 109：所得税的会计处理》(1991 年 12 月 16 日生效)、IASC 颁布的《IAS 12：所得税》(1998 年 1 月 1 日或以后日期生效,IASB 于 2004 年予以确认)以及我国的《CAS 18：所得税》等均已取消递延法[①]而主张采用债务法中的资产负债表债务法,而英国则采用利润表债务法。

---

① 递延法是按时间性差异产生年度的税率确认递延所得税费用,作为递延所得税贷项或递延所得税借项,并将其随时间的推移而依次逐渐转回的一种所得税费用跨期摊配方法。在递延法下,一个时期的所得税费用,除包括本期应交所得税额外,还包括本期发生而应在以后时期或从前期转来应在本期摊销的时间性差异对纳税的影响额。递延法主要有三个特点：一是以利润表为导向,强调收入与费用的配比;二是本期发生的时间性差异影响所得税的金额,用现行税率计算;以前发生而在本期转回的各项时间性差异影响所得税的金额,用当初的税率计算转回;三是在递延法下,在资产负债表上反映的递延税款余额,并不完全代表收款的权利或付款的义务。

四、利润表债务法

利润表债务法以利润表为基础,注重时间性差异。它是将时间性差额对未来所得税的影响看作是对本期所得税费用的调整,其特点是当预期税率发生变动或税基变动时,必须对已发生的递延税款按现行税率进行调整,这种方法下的所得税费用计算过程为:首先计算当期所得税费用,然后再计算当期应交税额,最后倒挤出本期发生的递延税款,故而本期所得税费用等于本期应交所得税加(或减)本期发生的递延税款,加(或减)由于税率或税基变动时,以前各期确认的递延税款账面余额的调整数。其基本公式表示如下:

(1)应交所得税,即应纳税额的计算公式,见本章第二节。

(2) $\begin{matrix}本期因税\\率、税基变\\动调增或调\\减递延税款\end{matrix} = \begin{matrix}累计应纳税\\时间性差异\\或累计可抵减\\时间性差异\end{matrix} \times \left[\begin{matrix}现行\\所得\\税率\end{matrix} - \begin{matrix}前期确认应纳税\\时间性差异或可抵\\减时间性差异时\\适用的所得税税率\end{matrix} \right]$

或 $= \begin{matrix}递延税款\\账面余额\end{matrix} - \begin{matrix}已经确认递延税款金\\额的累计时间性差异\end{matrix} \times \begin{matrix}现行所\\得税税率\end{matrix}$

(3) $\begin{matrix}所得税\\费用\end{matrix} = \begin{matrix}财务会\\计利润\end{matrix} \times \begin{matrix}现行\\税率\end{matrix} + \begin{matrix}因税率、税基变动对前\\期递延税款的调整数\end{matrix}$

(4)递延税款＝应交所得税－所得税费用

在利润表债务法下,本期所得税费用(或收益),通常应在同一期间的利润表净利润(或亏损)前列示。在资产负债表中,递延所得税贷项和递延所得税借项,应按其流动性与长期性分别列示。

企业应在"递延税款"账户下,按照时间性差异的性质、时间分类进行明细核算。此外,企业还应设置"递延税款备查登记簿",详细记录发生的时间性差额的原因、金额、预计转销期限、已转销数额等。

【例8-32】 天华公司固定资产原值400万元,税法规定使用年限10年,公司按5年计提折旧。假设前5年每年会计利润为1 000万元(无其他纳税调整事项)。第6年起该项设备不再提取折旧,假定其他因素不变,后5年每年会计利润为1 200万元。前4年公司适用所得税税率25%,从第5年起,所得税税率变动为20%,会计处理如下:

(1)前4年产生的递延税款。

假定不考虑设备残值等因素,按5年计提折旧,每年折旧额为80万元;按10年计提折旧,每年折旧额为40万元。由于折旧年限不同,每年影响利润40万元,时间性差异额计算如下:

$$时间性差异额＝80－40＝40(万元)$$

按照税前会计利润计算的所得税费用为250万元(1 000×25%),按照应税所得计算的应交所得税为260万元[(1 000＋40)×25%],时间性差异对纳税的影响金额即递延税款,计算如下:

$$时间性差异影响纳税的金额＝260－250＝10(万元)$$

或 $$＝40×25％＝10(万元)$$

作会计分录如下：

借：所得税费用		2 500 000
递延税款		100 000
贷：应交税费——应交企业所得税		2 600 000

（2）第 5 年税率变动。

按照税前会计利润计算的所得税费用为 200 万元(1 000×20％)，按应税所得计算的应交所得税 208 万元[(1 000＋40)×20％]，两者差额：时间性差异影响纳税的金额＝208－200＝8(万元)调整前 4 年按 25％税率计算的对纳税的影响额：递延税款余额调整数＝40×4×(25％—20％)＝8(万元)。作会计分录如下：

借：所得税费用		2 000 000
递延税款		80 000
贷：应交税费——应交企业所得税		2 080 000

同时：

借：所得税费用		80 000
贷：递延税款		80 000

（3）后 5 年会计处理。

按照税前会计利润计算的所得税费用为 240 万元(1 200×20％)，按应税所得计算的应交所得税为 232 万元[(1 200－40)×20％]，两者的差额：

$$时间性差异影响纳税的金额＝240－232＝8(万元)$$

作会计分录如下：

借：所得税费用		2 400 000
贷：递延税款		80 000
应交税费——应交企业所得税		2 320 000

按上述计算结果逐年记入"所得税费用""应交税费"和"递延税款"账户后：①递延税款账户反映了时间性差异的逐年确认与累积、因税率变动递延税款余额的调整以及调整后的时间性差异依次转回的会计处理过程；②所得税费用和应交所得税各年虽有所不同，但是从税法规定的该固定资产 10 年使用期限来看，所得税费用合计数与应交所得税合计数是相同的，均为 2 408 万元。

【例 8-33】 假定 N 外资企业 5 年内时间性差异因素是折旧方法不同所致，即企业在计算税前利润时采用直线法，而在申报所得税时采用年数总和法，这种方法每年计提折旧费及其差异，如表 8-15 所示。

表8-15   **折旧计算表**   单位：万元

折旧年份	年数总和法下折旧费	直线法下折旧费
1	300	180
2	240	180
3	180	180
4	120	180
5	60	180
合　计	900	900

该 N 外资企业采用利润表债务法进行所得税会计处理,其在 5 年中的有关计算资料,如表 8-16 所示。

表8-16   **相关计算资料**   单位：万元

年份	税前利润加永久性差异	时间性差异	应纳税所得额	现行税率	所得税费用	应交所得税	本年递延所得税	累计递延所得税
1	112	−12	100	35%	39.2	35	4.2	4.2
2	206	−6	200	35%	72.1	70	2.1	6.3
3	250	0	250	25%	60.7	62.5	−1.8	4.5
4	294	6	300	25%	73.5	75	−1.5	3.0
5	388	12	400	25%	97.0	100	−3.0	0
合计	1 250	0	1 250	—	342.5	342.5	0	—

各年会计分录如下:

第 1 年:

借:所得税费用   392 000

  贷:应交税费——应交所得税   350 000

    递延税款   42 000

    递延所得税＝时间性差异×当年现行税率＝12×35％＝4.2(万元)

第 2 年:

借:所得税费用   721 000

  贷:应交税费——应交所得税   700 000

    递延税款   21 000

    递延所得税＝时间性差异×当年现行税率＝6×35％＝2.1(万元)

第 3 年:

借:所得税费用   625 000

  贷:应交税费——应交所得税   625 000

该年税率发生变动,应调整"递延税款"账户余额如下:

$$递延所得税调整额＝累计时间性差异\times 变动后税率－变动前税率$$
$$＝(12＋6)\times(25\%－35\%)＝－1.8(万元)$$

借：递延税款　　　　　　　　　　　　　　　　　　　18 000
　　贷：所得税费用　　　　　　　　　　　　　　　　　　　18 000

第 4 年：

借：所得税费用　　　　　　　　　　　　　　　　　　735 000
　　递延税款　　　　　　　　　　　　　　　　　　　 15 000
　　贷：应交税费——应交所得税　　　　　　　　　　　　750 000

$$转销递延所得税＝时间性差异\times 现行税率＝6\times25\%＝1.5(万元)$$

第 5 年：

借：所得税费用　　　　　　　　　　　　　　　　　　970 000
　　递延税款　　　　　　　　　　　　　　　　　　　 30 000
　　贷：应交税费——应交所得税　　　　　　　　　　　1 000 000

$$转销递延所得税＝时间性差异\times 现行税率＝12\times25\%＝3(万元)$$

五、资产负债表债务法

(一)资产负债表债务法的基本含义和计算程序

资产负债表债务法又称资产负债表法,它是以估计转销年度的所得税税率为依据,计算递延税款的一种所得税会计处理方法。资产负债表债务法从暂时性差异产生的本质出发,分析暂时性差额产生的原因及其对企业期末资产和负债的影响,体现"资产负债观"。

资产负债表债务法以资产负债表为基础,注重暂时性差异。暂时性差异侧重于从资产和负债的角度分析某个时点上存在的账面价值与其计税基础之间的差异,这种差异可能导致相关期间会计利润和应税利润之间发生差异,也可能并不会产生相关期间会计利润和应税利润的差异。

资产负债表债务法采用"递延所得税资产"和"递延所得税负债"的概念,将"递延税款"的外延大大扩展,并且更具现实意义。在资产负债表中,递延所得税资产和递延所得税负债应与当期所得税资产和负债分别列报。

在资产负债表债务法下,应根据《企业所得税法》确认、计量企业的本期应纳税所得额,并按应纳税所得额和现行适用税率计算本期应交所得税;再根据《企业会计准则》确认、计量企业同期期末暂时性差异及结转以后年度的本期弥补亏损与所得税抵减,计算递延所得税负债(或资产)的期末余额,并将递延所得税负债(或资产)的期末余额与期初余额的差额,作为递延税款费用(或收益);最后将应交所得税加、减递延税款费用(或收益),即为本期所得税费用(或收益)。

资产负债表债务法适用于对所有暂时性差异的处理,处理时应遵循以下步骤:①确定各项资产、负债的计税基础;②计算各项资产、负债的暂时性差异;③确认计量暂时性差异的递延所得税资产或负债；④将递延所得税负债或资产及相应的所得税费用(收益)在财务报表中予以列示。

在资产负债表债务法下,有关计算公式如下：

(1) 应交所得税,即应纳税额的计算公式,见本章第二节。

(2) 期末递延所得税资产＝可抵扣暂时性差异期末余额×预计税率

(3) 期末递延所得税负债＝应纳税暂时性差异期末余额×预计税率

(4) 当期递延所得税负债或资产＝期末递延所得税负债或资产－期初递延所得税负债或资产

(5) 所得税费用＝应交所得税＋期末递延所得税负债－期初递延所得税负债

　　　　　　　　　－期末递延所得税资产－期初递延所得税资产

或　　　　　　　　＝应交所得税＋期初递延所得税净资产－期末递延所得税净资产

或　　　　　　　　＝应交所得税＋净递延所得税资产

或　　　　　　　　＝当期所得税费用±递延所得税费用(收益)

(二) 递延所得税负债的确认计量

在资产负债表债务法下,企业一般应在资产负债表日,分析比较资产、负债的账面价值与其计税基础,将应纳税暂时性差异与适用税率的乘积确认为递延所得税负债。对在企业合并等特殊交易事项中取得的资产、负债,应于购买日确认相应的递延所得税负债。企业在确认计量递延所得税负债时,应遵循以下规则：

第一,一般情况下,企业对所有应纳税暂时性差异均应确认相应的递延所得税负债。

第二,特殊情况下,可以不确认递延所得税负债。

(1) 商誉的初始确认。在非同一控制下的企业合并中,根据会计准则,合并成本大于合并中取得购买方可辨认净资产公允价值份额的部分,应确认为商誉；按税法规定,计税时如果属于免税合并,商誉的计税基础为零,其账面价值与计税基础的不同而产生应纳税暂时性差异,但不确认相应的递延所得税负债。

(2) 企业合并之外的交易事项发生时,既不影响财务会计利润,也不影响应纳税所得额,对资产负债的初始确认金额与其计税基础不同而产生的应纳税暂时性差异,不确认相应的递延所得税负债。

(3) 对与长期股权投资相关的应纳税暂时性差异,一般应确认相应的递延所得税负债,但在同时满足规定条件(投资企业能够控制暂时性差异的转回时间,该差异在可预见的未来很可能不会转回)时无须确认。

第三,对递延所得税负债,应采用预期清偿该负债期间的适用税率,即应纳税暂时性差异转回期间的适用所得税税率计量。若预计在应纳税暂时性差异转回期间,企业所得税税率不会发生变化,可直接采用现行所得税税率；若预计转回期间会发生变动,则采用预计变动税率。

第四,对递延所得税负债,不要求折现。

(三) 递延所得税负债的会计处理

对应予确认的递延所得税负债,应借记"所得税费用——递延所得税费用""其他综合收

益""商誉"等账户,贷记"递延所得税负债"账户。

资产负债表日,对应予确认的递延所得税负债小于"递延所得税负债"账户余额的差额,借记"递延所得税负债"账户,贷记"所得税费用——递延所得税费用""其他综合收益"等账户;对应予确认的递延所得税负债大于"递延所得税负债"账户余额的差额,作相反方向的会计分录。

【例 8-34】 第 1 年 12 月 26 日,AB 公司购入一台价值 80 000 元不需要安装的设备。该设备预计使用期限为 4 年,财务会计采用直线法计提折旧(不考虑残值),税务会计采用年数总和法计提折旧(不考虑残值)。假定 AB 公司每年的利润总额均为 100 000 元,无其他纳税调整项目,且每年所得税税率为 25%。会计处理从略。

第 2 年,财务会计计提折旧 20 000 元(80 000÷4),设备的账面价值为 60 000 元(80 000−20 000);税务会计计提折旧为 32 000 元[80 000×4÷(1+2+3+4)],设备的计税基础为 48 000 元(80 000−32 000)。设备的账面价值与计税基础之间的差额为 12 000 元(60 000−48 000)。确认的账面价值比资产的计税基础高,应确认递延所得税负债 3 000 元(12 000×25%)。第 2 年,应交企业所得税 22 000 元{[100 000−(32 000−20 000)]×25%}。

借:所得税费用   25 000

  贷:应交税费——应交所得税   22 000

      递延所得税负债   3 000

第 3 年,财务会计计提折旧 20 000 元,设备的账面价值为 40 000 元;税务会计计提折旧 24 000 元[80 000×3÷(1+2+3+4)],设备的计税基础为 24 000 元(48 000−24 000)。设备的账面价值与计税基础之间的差额为 16 000 元(40 000−24 000),为累计应确认的应纳税暂时性差异。确认的账面价值比资产的计税基础高,应确认为递延所得税负债。第 3 年年底,应保留的递延所得税负债余额为 4 000 元(16 000×25%),年初余额为 3 000 元,应再确认递延所得税负债 1 000 元(4 000−3 000)。第 3 年,应交企业所得税为 24 000 元{[100 000−(24 000−20 000)]×25%}。

借:所得税费用   25 000

  贷:应交税费——应交所得税   24 000

      递延所得税负债   1 000

第 4 年,财务会计计提折旧 20 000 元,设备的账面价值为 20 000 元;税务会计计提折旧 16 000 元[80 000×2÷(1+2+3+4)],设备的计税基础为 8 000 元(24 000−16 000)。设备的账面价值与计税基础之间的差额 12 000 元(20 000−8 000)为累计应确认的应纳税暂时性差异,第 4 年年底,应保留的递延所得税负债余额为 3 000 元(12 000×25%),年初余额为 4 000 元,应转回递延所得税负债 1 000 元(4 000−3 000)。第 4 年,应交企业所得税为 26 000 元{[100 000+(20 000−16 000)]×25%}。

借:所得税费用   25 000

    递延所得税负债   1 000

  贷:应交税费——应交所得税   26 000

第 5 年,财务会计计提折旧 20 000 元,设备的账面价值为 0;税务会计计提折旧 8 000 元 [80 000×1÷(1+2+3+4)],设备的计税基础为 0(8 000−8 000)。设备的账面价值与计税基础之间的差额为 0,第 5 年年底,应保留的递延所得税负债余额也为 0,年初余额为 3 000 元,应转回递延所得税负债 3 000 元。第 5 年,应交企业所得税 28 000 元{[100 000+(20 000−8 000)]×25%}。

借:所得税费用　　　　　　　　　　　　　　　　　　　　　　　25 000
　　递延所得税负债　　　　　　　　　　　　　　　　　　　　　　3 000
　　贷:应交税费——应交所得税　　　　　　　　　　　　　　　　　　28 000

(四)递延所得税资产的确认计量和会计处理

1. 递延所得税资产的确认

资产负债表日,分析比较资产、负债(包括筹建费用、税款抵减、未弥补亏损等)的账面价值与其计税基础,将可抵扣暂时性差异与适用税率的乘积确认为递延所得税资产,且其确认应以未来期间可能取得的应纳税所得额为限。就是说,在可抵扣暂时性差异的转回期间,如果企业有明确的证据表明能够产生足够的应纳税所得额,可以利用可抵扣暂时性差异的影响,使与可抵扣暂时性差异相关的经济利益能够实现,则应确认为递延所得税资产。如果未来期间很可能无法取得足够的应纳税所得额,则不予确认(借记"所得税费用",贷记"递延所得税资产")。

在判断企业可抵扣暂时性差异转回期间是否会有足够的应纳税所得额时,一是要考虑在未来期间的正常经营活动能够实现的应纳税所得额;二是要考虑此前产生的应纳税暂时性差异在未来期间转回时将增加的应纳税所得额。

对与长期股权投资相关的可抵扣暂时性差异,同时满足下列条件时,企业应确认相应的递延所得税资产:一是暂时性差异在可预见的未来很可能转回;二是未来很可能获得用来抵扣可抵扣暂时性差异的应纳税所得额。

对于按税法规定可以结转以后年度的未弥补亏损和税款抵减,视同可抵扣暂时性差异处理。

2. 不确认递延所得税资产的情况

在某些情况下,若企业发生的某交易事项不属于企业合并,并且在交易事项发生时,既不影响财务会计利润,也不影响应纳税所得额,该交易事项中产生的资产、负债的初始确认金额与其计税基础不同而产生的可抵扣暂时性差异,不确认相应的递延所得税资产。

3. 递延所得税资产的计量

与递延所得税负债的计量原则相同,在确认递延所得税资产时,也应以预期转回该资产期间的适用税率为基础计量,且不论可抵扣暂时性差异转回期间长短;递延所得税资产,不要求折现;期末,应复核递延所得税资产的账面价值。

4. 递延所得税资产的会计记录

资产负债表日,根据所得税准则应予确认的递延所得税资产大于"递延所得税资产"账户余额的差额,借记"递延所得税资产"账户,贷记"所得税费用——递延所得税费用""其他

综合收益"等账户;对应予确认的递延所得税资产小于"递延所得税资产"账户余额的差额,作相反的会计分录。

【例8-35】 某公司在第1年至第4年每年应税所得额分别为:-100万元、20万元、40万元、60万元。适用税率为25%,假设无其他暂时性差异。

经过判断,未来5年内企业有足够的利润弥补该亏损。则第1年可以全部确认100万元的亏损而产生的递延所得税资产25万元,其会计处理如下:

(1)第1年。

借:递延所得税资产		250 000
贷:所得税费用		250 000

(2)第2年。

借:所得税费用		50 000
贷:递延所得税资产		50 000

(3)第3年。

借:所得税费用		100 000
贷:递延所得税资产		100 000

(4)第4年。

借:所得税费用		150 000
贷:递延所得税资产		100 000
应交税费——应交企业所得税		50 000

假设企业在第1年亏损100万元,经预测在未来5年内应税利润只能弥补80万元,则第1年确认递延所得税资产的会计处理如下:

借:递延所得税资产		200 000
贷:所得税费用		200 000

资产负债表日,企业应当对递延所得税资产的账面价值进行复核。如果未来期间很可能无法获得足够的应纳税所得额用于抵扣递延所得税资产的利益,应当减记"递延所得税资产"账户的账面价值,借记"所得税费用"账户,贷记"递延所得税资产"账户。在很可能获得足够的应纳税所得额时,减记的金额应当转回。

【例8-36】 AB公司第1年12月20日购置了一台设备,价值为52万元(含增值税进项税额),公司预计该设备使用寿命为5年,预计净残值为2万元,采用年限平均法计提折旧。该公司第2年至第6年每年扣除折旧、减值准备和所得税税前利润为110万元,该项政策与税法要求相符。第4年12月31日,公司在进行检查时发现该设备发生减值,可收回金额为10万元。假设整个过程不考虑其他相关税费,该设备在第4年12月31日以前没有计提固定资产减值准备,重新预计净残值仍为2万元,预计使用寿命没有发生变更。假定按年度计提固定资产折旧,企业所得税税率为25%,有关会计处理如下:

第一步,确定一项资产或负债的税基及暂时性差异如表8-17所示。

表 8-17　　　　　　　　资产或负债的税基及暂时性差异　　　　　　　　单位:万元

年份	原值	净残值	本期计提折旧	累计折旧	本期计提减值准备	累计减值准备	账面价值	税基	暂时性差异
第2年	52	2	10	10	0	0	42	42	0
第3年	52	2	10	20	0	0	32	32	0
第4年	52	2	10	30	12	12	10	22	12
第5年	52	2	4	34	0	12	6	12	6
第6年	52	2	4	38	0	12	2	2	0

备注:(1)账面价值为资产原值减去累计折旧再减去累计减值准备,如第4年资产账面价值为10万元(52−10×3−12)。本例中,残值不存在暂时性差异。

(2)当企业收回该资产的账面金额时,为纳税目的将可抵扣的未来流入企业的应税经济利益的金额作为税基,如第4年税基为22万元(52−10×3)。

本例中,第2年1月1日至第3年12月31日,AB公司每年计提折旧金额为10万元[(52−2)÷5],两年累计折旧金额为20万元。每年会计分录为:

借:制造费用等　　　　　　　　　　　　　　　　　　　　100 000
　　贷:累计折旧　　　　　　　　　　　　　　　　　　　　100 000

设无其他纳税调整事项,在这2年内,无论会计还是税法,均以10万元折旧计提数作为利润的扣除。会计的账面价值与税基并不存在任何差异,均为32万元(52−20)。

计提所得税会计分录如下:

借:所得税费用[(1 100 000−100 000)×25%]　　　　　　250 000
　　贷:应交税费——应交所得税[(1 100 000−1 00 000)×25%]　250 000

第二步,确认递延所得税资产或递延所得税负债。

本例中,第4年12月31日,在不考虑计提减值准备因素情况下计算确定的固定资产账面净值为22万元(52−30),可收回金额为10万元。因此,该公司应计提固定资产减值准备金额12万元,其会计分录如下:

借:资产减值损失　　　　　　　　　　　　　　　　　　120 000
　　贷:固定资产减值准备　　　　　　　　　　　　　　　120 000

第4年12月31日固定资产发生减值时,应先对固定资产计提折旧,然后才能进行计提固定资产减值准备的会计处理。

这时,资产的账面价值与其税基就产生了差异。会计的账面价值为10万元(52−30−12),税基为22万元,资产账面价值比资产的计税税基低,产生可抵扣暂时性差异12万元。应确认递延所得税资产3万元(12×25%),即递延所得税资产应记借方。

第三步,以所得税费用为轧平账,作会计分录如下:

借:所得税费用(250 000−30 000)　　　　　　　　　　　220 000
　　递延所得税资产　　　　　　　　　　　　　　　　　　30 000
　　贷:应交税费——应交所得税[(1 100 000−100 000)×25%]　250 000

在资产负债表债务法中,当资产的账面价值低于资产的计税基础时,应确认递延所得税资产。递延所得税资产记借方,所得税费用为应交所得税与递延所得税资产之差;反之,如果确认的资产账面价值比资产的计税基础高,则应确认为递延所得税负债,递延所得税负债记贷方,所得税费用则应为递延所得税负债与应交所得税之和。

第 5 年至第 6 年每年计提折旧时,应按该设备第 4 年 12 月 31 日计提减值准备后的固定资产账面价值 10 万元,尚可使用寿命 2 年,以及预计净残值 2 万元为基础,重新计算确定折旧率和折旧额,即每年计提折旧金额 4 万元[(10−2)÷2]。每年的会计分录如下:

借:制造费用等   40 000
   贷:累计折旧   40 000

第 5 年账面价值为 6 万元,税基 12 万元,暂时性差异为 6 万元,且账面价值低于税基,应确认计量递延所得税资产 1.5 万元(6×25%)[①]。

借:所得税费用   265 000
   贷:应交税费——应交所得税[(1 100 000−100 000)×25%]   250 000
       递延所得税资产   15 000

第 6 年设备报废前计提折旧 4 万元,其账面价值为 2 万元,税基 2 万元,暂时性差异为 0,转回递延所得税资产余额。报废时,残值 2 万元,应交所得税为 25.5 万元[(110−10+2)×25%],会计分录如下:

借:制造费用等   40 000
   贷:累计折旧   40 000

借:所得税费用   270 000
   贷:递延所得税资产   15 000
       应交税费——应交所得税   255 000

（五）所得税费用的会计处理

利润表中的所得税费用包括当期所得税费用和递延所得税费用(或收益)。当期所得税费用是税务会计按税法规定计算的当期应交所得税,根据企业会计准则确认计量的递延所得税资产和递延所得税负债的所得税影响金额,即因确认计量递延所得税资产和递延所得税负债所产生的费用(收益)为递延所得税费用(或收益),但以下两种情况除外:一是直接计入所有者权益的交易或事项所产生的递延所得税资产/负债;二是企业合并中取得的资产、负债,若其账面价值与计税基础不同,应确认相关递延所得税的,其确认影响合并中产生的商誉或是计入当期损益的金额,不影响所得税费用。

资产负债表日,企业按照税法计算确定的当期应交所得税金额,借记本账户(当期所得税费用),贷记"应交税费——应交所得税"账户。

【例 8-37】 天韵公司税务会计年终经过纳税调整后,确定应纳税所得额 800 万元。财务会计预计公司未来期间能够产生足够的应纳税所得额用于抵扣暂时性差异。年末,根据

---

  ① 即期末应保留的账面余额,因期初递延所得税资产余额 30 000 元,本期应予转回 15 000 元。

公司资产、负债项目及其计税基础,暂时性差异计算如表8-18所示。

表8-18　　　　　　　　　　　　暂时性差异计算表　　　　　　　　　单位:万元

资产、负债项目	账面价值	计税基础	应纳税暂时性差异	可抵扣暂时性差异
固定资产	1 200	1 100	100	—
无形资产	260	0	260	—
预计负债	140	0	—	140
合　计	—	—	360	140

假定除上述资产、负债项目外,其他资产、负债项目账面价值与计税基础不存在差异,而且递延所得税资产、递延所得税负债均不存在期初余额,适用所得税税率为25%。所得税的有关计算如下:

$$应交企业所得税=800×25\%=200(万元)$$
$$递延所得税负债=360×25\%=90(万元)$$
$$递延所得税资产=140×25\%=35(万元)$$
$$递延所得税费用=90-35=55(万元)$$
$$所得税费用合计=200+55=255(万元)$$

根据计算结果,作会计分录如下:

借:所得税费用——当期所得税费用　　　　　　　　　　　　　　2 000 000
　　贷:应交税费——应交企业所得税　　　　　　　　　　　　　　2 000 000

借:所得税费用——递延所得税费用　　　　　　　　　　　　　　900 000
　　贷:递延所得税负债　　　　　　　　　　　　　　　　　　　　900 000

借:递延所得税资产　　　　　　　　　　　　　　　　　　　　　350 000
　　贷:所得税费用——递延所得税费用　　　　　　　　　　　　　350 000

(六)递延所得税与应交所得税的计算与处理

【例8-38】　上年1月1日,天博公司递延所得税资产余额(全部为存货项目计提的跌价准备)为25万元,递延所得税负债余额(全部为交易性金融资产项目的公允价值变动)为15万元。自当年1月1日起,天博公司被认定为高新技术企业,企业所得税税率由25%变为15%,公司当年利润总额为5 100万元。暂时性差异的确认事项有:

(1)年末存货的余额为400万元,可变现净值为360万元。税法规定,转回的存货跌价准备不计入应纳税所得额。

(2)年末交易性金融资产的账面价值为420万元,其中成本220万元、累计公允价值变动200万元。税法规定,交易性金融资产公允价值变动收益不计入应纳税所得额。

相关会计处理如下:

(1)确认计量暂时性差异。

$$存货产生的可抵扣暂时性差异=400-360=40(万元)$$
$$交易性金融资产产生的应纳税暂时性差异=420-220=200(万元)$$

（2）计算当年应交企业所得税。

$$应纳税所得额＝5\ 100－(25÷25\%－40)－(200－15÷25\%)＝4\ 900(万元)$$

$$应交企业所得税＝4\ 900×15\%＝1\ 735(万元)$$

（3）递延所得税的计算。

$$"递延所得税资产"本期发生额＝40×15\%－25＝－19(万元)$$

$$"递延所得税负债"本期发生额＝200×15\%－15＝15(万元)$$

（4）作会计分录如下。

借：所得税费用　　　　　　　　　　　　　　　　　　　　　　　7 690 000

　　贷：应交税费——应交企业所得税　　　　　　　　　　　　　　7 350 000

　　　　递延所得税负债　　　　　　　　　　　　　　　　　　　　　150 000

　　　　递延所得税资产　　　　　　　　　　　　　　　　　　　　　190 000

 **复习思考题**

1. 企业所得税的纳税人是否仅限"企业"？

2. 如何确认企业所得税的收入总额、应税收入与不征税收入？

3. 企业如何正确运用固定资产加速折旧与加计扣除优惠政策？

4. 简述企业所得税的税前扣除原则、扣除项目及其扣除标准。

5. 企业已经计提而未实际发放的工薪是否允许在税前扣除？

6. 企业购买预付卡有如下使用去向：(1)赠送给客户；(2)作为促销方式赠送；(3)节日发给职工；(4)单位自己消费。上述使用去向是否允许在税前扣除？如果允许，应分别作为哪项费用在税前扣除？

7. 根据企业所得税法的规定，应纳税所得额是根据应税收入额减去允许扣除项目金额计算的，但在企业所得税年度纳税申报时，年度按时申报表（A类）则是以财务会计的"利润总额"为基础，再按税法规定进行纳税加减调整后计算的，对此，应作何解释？

8. 如何进行企业所得税的纳税调整及相关会计处理？

9. 如何进行企业所得税汇算清缴的会计处理？

10. 如何进行企业所得税清算的会计处理？

11. 应付税款法有何优点、有何局限性？

12. 简述暂时性差异的产生及其分类。

13. 简述资产负债表债务法的会计处理程序。

14. 试述"递延所得税资产""递延所得税负债"的账户结构。

第九章　个人所得税会计

第一节　个人所得税税制要素

改革开放后,为了维护国家的税收权益,第五届全国人民代表大会根据国际惯例,于1980年9月通过了《中华人民共和国个人所得税法》,开征个人所得税。之后,又在1993年、1999年、2005年、2007年、2011年对个人所得税法进行了多次修正。2018年8月31日,全国人民代表大会常务委员会表决通过关于修改《中华人民共和国个人所得税法》的决定,标志着我国在建立综合与分类相结合的个人所得税制上迈出关键的一步。自然人纳税人将由被动扣缴向主动申报转变,有利于增强纳税人的税收意识和税收认同感。

个人所得税作为一个重要的税收范畴,其基本功能同样是组织财政收入、收入分配和经济调节。征收个人所得税,有利于国家积累资金和平衡税收负担,也有利于在平等互利基础上的国际经济合作和技术交流。不仅有利于维护国家权益,还有利于按照平等互利原则正确处理国际间双重征税和税收抵免等问题。

一、个人所得税的纳税人/扣缴义务人和纳税范围

个人所得税(personal income tax)是对自然人取得的应税所得征收的一种直接税。个人所得税以所得人为纳税人,以支付所得的单位或个人为扣缴义务人[①]。

扣缴义务人应依法履行预扣预缴/代扣代缴义务,纳税人不得拒绝;若拒绝的,扣缴义务人应及时报告税务机关。扣缴义务人应依法对纳税人报送的专项附加扣除等相关涉税信息和资料保密。

居民个人从来源于中国境内和境外取得的所得,应依法缴纳个人所得税;非居民个人从中国境内取得的所得,应依法缴纳个人所得税。下列所得,不论支付地点是否在中国境内,均为来源于中国境内的所得:

(1)因任职、受雇、履约等在中国境内提供劳务取得的所得。

(2)将财产出租给承租人在中国境内使用而取得的所得。

(3)许可各种特许权在中国境内使用而取得的所得。

(4)转让中国境内的不动产等财产或者在中国境内转让其他财产取得的所得。

---

① 即掌握纳税人所得信息并且对所得取得过程有控制权的单位,包括第三方交易平台、第三方支付平台等。

(5) 从中国境内企业、事业单位、其他组织以及居民个人取得的利息、股息、红利所得。

在中国境内有住所或无住所而一个纳税年度内在中国境内居住累计满183天的个人，为居民个人（居民纳税人）；在中国境内无住所又不居住，或无住所而一个纳税年度内在中国境内居住累计不满183天的个人，为非居民个人（非居民纳税人）。

无住所个人一个纳税年度在中国境内累计居住满183天的，如果此前六年①在中国境内每年累计居住天数都满183天而且没有任何一年单次离境超过30天，该纳税年度来源于中国境内、境外所得应当缴纳个人所得税；如果此前六年的任一年在中国境内累计居住天数不满183天或者单次离境超过30天，该纳税年度来源于中国境外且由境外单位或者个人支付的所得，免予缴纳个人所得税。

无住所个人一个纳税年度内在中国境内累计居住天数，按照个人在中国境内累计停留的天数计算。在中国境内停留的当天满24小时的，计入中国境内居住天数，在中国境内停留的当天不足24小时的，不计入中国境内居住天数。

纳税人有中国公民身份号码的，以公民身份号码为纳税人识别号；没有中国公民身份号码的个人，应在首次发生纳税义务时，由税务机关赋予其纳税人识别号。个人应当凭纳税人识别号实名办税。

二、个人所得税应税项目

我国现行个人所得税实行分类（项）课征与综合课征相结合的征收制度。以下各项个人所得，应当缴纳个人所得税。

1. 工资、薪金所得

个人因任职或受雇取得的工资、薪金、奖金、年终加薪、劳动分红、津贴、补贴以及与任职或者受雇有关的其他所得。

个人领取的符合规定的税收递延型商业养老保险的养老金收入，25%免税，75%按10%的比例税率计算缴纳个人所得税，税款计入"工资、薪金所得"，由保险机构代扣代缴后，在个人购买税延养老保险的机构所在地办理全员全额扣缴申报。

2. 劳务报酬所得

个人从事劳务取得的所得，包括从事设计、装潢、安装、制图、化验、测试、医疗、法律、会计、咨询、讲学、翻译、审稿、书画、雕刻、影视、录音、录像、演出、表演、广告、展览、技术服务、介绍服务、经纪服务、代办服务以及其他劳务取得的所得。

3. 稿酬所得

个人因其作品以图书、报刊形式出版、发表而取得的所得。

4. 特许权使用费所得

个人提供专利权、商标权、著作权②、非专利技术以及其他特许权的使用权取得的所得。

★居民个人取得的第1项至第4项所得称为"综合所得"，按纳税年度合并计算个人所得税；非居民个人取得的第1项至第4项所得，按月或者按次分项计算个人所得税。

---

① 指该纳税年度的前一年至前六年的连续六个年度，此前六年起始年度自2019年（含）以后年度开始计算。

② 即提供其使用权所取得的所得，不包括稿酬所得。

5. 经营所得

经营所得具体包括以下内容:

(1) 个体工商户从事生产、经营活动取得的所得,个人独资企业投资人、合伙企业的个人合伙人来源于境内注册的个人独资企业、合伙企业的生产经营所得。

(2) 个人依法从事办学、医疗、咨询以及其他有偿服务活动取得的所得。

(3) 个人对企业、事业单位承包经营、承租经营以及转包、转租取得的所得。

(4) 个人从事其他生产、经营活动取得的所得。

6. 利息、股息、红利所得

个人拥有债权、股权等而取得的利息、股息、红利所得。

7. 财产租赁所得

个人出租不动产、机器设备、车船以及其他财产而取得的所得。

8. 财产转让所得

个人转让有价证券、股权、合伙企业中的财产份额、不动产、机器设备、车船以及其他财产取得的所得。

9. 偶然所得

(1) 个人为单位或他人提供担保获得收入。

(2) 房屋产权所有人将房屋产权无偿赠与他人,受赠人因无偿受赠房屋取得的受赠收入①。

(3) 企业在业务宣传、广告等活动中,随机向本单位以外的个人赠送礼品(包括网络红包,下同);企业在年会、座谈会、庆典以及其他活动中向本单位以外的个人赠送礼品,个人取得的礼品收入(具有价格折扣或折让性质的消费券、代金券、抵用券、优惠券等礼品除外)。

(4) 个人得奖、中奖、中彩以及其他偶然性质的所得。

三、个人所得税税率

(一) 居民个人综合所得个人所得税税率

1. 居民个人预扣预缴个人所得税税率

(1) 工资、薪金所得,按月预扣预缴个人所得税,适用3%～45%的超额累进税率(见表9-1)。

表9-1 居民个人工资、薪金所得个人所得税预扣率表

级数	累计预扣预缴应纳税所得额	预扣率	速算扣除数
1	不超过 36 000 元的	3%	0
2	超过 36 000 元至 144 000 元的部分	10%	2 520
3	超过 144 000 元至 300 000 元的部分	20%	16 920
4	超过 300 000 元至 420 000 元的部分	25%	31 920

---

① 如下三种情况,当事双方不缴个人所得税:房屋产权所有人将房屋产权无偿赠与配偶、父母、子女、祖父母、外祖父母、孙子女、外孙子女、兄弟姐妹;房屋产权所有人将房屋产权无偿赠与对其承担直接抚养或者赡养义务的抚养人或赡养人;房屋产权所有人死亡,依法取得房屋产权的法定继承人、遗嘱继承人或受遗赠人。

级数	累计预扣预缴应纳税所得额	预扣率	速算扣除数
5	超过 420 000 元至 660 000 元的部分	30%	52 920
6	超过 660 000 元至 960 000 元的部分	35%	85 920
7	超过 960 000 元的部分	45%	181 920

（2）劳务报酬所得，按次预扣预缴个人所得税税率（见表9-2）。

表 9-2　居民个人劳务报酬所得个人所得税预扣率表

级 数	预扣预缴应纳税所得额	预扣率	速算扣除数
1	不超过 20 000 元的	20%	0
2	超过 20 000 元至 50 000 元的部分	30%	2 000
3	超过 50 000 元的部分	40%	7 000

（3）稿酬所得、特许权使用费所得，按次预扣预缴个人所得税，适用20%的比例预扣率，其中稿酬所得"收入额"减按70%计算。

2. 居民个人非预扣预缴个人所得税税率

居民个人取得的一次性收入以及综合所得的年终汇算清缴，即非预扣预缴个人所得税，按年计算，适用3%～45%的超额累进税率（见表9-3）。

表 9-3　居民个人综合所得税税率表

级 数	全年应纳税所得额	预扣率	速算扣除数
1	不超过 36 000 元的	3%	0
2	超过 36 000 元至 144 000 元的部分	10%	2 520
3	超过 144 000 元至 300 000 元的部分	20%	16 920
4	超过 300 000 元至 420 000 元的部分	25%	31 920
5	超过 420 000 元至 660 000 元的部分	30%	52 920
6	超过 660 000 元至 960 000 元的部分	35%	85 920
7	超过 960 000 元的部分	45%	181 920

（二）非居民个人所得税税率

扣缴义务人向非居民个人支付工资、薪金所得，劳务报酬所得，稿酬所得和特许权使用费所得时，适用3%～45%的七级超额累进税率，月度税率表见表9-4。

表 9-4　非居民个人综合所得个人所得税月度税率表

级 数	应纳税所得额	税率	速算扣除数
1	不超过 3 000 元的	3%	0
2	超过 3 000 元至 12 000 元的部分	10%	210

（续表）

级　数	应纳税所得额	税率	速算扣除数
3	超过 12 000 元至 25 000 元的部分	20%	1 410
4	超过 25 000 元至 35 000 元的部分	25%	2 660
5	超过 35 000 元至 55 000 元的部分	30%	4 410
6	超过 55 000 元至 80 000 元的部分	35%	71 60
7	超过 80 000 元的部分	45%	15 160

（三）经营所得个人所得税率

适用 5%～35% 的超额累进税率,经营所得税率表见表 9-5。

表 9-5　经营所得个人所得税税率表

级　数	全年应纳税所得额	税率	速算扣除数
1	不超过 30 000 元的	5%	0
2	超过 30 000 元至 90 000 元的部分	10%	1 500
3	超过 90 000 元至 300 000 元的部分	20%	10 500
4	超过 300 000 元至 500 000 元的部分	30%	40 500
5	超过 500 000 元的部分	35%	65 500

（四）个人所得税扣缴方法和预扣/代扣税率

个人所得税扣缴方法和预扣/代扣税率见表 9-6。

表 9-6　个人所得税扣缴方法及税率表

所得项目		扣缴方法		预扣/代扣税率
综合所得	工资薪金所得	预扣预缴	累计预扣法	3%～45%
	劳务报酬所得		按月/按次 预扣预缴	20%～40%
	稿酬所得			20%
	特许权使用费所得			20%
利息、股息、红利所得		代扣代缴	按次扣缴	20%
财产租赁所得				
财产转让所得				
偶然所得				
经营所得		自行预缴(税率 3%～35%)		

四、个人所得税的减免

（一）免征个人所得税

下列各项个人所得,免征个人所得税:

（1）省级人民政府、国务院部委和中国人民解放军军以上单位，以及外国组织、国际组织颁发的科学、教育、技术、文化、卫生、体育、环境保护等方面的奖金。

（2）个人持有财政部发行的债券而取得的利息，个人持有经国务院批准发行的金融债券而取得的利息。

（3）按国务院规定发给的政府特殊津贴、院士津贴，以及国务院规定免予缴纳个人所得税的其他补贴、津贴。

（4）根据国家有关规定，从企业、事业单位、国家机关、社会组织提留的福利费或工会经费中支付给个人的生活补助费；各级人民政府民政部门支付给个人的生活困难补助费。

（5）保险赔款。

（6）军人的转业费、复员费、退役金。

（7）按照国家统一规定发给干部、职工的安家费、退职费、基本养老金或退休费、离休费、离休生活补助费。

（8）个人转让上市公司股票取得的所得（暂免）。

（9）依照有关法律规定应予免税的各国驻华使馆、领事馆的外交代表、领事官员和其他人员的所得。

（10）中国政府参加的国际公约、签订的协议中规定免税的所得。

（11）国务院规定的其他免税所得。

（二）减征个人所得税

有下列情形之一的，可减征个人所得税，具体幅度和期限，由省、自治区、直辖市人民政府规定，并报同级人民代表大会常务委员会备案：

（1）残疾、孤老人员和烈属的所得。

（2）因自然灾害遭受重大损失的。

（3）国务院规定的其他减税情形。

第二节　个人所得税的确认计量

一、个人所得税的计税依据

个人所得税的计税依据——应纳税所得额，是指个人取得的各项所得减去按规定项目、标准扣除费用之后的余额。

个人所得的形式，包括现金、实物、有价证券和其他形式的经济利益。所得为实物的，应按取得的凭证上所注明的价格计算应纳税所得额；无凭证的实物或凭证上所注明的价格明显偏低的，参照市场价格核定应纳税所得额。所得为有价证券的，根据票面价格和市场价格核定应纳税所得额。所得为其他形式的经济利益，参照市场价格核定应纳税所得额。

所得为人民币以外货币的，按照办理纳税申报或扣缴申报的上一月最后一日人民币汇率中间价，折合成人民币计算应纳税所得额。年度终了后办理汇算清缴的，对已按月、季或按次预缴税款的人民币以外货币所得，不再重新折算；对应当补缴税款的所得部分，按上一

纳税年度最后一日人民币汇率中间价,折合成人民币计算应纳税所得额。

1. 居民个人的综合所得

居民个人的综合所得,以每一纳税年度收入额减去费用 60 000 元(免征额)以及专项扣除、专项附加扣除和依法确定的其他扣除后的余额,为年度应纳税所得额。

(1) 专项扣除。专项扣除包括居民个人按照国家规定的范围和标准缴纳的基本养老保险、基本医疗保险、失业保险等社会保险费和住房公积金(简称"三险一金")。

(2) 专项附加扣除。专项附加扣除具体包括以下六项:

第一,子女教育。纳税人的子女接受学前教育、各层次的学历教育的相关支出,按照每个子女每月 1 000 元的标准定额扣除。父母可以选择由其中一方按扣除标准的 100% 扣除,也可以选择由双方分别按扣除标准的 50% 扣除,具体扣除方式在一个纳税年度内不能变更。

第二,继续教育。纳税人在中国境内接受学历(学位)继续教育的支出,在学历(学位)教育期间按照每月 400 元定额扣除。同一学历(学位)继续教育的扣除期限不能超过 48 个月。纳税人接受技能人员职业资格继续教育、专业技术人员职业资格继续教育的支出,在取得相关证书的当年,按照 3 600 元定额扣除。

个人接受本科及以下学历(学位)继续教育,符合规定扣除条件的,可以选择由其父母扣除,也可以选择由本人扣除。

第三,大病医疗。在一个纳税年度内,纳税人发生的与基本医保相关的医药费用支出,扣除医保报销后个人负担(医保目录范围内的自付部分)累计超过 15 000 元的部分,由纳税人在办理年度汇算清缴时,在 80 000 元限额内据实扣除。

纳税人发生的医药费用支出可以选择由本人或其配偶扣除;未成年子女发生的医药费用支出可以选择由其父母一方扣除。纳税人及其配偶、未成年子女发生的医药费用支出,按规定分别计算扣除额。

第四,住房贷款利息。纳税人本人或者配偶单独或者共同使用商业银行或者住房公积金个人住房贷款为本人或者其配偶购买中国境内住房,发生的首套住房贷款[①]利息支出,在实际发生贷款利息的年度,按照每月 1 000 元的标准定额扣除,扣除期限最长不超过 240 个月。纳税人只能享受一次首套住房贷款的利息扣除。

夫妻双方婚前分别购买住房发生的首套住房贷款,其贷款利息支出,婚后可以选择其中一套购买的住房,由购买方按扣除标准的 100% 扣除,也可以由夫妻双方对各自购买的住房分别按扣除标准的 50% 扣除,具体扣除方式在一个纳税年度内不能变更。

第五,住房租金。纳税人在主要工作城市没有自有住房而发生的住房租金支出,可按以下标准定额扣除:直辖市、省会城市、计划单列市以及国务院确定的其他城市,扣除标准为每月 1 500 元;其他城市,市辖区户籍人口超过 100 万的城市,扣除标准为每月 1 100 元;市辖区户籍人口不超过 100 万的城市,扣除标准为每月 800 元。纳税人配偶在纳税人主要工作城市有自有住房的,视同在主要工作城市有自有住房。

住房租金支出由签订租赁住房合同的承租人扣除。

第六,赡养老人。纳税人赡养一位及以上被赡养人[②]的赡养支出,按以下标准定额扣除:

---

① 指购买住房享受首套住房贷款利率的住房贷款。
② 是指年满 60 岁的父母,以及子女均已去世的年满 60 岁的祖父母、外祖父母。

纳税人为独生子女的,按照每月 2 000 元的标准定额扣除;纳税人为非独生子女的,由其与兄弟姐妹分摊每月 2 000 元的扣除额度,每人分摊的额度不能超过每月 1 000 元。可由赡养人均摊或者约定分摊,也可由被赡养人指定分摊。约定或者指定分摊的须签订书面分摊协议,指定分摊优先于约定分摊;分摊方式和额度在一个纳税年度内不得变更。

纳税人向收款单位索取发票、财政票据、支出凭证,收款单位不能拒绝提供。

纳税人首次享受专项附加扣除,应当将专项附加扣除相关信息提交扣缴义务人或税务机关,扣缴义务人应当及时将相关信息报送税务机关,纳税人对所提交信息的真实性、准确性、完整性负责。专项附加扣除信息发生变化的,纳税人应当及时向扣缴义务人或税务机关提供相关信息。

(3) 其他扣除。其他扣除包括个人缴付符合国家规定的企业年金、职业年金,个人购买符合国家规定的商业健康保险、税收递延型商业养老保险的支出,以及国务院规定可以扣除的其他项目。

专项扣除、专项附加扣除和依法确定的其他扣除,以居民个人一个纳税年度的应纳税所得额为限额;一个纳税年度扣除不完的,不得结转以后年度扣除。

2. 经营所得

经营所得,以个体工商户、个人独资企业、合伙企业以及个人从事其他生产、经营活动每一纳税年度的收入总额减去成本、费用和损失后的余额,为应纳税所得额。

成本、费用是生产、经营活动中发生的各项直接支出和分配计入成本的间接费用以及销售费用、管理费用、财务费用;损失是生产、经营活动中发生的固定资产和存货的盘亏、毁损、报废损失,转让财产损失,坏账损失,自然灾害等不可抗力因素造成的损失以及其他损失。

取得经营所得的个人,若没有综合所得的,计算其每一纳税年度应纳税所得额时,可扣除免征额 6 万元及专项扣除、专项附加扣除和依法确定的其他扣除,专项附加扣除在办理汇算清缴时减除。

从事生产经营活动,未提供完整、准确的纳税资料,不能正确计算应纳税所得额的,由主管税务机关核定应纳税所得额或应纳税额。

3. 财产租赁所得

财产租赁所得,每次(以一个月内取得的收入为一次)收入不超过 4 000 元的,减去费用 800 元;4 000 元以上的,减去 20% 的费用,其余额为应纳税所得额。

4. 财产转让所得

财产转让所得,按一次转让财产的收入额减去财产原值和合理费用(卖出财产时按规定支付的相关税费)后的余额计算纳税。两人以上共同取得同一项目收入的,应当对每人取得的收入分别按照税法的规定计算纳税。财产原值按下列方法确定:

(1) 有价证券,为买入价以及买入时按照规定交纳的有关费用。

(2) 建筑物,为建造费或者购进价格以及其他有关费用。

(3) 土地使用权,为取得土地使用权所支付的金额、开发土地的费用以及其他有关费用。

(4) 机器设备、车船,为购进价格、运输费、安装费以及其他有关费用。

纳税人未提供完整、准确的财产原值凭证,不能按规定方法确定财产原值的,由主管税务机关核定财产原值。

5. 利息、股息、红利所得和偶然所得

利息、股息、红利所得和偶然所得，以每次（实际支付或取得）收入额为应纳税所得额。扣缴义务人若已将纳税人应得收入通过"利润分配"账户明确到个人名下，即属于挂账未分配的股息、红利等，应认定为所得的支付，进行个人所得税的代扣代缴。

6. 公益慈善捐赠的扣除

个人将其所得通过中国境内的社会团体、国家机关向教育、扶贫、济困等公益慈善事业的捐赠，捐赠额未超过纳税人申报的应纳税所得额30%的部分，可以从其应纳税所得额中扣除（对公益慈善事业捐赠实行全额税前扣除的，从其规定）。

7. 居民个人从中国境内和境外取得的综合所得、经营所得

居民个人从中国境内和境外取得的综合所得、经营所得，应当分别合并计算应纳税额；从中国境内和境外取得的其他所得，应当分别单独计算应纳税额。

已在境外缴纳的个人所得税税额是居民个人来源于中国境外的所得，依照该所得来源国家（地区，下同）的法律应当缴纳并且实际已经缴纳的所得税税额。

纳税人境外所得依照税法规定计算的应纳税额，是居民个人抵免已在境外缴纳的综合所得、经营所得和其他所得的所得税税额的限额（以下简称抵免限额）。除另有规定外，来源于中国境外一个国家的综合所得抵免限额、经营所得抵免限额和其他所得抵免限额之和，为来源于该国家所得的抵免限额。抵免限额计算公式如下：

来源于一国（地区）综合/经营所得的抵免限额＝中国境内、境外综合/经营所得依照个人所得税法和实施条例规定计算的综合/经营所得应纳税总额×来源于该国（地区）的综合/经营所得收入额÷中国境内、境外综合/经营所得收入总额

居民个人在中国境外某国实际已经缴纳的个人所得税税额，低于按规定计算的来源于该国所得抵免限额的，应在中国缴纳差额部分的税款；超过来源于该国所得抵免限额的，其超过部分不得在本纳税年度应纳税额中抵免，但可在以后纳税年度来源于该国所得抵免限额的余额中补扣，补扣期限最长不得超过5年。

居民个人申请抵免已在境外缴纳的个人所得税税额，应提供境外税务机关出具的税款所属年度的有关纳税凭证。

二、居民个人所得税应纳税额的计算

（一）工资、薪金所得应纳税额的计算

$$应纳税所得额 = 工资薪金收入额 - 专项扣除额[①] - 免征额 - 专项附加扣除额 = 依法确定的其他扣除额$$

$$应交个人所得税 = 应纳税所得额 × 适用税率 - 速算扣除数$$

1. 工资薪金所得的预扣预缴

扣缴义务人向居民个人支付工资薪金所得时，应按累计预扣法预扣预缴税款，并按月办理全员全额扣缴申报（另有规定的除外）。

---

① 即"三险一金"。根据实发金额，各项保险提取比例分别是：养老保险8%、医疗保险2%、失业保险0.4%、住房公积金为12%，三者之和是职工工薪收入的22.4%。

累计预扣法是扣缴义务人在一个纳税年度内预扣预缴税款时,以纳税人截至当前月份累计工资薪金所得收入额减去纳税人申报的累计减除费用(免征额)、专项扣除、专项附加扣除和依法确定的其他扣除后的余额为累计预缴应纳税所得额,根据工薪所得预扣率表(见表9-2)计算累计应预扣预缴税额,再减去已预扣预缴税额,以确定本期应预扣预缴税额的一种计算方法。当余额为负值时,暂不退税,纳税年度终了后余额仍为负值时,可通过年度汇算清缴、多退少补。计算公式如下:

$$\text{本期应预扣预缴个人所得税} = \left(\text{累计预扣预缴应纳税所得额} \times \text{预扣率} - \text{速算扣除数}\right) - \text{累计减免税额} - \text{累计已预扣预缴税额}$$

$$\text{累计预扣预缴应纳税所得额} = \text{累计收入} - \text{累计免税收入} - \text{累计减除费用} - \text{累计专项扣除} - \text{累计专项附加扣除} - \text{累计依法确定的其他扣除}$$

$$\text{累计减除费用} = 5\ 000\ \text{元/月} \times \text{当期月份数}$$

【例9-1】 (1)天科公司职工张强1月份工资收入额18 000元,当月专项扣除额("三险一金")相当于职工工薪收入的22%,子女教育、继续教育、住房贷款利息和赡养老人等专项附加扣除额共计4 400元,无其他扣除额。计算应预扣预缴张强当月应交个人所得税。

当月应纳税所得额 = 18 000 - 5 000 - 18 000 × 22% - 4 400 = 4 640(元)

当月预扣预缴个人所得税 = 4 640 × 3% - 0 = 139.2(元)

(2)2月份工资收入额17 500元,专项扣除额、专项附加扣除额和免征额与1月份相同。当月应预扣预缴张强应交个人所得税计算如下:

累计应纳税所得额 = (18 000 + 17 500) - 5 000 × 2 - (18 000 + 17 500) × 22% - 4 400 × 2

= 8 890(元)

当月预扣预缴个人所得税 = 8 890 × 3% - 139.2 = 127.5(元)

2. 工资薪金所得的汇算清缴

年度终了后,纳税人应在次年3至6月到主管税务机关进行个人所得税的汇算清缴。

【例9-2】 仍以[例9-1]为例,假设张强当年全年工资收入总额220 000元,全年专项附加扣除额共计52 800元,无其他扣除额;当年预扣预缴个税合计1 680元。下年初,张强到主管税务机关办理汇算清缴时,应退(补)个人所得税计算如下:

全年应纳税所得额 = 220 000 - 220 000 × 22% - 52 800 - 60 000 = 58 800(元)

全年应交个人所得税 = 58 800 × 10% - 2 520 = 3 360(元)

应补交个人所得税 = 3 360 - 1 680 = 1 680(元)

3. 全年一次性奖金收入的计税

在2021年12月31日前,不并入当年综合所得,以全年一次性奖金收入除以12个月得到的数额,以按月换算后的综合所得税率表(同表9-3),确定适用税率和速算扣除数,单独计算纳税。计算公式为:

应纳税额 = 全年一次性奖金收入 × 适用税率 - 速算扣除数

居民个人取得全年一次性奖金,也可选择并入当年综合所得计算纳税。

自2022年1月1日起,居民个人取得全年一次性奖金,应并入当年综合所得计算缴纳个人所得税。

【例 9-3】 李英军在某单位任职。1月份工资7 000元,专项扣除1 400元,专项附加扣除2 000元。当月发放年终奖48 000元。

(1)选择全年一次性奖金不并入综合所得。

当月工资应纳税所得额＝7 000－1 400－5 000－2 000＝－1 400(元),不缴个税。

确认一次性奖金适用税率。48 000÷12＝4 000,对应税率表(参见表9-4)的税率10%,速算扣除数为210。

$$应交个人所得税 = 48\ 000 \times 10\% - 210 = 4\ 590(元)$$

(2)若选择全年一次性奖金并入综合所得。

$$应纳税所得额 = 48\ 000 + 7\ 000 - 1\ 400 - 5\ 000 - 2\ 000 = 46\ 600(元)$$

确认适用税率。根据表9-2,税率10%,速算扣除数为2 520。

$$应交个人所得税 = 46\ 600 \times 10\% - 2\ 520 = 2\ 140(元)$$

(二)劳务报酬所得、稿酬所得、特许权使用费所得应纳税额的计算

扣缴义务人向居民个人支付劳务报酬所得、稿酬所得、特许权使用费所得,每次收入不超过4 000(含)元的,扣除费用按800元计算;每次收入4 000元以上的,扣除费用按20%计算;稿酬所得的收入额减按70%计算,以每次收入额为应纳税所得额。

属于一次性收入的,以取得该项收入为一次;属于同一项目连续性收入的,以1个月内取得的收入为一次。

以每次收入额为预扣预缴应纳税所得额。劳务报酬所得适用20%至40%的超额累进预扣率(见表9-2),稿酬所得、特许权使用费所得适用20%的比例预扣率。

$$劳务报酬所得应预扣预缴税额 = 预扣预缴应纳税所得额 \times 预扣率 - 速算扣除数$$
$$稿酬所得、特许权使用费所得应预扣预缴税额 = 预扣预缴应纳税所得额 \times 20\%$$

居民个人取得劳务报酬所得、稿酬所得、特许权使用费所得,在预扣预缴税款后,应当在年度终了后与工资薪金所得合并计税,进行汇算清缴,多退少补。

1.劳务报酬所得应纳税额的计算

【例 9-4】 某演员8月份在A地演出2天,共获演出收入60 000元。计算其应交个人所得税。

$$应纳税所得额 = 60\ 000 \times (1 - 20\%) = 48\ 000(元)$$
$$应交个人所得税 = 48\ 000 \times 30\% - 2\ 000 = 12\ 400(元)$$

如果该演员通过民政部门将这笔收入税后全部捐赠给贫困地区,应交个人所得税计算如下:

$$可在税前扣除的捐赠额 = 48\ 000 \times 30\% = 14\ 400(元)$$
$$实际应纳税所得额 = 48\ 000 - 14\ 400 = 33\ 600(元)$$
$$应交个人所得税 = 33\ 600 \times 30\% - 2\ 000 = 8\ 080(元)$$
$$实际捐款金额 = 60\ 000 - 8\ 080 = 51\ 920(元)$$

【例 9-5】 刘明为天禹公司提供软件开发服务,合同约定税后劳务报酬40 000元,个人

应交税费由企业负担。刘明的应税行为按小规模纳税人管理,增值税征收率为3%。根据有关规定,月销售额不超过10万元的,免征教育费附加、地方教育附加和水利建设基金等附加费。假设刘明取得的含税劳务报酬为 X 万元,相关税金计算如下:

$$个人应交增值税 = X \div (1+3\%) \times 3\% = 0.029\,1X$$

$$个人应交城建税 = 0.029\,1X \times 7\% = 0.002X$$

$$\begin{array}{l}应交个税 \\ 计税所得\end{array} = \begin{array}{l}不含税 \\ 收入\end{array} - \begin{array}{l}城市维护 \\ 建设税\end{array} = X \div (1+3\%) - 0.029\,1X \times 7\% = 0.968\,8X$$

$$扣除费用 = 计税所得 \times 20\% = 0.193\,8X$$

$$应纳税所得额 = 计税所得 - 扣除费用 = 0.968\,8X - 0.193\,8X = 0.775X$$

$$\begin{array}{l}应交个人 \\ 所得税\end{array} = \begin{array}{l}应纳税 \\ 所得额\end{array} \times \begin{array}{l}适用 \\ 税率\end{array} - \begin{array}{l}速算 \\ 扣除数\end{array} = 0.775X \times 30\% - 2\,000 = 0.232\,5X - 2\,000$$

$$税后(实得)劳务报酬 = 含税劳务报酬 - 应交增值税 - 应交城建税 - 应交个人所得税$$
$$= X - 0.029\,1X - 0.002X - (0.232\,5X - 2\,000) = 40\,000(元)$$

计算求出: $X = 51\,602$(元)

即个人提供劳务,如果税后报酬是 40 000 元,则可倒推出税前报酬应是 51 602 元。为此,天禹公司应为刘明代缴相关税金并支付劳务报酬计算如下:

$$应交增值税 = 51\,602 \times 0.029\,1 = 1\,502(元)$$

$$应交城建税 = 51\,602 \times 0.002 = 103(元)$$

$$应交个人所得税 = 51\,602 \times 0.232\,5 - 2\,000 = 9\,997(元)$$

$$刘明税后劳务报酬 = 51\,602 - 1\,502 - 103 - 9\,997 = 40\,000(元)$$

2. 稿酬所得、特许权使用费所得应纳税额的计算

以稿酬所得的收入减去20%费用后的余额为收入额,再减按70%计算应纳税所得额。

【例9-6】 某作家取得一笔稿酬收入 20 000 元,应交个人所得税计算如下:

$$应纳税所得额 = 20\,000 \times (1-20\%) \times 70\% = 11\,200(元)$$

$$应交个人所得税 = 11\,200 \times 20\% = 2\,240(元)$$

(三)一次性补贴收入应纳税额的计算

个人办理提前退休手续而取得的一次性补贴收入,应按照办理提前退休手续至法定离退休年龄之间实际年度数平均分摊,确定适用税率和速算扣除数,单独适用综合所得税率表(表9-3)计算纳税。

应纳税额={[(一次性补贴收入÷办理提前退休手续至法定退休年龄的实际年度数)—费用扣除标准]×适用税率—速算扣除数}×办理提前退休手续至法定退休年龄的实际年度数。

(四)财产租赁所得应纳税额的计算

按照每次租赁收入的大小,区别情况计算。

1. 每次收入不超过 4 000 元的

$$应交个人所得税 = (每次收入额 - 费用800元) \times 20\%$$

2. 每次收入 4 000 元以上的

$$应交个人所得税 = 每次收入额 \times (1 - 20\%) \times 20\%$$

（五）财产转让所得应纳税额的计算

$$应交个人所得税 = (财产转让收入额 - 财产原值 - 合理费用) \times 20\%$$

（六）利息、股息、红利所得应纳税额的计算。

$$应交个人所得税 = 每次收入额 \times 20\%$$

（七）偶然所得应纳税额的计算

$$应交个人所得税 = 每次收入额 \times 20\%$$

三、非居民个人所得税应纳税额的计算

（1）非居民个人的工资、薪金所得。以每月收入额扣除免征额 5 000 元后的余额为应纳税所得额，适用按月换算后的综合所得税率表，即月度税率表（表 9-3）计算应纳税额。

$$非居民个人综合所得应纳税额 = 应纳税所得额 \times 税率 - 速算扣除数$$

在一个纳税年度内，在境内累计居住不超过 90 天的非居民个人，仅就归属于境内工作期间并由境内雇主支付或者负担的工资薪金所得计算缴纳个人所得税。当月工资薪金收入额计算公式如下：

$$当月工资薪金收入额 = 当月境内外工资薪金总额 \times \left(\frac{当月境内支付的工资薪金额}{当月境内外工资薪金总额} \right) \times \left(\frac{当月工薪所属工作期间境内工作天数}{当月工薪所属工作期间公历天数} \right)$$

在一个纳税年度内，在境内累计居住超过 90 天但不满 183 天的非居民个人，取得归属于境内工作期间的工资薪金所得，应计算缴纳个人所得税；其取得归属于境外工作期间的工资薪金所得，不征收个人所得税。当月工资薪金收入额计算公式如下：

$$当月工资薪金收入额 = 当月境内外工资薪金总额 \times \left(\frac{当月工薪所属工作期间境内工作天数}{当月工薪所属工作期间公历天数} \right)$$

（2）非居民个人一个月内取得股权激励所得，按规定单独计算当月收入额，不与当月其他工资薪金合并，按 6 个月分摊计税，不减除费用，适用表 9-4 计算应纳税额，计算公式如下：

$$当月股权激励所得应纳税额 = \left[\left(\frac{本公历年度内股权激励所得合计额}{6} \right) \times 适用税率 - 速算扣除数 \right] \times 6 - 本公历年度内股权激励所得已纳税额$$

（3）非居民个人取得来源于境内的劳务报酬所得、稿酬所得、特许权使用费所得，以税法规定的每次收入额为应纳税所得额，适用表 9-4 计算应纳税额。

（4）扣缴义务人向非居民个人支付上述所得时，应当按月或按次预扣预缴个人所得税。

【例 9-7】 以［例 9-4］资料为例，假如该演员系非居民个人，应扣缴个人所得税计算如下：

$$应纳税所得额 = 60\,000 \times (1 - 20\%) = 48\,000(元)$$
$$应交个人所得税 = 48\,000 \times 30\% - 4\,410 = 9\,990(元)$$

以[例9-6]资料为例,假如该作家系非居民个人,应扣缴个人所得税计算如下:

$$应交个人所得税 = 11\,200 \times 10\% - 210 = 910(元)$$

四、居民个人所得税的纳税调整

居民个人从中国境外取得的所得,可以从其应纳税额中抵免已在境外缴纳的个人所得税税额,但抵免额不得超过该纳税人境外所得依照税法规定计算的应纳税额。有下列情形之一的,税务机关有权按照合理方法进行纳税调整:

(1) 个人与其关联方之间的业务往来不符合独立交易原则而减少本人或其关联方应纳税额,且无正当理由。

关联方是指夫妻、直系血亲、兄弟姐妹及其他抚养、赡养、扶养关系的个人,在资金、经营、购销等方面有直接、间接控制关系,其他经济利益关系。独立交易原则是指没有关联关系的交易各方,按公平成交价格和营业常规进行业务往来应遵循的原则。

(2) 居民个人控制的,或者居民个人和居民企业共同控制的设立在实际税负明显偏低的国家(地区)的企业,无合理经营需要,对应当归属于居民个人的利润不作分配或减少分配。

纳税人能够提供资料证明其控制的企业满足国务院财政、税务主管部门规定条件的,可免予纳税调整。

(3) 个人实施其他不具有合理商业目的(以减少、免除或推迟缴纳税款为主要目的)的安排而获取不当税收利益。

税务机关按规定作出的纳税调整,需要补征税款并依法加收利息的,纳税人应当补缴税款和利息①。有关部门依法将纳税人、扣缴义务人遵守税法的情况纳入信用信息系统,并实施联合激励或惩戒。

五、居民企业个人所得税的计算

(一) 应交个人所得税的计算

个体工商户、个人独资企业、合伙企业及个人从事生产、经营所得,以每一纳税年度的收入总额,减去成本、费用、税金、损失、其他支出以及允许弥补的以前年度亏损后的余额,为应纳税所得额。从事生产经营以及与生产经营有关的活动取得的货币形式和非货币形式的各项收入为收入总额,具体包括销售货物收入、提供劳务收入、转让财产收入、利息收入、租金收入、接受捐赠收入、其他收入。个人所得税的计算公式如下:

应纳税所得额 = 收入总额 −(成本 + 费用 + 税金 + 损失 + 其他支出 + 允许弥补的以前年度亏损)

应交个人所得税 = 应纳税所得额 × 税率 − 速算扣除数

---

① 按照税款所属纳税申报期最后一日中国人民银行公布的与补税期间同期的人民币贷款基准利率计算利息,自税款纳税申报期满次日起至补缴税款期限届满之日止按日加收。纳税人在补缴税款期限届满前补缴税款的,利息加收至补缴税款之日。

未提供完整、准确的纳税资料,不能正确计算应纳税所得额的,由主管税务机关核定其应纳税所得额。

企业应当分别核算生产经营活动中的生产经营费用和个人、家庭费用。对于生产经营与个人、家庭生活混用难以分清的费用,其 40% 视为与生产经营有关费用,准予扣除。

纳税年度发生的亏损,准予向以后年度结转,结转年限最长不得超过五年。

(二)税前扣除项目和标准

(1)企业向其从业人员实际支付的合理的工资薪金支出,允许在税前据实扣除。业主的工资薪金支出不得税前扣除,业主的费用扣除标准,依照相关法律、法规和政策规定执行。

(2)按国务院有关主管部门或省级人民政府规定的范围和标准为其业主和从业人员缴纳的基本养老保险费、基本医疗保险费、失业保险费、生育保险费、工伤保险费和住房公积金,准予扣除。为从业人员缴纳的补充养老保险费、补充医疗保险费,分别在不超过从业人员工资总额 5% 标准内的部分据实扣除,超过部分不得扣除。

业主本人缴纳的补充养老保险费、补充医疗保险费,以当地(地级市)上年度社会平均工资的 3 倍为计算基数,分别在不超过该计算基数 5% 标准内的部分据实扣除,超过部分不得扣除。

(3)在生产经营活动中发生的下列利息支出准予扣除:

向金融企业借款的利息支出;向非金融企业和个人借款的利息支出,不超过按照金融企业同期同类贷款利率计算的数额的部分。

(4)向当地工会组织拨缴的工会经费、实际发生的职工福利费支出、职工教育经费支出分别在工资薪金总额[①]的 2%、14%、8% 的标准内据实扣除[②]。

(5)发生的与生产经营活动有关的业务招待费,按照实际发生额的 60% 扣除,但最高不得超过当年销售收入的 5‰。

(6)每一纳税年度发生的与其生产经营活动直接相关的广告费和业务宣传费不超过当年销售收入 15% 的部分,可以据实扣除;超过部分,准予在以后纳税年度结转扣除。

(7)研究开发新产品、新技术、新工艺所发生的开发费用,以及研究开发新产品、新技术而购置单台价值在 10 万元以下的测试仪器和试验性装置的购置费准予直接扣除;单台价值在 10 万元以上(含 10 万元)的测试仪器和试验性装置,按固定资产管理,不得在当期直接扣除。

【例 9-8】 某个体户业主准备添置 1 台测试仪器,以 10 万元价格成交。根据规定,单台价值 10 万元及其以上者,不得在当期直接扣除,应按固定资产管理办法逐年折旧。假设测试仪器寿命为 5 年,按直线法计提折旧,则每年计提折旧额 2 万元(不留残值)。

如果业主与卖家讨价还价最终以单台价值 99 850 元成交,所购仪器仅比原单台价值便宜 150 元,但可以在当期直接扣除仪器购置费 99 850 元。

---

① 允许在当期税前扣除的工资薪金支出数额。
② 业主本人向当地工会组织缴纳的工会经费、实际发生的职工福利费支出、职工教育经费支出(比例同上),以当地(地级市)上年度社会平均工资的 3 倍为计算基数。

六、有限合伙企业出资人应纳税额的计算

（一）查账征收方法

凡实行查账征收方法的，根据有关规定，其下列项目的扣除是：

（1）对合伙企业的自然人业主费用扣除标准统一确定为 60 000 元/年（5 000 元/月）。

（2）合伙企业向其从业人员实际支付的合理的工资、薪金支出，允许在税前据实扣除。

（3）合伙企业拨缴的工会经费、发生的职工福利费、职工教育经费支出分别在工资、薪金总额 2％、14％、8％的标准内据实扣除。

（4）合伙企业每一纳税年度发生的广告费和业务宣传费用不超过当年销售收入 15％的部分，可据实扣除；超过部分，准予在以后纳税年度结转扣除。

（5）合伙企业每一纳税年度发生的与其生产经营业务直接相关的业务招待费支出，按照发生额的 60％扣除，但最高不得超过当年销售收入的 5‰。

（6）投资者及其家庭发生的生活费用不允许在税前扣除。投资者及其家庭发生的生活费用与企业生产经营费用混合在一起，并且难以划分的，全部视为投资者个人及其家庭发生的生活费用，不允许在税前扣除。

（7）企业生产经营和投资者及其家庭生活共用的固定资产难以划分的，由主管税务机关根据企业的生产经营类型、规模等具体情况，核定准予在税前扣除的折旧费用的数额或比例。

（8）企业计提的各种准备金不得扣除。

（二）核定征收方法

对合伙企业实行核定征收方法的，应交个人所得税计算公式如下：

$$应交个人所得税 = 应纳税所得额 \times 适用税率$$
$$应纳税所得额 = 收入总额 \times 应税所得率$$

第三节　个人所得税的缴纳与申报

一、个人所得税的缴纳

个人所得税实行源泉分项/综合扣缴和纳税人自行申报两种缴纳办法，以支付所得的单位或个人为扣缴义务人。在两处以上取得应税所得和没有扣缴义务人的，纳税人应当自行申报纳税；自行申报纳税人，应在取得所得的所在地税务机关申报纳税。纳税人从中国境外取得所得的，应在户籍所在地税务机关或指定税务机关申报纳税。在两处以上取得的所得，需要合并计算纳税的，由纳税人申请、税务机关批准，可在其中一处税务机关申报纳税。纳税人要求变更纳税申报地点的，应经原主管税务机关批准。

（1）综合所得的缴纳。综合所得按年计算个人所得税。有扣缴义务人的，扣缴义务人在向个人支付[1]应税款项时，应按税法规定预扣或代扣税款，并专项记载备查。

---

[1]　包括现金支付、汇拨支付、转账支付和以有价证券、实物以及其他形式的支付。

居民个人取得工资、薪金所得时,可向扣缴义务人提供专项附加扣除有关信息。扣缴义务人应按纳税人提供的信息计算税款、办理扣缴申报,不得擅自更改纳税人提供的信息。

纳税人发现扣缴义务人提供或者扣缴申报的个人信息、所得、扣缴税款等与实际情况不符的,有权要求扣缴义务人修改。扣缴义务人拒绝修改的,纳税人应当报告税务机关,税务机关应及时处理。

纳税人、扣缴义务人应按规定保存与专项附加扣除相关的资料。税务机关可对纳税人提供的专项附加扣除信息进行抽查。税务机关发现纳税人提供虚假信息的,应当责令改正并通知扣缴义务人;情节严重的,有关部门应当依法予以处理,纳入信用信息系统并实施联合惩戒。

纳税人同时从两处以上取得工资、薪金所得,并由扣缴义务人减除专项附加扣除的,对同一专项附加扣除项目,在一个纳税年度内只能选择从一处取得的所得中减除。

居民个人取得劳务报酬所得、稿酬所得、特许权使用费所得,应当在汇算清缴时向税务机关提供有关信息,减除专项附加扣除。

年度预扣预缴税额与年度应纳税额不一致时,纳税人应于次年3月1日至6月30日向主管税务机关办理综合所得年度汇算清缴,税款多退少补。纳税人可以委托扣缴义务人或者其他单位和个人办理汇算清缴。

非居民个人取得工资、薪金所得,劳务报酬所得,稿酬所得和特许权使用费所得,有扣缴义务人的,由扣缴义务人按月或按次代扣代缴税款,不办理汇算清缴。

(2)经营所得的缴纳。纳税人取得经营所得,按年计算个人所得税,由纳税人在月度或季度终了后15日内向税务机关报送纳税申报表,并预缴税款;在取得所得的次年3月31日前办理汇算清缴。

(3)纳税人取得利息、股息、红利所得,财产租赁所得,财产转让所得和偶然所得,按月或按次计算个人所得税,有扣缴义务人的,由扣缴义务人按月或按次代扣代缴税款。

(4)扣缴义务人每月或每次预扣/代扣的税款,应在次月15日内缴入国库,并向税务机关报送个人所得税扣缴申报表。

二、个人所得税的纳税申报

纳税年度自公历1月1日起至12月31日止。有下列情形之一的,纳税人应当依法办理纳税申报:

第一,取得综合所得。需要办理汇算清缴的情形包括:

(1)从两处以上取得综合所得,且综合所得年收入额减去专项扣除的余额超过6万元。

(2)取得劳务报酬所得、稿酬所得、特许权使用费所得中一项或者多项所得,且综合所得年收入额减去专项扣除的余额超过6万元。

(3)纳税年度内预缴税额低于应纳税额。

(4)纳税人申请退税。纳税人申请退税,应提供其在中国境内开设的银行账户,并在汇算清缴地就地办理税款退库。

第二,取得应税所得,扣缴义务人未扣缴税款。应当区别以下情形办理纳税申报:

(1)居民个人取得综合所得的,按"1.综合所得"办理。

(2)非居民个人取得工资、薪金所得,劳务报酬所得,稿酬所得,特许权使用费所得的,

应在取得所得的次年 6 月 30 日前,向扣缴义务人所在地主管税务机关办理纳税申报,并报送《个人所得税自行纳税申报表(A 表)》。有两个以上扣缴义务人均未扣缴税款的,选择向其中一处扣缴义务人所在地主管税务机关办理纳税申报。

第三,取得经营所得的纳税申报。个体工商户业主、个人独资企业投资者、合伙企业个人合伙人、承包承租经营者个人以及其他从事生产、经营活动的个人取得经营所得,按年计算个人所得税,由纳税人在月度或季度终了后 15 日内,向经营管理所在地主管税务机关办理预缴纳税申报,并报送《个人所得税经营所得纳税申报表(A 表)》。在取得所得的次年 3 月 31 日前,向经营管理所在地主管税务机关办理汇算清缴,并报送《个人所得税经营所得纳税申报表(B 表)》;从两处以上取得经营所得的,选择向其中一处经营管理所在地主管税务机关办理年度汇总申报,并报送《个人所得税经营所得纳税申报表(C 表)》。

第四,取得境外所得。居民个人从中国境外取得所得的,应当在取得所得的次年 3 月 1 日至 6 月 30 日内,向中国境内任职、受雇单位所在地主管税务机关办理纳税申报;在中国境内没有任职、受雇单位的,向户籍所在地或中国境内经常居住地主管税务机关办理纳税申报。

第五,因移居境外注销中国户籍,应向税务机关申报下列事项:

(1) 注销户籍当年的综合所得、经营所得汇算清缴的情况。

(2) 注销户籍当年的其他所得的完税情况。

(3) 以前年度欠税的情况。

第六,非居民个人在中国境内从两处以上取得工资、薪金所得。

三、个人所得税纳税申报表

个人所得税纳税申报表有个人所得税基础信息表(A、B 表)、个人所得税扣缴申报表、个人所得税自行纳税申报表(A 表)、个人所得税年度自行纳税申报表、个人所得税经营所得纳税申报表(A、B、C 表)、合伙制创业投资企业单一投资基金核算方式备案表、单一投资基金核算的合伙制创业投资企业个人所得税扣缴申报表。

(一) 个人所得税基础信息表

个人所得税基础信息表(A 表)适用于扣缴义务人办理全员全额扣缴申报时,填报其支付所得的纳税人的基础信息。扣缴义务人首次向纳税人支付所得,或者纳税人相关基础信息发生变化的,应填写本表,并于次月扣缴申报时向税务机关报送。表中带"*"项目分为必填和条件必填,其余项目为选填。

个人所得税基础信息表(B 表)适用于自然人纳税人基础信息的填报。自然人纳税人初次向税务机关办理相关涉税事宜时填报本表;初次申报后,以后仅需在信息发生变化时填报。表中带"*"的项目为必填或者条件必填,其余项目为选填。

(二) 个人所得税扣缴申报表

个人所得税扣缴申报表(表 9-7)适用于扣缴义务人向居民个人支付工资、薪金所得,劳务报酬所得,稿酬所得和特许权使用费所得的个人所得税全员全额预扣预缴申报;向非居民个人支付工资、薪金所得,劳务报酬所得,稿酬所得和特许权使用费所得的个人所得税全员全额扣缴申报;以及向居民个人和非居民个人支付利息、股息、红利所得,财产租赁所得,财产转让所得和偶然所得的个人所得税全员全额扣缴申报。

扣缴义务人应专门设立预扣预缴税收账簿,正确反映个人所得税的扣缴情况,如实填写本表及其他相关资料,在每月或每次预扣、代扣税款的次月 15 日内,将已扣税款缴入国库,并向税务机关报送本表。

(三)个人所得税自行纳税申报表(A 表)和个人所得税年度自行纳税申报表

(1)个人所得税自行纳税申报表(A 表)适用于纳税人向税务机关按月或按次办理自行纳税申报,包括居民个人取得综合所得以外的所得扣缴义务人未扣缴税款,非居民个人取得应税所得扣缴义务人未扣缴税款,非居民个人在中国境内从两处以上取得工资、薪金所得等。

适用于居民个人取得应税所得,扣缴义务人未扣缴税款,非居民个人取得应税所得扣缴义务人未扣缴税款,非居民个人在中国境内从两处以上取得工资、薪金所得等情形在办理自行纳税申报时,向税务机关报送。

第一,居民个人取得应税所得扣缴义务人未扣缴税款,应在取得所得的次年 6 月 30 日前办理纳税申报。

第二,非居民个人取得应税所得,扣缴义务人未扣缴税款的,应在取得所得的次年 6 月 30 日前办理纳税申报。非居民个人在次年 6 月 30 日前离境(临时离境除外)的,应当在离境前办理纳税申报。

第三,非居民个人在中国境内从两处以上取得工资、薪金所得的,应在取得所得的次月 15 日内办理纳税申报。

第四,其他需要纳税人办理自行申报的情形,按规定的申报期限办理。

(2)个人所得税年度自行纳税申报表适用于居民个人取得境内综合所得,按税法规定需要向主管税务机关办理汇算清缴时,应在取得所得的次年 3 月 1 日至 6 月 30 日内,报送本表。

(四)个人所得税经营所得纳税申报表

个人所得税经营所得纳税申报分为 A 表、B 表和 C 表三种。

1. 个人所得税经营所得纳税申报表(A 表)

个人所得税经营所得纳税申报表(A 表)(表 9-8)适用于查账征收和核定征收的个体工商户业主、个人独资企业投资人、合伙企业个人合伙人、承包承租经营者个人以及其他从事生产、经营活动的个人在中国境内取得经营所得,办理个人所得税预缴纳税申报时,向税务机关报送。合伙企业有两个或者两个以上个人合伙人的,应分别填报本表。纳税人应在月度或季度终了后 15 日内,向税务机关办理预缴纳税申报。

2. 个人所得税经营所得纳税申报表(B 表)

个人所得税经营所得纳税申报表(B 表)(表 9-9)适用于个体工商户业主、个人独资企业投资人、合伙企业个人合伙人、承包承租经营者个人以及其他从事生产、经营活动的个人在中国境内取得经营所得,且实行查账征收的,在办理个人所得税汇算清缴纳税申报时,向税务机关报送。合伙企业有两个或者两个以上个人合伙人的,应分别填报本表。纳税人应在取得经营所得的次年 3 月 31 日前,向税务机关办理汇算清缴。

税务会计

表 9-7

个人所得税扣缴申报表

税款所属期：　年　月　日　至　年　月　日

扣缴义务人名称：

扣缴义务人纳税人识别号（统一社会信用代码）：□□□□□□□□□□□□□□□□□□

金额单位：人民币元（列至角分）

序号	姓名	身份证件类型	身份证件号码	纳税人识别号	是否为非居民个人	所得项目	收入额计算			本月（次）情况												累计情况（工资、薪金）												税款计算						备注
										专项扣除						其他扣除								累计专项扣除	累计专项附加扣除					累计其他扣除	减按计税比例	准予扣除的捐赠额	应纳税所得额	税率/预扣率	速算扣除数	应纳税额	减免税额	已扣缴税额	应补（退）税额	
							收入	免税收入	减除费用	减除费用	基本养老保险费	基本医疗保险费	失业保险费	住房公积金	年金	商业健康保险	税延养老保险	财产原值	允许扣除的税费	其他	累计收入额	累计减除费用			子女教育	赡养老人	住房贷款利息	住房租金	继续教育											
1	2	3	4	5	6	7	8	9	10	11	12	13	14	15	16	17	18	19	20	21	22	23	24		25	26	27	28	29	30	31	32	33	34	35	36	37	38	39	40
合　计																																								

谨声明：本扣缴申报表是根据国家税收法律法规及相关规定填报的，是真实的、可靠的、完整的。

扣缴义务人（签章）：

　年　月　日

代理机构签章：

代理机构统一社会信用代码：

经办人签字：

经办人身份证件号码：

受理人：

受理税务机关（章）：

受理日期：　年　月　日

表 9-8　　　　　　　　　**个人所得税经营所得纳税申报表（A表）**

税款所属期：　　年　月　日至　　年　月　日

纳税人姓名：

纳税人识别号：□□□□□□□□□□□□□□□□□□□□　　　金额单位：人民币元（列至角分）

被投资单位信息	名称		纳税人识别号（统一社会信用代码）	
征收方式	□ 查账征收（据实预缴）　　　　　□ 查账征收（按上年应纳税所得额预缴） □ 核定应税所得率征收　　　　　□ 核定应纳税所得额征收 □ 税务机关认可的其他方式_____			

项　目	行次	金额/比例
一、收入总额	1	
二、成本费用	2	
三、利润总额（3＝1－2）	3	
四、弥补以前年度亏损	4	
五、应税所得率（%）	5	
六、合伙企业个人合伙人分配比例（%）	6	
七、允许扣除的个人费用及其他扣除（7＝8＋9＋14）	7	
（一）投资者减除费用	8	
（二）专项扣除（9＝10＋11＋12＋13）	9	
1. 基本养老保险费	10	
2. 基本医疗保险费	11	
3. 失业保险费	12	
4. 住房公积金	13	
（三）依法确定的其他扣除（14＝15＋16＋17）	14	
1.	15	
2.	16	
3.	17	
八、应纳税所得额	18	
九、税率（%）	19	
十、速算扣除数	20	
十一、应纳税额（21＝18×19－20）	21	
十二、减免税额（附报《个人所得税减免税事项报告表》）	22	
十三、已缴税额	23	
十四、应补/退税额（24＝21－22－23）	24	

谨声明：本表是根据国家税收法律法规及相关规定填报的，是真实的、可靠的、完整的。

纳税人签字：　　年　月　日

经办人： 经办人身份证件号码： 代理机构签章： 代理机构统一社会信用代码：	受理人： 受理税务机关（章）： 受理日期：　　年　　月　　日

表 9-9 　　　　　　**个人所得税经营所得纳税申报表(B表)**

税款所属期：　年　月　日至　年　月　日

纳税人姓名：

纳税人识别号：□□□□□□□□□□□□□□□□□□□□　　　金额单位：人民币元(列至角分)

被投资单位信息	名称		纳税人识别号(统一社会信用代码)	
项　目		行次	金额/比例	
一、收入总额		1		
其中:国债利息收入		2		
二、成本费用(3＝4＋5＋6＋7＋8＋9＋10)		3		
(一)营业成本		4		
(二)营业费用		5		
(三)管理费用		6		
(四)财务费用		7		
(五)税金		8		
(六)损失		9		
(七)其他支出		10		
三、利润总额(11＝1－2－3)		11		
四、纳税调整增加额(12＝13＋27)		12		
(一)超过规定标准的扣除项目金额(13＝14至26之和)		13		
1. 职工福利费		14		
2. 职工教育经费		15		
3. 工会经费		16		
4. 利息支出		17		
5. 业务招待费		18		
6. 广告费和业务宣传费		19		
7. 教育和公益事业捐赠		20		
8. 住房公积金		21		
9. 社会保险费		22		
10. 折旧费用		23		
11. 无形资产摊销		24		
12. 资产损失		25		
13. 其他		26		

（续表）

项　目	行次	金额/比例
（二）不允许扣除的项目金额（27＝28 至 36 之和）	27	
1. 个人所得税税款	28	
2. 税收滞纳金	29	
3. 罚金、罚款和被没收财物的损失	30	
4. 不符合扣除规定的捐赠支出	31	
5. 赞助支出	32	
6. 用于个人和家庭的支出	33	
7. 与取得生产经营收入无关的其他支出	34	
8. 投资者工资薪金支出	35	
9. 其他不允许扣除的支出	36	
五、纳税调整减少额	37	
六、纳税调整后所得（38＝11＋12－37）	38	
七、弥补以前年度亏损	39	
八、合伙企业个人合伙人分配比例（％）	40	
九、允许扣除的个人费用及其他扣除（41＝42＋43＋48＋55）	41	
（一）投资者减除费用	42	
（二）专项扣除（43＝44＋45＋46＋47）	43	
1. 基本养老保险费	44	
2. 基本医疗保险费	45	
3. 失业保险费	46	
4. 住房公积金	47	
（三）专项附加扣除（48＝49＋50＋51＋52＋53＋54）	48	
1. 子女教育	49	
2. 继续教育	50	
3. 大病医疗	51	
4. 住房贷款利息	52	
5. 住房租金	53	
6. 赡养老人	54	
（四）依法确定的其他扣除（55＝56＋57＋58＋59）	55	
1. 商业健康保险	56	
2. 税延养老保险	57	

（续表）

项 目	行次	金额/比例
3.	58	
4.	59	
十、投资抵扣	60	
十一、准予扣除的个人捐赠支出	61	
十二、应纳税所得额(62＝38－39－41－60－61)或[62＝(38－39)×40－41－60－61]	62	
十三、税率(%)	63	
十四、速算扣除数	64	
十五、应纳税额(65＝62×63－64)	65	
十六、减免税额(附报《个人所得税减免税事项报告表》)	66	
十七、已缴税额	67	
十八、应补/退税额(68＝65－66－67)	68	
谨声明：本表是根据国家税收法律法规及相关规定填报的,是真实的、可靠的、完整的。 　　　　　　　　　　　　　　　　　　　　　　　　纳税人签字：　　年　月　日		
经办人： 经办人身份证件号码： 代理机构签章： 代理机构统一社会信用代码：	受理人： 受理税务机关(章)： 受理日期：　　年　月　日	

3. 个人所得税经营所得纳税申报表(C表)

个人所得税经营所得纳税申报表(C表)(表9-10)适用于个体工商户业主、个人独资企业投资人、合伙企业个人合伙人、承包承租经营者个人以及其他从事生产、经营活动的个人在中国境内两处以上取得经营所得,办理合并计算个人所得税的年度汇总纳税申报时,向税务机关报送。

纳税人从两处以上取得经营所得,应当于取得所得的次年3月31日前办理年度汇总纳税申报。

表9-10　　　　　　　　　　**个人所得税经营所得纳税申报表(C表)**

税款所属期：　　年　月　日至　　年　月　日

纳税人姓名：

纳税人识别号：□□□□□□□□□□□□□□□□□□□□　　　金额单位：人民币元(列至角分)

被投资单位信息	单位名称		纳税人识别号(统一社会信用代码)	投资者应纳税所得额
	汇总地			
	非汇总地	1		
		2		
		3		
		4		
		5		

（续表）

项 目	行次	金额/比例
一、投资者应纳税所得额合计	1	
二、应调整的个人费用及其他扣除(2＝3＋4＋5＋6)	2	
（一）投资者减除费用	3	
（二）专项扣除	4	
（三）专项附加扣除	5	
（四）依法确定的其他扣除	6	
三、应调整的其他项目	7	
四、调整后应纳税所得额(8＝1＋2＋7)	8	
五、税率(%)	9	
六、速算扣除数	10	
七、应纳税额(11＝8×9－10)	11	
八、减免税额(附报《个人所得税减免税事项报告表》)	12	
九、已缴税额	13	
十、应补/退税额(14＝11－12－13)	14	
谨声明：本表是根据国家税收法律法规及相关规定填报的，是真实的、可靠的、完整的。 纳税人签字： 年 月 日		
经办人： 经办人身份证件号码： 代理机构签章： 代理机构统一社会信用代码：	受理人： 受理税务机关(章)： 受理日期： 年 月 日	

（五）合伙制创业投资企业单一投资基金核算方式备案表和单一投资基金核算的合伙制创业投资企业个人所得税扣缴申报表

前者适用于合伙制创业投资企业（含创投基金，统称创投企业）选择按单一投资基金核算，在管理机构完成备案的 30 日内，向主管税务机关进行核算方式备案，报送本表。选择一种核算方式满 3 年需要调整的，应在满 3 年的次年 1 月 31 日前，重新向主管税务机关备案，报送本表。

后者适用于选择按单一投资基金核算的合伙制创业投资企业（含创投基金，统称创投企业）按规定办理年度股权转让所得扣缴申报时，应在取得所得的次年 3 月 31 日前向主管税务机关报送。

第四节　个人所得税的会计处理

一、企业预扣预缴/代扣代缴个人所得税的会计处理

1. 支付工资、薪金和劳务报酬预扣预缴所得税

企业作为个人所得税的扣缴义务人，应按规定扣缴职工应缴纳的个人所得税。预扣个人所得税时，借记"应付职工薪酬"账户，贷记"应交税费——应交预扣个人所得税"等账户。

【例9-9】　天江公司工程师赵志1月份工资收入额25 000元,当月专项扣除额5 500元,专项附加扣除额4 000元,无其他扣除额。公司预扣预缴赵志当月应交个人所得税和相关会计分录如下:

$$当月应纳税所得额 = 25\ 000 - 5\ 500 - 4\ 000 - 5\ 000 = 10\ 500(元)$$
$$当月预扣预缴个人所得税 = 10\ 500 \times 3\% = 315(元)$$

实际发放工资(实务中,会计分录当然是按总额反映,每人的信息在明细表中)时:

借:应付职工薪酬——工资薪金(赵志)		25 000
贷:库存现金/银行存款		19 185
其他应付款		5 500
应交税费——应交预扣个人所得税		315

财务会计反映当月应付职工薪酬时:

借:生产成本、管理费用等		25 000
贷:应付职工薪酬——工资薪金(赵志)		25 000

【例9-10】　以[例9-5]资料为例,天禹公司相关会计处理如下:

借:无形资产		51 602
贷:应付账款——刘明		40 000
应交税费——应交预扣增值税		1 502
——应交预扣城建税		103
——应交预扣个人所得税		9 997

向刘明实际支付劳务报酬时。

借:应付账款——刘明		40 000
贷:银行存款		40 000

天禹公司在与刘明签订软件开发合同时,若把合同定为含税价款48 330元,应缴纳的增值税、城建税及个人所得税由刘明自己负担,余额为4万元,也能满足刘明与公司签订合同的要求,但公司相关会计处理却有差异。如果站在公司的角度,选择哪一种支付方式好呢?

2. 承包、承租经营所得应交所得税的会计处理

承包、承租经营有如下两种情况,个人所得税也相应涉及两个应税项目。

(1)承包、承租人对企业经营成果不拥有所有权,仅是按合同(协议)规定取得一定所得的,其所得按工资、薪金所得项目征税,适用3%~45%的超额累进税率。

(2)承包、承租人按合同(协议)的规定只向发包、出租方交纳一定费用后,企业经营成果归其所有的,承包、承租人取得的所得,按对企事业单位的承包经营、承租经营所得项目,适用5%~35%的超额累进税率。

第一种情况的会计处理方法同工薪所得扣缴所得税的会计处理;第二种情况,应由承包、承租人自行申报缴纳个人所得税,发包、出租方不作扣缴所得税的会计处理。

【例9-11】　4月1日,李某与原所在事业单位签订承包合同经营招待所,合同规定承包期为一年,李某全年上交费用100 000元,年终招待所实现利润400 000元。李某应交个人

所得税如下：

$$应纳税所得额＝承包经营利润－上交承包费－费用扣减额$$
$$＝400\,000－100\,000－5\,000\times12＝240\,000（元）$$
$$应交个人所得税＝应纳税所得额\times适用税率－速算扣除数$$
$$＝240\,000\times20\%－10\,500＝37\,500（元）$$

发包、出租方在收到李某缴来承包（租）费时，作会计分录如下：

借：银行存款　　　　　　　　　　　　　　　　　　　　　　　　　　100 000
　　贷：其他业务收入　　　　　　　　　　　　　　　　　　　　　　　　　100 000

3. 向股东支付股利代扣代缴所得税的会计处理

股份公司向法人股东支付股票股利、现金股利时，因法人股东不缴个人所得税，无代扣代缴问题；若以资本公积转增股本，不属股息、红利的分配，也不涉及个人所得税问题。

公司向个人支付现金股利时，应代扣代缴的个人所得税可从应付现金中直接扣除。公司按应支付给个人的现金股利金额，借记"利润分配——未分配利润"，贷记"应付股利"；当实际支付现金并代扣个人所得税时，借记"应付股利"，贷记"库存现金""应交税费——应交代扣个人所得税"。

企业派发股票股利或以盈余公积对个人股东转增资本，也应代扣代缴个人所得税，其方法有：

(1) 内扣法。在派发股票股利或以盈余公积对个人股东转增资本的同时，从中扣除应代扣代缴的个人所得税，借记"利润分配——未分配利润"等，贷记"股本""应交税费——应交代扣个人所得税"等，这样处理会改变股东权益结构或使公司法人股与个人股权比例频繁变动。

(2) 外扣法。可由企业按增股金额，向个人收取现金以备代缴，或委托证券代理机构从个人股股东账户代扣。公司派发股票股利或以盈余公积对个人股东转增资本时：

借：利润分配（转作股本的股利）、盈余公积等
　　贷：股本、实收资本

计算出应扣缴个人所得税时：

借：其他应收款——代扣个人所得税（配股）
　　贷：应交税费——应交代扣个人所得税

收到个人股东交来税款或证券代理机构扣缴税款时：

借：银行存款、库存现金
　　贷：其他应收款——代扣个人所得税（配股）

实际上交税款时：

借：应交税费——应交代扣个人所得税
　　贷：银行存款

外扣法下，向个人收取现金或委托证券代理机构从个人股股东账户预扣税款都有其麻

烦和困难；如果可能，公司在决定股利分配方案时，可将股票股利与现金股利结合，使现金股利相当或大于个人股东应缴的所得税，这样即可免除上述不便。

二、居民企业个人所得税的会计处理

（一）账户设置

居民企业（非法人企业）是指按税法规定缴纳个人所得税的企业，应设置"本年应税所得"账户，本账户下设"本年经营所得"和"应弥补的亏损"两个明细账户。

"本年经营所得"明细账户核算企业本年生产经营活动取得的收入扣除成本费用后的余额。如果收入大于应扣除的成本费用总额，即为本年经营所得，在不存在税前弥补亏损的情况下，即为本年经营所得，应由"本年应税所得——本年经营所得"账户转入"留存利润"账户。如果计算出的结果为经营亏损，则应将本年发生的经营亏损由"本年经营所得"明细账户转入"应弥补的亏损"明细账户。

"应弥补的亏损"明细账户，核算企业发生的、可由生产经营活动所得税前弥补的亏损。发生亏损时，由"本年经营所得"明细账户转入本明细账户。生产经营过程中发生的亏损，可以由以后年度的生产经营所得在税前弥补，但延续弥补期不得超过 5 年。超过弥补期的亏损，不能再以生产经营所得税前弥补，应从"本年应税所得——应弥补的亏损"账户转入"留存利润"账户，减少企业的留存利润。

（二）本年应税所得的会计处理

年末，企业计算本年经营所得，应将"主营业务收入"和"其他业务收入"账户的余额转入"本年应税所得——本年经营所得"账户的贷方；将"主营业务成本""其他业务成本""销售费用""税金及附加"账户余额转入"本年应税所得——本年经营所得"账户的借方。"营业外收入"和"营业外支出"账户如为借方余额，转入"本年应税所得——本年经营所得"账户的借方；如为贷方余额，转入"本年应税所得——本年经营所得"账户的贷方。

（三）应弥补亏损的会计处理

企业生产经营活动中发生的经营亏损，应由"本年经营所得"明细账户转入"应弥补亏损"明细账户。弥补亏损时，由"应弥补亏损"明细账户转入"本年经营所得"明细账户；超过弥补期的亏损，由"应弥补亏损"明细账户转入到"留存利润"账户。

【例 9-12】 某个人独资企业某年营业收入 518 000 元，营业成本 380 000 元，销售费用 70 000 元，税金及附加 30 000 元，没有其他项目。

结转本年的收入和成本费用时作会计分录如下：

借：主营业务收入   518 000
    贷：本年应税所得——本年经营所得   518 000
借：本年应税所得——本年经营所得   480 000
    贷：主营业务成本   380 000
        销售费用   70 000
        税金及附加   30 000

该企业本年应纳税所得额 = 518 000 − 380 000 − 70 000 − 30 000 − 5 000 × 12

$$= -22\,000（元）$$

转入"应弥补的亏损"明细账户,作会计分录如下:

借:本年应税所得——应弥补的亏损　　　　　　　　　　　　　　　　22 000
　　贷:本年应税所得——本年经营所得　　　　　　　　　　　　　　　22 000

(四)留存利润的会计处理

企业应设置"留存利润"账户核算非法人企业的留存利润。年度终了,计算结果如为本年经营所得,应将本年经营所得扣除可在税前弥补的以期年度亏损后的余额转入该账户的贷方;同时计算确定本年应交纳的个人所得税,计入该账户的借方,然后将税后列支费用及超过弥补期的经营亏损转入该账户的借方。该账户贷方金额减去借方金额后的余额,为留存利润额。

【例9-13】　某合伙企业年度收入总额550 000元,可在税前扣除的成本费用345 000元,税后列支费用为30 000元,超过弥补期而转入本账户的以前年度亏损为20 000元。以前年度留存利润为零。

转入经营所得:

借:本年应税所得——本年经营所得　　　　　　　　　　　　　　　　205 000
　　贷:留存利润(550 00—345 000)　　　　　　　　　　　　　　　205 000

计算应交个人所得税:

$$应交个人所得税 = 205 000 \times 20\% - 10 500 = 30 500(元)$$

借:留存利润　　　　　　　　　　　　　　　　　　　　　　　　　30 500
　　贷:应交税费——应交个人所得税　　　　　　　　　　　　　　　30 500

转入税后列支费用:

借:留存利润　　　　　　　　　　　　　　　　　　　　　　　　　30 000
　　贷:税后列支费用　　　　　　　　　　　　　　　　　　　　　30 000

转入超过弥补期的亏损:

借:留存利润　　　　　　　　　　　　　　　　　　　　　　　　　20 000
　　贷:本年应税所得——应弥补亏损　　　　　　　　　　　　　　　20 000

$$留存利润 = 205 000 - 30 500 - 30 000 - 20 000 = 124 500(元)$$

(五)缴纳个人所得税的会计处理

1.居民企业缴纳个人所得税

企业生产经营所得应交纳的个人所得税,应按年计算、分月预交、年度终了后汇算清缴。企业应在"应交税费"账户下设置"应交个人所得税"明细账户,核算企业预交和应交的个人所得税,以及年终汇算清缴个人所得税的补交和退回情况,企业按月预交个人所得税时,借记"应交税费——应交个人所得税"账户,贷记"库存现金"等账户;年度终了,计算出全年实际应交的个人所得税,借记"留存利润"账户,贷记"应交税费——应交个人所得税"账户。"应交个人所得税"明细账户的贷方金额大于借方金额的差额,为预交数小于应交数的差额。

补交个人所得税时,记入"应交个人所得税"明细账户的借方;收到退回的多交的个人所

得税时,记入"应交个人所得税"明细账户的贷方,如果多交的所得税不退回,而是用来抵顶以后期间的个人所得税,多交的个人所得税金额就作为下一年度的预交个人所得税金额。

【例 9-14】 某个体企业经过主管税务机关核定,按照上年度实际应交个人所得税额,确定本年各月应预交税额。假设上年实际应交个人所得税为 60 000 元。

$$本年各月应预交个人所得税 = 60\ 000 \div 12 = 5\ 000(元)$$

(1)每月预交个人所得税时:

借:应交税费——应交个人所得税	5 000
贷:库存现金	5 000

(2)年终,汇算清缴全年个人所得税,确定本年度生产经营活动应交个人所得税为 80 000 元。

借:留存利润	80 000
贷:应交税费——应交个人所得税	80 000

全年 1~12 月已经预交个人所得税 60 000 元(5 000×12),记入"应交个人所得税"明细账户的借方,贷方与借方差额 20 000 元(80 000-60 000)为应补交的个人所得税。

(3)补交个人所得税时:

借:应交税费——应交个人所得税	20 000
贷:库存现金	20 000

(4)如果汇算清缴确定的全年应交个人所得税为 50 000 元,则会计分录如下:

借:留存利润	50 000
贷:应交税费——应交个人所得税	50 000

(5)已预交个人所得税金额为 60 000 元,应交数为 50 000 元,应交数小于已预交 10 000 元,由主管税务机关按规定退回。企业收到退税时,会计分录如下:

借:现金库存	10 000
贷:应交税费——应交个人所得税	10 000

如果将企业多交的 10 000 元抵顶下年的个人所得税,只需将该余额转入下一年度即可。

2. 企业预扣预缴个人所得税

企业预扣预缴从业人员的个人所得税,应在"应交税费"账户下单独设置"应交预扣个人所得税"明细账户进行核算。根据应代扣额,记入该账户的贷方;实际上交时,按上交金额记入该账户的借方。

(六)合伙企业预扣预缴个人所得税的会计处理

合伙企业以每一个合伙人为纳税人。合伙企业的合伙者按照合伙企业的全部生产经营所得和合伙协议约定的分配比例确定应纳税所得额,合伙协议没有约定分配比例的,以全部生产经营所得(包括企业分配给投资者个人的所得和企业当年留存利润)和合伙人数量平均

计算每个投资者的应纳税所得额。投资者应纳的个人所得税税款,按年计算,分月或分季预缴,年度终了后3个月内汇算清缴,多退少补。合伙企业生产经营所得和其他所得采取"先分后税"的原则。

自然人合伙人缴纳的个人所得税不属于合伙企业的税款,不能计入合伙企业的费用。对合伙企业来说,该项税款属于预扣预缴税款,应记入"其他应收款",以后从合伙企业向合伙人分配的利润中扣减[①]。合伙人为法人和其他组织的,该合伙人取得的生产经营所得和其他所得应缴纳企业所得税。

【例 9-15】 自然人王某和天牧有限责任公司各出资 50% 设立一家合伙企业欣欣酒楼,合伙协议约定按出资比例分配利润。某年度欣欣酒楼账面利润总额为 100 万元,经纳税调整后的生产经营所得为 140 万元。王某年应交个人所得税 179 500 元(700000×35%－65 500),假设该年度王某每季预缴个人所得税 4.2 万元,还应补缴个人所得税 11 500 元。年终,欣欣酒楼向王某、天牧有限责任公司分配利润 40 万元。

相关会计分录如下:

(1) 每季计提应预缴个人所得税时。

借:其他应收款——王××   42 000
　　贷:应交税费——应交预扣个人所得税   42 000

(2) 每季预缴个人所得税时。

借:应交税费——应交预扣个人所得税   42 000
　　贷:银行存款   42 000

(3) 年终汇算清缴,补缴个人所得税 11 500 元时。

借:其他应收款——王××   11 500
　　贷:应交税费——应交预扣个人所得税   11 500

(4) 缴纳应补缴税款时。

借:应交税费——应交预扣个人所得税   11 500
　　贷:银行存款   11 500

★天牧有限责任公司当年从欣欣酒楼取得的应税所得额 70 万元,应并入该公司年度应纳税所得额,计算缴纳企业所得税。

(5) 年终欣欣酒楼向王某、天牧有限责任公司分配利润时。

借:利润分配——未分配利润   800 000
　　贷:应付利润——王××   400 000
　　　　　　——天牧有限责任公司   400 000

(6) 向王某、天牧有限责任公司支付利润时。

借:应付利润——王××   400 000

---

① 该规定也适用于个人独资企业投资者缴纳个人所得税。

——天牧有限责任公司	400 000
贷：其他应收款——王××	179 500
银行存款	620 500

 **复习思考题**

1. 试述个人所得税的纳税人与扣缴义务人。

2. 简述个人所得税预扣预缴与代扣代缴的适用范围。

3. 居民个人与非居民个人"工资薪金所得"应纳税所得额计算有何不同？

4. 企业如何进行预扣预缴"工资薪金所得"个人所得税的会计处理？

5. 如何计算居民企业个人所得税的应纳税所得额，它与法人企业所得税应纳税所得额的计算有何不同？

6. 居民企业如何进行个人所得税的会计处理？

第十章　土地增值税会计

第一节　土地增值税税制要素

　　土地增值税是对有偿转让国有土地使用权及地上建筑物、其他附着物产权的单位和个人，按其取得的增值性收入所征收的一种收益税。

　　自1987年9月深圳率先出让第一块国有土地使用权后，沿海一些发达省份也逐步开始国有土地使用制度的改革。1990年5月，国务院发布了《中华人民共和国城镇国有土地使用权出让和转让暂行条例》，对国有土地使用权的出让和转让作了界定，为土地使用权作为生产要素进入市场提供了法律保障。

　　1993年11月26日，《中华人民共和国土地增值税暂行条例》在国务院第十二次常务会议通过，自1994年1月1日正式实施。此后，财政部又发布了《中华人民共和国土地增值税暂行条例实施细则》，从1995年1月27日施行。

一、土地增值税的纳税人

　　凡是有偿转让我国国有土地使用权、地上建筑物及其附着物（以下简称转让房地产）产权，并且取得收入的单位和个人，为土地增值税的纳税义务人。

　　具体包括：国有企业、集体企业、私营企业、外商投资企业和外国企业；机关、团体、部队、事业单位、个体工商户，及其他单位和个人；外国机构、华侨、港澳台同胞及外国公民。

二、土地增值税的纳税范围

　　土地增值税的纳税范围是：转让国有土地使用权；地上的建筑物及其附着物连同国有土地使用权一并转让。

　　所谓"转让"，是指以出售或其他方式的有偿转让；不包括以继承、赠与方式的无偿转让。出租房地产行为，受托代建工程，由于产权没有转移，不属纳税范围。

三、土地增值税的税率

　　土地增值税实行的是四级超率累进税率，即以纳税对象数额的相对率为累进依据，按超累方式计算应纳税额的税率。采用超率累进税率，需要确定几项因素：一是纳税对象数额的相对率，土地增值税的增值额与扣除项目金额的比即为相对率。二是把纳税对象的相对率从低到高划分为若干个级次。土地增值税按增值额与扣除项目金额的比率从低到高划分为四个级次，即：增值额未超过扣除项目金额50％的部分；增值额超过扣除项目金额50％、未

超过100％的部分;增值额超过扣除项目金额100％、未超过200％的部分;增值额超过扣除项目金额200％的部分。三是按各级次分别规定不同的税率。土地增值税的税率是30％、40％、50％、60％。土地增值税税率表,如表10-1所示。

表 10-1 土地增值税税率表

级次	增值额占扣除项目金额比例	税　　率	速算扣除率
1	50％(含)以下	30％	0
2	50％以上至100％(含)	40％	5％
3	100％以上至200％(含)	50％	15％
4	200％以上	60％	35％

四、土地增值税的减免

(1) 纳税人建造普通标准住宅出售,增值额未超过扣除项目金额20％的。

(2) 因国家建设需要依法征用、收回的房地产。

(3) 个人因工作调动或改善居住条件而转让原自用住房,经向税务机关申报核准,凡居住满5年或5年以上的,免予缴纳土地增值税。居住满3年未满5年的,减半缴纳土地增值税。居住未满3年的按规定缴纳土地增值税。从1999年8月1日起,个人拥有的普通住宅,转让时暂免计税。

(4) 以房地产进行投资、联营的,投资、联营的一方以土地(房地产)作价入股进行投资作为联营条件,将房地产转让到所投资、联营的企业时,可免予缴纳土地增值税;一方出地、一方出资金,双方合作建房,建成后按比例分房自用的,可免予缴纳土地增值税。

五、土地增值税的纳税期限和纳税地点

土地增值税的纳税人应于转让房地产合同签订之日起7日内到房地产所在地的税务机关办理纳税申报,并向税务机关提交房屋及建筑物产权、土地使用权证书、土地转让和房产买卖合同、房地产评估报告以及其他与转让房地产有关的资料。

纳税人因经常发生房地产转让而难以在每次转让后申报的,经税务机关审核同意后,可以定期进行纳税申报,具体期限由税务机关根据情况确定。

房地产所在地是指房地产的坐落地。纳税人转让房地产坐落在两个或两个以上地区的,应按房地产所在地分别纳税。

纳税人应按照税务机关核定的税额及规定的期限缴纳土地增值税。

纳税人没有依法缴纳土地增值税,土地管理部门、房产管理部门可以拒办权属变更手续。

第二节　土地增值税的计算与申报

土地增值税是以纳税人转让房地产所取得的增值额为计税依据。增值额是纳税人转让房地产所取得的收入减去规定的扣除项目金额后的余额。土地增值税实行超率累进税率。其计算公式如下:

土地增值额＝转让房地产的总收入－扣除项目金额

应纳税额＝土地增值额×适用税率

若土地增值额超过扣除项目金额 50％以上，同时适用两档或两档以上税率，就需分档计算。

一、房地产转让收入的确认

纳税人转让房地产取得的应税收入是扣除增值税后的收入，即不含增值税收入，包括全部价款和有关经济利益。其收入形式包括以下三种。

1. 货币收入

纳税人转让国有土地使用权、地上建筑物及附着物产权而取得的现金、银行存款、支票、银行本票、汇票等各种信用票据和国库券、金融债券、企业债券、股票等有价证券。

2. 实物收入

纳税人转让国有土地使用权、地上的建筑物及附着物产权而取得的各种实物形态的收入，如钢材、水泥等建材，房屋、土地等不动产。

3. 其他收入

纳税人转让国有土地使用权、地上的建筑物及附着物而取得的无形资产收入或具有财产价值的权利，如专利权、商标权等。

销售额 ＝（全部价款和价外费用－当期允许扣除的土地价款）÷（1＋税率或征收率）

土地增值税应税收入 ＝ 含税销售额－增值税销项税额

二、扣除项目金额的确认

（一）新建房地产扣除项目金额

1. 取得土地使用权所支付的金额

纳税人为取得土地使用权所支付的地价款或出让金，以及按国家统一规定缴纳的有关费用和税金（如契税）。

2. 开发土地和新建房及配套设施的成本

纳税人房地产开发项目实际发生的成本（房地产开发成本），包括：土地征用及拆迁补偿费、前期工程费、建筑安装工程费、基础设施费、公共配套设施费、开发间接费。其中：土地征用及拆迁补偿费包括：土地征用费、耕地占用税、劳动力安置费及有关地上、地下附着物拆迁补偿的净支出、安置动迁用房支出等；开发间接费用是指直接组织、管理开发项目发生的费用，包括工资、福利费、折旧费、修理费、办公费、水电费、劳动保护费、周转房摊销等。

3. 开发土地和新建房及配套设施的费用

此项费用亦称房地产开发费用。它是指与房地产开发项目有关的销售费用、管理费用、财务费用。其中：财务费用中的利息支出，在最高不超过按商业银行同类同期贷款利率计算的金额前提下，允许据实扣除；管理费用、销售费用，则按上述 1、2 项计算的金额之和的 5％以内计算扣除（具体比例由省级政府规定）。凡不能按转让房地产项目计算分摊利息支出以及不能提供金融机构证明的房地产开发费用，按上述 1、2 项计算的金额之和的 10％以内计

算扣除(具体比例由省级政府规定)。

4. 与转让房地产有关的税金

在转让房地产时缴纳的税金及附加,即城市维护建设费、印花税和教育费附加等。在转让房地产时涉及的增值税进项税额,若允许在销项税额中计算抵扣的,不计入扣除项目;若不允许在销项税额中计算抵扣的,可以计入扣除项目。免征增值税的,确定计税依据时,成交价格、租金收入、转让房地产取得的收入不得扣减增值税额。

5. 其他扣除项目

根据现行规定,对从事房地产开发的企业,可按上述1、2项金额之和,加计20%的扣除。主要是考虑投资的合理回报和通货膨胀等因素。房地产是高风险、高收益的产业,凡开征土地增值税的国家和地区,一般在计征时,按官方公布的通货膨胀率给予扣除(或折扣),以对投资增值给予照顾,鼓励投资房地产开发的积极性,保护开发者的正当权益。我国由于没有官方公布的通货膨胀率,为了便于计算和操作,在计算扣除项目金额时,规定加计20%的扣除额。

(二)旧房及建筑物扣除项目金额

旧房及建筑物扣除项目金额一般用评估价格。即在转让已使用的房屋及建筑物时,由政府批准设立的房地产评估机构评定的重置成本乘以成新度折扣率后的价格。评估价格应经税务机关确认。

三、应交土地增值税的计算

土地增值税是采用超率累进税率计算的。只有先计算出增值率,即增值额占扣除项目的比例后,才能确定适用税率,并计算应交土地增值税。其计算公式如下:

$$增值率 = \frac{转让收入 - 扣除项目金额}{扣除项目金额} \times 100\% = \frac{增值额}{扣除项目金额} \times 100\%$$

$$应交土地增值税 = \sum(每级距的土地增值额 \times 适用税率)$$

这种计算方法要分段计算,汇总合计,比较繁琐。在实务中,一般采用速算扣除法计算。

根据表10-1的速算扣除系数,其计算公式如下:

$$应交土地增值税 = 土地增值额 \times 适用税率 - 扣除项目金额 \times 速算扣除率$$

【例10-1】 天翔房地产公司系增值税一般纳税人,9月份销售自己开发的房地产项目,取得含税销售收入为12 000万元。在扣除项目中,土地出让金为2 400万元,开发成本中建筑材料为2 400万元,外包建筑人工为800万元,房地产开发费用中的利息支出为960万元(不能按转让房地产项目计算分摊利息支出,也不能提供金融机构证明),房地产开发费用的计算扣除比例为10%。假设所有成本均取得按照适用税率计税的增值税专用发票,不考虑印花税因素。相关计算如下:

转让房地产应缴纳增值税=(12 000-2 400)÷(1+9%)×9%=792.66(万元)

不含税转让收入=12 000-792.66=11 207.34(万元)

各扣除项目金额的确认计量:

（1）土地出让金 2 400 万元。

（2）开发成本＝2 400÷（1＋13％）＋800÷（1＋9％）＝2 857.84（万元）。

（3）开发费用＝（2 400＋2 857.84）×10％＝525.78（万元）。

（4）与转让房地产有关的税金＝城市维护建设税＋教育费附加＋地方教育费附加

$$＝[792.66－2\ 400÷（1＋13％）×13％－960÷（1＋9％）$$
$$×9％]×（7％＋3％＋2％）$$
$$＝437.29×12％＝52.47（万元）。$$

（5）加计扣除＝（2 400＋2 857.84）×20％＝1 051.57（万元）。

以上五项扣除金额合计为 6 887.66 万元，则土地增值率＝（11 207.34－6 887.66）÷6 887.66×100％＝4 319.68÷6 887.66×100％＝62.72％，适用税率为 40％，速算扣除系数为 5％。

$$应交土地增值税＝（11\ 207.34－6\ 887.66）×40％－6\ 887.66×5％$$
$$＝1\ 727.87－344.38＝1\ 383.49（万元）$$

【例 10-2】 某房地产开发公司转让高级公寓一栋，共获得货币收入 7 500 万元，获得购买方原准备盖楼的钢材 2 100 吨（每吨 2 500 元）。公司为取得土地使用权所支付的金额为 1 450 万元，开发土地、建房及配套设施等共支出 2 110 万元，开发费用共计 480 万元（其中：利息支出 295 万元，未超过扣除标准），转让房地产有关的税金共付 47 万元。房地产开发费用按规定的最高比例计算。计算应交土地增值税如下：

（1）收入额＝7 500＋2 100×0.25＝8 025（万元）。

（2）扣除项目金额＝（1 450＋2 110）×（1＋20％）＋295＋（1 450＋2 110）×5％＋47＝4 792（万元）。

其中：

$$其他开发费用实际支出比例＝（480－295）÷（1\ 450＋2\ 110）×100％＝5.2％$$

超过 5％的限额，按 5％计算如下：

$$（1\ 450＋2\ 110）×5％＝178（万元）$$

（3）增值额＝8 025－4 792＝3 233（万元）。

（4）增值额占扣除项目金额比例＝3 233÷4 792×100％＝67.47％。

（5）应交土地增值税＝3 233×40％－4 792×5％＝1 053.6（万元）。

四、预缴土地增值税的计算

房地产开发企业预售房产时，不论企业增值税采用一般计税、还是简易计税，预交增值税的计算公式均为：

$$应预交增值税＝[预收款÷（1＋税率或征收率）]×3％$$
$$预交土地增值税计征依据＝预收款－应预交增值税$$

现房销售时，在土地增值税清算前，仍应预交土地增值税。适用增值税一般计税方法的纳税人，其转让房地产的土地增值税应税收入不含增值税销项税额；适用简易计税方法的纳税人，其转让房地产的土地增值税应税收入不含增值税应交税额。

（1）适用增值税简易计税的土地增值税预交计征依据。

$$预交土地增值税征计征依据 = 价税合计 - 应交增值税$$
$$应交增值税 = [价税合计 ÷ (1 + 5\%)] × 5\%$$

（2）适用增值税一般计税的土地增值税预交计征依据。

$$预交土地增值税计征依据 = 价税合计 - 销项税额$$
$$销项税额 = [(价税合计 - 允许扣除的土地价款) ÷ (1 + 适用税率)] × 适用税率$$

房地产开发企业实际缴纳的城市维护建设税、教育费附加，能够按清算项目准确计算的，允许据实扣除。不能按清算项目准确计算的，则按该清算项目预交增值税时实际缴纳的税费附加扣除。

【例 10-3】 天舍房地产开发公司采取预收款方式销售自行开发的房地产"老项目"取得 10.5 亿元的预收款，采用简易计税。项目所在地规定，土地增值税预征率为 3.5%。

（1）预售时，计算应预交增值税和土地增值税。

$$应预交增值税 = [10.5 ÷ (1 + 5\%)] × 3\% = 0.3(亿元)$$
$$应预交土地增值税 = (10.5 - 0.3) × 3.5\% = 0.357(亿元)$$

（2）交房时，计算应交增值税和应交土地增值税。

$$应交增值税 = [10.5 ÷ (1 + 5\%) × 5\%] = 0.5(亿元)$$
$$应补交增值税 = 0.5 - 0.3 = 0.2(亿元)$$

纳税人转让房地产的土地增值税应税收入不含增值税。天舍房地产开发公司预交土地增值税时，其计税依据中含 0.2 亿元的增值税。交房时，理应将 0.2 亿元的增值税从预征依据中剔除，即应对土地增值税预征收入进行调整或进行负数申报，但现行法规并未明确。

五、土地增值税的清算

土地增值税清算是纳税人在符合清算条件后，按规定计算房地产开发项目应交土地增值税，并填写《土地增值税清算申报表》，办理土地增值税清算手续，结清该房地产项目应交土地增值税的行为。土地增值税以有关部门审批的房地产开发项目为单位进行清算，对于分期开发的项目，以分期项目为单位清算。开发项目中同时包含普通住宅和非普通住宅的，应分别计算增值额。

（一）土地增值税的清算条件

土地增值税清算是纳税人在符合清算条件后，按规定计算房地产开发项目应交土地增值税，并填写《土地增值税清算申报表》，向主管税务机关提供有关资料，办理土地增值税清算手续，结清该房地产项目应交土地增值税的行为。

土地增值税清算应该以有关部门审批的房地产开发项目为单位进行清算；对分期开发的项目，以分期项目为清算单位。如果开发项目中同时包含普通住宅和非普通住宅，应分别计算增值额。

符合下列条件之一的，纳税人应进行土地增值税清算：①房地产开发项目全部竣工、完成销售的；②整体转让未竣工决算房地产开发项目的；③直接转让土地使用权的。

对符合特定规定条件的,主管税务机关可以要求纳税人进行土地增值税清算。

(二)土地增值税清算的利息扣除

企业在办理清算时,已发生的利息支出可以选择据实扣除或按比例扣除。选择据实扣除的利息支出,仅限于直接向金融机构借款的利息,利率不得高于商业银行同期同类贷款利率,已经费用化的利息支出不得税前扣除,逾期利息、加罚息不得扣除。分期开发项目或同时开发多个项目的,应分别核算,未分别核算的,按比例扣除。

(三)预交增值税与预交土地增值税的不同

先预征后清算时,预交增值税与预交土地增值税的不同点:

第一,"多退少补"规定不同。预交土地增值税超过清算应交税额时,可以退税。而对预交增值税,目前仅规定未抵减完的预缴税款可以结转下期继续抵减,但未明确预交"多退"。对预交性质的税款,是在最终应交税额不确定的情况下,为了保证财政收入均衡入库而预先征收的税款,应允许纳税人"多退"。既然预交土地增值税、企业所得税等采用"多退"方式,预缴增值税也应该"多退"。

第二,预交(征)截止期不同。对于增值税,是否预交与采用的销售方式有关,只要采用预收款方式销售自行开发的房地产项目,就要求预交,与房地产是期房还是现房无关。土地增值税清算后因成本等已经确定,已不存在预征的基础。因此,清算后的收入一般都要求直接纳税申报,不再预征(交)土地增值税。

六、土地增值税的纳税申报

土地增值税的纳税申报分为从事房地产开发(专营与兼营)的纳税人(即房地产开发公司)和其他纳税人,两类纳税人的纳税申报要求有所不同。由于土地增值税的纳税主体不同,其申报表也不相同。现行有七种申报表及相关附表,本章仅列示其中的前三种(见表10-2至表10-4)。

表10-2　　　　　　**土地增值税纳税申报表(一)**

(从事房地产开发的纳税人预征适用)

税款所属时间:　年　月　日至　　年　月　日　　　　　填表日期:　年　月　日

项目名称:　　　　　　　　　　项目编号:　　金额单位:元至角分;面积单位:平方米

纳税人识别号

房产类型	房产类型子目	收入					应纳税额	税款缴纳	
		应税收入	货币收入	实物收入及其他收入	视同销售收入	预征率(%)		本期已缴税额	本期应缴税额计算
	1	2=3+4+5	3	4	5	6	7=2×6	8	9=7−8
普通住宅									
非普通住宅									

（续表）

房产类型	房产类型子目	收入					应纳税额	税款缴纳	
		应税收入	货币收入	实物收入及其他收入	视同销售收入	预征率（%）		本期已缴税额	本期应缴税额计算
其他类型房地产									
合计	—					—			

以下由纳税人填写：			
纳税人声明	此纳税申报表是根据《中华人民共和国土地增值税暂行条例》及其实施细则和国家有关税收规定填报的，是真实的、可靠的、完整的。		
纳税人签章		代理人签章	代理人身份证号
以下由税务机关填写：			
受理人		受理日期　　年　月　日	受理税务机关签章

本表一式两份，一份纳税人留存，一份税务机关留存。表中的"收入"不含增值税。

表 10-3　　　　　　　　　**土地增值税纳税申报表（二）**

（从事房地产开发的纳税人清算适用）

税款所属时间：　年 月 日至　　年 月 日　　　　　　　填表日期：　年 月 日

金额单位：元至角分　　　　　　　　　　　　　　　　　　面积单位：平方米

纳税人识别号 □□□□□□□□□□□□□□□

纳税人名称		项目名称		项目编号		项目地址	
所属行业		登记注册类型		纳税人地址		邮政编码	
开户银行		银行账号		主管部门		电　话	
总可售面积			自用和出租面积				
已售面积		其中：普通住宅已售面积		其中：非普通住宅已售面积		其中：其他类型房地产已售面积	

项　　目	行次	金额			
		普通住宅	非普通住宅	其他类型房地产	合计
一、转让房地产收入总额　1＝2＋3＋4	1				
其中　货币收入	2				
其中　实物收入及其他收入	3				
其中　视同销售收入	4				
二、扣除项目金额合计　5＝6＋7＋14＋17＋21＋22	5				
1.取得土地使用权所支付的金额	6				
2.房地产开发成本　7＝8＋9＋10＋11＋12＋13	7				

（续表）

项　　目	行次	金额			
		普通住宅	非普通住宅	其他类型房地产	合计
其中　土地征用及拆迁补偿费	8				
前期工程费	9				
建筑安装工程费	10				
基础设施费	11				
公共配套设施费	12				
开发间接费用	13				
3. 房地产开发费用　14＝15＋16	14				
其中　利息支出	15				
其他房地产开发费用	16				
4. 与转让房地产有关的税金等　17＝18＋19＋20	17				
其中　营业税	18				
城市维护建设税	19				
教育费附加	20				
5. 财政部规定的其他扣除项目	21				
6. 代收费用	22				
三、增值额　23＝1－5	23				
四、增值额与扣除项目金额之比（％）24＝23÷5	24				
五、适用税率（％）	25				
六、速算扣除系数（％）	26				
七、应缴土地增值税税额　27＝23×25－5×26	27				
八、减免税额　28＝30＋32＋34	28				
其中　减免税(1)　减免性质代码(1)	29				
减免税额(1)	30				
减免税(2)　减免性质代码(2)	31				
减免税额(2)	32				
减免税(3)　减免性质代码(3)	33				
减免税额(3)	34				
九、已缴土地增值税税额	35				
十、应补(退)土地增值税税额　36＝27－28－35	36				
以下由纳税人填写：					

(续表)

项 目	行次	金额			
		普通住宅	非普通住宅	其他类型房地产	合计
纳税人声明	此纳税申报表是根据《中华人民共和国土地增值税暂行条例》及其实施细则和国家有关税收规定填报的,是真实的、可靠的、完整的。				
纳税人签章		代理人签章		代理人身份证号	
以下由税务机关填写:					
受理人		受理日期	年 月 日	受理税务机关签章	

本表一式两份,一份纳税人留存,一份税务机关留存。第2~第4行中的"收入"不含增值税。

表 10-4   **土地增值税纳税申报表(三)**

(非从事房地产开发的纳税人适用)

税款所属时间: 年 月 日至 年 月 日   填表日期: 年 月 日

金额单位:元至角分   面积单位:平方米

纳税人识别号 □□□□□□□□□□□□□□□□□□□

纳税人名称		项目名称		项目地址	
所属行业		登记注册类型	纳税人地址		邮政编码
开户银行		银行账号	主管部门		电话

项 目			行次	金 额
一、转让房地产收入总额 1=2+3+4			1	
其中	货币收入		2	
	实物收入		3	
	其他收入		4	
二、扣除项目金额合计 (1) 5=6+7+10+15 (2)5=11+12+14+15			5	
(1) 提供评估价格	1. 取得土地使用权所支付的金额		6	
	2. 旧房及建筑物的评估价格 7=8×9		7	
	其中	旧房及建筑物的重置成本价	8	
		成新度折扣率	9	
	3. 评估费用		10	
(2) 提供购房发票	1. 购房发票金额		11	
	2. 发票加计扣除金额 12=11×5%×13		12	
	其中:房产实际持有年数		13	
	3. 购房契税		14	

（续表）

项　　　目		行次	金　　额
4. 与转让房地产有关的税金等 15＝16＋17＋18＋19		15	
其中	营业税	16	
	城市维护建设税	17	
	印花税	18	
	教育费附加	19	
三、增值额 20＝1－5		20	
四、增值额与扣除项目金额之比（％）21＝20÷5		21	
五、适用税率（％）		22	
六、速算扣除系数（％）		23	
七、应缴土地增值税税额 24＝20×22－5×23		24	
八、减免税额（减免性质代码：）		25	
九、已缴土地增值税税额		26	
十、应补（退）土地增值税税额　27＝24－25－26		27	
以下由纳税人填写：			
纳税人声明	此纳税申报表是根据《中华人民共和国土地增值税暂行条例》及其实施细则和国家有关税收规定填报的，是真实的、可靠的、完整的。		
纳税人签章	代理人签章		代理人身份证号
以下由税务机关填写：			
受理人	受理日期　年　月　日		受理税务机关签章

本表一式两份，一份纳税人留存，一份税务机关留存。第2～第4行中的"收入"不含增值税。

第三节　土地增值税的会计处理

一、预缴土地增值税的会计处理

纳税人在项目全部竣工前转让房地产取得的收入，由于涉及成本计算及其他原因，而无法据以计算土地增值税，可以预缴土地增值税。待项目全部竣工、办理结算手续后，再进行清算，多退少补。预缴土地增值税计算时，其扣除项目金额的计算方法，由省、自治区、直辖市地方税务局根据当地情况制定。

预缴土地增值税的会计处理与企业上缴土地增值税相同，借记"应交税费——应交土地增值税"账户，贷记"银行存款"账户。

待房地产销售收入实现时，再按应交的土地增值税，借记"税金及附加"账户，贷记"应交

税费——应交土地增值税"账户。

这样进行会计处理,在企业未实现销售收入(未进行结算)前,使"应交税费——应交土地增值税"账户出现借方余额,本是先预缴的土地增值税,但可能会使财务会计报表的阅读者误认为企业是"多缴了税款"。为此,企业可以增设"递延所得税资产"账户(不仅所得税会计可用此账户,土地增值税等也可以用此账户)。

【例10-4】 天湖房地产公司7月份销售A项目,取得普通住宅预收款8 880万元,开工许可证在"营改增"后取得,适用增值税一般计税方法,本省规定土地增值税预征率为2%。

$$预交增值税 = 8\,880 \div (1+9\%) \times 3\% = 244.40(万元)$$
$$预交土地增值税 = (8\,880 - 244.40) \times 2\% = 172.71(万元)$$

作会计分录如下:

(1) 收到预收款时。

借:银行存款　　　　　　　　　　　　　　　　　　　　　　88 800 000
　　贷:预收账款　　　　　　　　　　　　　　　　　　　　　　　88 800 000

(2) 次月预缴增值税时。

借:应交税费——预交增值税　　　　　　　　　　　　　　　　2 444 000
　　贷:银行存款　　　　　　　　　　　　　　　　　　　　　　　2 444 000

(3) 预缴土地增值税时。

借:应交税费——土地增值税　　　　　　　　　　　　　　　　1 727 100
　　贷:银行存款　　　　　　　　　　　　　　　　　　　　　　　1 727 100

可见,预交增值税与预交土地增值税的计税依据不同。

二、扣除项目金额的会计处理

计算土地增值税税额,关键是正确计算和确定扣除项目金额。由于转让房地产的情况千差万别,其计算方法也有所不同。

(一) 房地产开发企业

若企业在受让土地使用权后,集中开发建设,一次性整体转让,其扣除项目金额容易计算和确定。如果是分批开发建设、分次转让,其开发成本费用的计算就比较复杂。

房地产开发企业应按照企业会计制度的要求,正确确定成本核算对象,正确归集分配费用,正确计算产品成本(总成本、单位成本)。此外,应设置"备查簿",详细登记与计算土地增值税有关的各项资料,如取得土地使用权所付的金额、开发土地和建新房及配套设施的成本、费用等。

(二) 非房地产开发企业

非房地产开发企业,包括外商投资房地产企业、从事房地产业务的股份制试点企业、对外经济合作企业以及兼营房地产业务的各类企业和单位。

(三) 转让的房地产

凡转让的房地产,原来是在企业"固定资产"账户进行核算和反映的。这说明是旧的或

使用过的。对其扣除项目金额,不能以账面价值或其净值计算扣除,应以政府批准设立的房地产评估机构评定的重置成本乘以成新度折扣率后的价格计算扣除。

三、主营房地产业务的企业土地增值税的会计处理

主营房地产业务的企业,是指在企业的经营业务中,房地产业务是企业的主要经营业务,其经营收入在企业的经营收入中占有较大比重,并且直接影响企业的经济效益。主营房地产业务的企业,既有房地产开发企业,也有对外经济合作企业、股份制试点企业和外商投资房地产企业等。

由于土地增值税是在转让房地产的流转环节纳税,并且是为了取得当期销售收入而支付的费用,因此,计算应交土地增值税时,借记"税金及附加"等账户,贷记"应交税费——应交土地增值税"账户。实际缴纳土地增值税时,借记"应交税费——应交土地增值税"账户,贷记"银行存款"等账户。

(一)现货房地产销售

在现货房地产销售情况下,采用一次性收款、房地产移交使用、发票账单提交买主、钱货两清的,应于房地产已经移交和发票结算账单提交买主时作为销售实现,借记"银行存款"等账户,贷记"主营业务收入"等账户。同时,计算应由实现的销售收入负担的土地增值税,借记"税金及附加"等账户,贷记"应交税费——应交土地增值税"账户。

【例10-5】　以[例10-2]资料为例,作会计分录如下:

收入实现时:

借:银行存款	75 000 000	
贷:主营业务收入		75 000 000
借:原材料	5 250 000	
贷:主营业务收入		5 250 000

应交土地增值税时:

借:税金及附加	10 536 000	
贷:应交税费——应交土地增值税		10 536 000

(二)商品房预售

按照《中华人民共和国城市房地产管理法》的规定,商品房可以预售,但应符合下列条件:已交付全部土地使用权出让金,取得土地使用权证书;持有建设工程规划许可证;按提供预售的商品房计算,投入开发建设的资金达到总投资的25%以上,并已经确定工程进度和竣工交付日期;向县级以上人民政府房产管理部门办理预售登记,取得商品房预售许可证明。

商品房预售人应当按照国家有关规定,将预售合同报县级以上人民政府房产管理部门和土地管理部门登记备案。

在商品房预售的情况下,商品房交付使用前采取一次性收款或分次收款的,当收到购房款时,借记"银行存款"账户,贷记"预收账款"账户;按规定预缴土地增值税时,借记"应交税费——应交土地增值税"账户,贷记"银行存款"等账户;待该商品房交付使用后,开出发票结算账单交给买主时,作为收入实现,借记"应收账款"账户,贷记"主营业务收入"账户;同时,

将"预收账款"转入"应收账款",并计算由实现的销售收入负担的土地增值税,借记"税金及附加"等账户,贷记"应交税费——应交土地增值税"账户。按照税法的规定,该项目全部竣工、办理决算后进行清算,企业收到退回多交的土地增值税时,借记"银行存款"等账户,贷记"应交税费——应交土地增值税"账户。补缴土地增值税时,则作相反的会计分录。

四、转让房地产的土地增值税会计处理

企业转让国有土地使用权连同地上建筑物及其附着物,应通过"固定资产清理"等账户核算,取得的转让收入记入"固定资产清理"等账户的贷方;应缴纳的土地增值税,借记"固定资产清理"等账户,贷记"应交税费——应交土地增值税"等账户。转让以行政划拨方式取得的国有土地使用权,转让时也应缴纳土地增值税。企业先按缴纳的土地出让金作为"无形资产"入账,按转让无形资产进行会计处理。

【例10-6】 AB公司(增值税一般纳税人)因企业现金流量不足,长期拖欠CD公司商品价款3 000万元,CD公司已计提坏账准备450万元。经双方商议,于5月10日签订债务重组协议,AB公司将其一栋商品房抵顶商品价款。商品房于"营改增"前购置,买价1 923.08万元,原价2 000万元,已提折旧500万元,市场公允价值2 500万元(含税),AB公司另支付银行存款250万元,经税务机关认定的重置成本价为3 000万元,成新度折扣率65%。CD公司对该商品房重新装修后销售,取得销售收入3 270万元(含税),发生装修费支出327万元(含税)。不考虑其他相关税费。

1. AB公司相关会计处理

(1)应交相关税金的计算。

增值税一般纳税人销售营改增前取得的不动产,可以选择按简易计税方法适用征收率5%缴纳增值税,开具增值税专用发票。

$$应交增值税 = (2\ 500 - 1\ 923.08) \div 1.05 \times 5\% = 27.47(万元)$$

增值税专用发票上反映的税额为27.47万元,金额为2 472.53万元(2 500-27.47)。

应交土地增值税的计算:

$$评估价格 = 3\ 000 \times 65\% = 1\ 950(万元)$$

$$增值额 = 2\ 500 \div 1.05 - 1\ 950 = 430.95(万元)$$

$$增值率 = (430.95 \div 1\ 950) \times 100\% \approx 22.1\%$$

$$应交土地增值税 = 430.95 \times 30\% - 1950 \times 0\% = 129.29(万元)$$

(2)将抵债房产转入清理。

借:固定资产清理	15 000 000	
累计折旧	5 000 000	
贷:固定资产		20 000 000

(3)计提应交税费。

借:固定资产清理	1 567 600	
贷:应交税费——应交增值税(销项税额)		274 700
——应交土地增值税		1292 900

（4）抵偿债务。

借：应付账款——CD公司 30 000 000
　　贷：固定资产清理 25 000 000
　　　　银行存款 2 500 000
　　　　营业外收入——债务重组利得 2 500 000

借：固定资产清理 8 432 400
　　贷：资产处置损益 8 432 400

2. CD公司相关会计处理。

（1）收到抵债资产，冲销债权。

借：库存商品——待售房产 24 725 300
　　应交税费——应交增值税（进项税额） 274 700
　　库存现金 2 500 000
　　坏账准备 4 500 000
　　贷：应收账款——AB公司 30 000 000
　　　　资产减值损失 2 000 000

（2）将待售房产转入在建工程。

借：在建工程 24 725 300
　　贷：库存商品——待售房产 24 725 300

（3）发生工程支出。

借：在建工程 3 000 000
　　应交税费——应交增值税（进项税额） 270 000
　　贷：库存现金等 3 270 000

（4）工程完工转入库存商品，待售房产转入在建工程。

借：库存商品——待售房产 27 725 300
　　贷：在建工程 27 725 300

（5）开具增值税专用发票进行销售。

借：应收账款（或银行存款） 32 700 000
　　贷：其他业务收入 30 000 000
　　　　应交税费——应交增值税（销项税额） 2 700 000

（6）计算应缴纳土地增值税。

扣除项目金额 2 772.53（万元）

增值额 $= 3\ 270 \div 1.09 - 2\ 772.53 = 227.47$（万元）

增值率 $= (227.47 \div 2\ 772.53) \times 100\% \approx 8.2\%$

应交土地增值税 $= 227.47 \times 30\% - 2\ 772.53 \times 0\% = 68.241$（万元）

　　借：税金及附加　　　　　　　　　　　　　　　　682 410
　　　　贷：应交税费——应交土地增值税　　　　　　　　　682 410

（7）结转出售抵债资产成本。

　　借：其他业务成本　　　　　　　　　　　　　　　27 725 300
　　　　贷：库存商品——待售房产　　　　　　　　　　　　27 725 300

【例 10-7】　某企业于"营改增"后转让以行政划拨方式取得的土地使用权,转让土地使用权应补交的土地出让金 5 万元,取得土地使用权转让收入 21.8 万元(含税),增值税税率 9%。有关税务会计处理如下:

（1）补交出让金：

　　借：无形资产　　　　　　　　　　　　　　　　　50 000
　　　　贷：银行存款　　　　　　　　　　　　　　　　　　50 000

（2）计算应交土地增值税：

$$增值额＝218\ 000÷1.09－50\ 000＝150\ 000(元)$$
$$增值率＝(150\ 000÷50\ 000)×100\%＝300\%$$
$$应交土地增值税＝150\ 000×60\%－50\ 000×35\%＝72\ 500(元)$$

　　借：银行存款　　　　　　　　　　　　　　　　　218 000
　　　　贷：应交税费——应交增值税(销项税额)(218 000÷1.09×9%)　　18 000
　　　　　　　　　　——应交土地增值税　　　　　　　　　　72 500
　　　　　　无形资产　　　　　　　　　　　　　　　　　50 000
　　　　　　资产处置损益　　　　　　　　　　　　　　　　77 500

（3）上交土地增值税：

　　借：应交税费——应交土地增值税　　　　　　　　　72 500
　　　　贷：银行存款　　　　　　　　　　　　　　　　　　72 500

 **复习思考题**

1. 简述土地增值税的纳税范围和纳税人。

2. 土地增值税的增值额如何计算?

3. 土地增值税的税率有何特点?

4. 土地增值税的计税依据与增值税有何不同? 简述其会计处理程序。

第十一章 其他税会计

第一节 城市维护建设税会计

一、城市维护建设税概述

在我国境内缴纳增值税、消费税的单位和个人为城市维护建设税的纳税人。2018年11月1日，财政部、国家税务总局发布了《中华人民共和国印花税法》（征求意见稿）。城市维护建设税扣缴义务人为负有增值税、消费税扣缴义务的单位和个人。城市维护建设税（以下简称"城建税"）对组织财政收入、加强城市维护建设具有重要作用。

城建税是以纳税人实际缴纳的增值税、消费税以及出口货物、劳务或者跨境销售服务、无形资产增值税免抵税额为计税依据（不包括税务机关对纳税人加收的滞纳金和罚款等非税款项）征收的一种附加税。

城建税以跨境为界，跨境进口不征城建税，跨境出口征收城建税，出口退税不退城建税。

纳税人所在地在市区的，城建税税率为7%；所在地不在市区的，城建税税率为5%。

城建税的纳税环节与增值税、消费税纳税环节相同，即只要发生增值税、消费税的纳税义务，就应在增值税、消费税缴纳的同时计算缴纳城建税。

城建税纳税义务的发生时间为缴纳增值税、消费税当日，纳税地点与增值税、消费税的缴纳地点相同。扣缴义务发生时间为扣缴增值税、消费税当日，扣缴义务人应向其机构所在地或居住地主管税务机关申报缴纳其扣缴的税款。

企业预缴增值税时，也应同时按预缴增值税所在地的适用税率、征收率就地计算缴纳城建税和教育费附加。以预缴增值税为依据计算缴纳的城建税和教育费附加不属预缴，不存在抵税的问题。在机构所在地应缴纳的城建税和教育费附加是以实缴增值税为基数，再依照机构所在地的适用税率、征收率就地计算缴纳城建税和教育费附加。如果建筑服务发生地与机构所在地城建税税率存在差异，不再补缴或退税。

对实行增值税期末留抵退税的纳税人，允许其从城建税的计税依据中扣除退还的增值税税额。对于享受增值税优惠政策（如即征即退、先征后返）的退税，不能同时退还城建税。

城建税按月或按季计征；不能按固定期限计征的，按次计征。

城建税实行按月或按季计征的，纳税人应于月度、季度终了之日起15日内申报并缴纳税款；按次计征的，纳税人应于纳税义务发生之日起15日内申报并缴纳税款。

二、城市维护建设税的会计处理

企业核算应缴纳城市维护建设税时,应设置"应交税费——应交城市维护建设税"账户。

【例 11-1】 天阳城建公司系一般纳税人,在异地某县承揽某一城建工程,6月销项税额450万元,进项税额240万元,异地预缴增值税90万元。假设该公司只有该项目,当月无其他涉税事项。

1. 应交税费的计算

(1) 服务发生地的计算:

$$应交城市维护建设税 = 90 \times 5\% = 4.5(万元)$$
$$应交教育费附加 = 90 \times 3\% = 2.7(万元)$$
$$应交地方教育费附加 = 90 \times 2\% = 1.8(万元)$$

(2) 机构所在地的计算:

$$应交城市维护建设税 = (450 - 240 - 90) \times 7\% = 8.4(万元)$$
$$应交教育费附加 = (450 - 240 - 90) \times 3\% = 3.6(万元)$$
$$应交地方教育费附加 = (450 - 240 - 90) \times 2\% = 2.4(万元)$$

(3) 服务发生地城市维护建设税税率为5%,机构所在地城市维护建设税税率为7%,存在2%税率差,在机构地申报时不需要补缴。

2. 应交税费的会计分录

(1) 在服务发生地预缴税费时:

借:税金及附加 90 000
　　贷:应交税费——应交城市维护建设税 45 000
　　　　　　　　——应交教育费附加 45 000
借:应交税费——应交城市维护建设税 45 000
　　　　　　——应交教育费附加 45 000
　　贷:银行存款 90 000

(2) 在机构所在地预缴税费时:

借:税金及附加 144 000
　　贷:应交税费——应交城市维护建设税 84 000
　　　　　　　　——应交教育费附加 60 000
借:应交税费——应交城市维护建设税 84 000
　　　　　　——应交教育费附加 60 000
　　贷:银行存款 144 000

【例 11-2】 6月底,退税机关已审批某企业"免、抵、退"税额100万元。其中,退税额40万元,免抵税额60万元。该企业在收到退税机关返还的《生产企业出口货物免、抵、退税申报汇总表》后,依据"免抵"税额计算城市维护建设税(税率为7%)和教育费附加(费率为3%),有关计算和账务处理如下:

(1) 月底,收到《生产企业出口货物免、抵、退税申报汇总表》时:

借：其他应收款——应收出口退税(增值税)　　　　　　　　　　400 000
　　应交税费——应交增值税(出口退税抵减应纳税额)　　　　600 000
　　贷：应交税费——应交增值税(出口退税)　　　　　　　　　　　1 000 000

（2）计提城市维护建设税：

$$城市维护建设税＝600\ 000×7\%＝42\ 000(元)$$

借：税金及附加　　　　　　　　　　　　　　　　　　　　　　42 000
　　贷：应交税费——应交城市维护建设税　　　　　　　　　　　　42 000

（3）计提教育费附加：

$$教育费附加＝600\ 000×3\%＝18\ 000(元)$$

借：税金及附加　　　　　　　　　　　　　　　　　　　　　　18 000
　　贷：应交税费——应交教育费附加　　　　　　　　　　　　　　18 000

（4）上缴税费时：

借：应交税费——应交城市维护建设税　　　　　　　　　　　　42 000
　　　　　　——应交教育费附加　　　　　　　　　　　　　　18 000
　　贷：银行存款　　　　　　　　　　　　　　　　　　　　　　　60 000

第二节　印花税会计

一、印花税概述

（一）印花税的性质和意义

印花税是一种行为税,因其采用在应税凭证上粘贴印花税票的方法作为完税的标记,故称印花税。对应税凭证征税,实质上就是对经济行为的课税。

1624年,荷兰首创印花税。新中国成立后,1950年1月政务院颁布了《全国税政实施要则》,规定印花税为全国统一开征的税种。2018年11月1日,财政部、国家税务总局发布了《中华人民共和国印花税法》(征求意见稿)。征收印花税的意义是：

第一,可以通过对各种应税凭证贴花和检查,加强对凭证的管理,及时了解和掌握纳税人的经济活动情况和税源变化情况,有助于对其他税种的征管;促使各种经济活动合法化、规范化,促进经济往来各方信守合同,提高合同兑现率。

第二,印花税由纳税人自行贴花完税,并实行轻税重罚,有助于提高纳税人自觉纳税的法制观念。

第三,印花税虽然税负很轻,但征收面广,可以积少成多,有利于国家积累资金。

第四,印花税是多数国家采用的税种,开征印花税有利于在对外经济活动中维护我国的经济权益。

（二）印花税的纳税人和计税依据

1.纳税人和纳税义务确认

印花税的纳税人是订立、领受在我国境内具有法律效力的应税凭证,或者在我国境内进

行证券交易的单位和个人。证券交易印花税的扣缴义务人是证券登记结算机构。

应税凭证是指《印花税税目税率表》规定的书面形式的合同、产权转移书据、营业账簿和权利、许可证照;证券交易是指在依法设立的证券交易所上市交易或者在国务院批准的其他证券交易场所转让公司股票和以股票为基础发行的存托凭证。

印花税纳税义务发生时间为纳税人订立、领受应税凭证或者完成证券交易的当日,证券交易印花税扣缴义务发生时间为证券交易完成的当日。

2. 计税依据

(1) 应税合同的计税依据,为合同列明的价款或者报酬(不含增值税税款);合同中价款或者报酬与增值税税款未分开列明的,按照合计金额确定。

(2) 应税产权转移书据的计税依据,为产权转移书据列明的价款(不含增值税税款);产权转移书据中价款与增值税税款未分开列明的,按照合计金额确定。

(3) 应税营业账簿的计税依据,为营业账簿记载的实收资本(股本)、资本公积合计金额。

(4) 应税权利、许可证照的计税依据,按件确定。

(5) 证券交易的计税依据,为成交金额。

(6) 应税合同、产权转移书据未列明价款或者报酬的,按照订立合同、产权转移书据时市场价格确定;依法应当执行政府定价的,按照其规定确定;

除上述情况外,按照实际结算的价款或者报酬确定。

(7) 以非集中交易方式转让证券时无转让价格的,按办理过户登记手续前一个交易日收盘价计算确定计税依据;办理过户登记手续前一个交易日无收盘价的,按证券面值计算确定计税依据。

(三)印花税的税目税率

印花税的税目分为五大类,即经济合同,产权转移书据,权利、许可证照,营业账簿,证券交易。印花税采用比例税率和定额税率两种税率。

1. 比例税率

印花税的比例税率共有五个档次,即 1‰,0.5‰,0.3‰,0.25‰,0.05‰。按比例税率征税的有各类经济合同、产权转移书据、营业账簿、证券交易等。

2. 定额税率

印花税的定额税率是按件定额贴花,每件 5 元。适用于权利、许可证照。这些凭证不属资金账或没有金额记载,按件定额征税,以方便纳税和简化征管。

印花税税目税率表如表 11-1 所示。

表 11-1　　　　　　　　　　　　印花税税目税率表

税　目		税　率	备　注
合同	买卖合同	支付价款的 0.3‰	指动产买卖合同
	借款合同	借款金额的 0.05‰	指银行业金融机构和借款人(不包括银行同业拆借)订立的借款合同
	融资租赁合同	租金的 0.05‰	
	租赁合同	租金的 1‰	

（续表）

税　目		税　率	备　注
合同	承揽合同	支付报酬的 0.3‰	
	建筑工程合同	支付价款的 0.3‰	
	运输合同	运输费用的 0.3‰	指运货合同和多式联运合同（不包括管道运输合同）
	技术合同	支付价款、报酬或使用费的 0.3‰	
	保管合同	保管费的 1‰	
	仓储合同	仓储费的 1‰	
	财产保险合同	保险费的 1‰	不包括再保险合同
产权转移书据	土地使用权出让和转让书据；房屋等建筑物、构筑物所有权、股权（不包括上市和挂牌公司股票）、商标专用权、专利权、著作权、专有技术使用权转让书据	支付价款的 0.5‰	
权利、许可证照	不动产权证书、营业执照、商标注册证、专利证书	每件 5 元	
营业账簿		实收资本（股本）、资本公积合计金额的 0.25‰	
证券交易		成交金额的 1‰	仅对证券交易的出让方征收

（四）印花税的减免

（1）应税凭证的副本或者抄本，免征印花税。

（2）农民、农民专业合作社、农村集体经济组织、村民委员会购买农业生产资料或者销售自产农产品订立的买卖合同和农业保险合同，免征印花税。

（3）无息或者贴息借款合同、国际金融组织向我国提供优惠贷款订立的借款合同、金融机构与小型微型企业订立的借款合同，免征印花税。

（4）财产所有权人将财产赠与政府、学校、社会福利机构订立的产权转移书据，免征印花税。

（5）军队、武警部队订立、领受的应税凭证，免征印花税。

（6）高校学生签订的高校学生公寓租赁合同，免征印花税。

（7）国务院规定免征或者减征印花税的其他情形。

（五）印花税的贴花

（1）纳税人在应纳税凭证订立或领受时即行贴花完税，不得延至凭证生效日期贴花。

（2）印花税票应贴在应纳税凭证上，并由纳税人在每枚税票的骑缝处盖戳注销或划销，严禁揭下重用。

（3）已贴花的凭证，凡修改后所载金额增加的部分，应补贴印花。

（4）对已贴花的各类应纳税凭证，纳税人须按规定期限保管，不得私自销毁。

（5）合同在签订时无法确定计税金额时，采取两次纳税方法。签订合同时，先按每件合同定额贴花5元；结算时，再按实际金额和适用税率计税，补贴印花。

（6）不论合同是否兑现或是否按期兑现，已贴印花不得撕下重用，已缴纳的印花税款不予退税。

（7）未贴或少贴印花税票，除补贴印花税票外，应处以应补印花税票金额3～5倍罚款；已粘贴的印花税票，未注销或未划销的，处以未注销、未划销印花税票金额1～3倍罚款；已贴用的印花税票揭下重用的，处以重用印花税票金额5倍或2 000元以上、10 000元以下的罚款。

（8）一份凭证应纳税额超过500元的，纳税人可以采取将税收缴款书、完税证明其中一联粘贴在凭证上或者由地方税务机关在凭证上加注完税标记代替贴花。

（9）同一种类应纳税凭证，需频繁贴花的，纳税人根据实际情况自行决定是否采用按期汇总申报缴纳印花税的方式。汇总申报缴纳的期限不得超过1个月。采用按期汇总申报缴纳方式的，1年内不得改变。

（10）多贴印花税票的，不得申请退税或者抵用。

二、印花税的计算和缴纳

（一）印花税的计算

应交印花税的基本计算公式如下：

$$应交印花税 = 计税依据 \times 适用税率 / 适用单位税额$$

（1）应税合同的应纳税额为价款、报酬、租金等乘以适用税率。

（2）应税产权转移书据的应纳税额为价款乘以适用税率。

（3）应税营业账簿的应纳税额为实收资本（股本）、资本公积合计金额乘以适用税率。

（4）应税权利、许可证照的应纳税额为适用税额。

（5）证券交易的应纳税额为成交金额或者按规定计算确定的计税依据乘以适用税率。

（6）同一应税凭证载有两个或两个以上经济事项并分别列明价款或报酬的，按各自适用税目税率计算应纳税额；未分别列明价款或报酬的，按税率高的计算应纳税额。

（7）同一应税凭证由两方或者两方以上当事人订立的，应按各自涉及的价款或报酬分别计算应纳税额。

印花税票面额最低为0.10元，按适用税率计算出的应纳税额不足0.10元的凭证，免贴印花税。应纳税额在0.10元以上的，按四舍五入规则，尾数不满0.05元的不计，满0.05元的按0.10元计算。财产租赁合同最低纳税起点为1元，即税额超过0.10元，但不足1元的，按1元纳税。

【例11-3】　某企业在与客户签订的房租租赁合同中，约定年租金12万元（不含税），增值税税额1.08万元。以12万元作为印花税的计税依据，财产租赁合同按租赁金额1‰贴花。

$$应交印花税 = 120\ 000 \times 1‰ = 120（元）$$

如果在合同中约定年租金 13.08 万元（含税），未单独记载增值税税额，则

$$应交印花税 = 130\ 800 \times 1‰ = 130.8（元）$$

【例 11-4】　某企业于某年 1 月 1 日新启用"实收资本"和"资本公积"账簿，期初余额分别为 240 万元和 80 万元。

年初，该企业的"实收资本"和"资本公积"账簿应交印花税计算如下：

$$应交印花税 = （2\ 400\ 000 + 800\ 000）\times 0.25‰ = 800（元）$$

当年年末，"实收资本"和"资本公积"账簿的余额分别是 280 万元和 120 万元，应按增加金额计税（如果年末该账簿的金额减少，不退印花税）：

$$年末应交印花税 = （2\ 800\ 000 - 2\ 400\ 000 + 1\ 200\ 000 - 800\ 000）\times 0.25‰ = 200（元）$$

（二）印花税的缴纳

单位纳税人应向其机构所在地主管税务机关申报缴纳印花税，个人纳税人应当向应税凭证订立、领受地或者居住地的税务机关申报缴纳印花税。

纳税人出让或转让不动产产权的，应向不动产所在地的税务机关申报缴纳印花税。

证券交易印花税的扣缴义务人应向其机构所在地主管税务机关申报缴纳扣缴的税款。

印花税按季、按年或者按次计征。实行按季、按年计征的，纳税人应当于季度、年度终了之日起 15 日内申报并缴纳税款。实行按次计征的，纳税人应当于纳税义务发生之日起 15 日内申报并缴纳税款。

证券交易印花税按周解缴，扣缴义务人应于每周终了之日起 5 日内申报解缴税款及孳息。

已缴纳印花税的凭证所载价款或者报酬增加的，纳税人应当补缴印花税；已缴纳印花税的凭证所载价款或者报酬减少的，纳税人可以向主管税务机关申请退还印花税税款。

四、印花税的会计处理

企业在发生纳税义务时，凡是不需要预计应缴税款的，或者与税务机关不存在结算、清算关系的（不会形成税款债务），则直接计算缴纳的税金，在进行会计处理时，可以不通过"应交税费"账户核算，如印花税、车辆购置税、耕地占用税、契税等。这样进行会计处理，固然可以简化工作量，但"应交税费"及其二级账户不能反映企业缴纳的全部税种及其金额，不能通过一个账户了解企业纳税的全貌，从而不便于分析企业的整体税负。因此，本书对包括印花税在内的所有税种，不论大小（税种、金额），也不论是否会形成税金负债，均通过"应交税费"账户核算。

由于印花税的适用范围较广，记入的账户应视业务的具体情况予以确定：若是固定资产、无形资产购销、转让、租赁，作为购买方或承受方、承租方，其支付的印花税应借记"固定资产""无形资产""税金及附加"等账户；作为销售方或转让方、出租方，其支付的印花税应借记"固定资产清理""其他业务成本"等账户。在其他情况下，企业支付的印花税应借记"税金及附加"账户（如果一次购买印花税和缴纳税额较大，需分期摊入费用，可采用"待摊费用"账户）。企业在债务重组时，债务人应缴的印花税应借记"税金及附加"账户，贷记"银行存款"

账户;债权人应借记"长期股权投资"账户,贷记"银行存款"账户。

【例11-5】 某建筑安装公司8月承包某工厂建筑工程一项,工程造价为6 000万元,按照经济合同法,双方签订建筑承包工程合同。订立建筑安装承包合同,应按合同金额0.3‰贴花。

计算应交印花税并作会计分录如下:

$$应交印花税 = 60\ 000\ 000 \times 0.3‰ = 18\ 000(元)$$

借:税金及附加 18 000
　　贷:应交税费——应交印花税 18 000

实际缴纳时:

借:应交税费——应交印花税 18 000
　　贷:银行存款 18 000

各种合同应于合同正式签订时贴花。建筑公司应在自己的合同正本上贴花18 000元,由于该份合同应纳税额超过500元,该公司应向税务机关申请填写缴款书或完税证,将其中一联粘贴在合同上或由税务机关在合同上加注完税标记。

【例11-6】 M公司向N公司转让专利权一项,转让价格45万元,已提减值准备8 000元,账面余额38万元,M公司增值税税率为6%。双方各自会计处理如下:

$$应交印花税 = 450\ 000 \times 0.5‰ = 225(元)$$
$$M公司应交增值税 = 450\ 000 \div (1 + 6\%) \times 6\% = 25\ 472(元)$$

(1) M公司作会计分录如下:

借:银行存款 450 000
　　无形资产减值准备 8 000
　　贷:应交税费——应交增值税 25 472
　　　　无形资产 380 000
　　　　资产处置损益——转让专利权 52 528
借:税金及附加 225
　　贷:应交税费——应交印花税 225

(2) N公司作会计分录(价款及税款)如下:

借:无形资产——××专利权 450 225
　　贷:银行存款 450 225

【例11-7】 某厂经营情况良好,但某年初,只就5份委托加工合同(合同总标的150万元)按每份5元粘贴了印花税票。税务机关稽查发现,委托加工合同不能按件贴印花税票。该企业在此期间还与其他企业签订买卖合同20份,合同总标的800万元。税务机关作出补缴印花税的决定,并对逃税行为作出应补缴印花税票款4倍的罚款的决定。

$$委托加工合同应补缴印花税 = 1\ 500\ 000 \times 0.3‰ - 25 = 425(元)$$
$$买卖合同应补缴印花税 = 8\ 000\ 000 \times 0.3‰ = 2\ 400(元)$$

（1）应补缴印花税：

借：税金及附加　　　　　　　　　　　　　　　　　2 825

　　贷：应交税费——应交印花税(425＋2 400)　　　　　　2 825

（2）实际补缴印花税时：

借：应交税费——应交印花税　　　　　　　　　　　2 825

　　贷：银行存　　　　　　　　　　　　　　　　　　　　2 825

（3）上缴罚款时：

借：营业外支出——税务罚款　　　　　　　　　　　11 300

　　贷：银行存款[(425＋2 400)×4]　　　　　　　　　11 300

第三节　耕地占用税会计

一、耕地占用税的特点及其征收意义

为了合理利用土地资源,加强土地管理,保护耕地,2018 年 12 月 29 日第十三届全国人大常委会第七次会议通过了《中华人民共和国耕地占用税法》。耕地是指用于种植粮食作物、经济作物、和油料作物等农作物的土地。耕地占用税的主要特点是：

（1）税收负担的一次性。耕地占用税是以单位和个人实际占用的耕地面积计税,按照规定的税额标准一次性征收。

（2）征收对象的特定性。耕地占用税是对特定的行为征税,即只对占用耕地建房或从事其他非农业生产建设的单位和个人征税。

（3）税收用途的补偿性。国家将征收的耕地占用税设立土地开发基金,全部用于开发农用耕地资源,而不得用于其他方面。

（4）征收标准的弹性。国家只规定每平方米的最高和最低限额,各地可根据本地人均占地面积和经济发展水平,确定当地的具体适用税额标准。

二、耕地占用税的纳税人和纳税范围

凡在我国境内占用耕地建设建筑物、构筑物或者从事非农业建设的单位和个人,为耕地占用税的纳税人。耕地占用税属于资源类税。

占用耕地建设农田水利设施的,不缴纳耕地占用税。

纳税人因建设项目施工或地质勘查临时占用耕地,应按税法规定缴纳耕地占用税;纳税人在批准临时占用耕地期满之日起一年内依法复垦,恢复种植条件的,全额退还已经缴纳的耕地占用税。

占用园地、林地、草地、农田水利用地、养殖水面、渔业水域滩涂以及其他农用地建设建筑物、构筑物或者从事非农业建设的,按税法规定缴纳耕地占用税;若占用这些农用地建设直接为农业生产服务的生产设施的,不缴纳耕地占用税。

三、耕地占用税的计税依据和税率

耕地占用税以纳税人实际占用的耕地面积为计税依据,按照规定的适用税额一次性征收,应纳税额为纳税人实际占用的耕地面积(平方米)乘以适用税额。

耕地占用税的税额如下:

(1)人均耕地不超过 1 亩的地区(以县、自治县、不设区的市、市辖区为单位,下同),每平方米为 10 元至 50 元。

(2)人均耕地超过 1 亩但不超过 2 亩的地区,每平方米为 8 元至 40 元。

(3)人均耕地超过 2 亩但不超过 3 亩的地区,每平方米为 6 元至 30 元。

(4)人均耕地超过 3 亩的地区,每平方米为 5 元至 25 元。

各地区耕地占用税的适用税额,由省、自治区、直辖市人民政府根据人均耕地面积和经济发展等情况,在国家统一规定的税额幅度内提出,报同级人民代表大会常务委员会决定,并报全国人民代表大会常务委员会和国务院备案。其适用税额的平均水平,不得低于上述平均税额。

在人均耕地低于零点五亩的地区,省、自治区、直辖市,可以根据当地经济发展情况,适当提高耕地占用税的适用税额,提高部分不得超过国家统一规定税额幅度的 50%。

占用基本农田的,应按国家统一规定的税额幅度确定当地适用税额,加按 150% 征收。

四、耕地占用税的减免

(1)军事设施、学校、幼儿园、社会福利机构、医疗机构占用耕地,免征耕地占用税。

(2)铁路线路、公路线路、飞机场跑道、停机坪、港口、航道、水利工程占用耕地,减按每平方米 2 元的税额征收耕地占用税。

(3)农村居民在规定用地标准以内占用耕地新建自用住宅,按照当地适用税额减半征收耕地占用税;其中农村居民经批准搬迁,新建自用住宅占用耕地不超过原宅基地面积的部分,免征耕地占用税。

(4)农村烈士遗属、因公牺牲军人遗属、残疾军人以及符合农村最低生活保障条件的农村居民,在规定用地标准以内新建自用住宅,免征耕地占用税。

纳税人改变原占地用途,不再属于免征或减征耕地占用税情形的,应当按照当地适用税额补缴耕地占用税。

五、耕地占用税的纳税环节和纳税期限

耕地占用税的纳税义务发生时间为纳税人收到自然资源主管部门办理占用耕地手续的书面通知的当日。纳税人应当自纳税义务发生之日起 30 日内申报缴纳耕地占用税。

自然资源主管部门凭耕地占用税完税凭证或免税凭证和其他有关文件发放建设用地批准书。

六、耕地占用税的计算

耕地占用税以纳税人实际占用的耕地面积为计税依据,按照规定的适用税额一次性缴纳。

耕地占用税实行的是定额税制,采取差别税率,即按各地区人均耕地面积的数量,确定每平方米的适用税额。

（一）一般纳税人耕地占用税的计算

计算公式为：

$$应交耕地占用税 = 实际占用耕地面积(平方米) \times 单位税额$$

【例11-8】 某食品厂征用一块面积15 000平方米的菜地进行食品加工生产，耕地占用税的单位税额为30元/平方米。计算应交耕地占用税如下：

$$应交耕地占用税 = 15\,000 \times 30 = 450\,000(元)$$

【例11-9】 某民用机场征用耕地2 000万平方米。其中修建飞机跑道、停机坪、候机楼、指挥塔、雷达设施占用耕地1 958万平方米，修建飞行员及职工地勤人员宿舍楼用地2万平方米，修建俱乐部用地20万平方米，修建饮食服务部用地15万平方米，修建影剧院用地5万平方米。因该机场所在地区是人均耕地1亩以下的地区，政府规定缴纳耕地占用税应使用幅度税额的上限，即50元/平方米。计算该机场应纳耕田占用税。

民用机场占用耕地中，飞机跑道、停机坪、候机楼、指挥塔、雷达设施等占用部分免税，其余占用耕地应交耕地占用税计算如下：

$$应交耕地占用税 = (20\,000 + 200\,000 + 150\,000 + 50\,000) \times 50 = 21\,000\,000(元)$$

（二）农村居民耕地占用税的计算

农村居民指农业户口的居民，包括渔民、牧民在内。他们占用耕地建设自用的住宅，可按规定税额减半征收。其计算公式如下：

$$应交耕地占用税 = 实际占用耕地面积 \times 单位税额 \times 50\%$$

【例11-10】 某农户经批准占用100平方米耕地建住宅自用，该省耕地占用税单位税额是20元/平方米，而农民占用耕地建住宅自用，按规定税额减半征收。

该农民应交耕地占用税耕地占用税计算如下：

$$应交耕地占用税 = 100 \times 20 \times 50\% = 1\,000(元)$$

（三）公路建设耕地占用税的计算

公路建设应交耕地占用税的计算公式如下：

$$应交耕地占用税 = 实际占用耕地面积 \times 单位税额$$

【例11-11】 某省为修建公路征用30万平方米耕地，公路建设占用耕地按每平方米10元缴纳耕地占用税。

耕地占用税计算如下：

$$应交耕地占用税 = 300\,000 \times 10 = 3\,000\,000(元)$$

七、耕地占用税的会计处理

由于耕地占用税于占用耕地时一次性缴纳，建设单位可将其记入"长期待摊费用"账户，计算出应缴耕地占用税后，借记"长期待摊费用"账户，贷记"应交税费——应交耕地占用税"账户。持续经营中的企业因占用耕地而应缴耕地占用税时，借记"在建工程"账户，贷记"应交税费——应交耕地占用税"账户或直接贷记"银行存款"账户。

【例 11-12】 某新建服装厂征用一块面积为 1 万平方米的耕地建厂,当地核定的单位税额是 20 元/平方米。

计算该厂应交耕地占用税并作会计分录如下:

$$应交耕地占用税 = 10\ 000 \times 20 = 200\ 000(元)$$

(1) 在筹建期间计提税金时。

借:长期待摊费用——开办费   200 000
    贷:应交税费——应交耕地占用税   200 000

(2) 开始生产经营当月。

借:税金及附加   200 000
    贷:长期待摊费用——开办费   200 000

(3) 若该厂不作为建设单位而作为生产企业时。

借:在建工程   200 000
    贷:应交税费——应交耕地占用税   200 000

第四节　城镇土地使用税会计

城镇土地使用税是对城市、县城、建制镇和工矿区范围内使用土地的单位和个人,按实际占用土地面积征收的一种资源类税种。"单位"包括国有企业、集体企业、私营企业、股份制企业、外商投资企业、外国企业以及其他企业和事业单位、社会团体、国家机关、军队以及其他单位;"个人"包括个体工商户以及其他个人。

土地是国家的宝贵资源,是人类赖以生存和从事生产的必不可少的物质条件。我国人多地少,珍惜土地、节约用地是一项基本国策。

开征土地使用税有利于合理使用城镇土地,用经济手段加强对土地的控制和管理,变土地的无偿使用为有偿使用;调节不同地区、不同地段之间的土地级差收入,着重调节由于交通地理位置不同而形成的土地级差收入,使各纳税人的收入水平大体均衡;促进节约使用土地,提高土地的使用效益;同时,土地使用税的征收,也有利于企业加强经济核算;有利于理顺国家与土地使用者之间的分配关系,增加财政收入,促进税制改革及地方税收体系的建立。

一、城镇土地使用税的纳税人

城镇土地使用税的纳税人是在我国境内使用土地的单位和个人。

拥有土地使用权的纳税人不在土地所在地的,该土地的代管人或实际使用人承担纳税义务;土地使用权未确定或权属纠纷未解决的,由实际使用人纳税;土地使用权为多方共有的,由共有各方分别纳税。

二、城镇土地使用税的计税依据及其确认

城镇土地使用税的计税依据是纳税人实际占用的土地面积。

购置新建商品房，自房屋交付使用之次月起计缴房产税、城镇土地使用税；购置存量房，自办理房屋权属转移、变更登记手续，房地产权属登记机关签发房屋权属证书之次月起计缴房产税和城镇土地使用税。

纳税人因房产、土地的实物或权利状态发生变化（房屋交付使用或已经办理产权转移手续）而依法终止房产税、城镇土地使用税纳税义务的，其应纳税款的计算应截止到房产、土地的实物或权利状态发生变化的当月月末；房地产开发企业将开发的商品房销售交付给购房人的当月月末，其城镇土地使用税纳税义务终止。

即在商品房出售之前，应按规定计缴城镇土地使用税；终止缴纳的时间应以商品房出售双方签订销售合同生效的次月起。

三、城镇土地使用税的税率

土地使用税采用定额税率。土地使用税定额是根据我国经济发展状况，参考城市主要经济指标，结合不同地区收取土地占用费的金额标准测算确定。

大、中、小城市以公安部门登记在册的非农业正式户口人数为依据，按照国务院颁布的《城市规划条例》中规定的标准划分。人数在 50 万以上者为大城市，人数介于 20 万～50 万之间者为中等城市，人数在 20 万以下者为小城市。

城镇土地使用税每平方米年税额：大城市 1.5～30 元；中等城市 1.2～24 元；小城市 0.9～18 元；县城、建制镇、工矿区 0.6～12 元。

四、城镇土地使用税的免税

国家机关、人民团体、军队自用的土地（仅指这些单位的办公用地和公务用地），由国家财政部门拨付事业经费的单位自用的土地，宗教寺庙、公园、名胜古迹自用的土地（公园、名胜古迹中附设的索道公司、影剧院、饮食部、茶社、照相馆等经营用地均应按规定缴纳土地使用税）。

市政街道、广场、绿化地带等公用土地。直接用于农、林、牧、渔业的生产用地[1]。经批准开山填海整治的土地和改造的废弃土地，从使用月份起免缴土地使用税 5 年至 10 年。火电厂厂区围墙外的灰场、输灰管、输油（气）管、铁路专用线占地。水电站的除发电厂房、生产、生活、办公用地外的其他用地。供电部门的输电线路用地，变电站用地。水利设施及其管护用地。生产核系列产品的厂矿（生活区、办公室用地除外）。开航机场的机场飞行区用地，场内外通讯导航设施用地、飞行区四周排水防洪设施用地和机场场外道路用地。企业办的学校、医院、托儿所、幼儿园的自用土地。由财政部、国家税务局另行规定的能源、交通、水利设施用地及其他用地。农民自用住宅地。

五、城镇土地使用税的纳税期限

城镇土地使用税按年计算，分期缴纳。缴纳期限由省、自治区、直辖市人民政府确定。

新征用的土地，如属于耕地，自批准征用之日起满 1 年时开始缴纳土地使用税；如属于非耕地，则自批准征用次月起缴纳土地使用税。

---

[1]　包括直接用于采摘、观光的种植、养殖、饲养的土地。

六、城镇土地使用税的计算

城镇土地使用税以纳税人实际使用的土地面积为依据,依照规定的税额,按年计算,分期缴纳。土地使用税的计算公式如下:

$$应交城镇土地使用税＝应税土地的实际使用面积×适用单位税额$$

【例 11-13】 某厂实际占用土地 40 000 平方米,其中企业自己办的托儿所用地 200 平方米,企业自己办的医院占地 2 000 平方米。该厂位于中等城市,当地人民政府核定该企业的土地使用税单位税额为 9 元/平方米。计算该厂年度应纳土地使用税税额。

按照规定,企业自办的托儿所、医院占用的土地,可以免征土地使用税,因而该厂年度应交土地使用税如下:

$$应交城镇土地使用税＝(40 000－200－2 000)×9＝340 200(元)$$

【例 11-14】 驻扎在县城的某部队占用土地 300 000 平方米,其中办公用地 280 000 平方米,部队的饮食服务部占地 5 000 平方米,影剧院占地 4 000 平方米,其他营业占地 11 000 平方米。当地政府核定的土地使用税单位税额为 2 元/平方米。计算该部队应纳的土地使用税税额。

按照规定,部队自用的办公用地是免税的,但其营业用的饮食部、影剧院和其他营业用地应缴纳土地使用税,因而该部队应交土地使用税如下:

$$应交城镇土地使用税＝(5 000＋4 000＋11 000)×2＝40 000(元)$$

【例 11-15】 某西服厂和光明招待所共同使用一块面积为 130 000 平方米的土地。其中,西服厂使用 78 000 平方米,光明招待所用地面积为 52 000 平方米,西服厂和光明招待所位于 30 万人的城市,当地政府核定的单位税额为该级幅度税额的最高额。西服厂和光明招待所各自缴纳多少土地使用税税额。

按照规定,土地使用权共有的,应按土地使用权共有的各方实际使用的土地面积,分别计算土地使用税。西服厂占用的土地面积是总土地面积的 60%,光明招待所占用的土地面积是总土地面积的 40%。因而西服厂、光明招待所应分别承担土地使用税 60% 和 40%。该企业所在市的城镇土地使用税单位税额为 8 元/平方米。则上述两单位应承担的土地使用税如下:

$$西服厂应交城镇土地使用税＝130 000×8×60%＝624 000(元)$$

$$光明招待所应交城镇土地使用税＝130 000×8×40%＝416 000(元)$$

七、城镇土地使用税的会计处理

缴纳土地使用税的单位,应于会计年度终了时预计应交税费数额,记入当期的"税金及附加""长期待摊费用"等账户;年终后,再与税务机关结算。

【例 11-16】 某工业企业占用土地 4 000 平方米,该企业位于中等城市,当地人民政府核定该企业的土地使用税单位税额为 9 元/平方米。计算该企业应纳土地使用税并作会计分录如下:

$$应交城镇土地使用税＝4 000×9＝36 000(元)$$

(1) 计提税金时:

借：税金及附加　　　　　　　　　　　　　　　　　　　　36 000
　　贷：应交税费——应交土地使用税　　　　　　　　　　　　　　36 000

（2）上缴时：

借：应交税费——应交土地使用税　　　　　　　　　　　　36 000
　　贷：银行存款　　　　　　　　　　　　　　　　　　　　　　36 000

【例11-17】　天鸿公司从事房地产开发经营业务，其开发的位于某市南区6号地块第一期住宅楼占地面积8万平方米。第2季度每月销售房屋对应的土地占用面积分别为1.5万平方米、1.2万平方米、1万平方米。截至6月月末，公司已向房地产管理部门集中办理了个人土地使用证。该地块城镇土地使用税每平方米5.4元/年。

城镇土地使用税的计算，首先，要明确终止纳税义务的时间，公司在4、5、6月份销售该地块楼房，其土地权属已经发生变化，不能以6月份实际办理土地使用证时间来确认土地权属的变化；其次，在计算土地使用税时，当月减少的面积，当月仍应计缴土地使用税，即应以各月月初实际占用土地面积为计税依据。因此，公司第二季度各月应纳税额计算如下：

4月应交土地使用税＝8×5.4÷12＝3.6（万元）
5月应交土地使用税＝（8－1.5）×5.4÷12＝2.925（万元）
6月应交土地使用税＝（8－1.5－1.2）×5.4÷12＝2.385（万元）
第2季度应交土地使用税＝3.6＋2.925＋2.385＝8.91（万元）

该季度每月应交城镇土地使用税会计分录如下：

4月：

借：税金及附加　　　　　　　　　　　　　　　　　　　　36 000
　　贷：应交税费——应交城镇土地使用税　　　　　　　　　　　36 000

5月：

借：税金及附加　　　　　　　　　　　　　　　　　　　　29 250
　　贷：应交税费——应交城镇土地使用税　　　　　　　　　　　29 250

6月：

借：税金及附加　　　　　　　　　　　　　　　　　　　　23 850
　　贷：应交税费——应交城镇土地使用税　　　　　　　　　　　23 850

第五节　房产税会计

房产税是指以房屋为征税对象，按照房屋的计税余值或租金收入，对产权所有人征收的一种财产税。国务院于1986年9月15日发布了《中华人民共和国房产税暂行条例》，并从当年10月1日起执行，当时规定房产税只对内资企业和中国公民征收，而对涉外企业和外

籍人员仍实行原城市房地产税。由于内外两种房产税并存,企业税负不平的矛盾日益突出,迫切需要对房产税进行改革,统一房产税。自 2009 年 1 月 1 日起,外商投资企业、外国企业和组织以及外籍个人,依照《中华人民共和国房产税暂行条例》缴纳房产税。

一、房产税的纳税人

凡在我国境内拥有房屋产权的单位和个人均为房产税的纳税人。产权属于国有的,其经营管理的单位和个人为纳税人;产权出典的,承典人为纳税人;产权所有人、承典人不在房产所在地,或者产权未确定或租典纠纷未解决的,房产代管人或者使用人为纳税人。

二、房产税的纳税范围和计税依据

房产税的纳税对象是我国境内的房屋(房产)。目前,我国房产税的纳税范围为城市、县城、工矿区、建制镇,不涉及农村,而且仅限于经营性房屋。

房产税以房产评估值(现按原值)的计税依据。房产评估值是指房产在评估时的市场价值。房产评估值由省级人民政府认定的资产评估机构进行评估,每 3～5 年评估一次,具体时间由省级人民政府确定。

对按照房产原值计税的房产,无论财务会计如何核算,房产原值均应包含地价,包括为取得土地使用权支付的价款、开发土地发生的成本费用等。宗地容积率低于 0.5 的,按房产建筑面积的 2 倍计算土地面积并据此确定计入房产原值的地价。

凡在房产税征收范围内的具备房屋功能的地下建筑,包括与地上房屋相连的地下建筑以及完全建在地面以下的建筑、地下人防设施等,均应当依照有关规定缴纳房产税。

对于与地上房屋相连的地下建筑,如房屋的地下室、地下停车场、商场的地下部分等,应将地下部分与地上房屋视为一个整体按照地上房屋建筑的有关规定计算缴纳房产税。

三、房产税的税率

房产税以房产的计税余值或租金收入为计税依据,采用比例税率。按房产余值计征的,税率为 1.2%;按租金收入计征的,税率为 12%。

根据《关于廉租住房经济适用住房和住房租赁有关税收政策的通知》(财税〔2008〕24号)规定,对个人出租住房,不区分用途,按 4% 的税率征收房产税;对企事业单位、社会团体以及其他组织按市场价格向个人出租用于居住的住房,减按 4% 的税率征收房产税。凡在房产税征收范围内的具备房屋功能的地下建筑,包括与地上房屋相连的地下建筑以及完全建在地面以下的建筑、地下人防设施等,均应当依照有关规定缴纳房产税。

对于与地上房屋相连的地下建筑,如房屋的地下室、地下停车场、商场的地下部分等,应将地下部分与地上房屋视为一个整体按照地上房屋建筑的有关规定计算缴纳房产税。

四、房产税的减免

国家机关、人民团体、军队的房产;由国家财政部门拨付事业经费的单位的房产;高校学生公寓(为高校学生提供住宿服务,按照国家规定收费标准收取住宿费的学生公寓);宗教寺庙、公园、名胜古迹的房产;个人的房产。上述单位和个人用于生产经营的房产除外。房地产开发企业建造的商品房,在售出前,免缴房产税;但在售出前本企业已使用或出租、出借的商品房,应按规定缴纳房产税。

五、房产税的计算和缴纳

购置新建商品房、存量房，出租、出借房产，房地产开发企业自用、出租、出借自建商品房，自交付使用或办理权属转移之次月起，计缴房产税和城镇土地使用税。纳税人因房产、土地的实物或权利状态发生变化而依法终止房产税、城镇土地使用税纳税义务的，其应纳税款的计算应截止到房产、土地的实物或权利状态发生变化的当月末。房产税的基本计算公式如下：

$$应交房产税＝房产评估值×适用税率$$

在实务中，一般房产的计税方法是：

（1）按房产原值一次减除 10%～30% 后的余值计算。

$$应交房产税＝房产账面原值×（1－一次性减除率）×1.2\%$$

（2）按租金收入（不含增值税）计算。

$$应交房产税＝年租金收入÷（1＋9\%）×适用税率（12\%）$$

对自用地下建筑，按以下方法计税：

（1）工业用途房产，以房屋原价的 50%～60% 作为应税房产原值。

$$应交房产税＝应税房产原值×[1－（10\%～30\%）]×1.2\%$$

（2）商业和其他用途房产，以房屋原价的 70%～80% 作为应税房产原值。

$$应交房产税＝应税房产原值×[1－（10\%～30\%）]×1.2\%$$

房屋原价折算为应税房产原值的具体比例，由各省、自治区、直辖市和计划单列市财政和地方税务部门在上述幅度内自行确定。房产税按年计算，在房产所在地分期（月、季、半年）缴纳。

【例 11-18】 天科公司为扩大生产规模，上年 9 月份取得一块面积 5 万平方米的土地建厂房，支付的 9 000 万元地价款计入无形资产。厂房建筑面积 11 万平方米，建筑成本 5 200 万元，今年 11 月交付使用。

新建厂房宗地容积率为 2.2（11÷5），大于 0.5，应将全部地价款一并计入房产原值。

$$当年应交房产税 ＝（9\,000＋5\,200）×（1－30\%）×1.2\% ＝ 119.28（万元）$$

六、房产税的会计处理

企业按规定计算或预提的房产税，应借记"税金及附加"等账户，贷记"应交税费——应交房产税"账户。

【例 11-19】 某企业 1 月 1 日拥有房产原值 660 万元，其中有一部分房产为企业办幼儿园使用，原值 100 万元。当地政府规定，按原值一次减除 20% 后的余值纳税。按年计算，分月缴纳。税率为 1.2%，计算该企业应交房产税并作会计分录如下：

$$年应交房产税＝（660－100）×（1－20\%）×1.2\%＝5.376（万元）$$

$$月应交房产税＝53\,760÷12＝4\,480（元）$$

（1）每月预提税金时：

借：税金及附加 4 480
  贷：应交税费——应交房产税 4 480

（2）每月缴纳房产税时：

借：应交税费——应交房产税 4 480
  贷：银行存款 4 480

【例11-20】 某公司12月31日"固定资产"明细账中房屋原值240万元，下年2月份公司将房产原值中的80万元房产租给其他单位使用，每年收取租金9.6万元。当地政府规定，对自用房屋，按房产原值扣除25%后作为房产余值，以1.2%的税率缴纳房产税；对出租房屋，按其租金收入12%的年税率缴纳房产税。房产税按年计算、分季缴纳。

1. 应交房产税的计算
（1）1月份按房产余值计算应交房产税。

$$年应交房产税 = 2\ 400\ 000 \times (1 - 25\%) \times 1.2\% = 21\ 600(元)$$
$$月应交房产税 = 21\ 600 \div 12 = 1\ 800(元)$$

（2）2月份应交房产税计算。
按房产余值计算：

$$年应交房产税 = (2\ 400\ 000 - 800\ 000) \times (1 - 25\%) \times 1.2\% = 14\ 400(元)$$
$$月应交房产税 = 14\ 400 \div 12 = 1\ 200(元)$$

按租金收入计算：

$$年应交房产税 = 96\ 000 \div (1 + 9\%) \times 12\% = 10\ 569(元)$$
$$月应交房产税 = 10\ 569 \div 12 = 881(元)$$

2月份应交房产税合计 $= 1\ 200 + 881 = 2\ 081(元)$。
3月份应交房产税与2月份相同。

2. 相关会计分录
（1）1月份预提房产税时：

借：税金及附加 1 800
  贷：应交税费——应交房产税 1 800

（2）2月份预提税金时：

借：税金及附加 1 200
  其他业务成本 881
  贷：应交税费——应交房产税 2 081

（3）3月份与2月份会计分录相同。
（4）4月初缴纳第一季度房产税时：

借：应交税费——应交房产税 5 962
  贷：银行存款 5 962

【例11-21】 某企业将自有房屋一部分出租，于10月5日收到承租单位按合同规定预交的1年房租120万元，款已存入开户银行，为承租单位开具收款120万元的发票。

按税法规定,企业收款开具发票后,就应按发票金额计税,但企业按规定计算缴纳的有关税费不宜全部记入当年损益(不符合配比原则),因此,企业可作会计分录如下:

(1) 收到 1 年的房租时(确认当年 3 个月的收入,也可分月确认):

借:银行存款	1 200 000
贷:其他业务收入——租赁业务收入(或税金及附加,下同)	300 000
预收账款——房租款	900 000

(2) 计算应交税费时:

$$应交房产税＝120÷(1＋9\%)×12\%＝13.211\,0(万元)$$

$$应交增值税＝120÷(1＋9\%)×9\%＝9.908\,3(万元)$$

借:其他业务成本——租赁业务税费	60 275
待摊费用——待摊税费①	180 826
贷:应交税费——应交房产税	132 110
——应交增值税	99 083
——应交城市维护建设税	6 936
——教育费附加	2 972

(3) 下年度结转房屋租赁收入时(也可按月结转):

借:预收账款——房租款	900 000
贷:其他业务收入——租赁业务收入(或税金及附加)	900 000

同时,摊销应计税费时:

借:其他业务成本——租赁业务税费	180 826
贷:待摊费用——待摊税费	180 826

第六节　车船税会计

一、车船税税制要素

2006 年 12 月 29 日,国务院第 162 次常务会议通过了《中华人民共和国车船税暂行条例》②(中华人民共和国国务院令第 482 号),自 2007 年 1 月 1 日起施行。2011 年 2 月 25 日第十一届全国人民代表大会常务委员会第十九次会议通过《中华人民共和国车船税法》,自 2012 年 1 月 1 日起施行。

(一) 车船税的纳税人和扣缴义务人

车船税是对在我国境内所规定车辆和船舶的所有人或者管理人征收的一种财产税。"车辆、船舶"是指依法应当在车船登记管理部门登记的机动车辆和船舶;依法不需要在车船

---

① 　也可以不通过该账户,将其直接记入"其他业务成本——租赁业务税费"账户。

② 　此前是"车船使用税"和"车船使用牌照税"。前者对内资企业和中国公民征收,后者则属涉外税种,对外资企业和外籍人员征收。由于两者并存,使我国对车船的征税既烦琐又复杂,不利于公平税负。

登记管理部门登记的在单位内部场所行驶或者作业的机动车辆和船舶。已缴纳车船税的车船在同一纳税年度内办理转让过户的,不另纳税,也不退税。

从事机动车第三者责任强制保险业务的保险机构为机动车车船税的扣缴义务人,应当在收取保险费时依法代收车船税,并出具代收税款凭证。扣缴义务人在代收车船税时,应当在机动车交通事故责任强制保险的保险单以及保费发票上注明已收税款的信息,作为代收税款凭证。扣缴义务人已代收代缴车船税的,纳税人不再向车辆登记地的主管税务机关申报缴纳车船税。没有扣缴义务人的,纳税人应当向主管税务机关自行申报缴纳车船税。

已完税或依法减免税的车辆,纳税人应当向扣缴义务人提供登记地的主管税务机关出具的完税凭证或者减免税证明。纳税人没有按照规定期限缴纳车船税的,扣缴义务人在代收代缴税款时,可以一并代收代缴欠缴税款的滞纳金。

(二)车船税的计税依据和单位税额

车船税属于财产税类,本应按其价值,采用比例税率计税,但鉴于车船种类繁多、变动频繁,如若每次计税都要按其价格或评估价值,难度太大,不易操作。因此,采用从量定额计税,计税依据是车船的排气量、整备质量、核定载客人数、净吨位、千瓦、艇身长度(以车船登记管理部门核发的车船登记证书或者行驶证所载数据为准);依法不需要办理登记的车船和应依法登记而未办理登记或者不能提供车船登记证书、行驶证的车船,以车船出厂合格证明或者进口凭证标注的技术参数、数据为准;不能提供车船出厂合格证明或者进口凭证的,由主管税务机关参照国家相关标准核定,没有国家相关标准的参照同类车船核定。

乘用车依排气量从小到大递增税额,其中,客车按照核定载客人数20人以下和20人(含)以上两档划分递增税额;机动船舶按其净吨位递增税额;拖船按照发动机功率每1千瓦折合净吨位0.67吨计算征收车船税。

车船的适用税额,见《车船税税目税额表》(见表11-2)。国务院财政部门、税务主管部门可以根据实际情况,在《车船税税目税额表》规定的税目范围和税额幅度内,划分子税目,并明确车辆的子税目税额幅度和船舶的具体适用税额。车辆的具体适用税额由省、自治区、直辖市人民政府在规定的子税目税额幅度内确定。

表11-2　　　　　　　　　　　车船税税目税额表

税　　目		计税单位	年基准税额 (元)	备　注
乘用车按发动机汽缸容量(排气量分档)	1.0升(含)以下的	每辆	60~360	核定载客人数9人(含)以下
	1.0升以上至1.6升(含)		360~660	
	1.6升以上至2.0升(含)		660~960	
	2.0升以上至2.5升(含)		960~1 620	
	2.5升以上至3.0升(含)		1 620~2 460	
	3.0升以上至4.0升(含)		2 460~3 600	
	4.0升以上的		3 600~5 400	

（续表）

税 目		计税单位	年基准税额（元）	备 注
商用车	客车	每辆	480～1 440	核定载客人数 9 人（包括电车）
	货车	整备质量每吨	16～120	1. 包括半挂牵引车、挂车、客货两用汽车、三轮汽车和低速载货汽车。2. 挂车按照货车税额的 50% 计算
其他车辆	专用作业车	整备质量每吨	16～120	不包括拖拉机
	轮式专用机械车	整备质量每吨	16～120	
摩托车		每辆	36～180	
船舶	机动船舶	净吨位每吨	3～6	拖船、非机动驳船分别按机动船舶税额的 50% 计算；游艇的税额另行规定
	游艇	艇身长度每米	600～2 000	

（三）车船税的减免

捕捞、养殖渔船，军队、武警专用的车船，警用车船，依照法律规定应当予以免税的外国驻华使领馆、国际组织驻华代表机构及其有关人员的车船免征车船税。

对使用符合条件的新能源车船免征车船税；对符合条件的节约能源车船，减半征收车船税。

省、自治区、直辖市人民政府根据当地实际情况，可以对公共交通车船，农村居民拥有并主要在农村地区使用的摩托车、三轮汽车和低速载货汽车定期减征或者免征车船税。

临时入境的外国车船和香港、澳门、台湾地区的车船，不征收车船税。按照规定缴纳船舶吨税的机动船舶，自车船税法实施之日起 5 年内免征车船税。依法不需要在车船登记管理部门登记的机场、港口、铁路站场内部行驶或者作业的车船，自车船税法实施之日起 5 年内免征车船税。

（四）车船税纳税期限、纳税地点

车船税按年申报，分月计算，一次性缴纳。纳税年度为公历 1 月 1 日至 12 月 31 日。

车船税的纳税地点为车船的登记地或者车船税扣缴义务人所在地。依法不需要办理登记的车船，车船税的纳税地点为车船的所有人或者管理人所在地。

二、车船税纳税义务的确认和应纳税额的计算

（一）纳税义务的确认

车船税纳税义务发生时间为取得车船所有权或者管理权的当月（以购买车船的发票或者其他证明文件所载日期的当月为准）。纳税人在购车缴纳交强险的同时，由保险机构代收代缴车船税。

（二）应纳税额的计算

（1）乘用车、商用车客车、摩托车。

$$应交车船税＝应税车辆数×单位税额$$

（2）商用车货车、挂车、其他车辆。

$$应交车船税＝整备质量吨数×单位税额$$

（3）船舶机动船舶。

$$应交车船税＝净吨位数×单位税额$$

（4）购置的新车船，购置当年的应纳税额自纳税义务发生的当月起按月计算。应纳税额为年应纳税额除以 12 再乘以应纳税月份数。

对整备质量、净吨位、艇身长度等有尾数的计税单位，一律按含尾数的计税单位据实计算车船税应纳税额。计算金额小数点后超过两位的可四舍五入保留两位小数；乘用车以车辆登记管理部门核发的机动车登记证书或行驶证书所载的排气量毫升数确定税额区间。

【例 11-22】 某运输公司拥有商用货车 10 辆（整备质量 20 吨），商用客车 30 辆，乘用车 5 辆。

假设商用货车每吨车船税 60 元，商用客车每辆车船税 1 000 元，乘用车每辆车船税 500 元。公司年应交车船税计算如下：

$$商用货车应交车船税＝10×20×60＝12 000（元）$$
$$商用客车应交车船税＝30×1 000＝30 000（元）$$
$$商用车应交车船税＝5×500＝2 500（元）$$
$$应交车船税合计＝12 000＋30 000＋2 500＝44 500（元）$$

【例 11-23】 某船务公司 3 月份购入一艘净吨位为 15 000 吨的船舶，一艘功率为 22 000 千瓦的拖船，发票日期为当月。拖船按照发动机功率每 1 千瓦折合净吨位 0.67 吨计缴车船税。计算新增船舶拖船当年应交车船税。

$$拖船的功率数折合为净吨位数＝0.67×22 000＝14 740（吨）$$

船舶、拖船相应税目的具体适用税额为每吨 6 元，则：

$$船舶当年应交车船税＝15 000×6×10÷12＝75 000（元）$$
$$拖船当年应交车船税＝14 740×6×10÷12×50％＝36 850（元）$$
$$应交车船税合计＝75 000＋36 850＝111 850（元）$$

三、车船税的会计处理

企业按规定缴纳的车船税，一般可在"税金及附加"账户中列支。

【例 11-24】 根据[例 11-22]计算结果，该运输公司作会计分录如下：

反映应交车船税时：

借：税金及附加   44 500

 贷：应交税费——应交车船税   44 500

实际缴纳车船税时：

借：应交税费——应交车船税   44 500

 贷：银行存款   44 500

第七节　船舶吨税会计

船舶吨税(简称吨税,国外亦称灯塔税)是对进出我国港口的国际航行船舶征收的一种行为税(使用税)。国际航行的船舶,在我国港口进出行驶,使用我国的助航设备,对这些船舶应征收船舶吨税。2017 年 12 月 27 日,第十二届全国人大常委会第三十一次会议通过《中华人民共和国船舶吨税法》。

一、船舶吨税的纳税对象

凡是在我国港口行驶的外国籍船舶、外商租用的中国籍船舶、中外合营的海运企业自有或租用的中外籍船舶和我国租用(包括国外华商所有或租用的)航行国外及兼营国内沿海贸易的外国籍船舶,都是船舶吨税的纳税对象。吨税由海关负责征收。

二、船舶吨税的税率

船舶吨税采用复式定额税率,分类分级规定。船舶分为机动船舶和非机动船舶两大类,每一类按净吨位分为若干等级,以吨为单位规定定额税率。船舶的净吨位越大,定额税率越高。定额税率又分普通税率和优惠税率。其中,优惠税率适用于同我国签有条约或协定,明确规定对船舶的税费相互给予最惠国待遇的国家的船舶。斯里兰卡、巴基斯坦、希腊等国用的悬挂其他国家国旗的船舶以及中外合资经营企业所有的或租用的中国籍船舶,也适用优惠税率。外商以"期租"形式租用的中国籍船舶,若需要缴税,也按优惠税率征收。普通税率则适用于未与我国签订贸易互利条件或协定,或虽订有贸易互利条约或协定,但未明确包括船舶吨税费优惠的国家的船舶。船舶吨税税率表如表 11 - 3 所示。

表 11-3　　　　　　　　　　船舶吨税税率表

税 目 (按船舶净 吨位划分)	税率(元/净吨)						备 注
	普通税率 (按执照期限划分)			优惠税率 (按执照期限划分)			
	1 年	90 日	30 日	1 年	90 日	30 日	
不超过 2 000 净吨	12.6	4.2	2.1	9.0	3.0	1.5	1. 拖船按照发动机功率每千瓦折合净吨位 0.67 吨。 2. 无法提供净吨位证明文件的游艇,按照发动机功率每千瓦折合净吨位 0.05 吨。 3. 拖船和非机动驳船分别按相同净吨位船舶税率的 50%计征税款。
超过 2 000 净吨,但不超过 10 000 净吨	24.0	8.0	4.0	17.4	5.8	2.9	
超过 10 000 净吨,但不超过 50 000 净吨	27.6	9.2	4.6	19.8	6.6	3.3	
超过 50 000 净吨	31.8	10.6	5.3	22.8	7.6	3.8	

三、船舶吨税的缴纳

吨税纳税义务发生时间为应税船舶进入港口的当日。

应税船舶在进入港口办理入境手续时,应向海关申报纳税领取吨税执照,或者交验吨税执照(或申请核验吨税执照电子信息)。应税船舶在离开港口办理出境手续时,应当交验吨

税执照或申请核验吨税执照电子信息。应税船舶在吨税执照期满后尚未离开港口的,应当申领新的吨税执照,自上一次执照期满的次日起续缴吨税。

吨税的缴纳期有 1 年、90 天、30 天三种,纳税人可在申请完税时自行选报。应税船舶负责人应当自海关填发吨税缴款凭证之日起 15 日内缴清税款。未按期缴清税款的,自滞纳税款之日起至缴清税款之日止,按日加收滞纳税款 5‰的税款滞纳金。

四、船舶吨税的免税

(1) 应纳税额在人民币 50 元以下的船舶。

(2) 自境外以购买、受赠、继承等方式取得船舶所有权的初次进口到港的空载船舶。

(3) 吨税执照期满后 24 小时内不上下客货的船舶。

(4) 非机动船舶(不包括非机动驳船)。

(5) 捕捞、养殖渔船。

(6) 避难、防疫隔离、修理、改造、终止运营或者拆解,并不上下客货的船舶。

(7) 军队、武装警察部队专用或者征用的船舶。

(8) 警用船舶。

(9) 依照法律规定应当予以免税的外国驻华使领馆、国际组织驻华代表机构及其有关人员的船舶。

(10) 国务院规定的其他船舶。

五、船舶吨税的计算

船舶吨税的计算公式如下:

$$应纳船舶吨税 = 船舶净吨位 \times 吨位税额$$

【例 11-25】 某国 AL 运输公司一艘货轮驶入天津新港,该货轮净吨位 9 000 吨,货轮负责人已向天津海关领取吨税执照,在港口停留 30 天,该国与我国签订含有相互给予船舶税费最惠国待遇条款的条约。AL 运输公司应向天津海关缴纳船舶吨税计算如下:

$$应交船舶吨税 = 9\ 000 \times 2.9 = 26\ 100(元)$$

第八节 契 税 会 计

契税是以境内土地、房屋权属发生转移的不动产为征税对象,以当事人双方签订的合同契约为依据,向产权承受人一次性征收的一种财产税。

契税在我国有悠久的历史。它起源于 1 600 年前东晋的"估税"。北宋时期,契税逐渐趋于完备。元、明、清等都征收契税,直至今日。1950 年 4 月 3 日,由政务院颁布《契税暂行条例》,在全国城市和已完成土改的乡村征收契税。改革开放后,我国从 1990 年恢复征收契税。1997年 7 月 7 日,国务院发布了《中华人民共和国契税暂行条例》,并从当年 10 月 1 日起实施。

一、契税的纳税人和征收范围

在我国境内转移土地、房屋权属,承受的单位和个人为该税的纳税人。

契税的纳税人为房屋的产权承受人。包括购买人、承典人、赠与承受人。以房屋抵债的买卖行为,以债权人为纳税人。承典人转典房,新的承典人为纳税人。具体包括:城镇、乡村的居民个人;私营组织和个体工商户;港、澳台同胞及华侨;外资企业、外国人。

契税的征收范围包括:

(1) 国有土地使用权出让。

(2) 土地使用权转让,包括出售、赠与和交换;不包括农村集体土地承包经营权的转移。

(3) 房屋买卖。

(4) 房屋赠与。

(5) 房屋交换。

二、契税的计税依据

(1) 国有土地使用权出让、土地使用权出售、房屋买卖,为成交价格。以竞价方式取得国有土地使用权的,按土地成交总价(不得从中扣除前期开发成本)计缴契税。

(2) 土地使用权赠与、房屋赠与,由征收机关参照土地使用权出售、房屋买卖的市场价格核定。

(3) 土地使用权交换、房屋交换,为所交换的土地使用权、房屋的价格的差额。交换价格不相等时,由多交方按差额缴纳;交换价格相等时,免缴契税。

(4) 精装修房的计税依据是精装修价款。

契税的计税依据(成交价格)不含增值税;若是免征增值税,其成交价格、租金收入、转让房地产收入不得扣减增值税。若成交价格明显低于市场价格并且无正当理由的,或者所交换土地使用权、房屋的价格的差额明显不合理并且无正当理由的,由税务机关核定其计税依据(不含增值税)。

三、契税的税率

契税实行幅度比例税率,税率为3%～5%。具体适用税率,由省级政府根据本地区具体情况,在规定幅度内确定,并报财政部和国家税务总局备案。

四、契税的减免

(一) 一般减免

契税的一般减免项目主要有:

(1) 国家机关、事业单位、社会团体、军事单位承受土地、房屋用于办公、教学、医疗、科研和军事设施的,免征。

(2) 城镇职工按规定第一次购买公有住房的,免征。第一次购买公有住房是指经县以上人民政府批准,在国家法规标准面积以内购买的公有住房,超过国家法规标准面积的部分,仍按规定缴纳契税。

(3) 个人购买家庭(家庭成员范围包括购房人、配偶以及未成年子女,下同)唯一住房及个人购买家庭第二套改善性住房,面积为90平方米及以下的,减按1%税率征收;面积为90平方米以上的,减按2%税率征收。

(4) 因不可抗力灭失住房而重新购买住房的,酌情准予减征或者免征。

(5) 土地、房屋被县级以上人民政府征用、占用后,重新承受土地、房屋权属的,是否减

征或者免征契税,由省、自治区、直辖市人民政府确定。

(6) 纳税人承受荒山、荒沟、荒丘、荒滩土地使用权,用于农、林、牧、渔业生产的,免征契税。

(7) 依照我国有关法律规定以及我国缔结或参加的双边和多边条约或协定的规定应当予以免税的外国驻华使馆、领事馆、联合国驻华机构及其外交代表、领事官员和其他外交人员承受土地、房屋权属的,经外交部确认,可以免征契税。

(二) 改制重组的减免

(1) 企业公司制改造。企业按有关规定整体改建为有限责任公司(含国有独资公司)或股份有限公司,有限责任公司整体改建为股份有限公司,股份有限公司整体改建为有限责任公司的,对改建后的公司承受原企业土地、房屋权属,免征契税。

非公司制国有独资企业或国有独资有限责任公司,以其部分资产与他人组建新公司,且该国有独资企业(公司)在新设公司中所占股份超过50%的,对新设公司承受该国有独资企业(公司)的土地、房屋权属,免征契税。

国有控股公司以部分资产投资组建新公司,且该国有控股公司占新公司股份超过85%的,对新公司承受该国有控股公司土地、房屋权属,免征契税。

(2) 公司股权(股份)转让。在转让中,单位、个人承受公司股权(股份),公司土地、房屋权属不发生转移,不征收契税。

(3) 公司合并。两个或两个以上的公司,依据法律规定、合同约定,合并为一个公司,且原投资主体存续的,对其合并后的公司承受原合并各方的土地、房屋权属,免征契税。

(4) 公司分立。依照法律规定、合同约定分设为两个或两个以上与原公司投资主体相同的公司,对派生方、新设方承受原企业土地、房屋权属,免征契税。

(5) 企业出售。国有、集体企业整体出售,被出售企业法人予以注销,并且买受人按有关法律法规政策妥善安置原企业全部职工,与原企业全部职工签订服务年限不少于3年的劳动用工合同的,对其承受所购企业的土地、房屋权属,免征契税;与原企业超过30%的职工签订服务年限不少于3年的劳动用工合同的,减半征收契税。

(6) 企业破产。依照有关法律、法规规定实施破产,债权人(包括破产企业职工)承受破产企业抵偿债务的土地、房屋权属,免征契税;对非债权人承受破产企业土地、房屋权属,凡按有关法律法规政策妥善安置原企业全部职工,与原企业全部职工签订服务年限不少于3年的劳动用工合同的,对其承受所购企业的土地、房屋权属,免征契税;与原企业超过30%的职工签订服务年限不少于3年的劳动用工合同的,减半征收契税。

(7) 债权转股权。经国务院批准实施债权转股权的企业,对债权转股权后新设立的公司承受原企业的土地、房屋权属,免征契税。

(8) 资产划转。对承受县级以上人民政府或国有资产管理部门按规定进行行政性调整、划转国有土地、房屋权属的单位,免征契税。

同一投资主体内部所属企业之间土地、房屋权属的划转,包括母公司与其全资子公司之间,同一公司所属全资子公司之间,同一自然人与其设立的个人独资企业、一人有限公司之间土地、房屋权属的划转,免征契税。

(9) 事业单位改制。事业单位按有关规定改制为企业的过程中,投资主体没有发生变

化的,对改制后的企业承受原事业单位土地、房屋权属,免征契税。投资主体发生变化的,改制后的企业按有关法律法规妥善安置原事业单位全部职工,与原事业单位全部职工签订服务年限不少于 3 年劳动用工合同的,对其承受原事业单位的土地、房屋权属,免征契税;与原事业单位超过 30％的职工签订服务年限不少于 3 年劳动用工合同的,减半征收契税。

五、契税的缴纳

契税的纳税义务发生时间,为纳税人签订土地、房屋权属转移合同的当天,或者纳税人取得其他具有土地、房屋权属转移合同性质凭证的当天。

纳税人应当自纳税义务发生之日起 10 日内,向土地、房屋所在地的契税征收机关办理纳税申报,并在契税征收机关核定的期限内缴纳税款。

纳税人办理纳税事宜后,契税征收机关应当向纳税人开具契税完税凭证。

纳税人应当持契税完税凭证和其他规定的文件材料,依法向土地管理部门、房产管理部门办理有关土地、房屋的权属变更登记手续。

纳税人未出具契税完税凭证的,土地管理部门、房产管理部门不予办理有关土地、房屋的权属变更登记手续。

企业应按规定填写契税纳税申报表,如表 11－4 所示。

表 11-4　　　　　　　　　　契税纳税申报表

填表日期：　　　年　　月　　日　　　　　　　　　金额单位:元至角分　　面积单位:平方米

纳税人识别号 □□□□□□□□□□□□□□□□

承受方信息	名　　称			□单位　□个人		
	登记注册类型			所属行业		
	身份证件类型	身份证□　护照□　其他□＿＿		身份证件号码		
	联系人			联系方式		
转让方信息	名　　称			□单位　□个人		
	纳税人识别号		登记注册类型		所属行业	
	身份证件类型		身份证件号码		联系方式	
土地房屋权属转移信息	合同签订日期		土地房屋坐落地址		权属转移对象	
	权属转移方式		用途		家庭唯一住房	□90 平方米以上 □90 平方米及以下
					家庭第二套住房	□90 平方米以上 □90 平方米及以下
	权属转移面积		成交价格		成交单价	
税款征收信息	评估价格		计税价格		税率	
	计征税额		减免性质代码		减免税额	应纳税额

以下由纳税人填写:

纳税人声明	此纳税申报表是根据《中华人民共和国契税暂行条例》和国家有关税收规定填报的,是真实的、可靠的、完整的。		
纳税人签章		代理人签章	代理人身份证号

以下由税务机关填写:

受理人		受理日期	年 月 日	受理税务机关签章

本表一式两份,一份纳税人留存,一份税务机关留存。

六、契税的计算

契税的计算公式如下:

$$应交契税=计税依据×税率$$

应纳税额以人民币计算。转移土地、房屋权属以外汇结算的,按照纳税义务发生之日中国人民银行公布的人民币市场汇率中间价折合成人民币计算。

七、契税的会计处理

企业按规定计算的应交契税,应借记"固定资产""无形资产"等账户,贷记"应交税费——应交契税"账户。

企业也可以不通过"应交税费——应交契税"账户。当实际缴纳契税时,借记"固定资产""无形资产"账户,贷记"银行存款"账户。

【例11-26】 某企业以980万元购得一块土地的使用权,当地规定契税税率为3%,计算应交契税并作会计分录如下:

$$应交契税=980×3\%=29.4(万元)$$

借:无形资产——土地使用权   294 000
 贷:银行存款   294 000

【例11-27】 M公司接受张某赠与房屋一栋,赠与契约上未标明价格。经主管税务机关核定房屋现值为460万元(假定评估价值与此相同),设契税税率为4%。计算M公司应交契税并作会计分录如下:

$$应交契税=460×4\%=18.4(万元)$$

(1)计提税金时:

借:固定资产   4 784 000
 贷:营业外收入   3 450 000
  递延所得税负债   1 150 000
  应交税费——应交契税   184 000

(2)上缴契税时:

借:应交税费——应交契税   184 000
 贷:银行存款   184 000

【例11-28】 A企业以一栋房屋换取B公司一栋房屋,房屋交换契约写明:A企业房屋价值5 000万元,B公司房屋价值3 600万元。经税务机关核实,认为A、B双方房屋价值与契约写明价值基本相符。此项房屋交换,B公司应是房屋产权的承受人,是多得的一方,应为契税的纳税人;假设B公司所在地契税税率为5%。计算B公司应交契税并作会计分录如下:

$$应交契税=(5 000-3 600)×5\%=70(万元)$$

(1)计提税金时:

借:固定资产   14 700 000
 贷:应付账款——A企业   14 000 000
  应交税费——应交契税   700 000

（2）上缴契税时：

借：应交税费——应交契税   700 000

　　贷：银行存款   700 000

第九节　车辆购置税会计

一、车辆购置税的纳税人

为进一步规范政府行为,深化财税体制改革,正确处理税费关系,以税收为主体筹集交通基础设施维护和建设资金,促进汽车工业及道路运输等相关事业的健康发展,2018 年 12 月 29 日第十三届全国人民代表大会常务委员会第七次会议通过了《中华人民共和国车辆购置税法》。

在我国境内购置汽车、有轨电车、汽车挂车、排气量超过 150 毫升的摩托车(以下统称"应税车辆")的单位和个人,为车辆购置税的纳税人。购置包括购买、进口、自产、受赠、获奖或以其他方式取得并自用应税车辆的行为。

二、车辆购置税的计税价格

车辆购置税的计税价格为实际成交价格,纳税人应如实申报应税车辆的计税价格。如果纳税人申报的应税车辆计税价格明显偏低,又无正当理由的,由税务机关依法核定其计税价格。税务机关应按纳税人申报的计税价格征收税款。应税车辆计税价格具体确认如下：

（1）纳税人购买自用应税车辆的计税价格,为纳税人实际支付给销售者的全部价款和价外费用(不含增值税)。

（2）纳税人进口自用应税车辆的计税价格,为关税完税价格加上关税和消费税。

（3）纳税人以受赠、获奖或者其他方式取得自用应税车辆的计税价格,按照购置应税车辆时相关凭证载明的价格确定(不含增值税)。

三、车辆购置税的减免

纳税人在办理车辆购置税免税、减税时,应提供车辆合格证明和车辆相关价格凭证,并根据不同的免减税情况,分别提供相关资料的原件、复印件。

（1）外国驻华使馆、领事馆和国际组织驻华机构及其有关人员自用车辆,提供机构证明和外交部门出具的身份证明。

（2）中国人民解放军和中国人民武装警察部队列入装备订货计划的车辆。

（3）悬挂应急救援专用号牌的国家综合性消防救援车辆,提供中华人民共和国应急管理部批准的相关文件。

（4）城市公交企业购置的公共汽电车辆,提供所在地县级(含)以上交通运输主管部门出具的公共汽电车辆认定表。

（5）设有固定装置的非运输专用作业车辆。

（6）自 2018 年 1 月 1 日至 2020 年 12 月 31 日,对购置的新能源汽车免征车辆购置税。

四、车辆购置税的税率和应纳税额的计算

（1）车辆购置税税率为 10%。应交车辆购置税计算如下：

$$应交车辆购置税＝计税价格×税率$$

若发票中的销售价格含增值税，在计算应交车辆购置税时，应将含税销售价换算为不含税销售额，再乘以车辆购置税税率，计算公式是：

$$应交车辆购置税＝含税价格÷（1＋增值税税率或征收率）×车辆购置税税率\%$$

【例 11-29】 某企业 9 月份购买一辆进口轿车，关税完税价格 50 万元，消费税税率 12%，关税税率 15%。应交车辆购置税计算如下：

$$应交关税＝50×15\%＝7.5（万元）$$
$$应交消费税＝（50＋7.5）÷（1－12\%）×12\%＝7.8409（万元）$$
$$应交车辆购置税＝（50＋7.5＋7.8409）×10\%＝6.5341（万元）$$

（2）免减税车辆因转让、改变用途等原因不再属于免减税范围的，应缴纳车辆购置税，并如实填报《车辆购置税纳税申报表》。

$$应交车辆购置税＝初次办理纳税申报时的计税价格×（1－使用年限[①]×10\%）×10\%－已交车辆购置税$$

【例 11-30】 某公交公司当年 3 月 1 日购进一辆营运公共汽车，不含增值税市场价为 20 万元，预计可使用年限为 10 年，营运公共汽车免缴车购税。假定两年后的 5 月 1 日，因车辆更新，公交公司将已使用 3 年 2 个月的车辆卖给个体户李某。李某在办理过户交易时，应交车辆购置税计算如下：

$$应交车辆购置税＝20×（1－3×10\%）×10\%＝1.4（万元）$$

（3）已经缴纳车辆购置税的，纳税人按规定向原征收机关申请退税时，应如实填报《车辆购置税退税申请表》，提供纳税人身份证明和相关资料。应退税额计算如下：

$$应退车辆购置税＝已交车辆购置税×（1－使用年限[②]×10\%）$$

五、车辆购置税的申报缴纳

1. 申报纳税地点

需要办理车辆登记的，向车辆登记地的主管税务机关申报纳税；不需要办理车辆登记的，单位纳税人向其机构所在地的主管税务机关申报纳税，个人纳税人向其户籍所在地或者经常居住地的主管税务机关申报纳税。

2. 纳税义务发生时间

（1）购买自用应税车辆的为购买之日，即车辆相关价格凭证的开具日期。相关凭证是指原车辆所有人购置或者以其他方式取得应税车辆时载明价格的凭证；无法提供相关凭证

---

① 自初次办理纳税申报之日起，至不再属于免、减税范围的情形发生之日止。使用年限取整计算，不满一年的不计算在内。

② 自纳税人缴纳税款之日起，至申请退税之日止。

的,参照同类应税车辆市场平均交易价格确定其计税价格。

(2)进口自用应税车辆的为进口之日,即《海关进口增值税专用缴款书》或者其他有效凭证的开具日期。

(3)自产、受赠、获奖或者以其他方式取得并自用应税车辆的为取得之日,即合同、法律文书或者其他有效凭证的生效或者开具日期。

3. 申报缴纳

车辆购置税实行"一车一申报"制度,纳税人办理纳税申报时应当如实填报《车辆购置税纳税申报表》,同时提供车辆合格证明和车辆相关价格凭证。

纳税人购买自用应税车辆的,应自购买之日起60日内申报纳税;进口自用应税车辆的,应自进口之日起60日内申报纳税;自产、受赠、获奖或者以其他方式取得并自用应税车辆的,应自取得之日起60日内申报纳税。

车辆购置税为一次征收制,纳税人应一次缴清。纳税人应在向公安机关车辆管理机构办理车辆登记注册前,缴纳车辆购置税。缴税后,主管税务机关应给纳税人开具"车辆购置税完税证明",纳税人需持"车辆购置税完税证明"到公安机关办理车辆登记注册手续;"完税证明"每车一证,随车携带,以备检查。

六、车辆购置税的会计处理

企业购买、进口、自产、受赠、获奖以及以其他方式取得并自用的应税车辆应缴的车辆购置税,或者当初购置的属于减免税的车辆在转让或改变用途后,按规定应补缴的车辆购置税,借记"固定资产"等,贷记"银行存款""应交税费"等。作为固定资产成本构成的车辆购置税,在车辆使用期间,采用计提折旧方式的,可以在税前扣除。

【例11-31】 某公司8月份购进一辆小汽车,增值税专用发票所列价款22万元,增值税额2.86万元,9月份到主管税务机关缴纳车辆购置税。

$$应交车辆购置税=220\,000×10\%=22\,000(元)$$

(1)购置时。

借:固定资产——小汽车	242 000
应交税费——应交增值税(进项税额)	28 600
贷:银行存款/应付账款等	248 600
应交税费——应交车辆购置税	22 000

如果是执行《小企业会计准则》的企业,以收付实现制为会计基础,其缴纳的印花税、耕地占用税、契税、车辆购置税等,不通过"应交税费"科目,直接记入"税金及附加""在建工程""固定资产""无形资产"等相应科目。如本例,小企业购置小汽车,确认实际支付或应付价款及相关税费时,作会计分录如下:

借:固定资产——小汽车	270 600
贷:银行存款/应付账款等	270 600

(2)下个月公司缴纳车辆购置税时。

借：应交税费——应交车辆购置税   22 000
 贷：银行存款   22 000

 **复习思考题**

1. 简述城市维护建设税的由来和基本内容及其会计处理。

2. 印花税有何特点？如何进行会计处理？

3. 试述城镇土地使用税、耕地占用税、房产税的基本内容及其会计处理。

4. 试述车船税、船舶吨税、契税的基本内容及其会计处理。

教学课件索取单

敬爱的老师：

感谢您使用盖地教授的《税务会计》(第十三版)。为了方便教学,本书配有相关教学课件。如果您需要,请您填写下面表格中的相关信息,并以电子邮件的形式发到我社,我们在核对您的信息后,即免费向您提供教学课件。

我们的联系方式：

地址：上海市中山西路 2230 号 邮编：200235

　　　立信会计出版社 电话：(021) 64411217

电子邮件：zql1307@163.com

姓　　名		性别		身份证号				
学　　校				学院、系			教研室	
学校地址							邮　编	
职　　务				职　称			办公电话	
E-mail				手　机			宅　电	
通信地址							邮　　编	
教材用量		册		委托订购单位				

您对本书的意见和建议是：